collection L

*dirigée par Jean-Pol Caput
et Jacques Demougin*

PHÈDRE DE RACINE

pour une sémiotique de la représentation classique

par

DANIELLE KAISERGRUBER
École Normale Supérieure de Fontenay

DAVID KAISERGRUBER
École Normale Supérieure de Saint-Cloud

JACQUES LEMPERT
École Normale Supérieure de Saint-Cloud

LIBRAIRIE LAROUSSE
17, rue du Montparnasse et 114, boulevard Raspail, Paris-VIe

842.4
R121X
K13

136320

Avertissement

Cet ouvrage est le produit d'un travail de groupe. L'ultime rédaction du texte, approuvée par les co-auteurs, a été effectuée par Danielle Kaisergruber.

Ce livre tente d'être un commentaire serré de la pièce de Racine, afin d'éprouver au plus près de l'objet réel une approche contemporaine. Il exige la lecture attentive de *Phèdre,* la simultanéité de cette lecture et de l'approche qu'il propose.

Les auteurs ont tenté néanmoins une présentation synthétique. Les *Arguments* indiquent l'orientation et le rythme de la démarche suivie, et marquent les articulations de la démonstration. C'est pourquoi ils reprennent les grands titres de la démarche analytique, mais s'éloignent parfois dans le détail d'un plan suivi. Les *Propositions* regroupent les conclusions méthodologiques et les hypothèses de définition de la tragédie au moment même du développement où elles peuvent être faites.

Avant-propos

Une nouvelle interprétation de Racine? Ce travail vient après une période de mutations critiques qui a vu se regrouper sur Racine des travaux inspirés de méthodologies différentes. A se vouloir totalisants — point de vue psychanalytique (psychocritique), point de vue sociologique, point de vue structural —, ces travaux, qui ont été essentiels à l'avancement des connaissances en un champ encore peu étudié, sont parfois restés pris dans des catégories idéologiques, en fait produites par les textes eux-mêmes, ici par la tragédie racinienne.

Le développement maintenant important de disciplines nouvelles permet d'affronter Racine, non plus au nom de la « nouvelle critique », mais d'un projet sémiotique, c'est-à-dire dans la perspective d'une théorie des significations.

La production de nouveaux concepts est nécessaire à la constitution d'une méta-langue qui rende compte de l'objet réel, et en premier lieu par le repérage des marques idéologiques qui le constituent. Sans confusion entre le texte-objet et le discours qui analyse, le respect du texte racinien implique la production de catégories sémiotiques décrivant et analysant les catégories sémiologiques qui s'y inscrivent.

Les catégories idéologiques (marques d'une totalisation, telles la mort, la passion) ou sémiologiques (nombreuses en un siècle où la réflexion sur le langage/la pensée est essentielle) se subsument dans une analyse sémiotique dont l'objet est la mise à jour des lois de constitution, de constructibilité des énoncés tragiques : lois sémiologiques qui constituent le théâtre classique comme mise en pratique d'une certaine notion de « tableau » (rapports à la peinture, aux décors théâtraux) qui disparaît du théâtre pour ne se retrouver qu'au XXe siècle (lois de montage en tableaux chez Brecht); lois sémiotiques (contraintes sémiotiques, lois de surdétermination, d'intersection sémique, lois d'enchâssement signifiant) qui font d'un texte un ensemble d'énoncés d'une plus ou moins grande « consistance » et permettent d'entrevoir une hiérarchie infiniment complexe des textes.

Du fonctionnement figuratif (tableau) du texte à sa construction dans le langage, les délais de l'analyse sémiotique s'intègrent des acquis ; les déterminations par les instances du sujet, la réalité structurelle de certaines catégories, tels les fantasmes originaires qui deviennent origines de tableaux.

Mais surtout la production de ces catégories rendant compte simultanément du fonctionnement systématique du texte et de ses marques de discours (idéologique) exige une théorie générale de la représentation au XVIIe siècle, notion qui n'est ni structure ni horizon épistémique. Dès lors qu'elle est analysée, cette notion de représentation apparaît comme immédiatement extérieure à la « littérature » : elle appartient à un fonctionnement diffracté, stratifié, derrière lequel s'affrontent des problèmes de mise en scène du sujet, du rapport politique et des rapports sémiologiques. D'où la nécessité d'une théorie des idéologies et ici très particulièrement du rapport politique/sémiologie, dont les catégories sont étroitement imbriquées : l'analyse le démontrera dans la pratique d'un exemple.

Dès lors se fait jour la nécessité de penser les rapports infrastructures/superstructures dans la mobilité des instances des superstructures qui se diffractent — telle ici la notion de représentation, qui entretient un rapport privilégié avec l'instance politique et même très particulièrement avec l'instance de l'idéologie du pouvoir.

De telles perspectives ne sont bien sûr abordées ici qu'à l'état pratique, mais cependant comme hypothèses nécessaires pour penser le fonctionnement et la position d'un texte aussi serré — au sens d'intrications de significations multiples — que peut l'être Phèdre.

I

Ensemble figuratif/symbolique

Argument

I. Ensemble A : essai de constitution d'unités textuelles figuratives/symboliques.

1. Tableau A/Texte/Rêve

Le point de départ en sera le tableau « Phèdre mourante » dans son statut représentatif.

DÉFINITIONS :
— Le tableau y est procès synchronique présent à la scène. Point d'achèvement d'un mouvement, d'un texte autre, à ré-écrire.
— La figure en est marque, index représentatif en même temps qu'idéologique.

2. Système A.1. : Rêve/Veille

DÉFINITION : Figure : signifiant idéologique — codifié.
THÈSE : L'opposition jour/nuit est métaphore figurative de l'opposition rêve/veille.

3. Système A.2. : Trahison

ÉQUATIONS :
— Mort = trahison
— Trahison = inceste
— Reconnaissance de la trahison = semi-aveu

4. Les procès de constitution des énoncés du sens

Définition des unités textuelles figuratives/symboliques.

> **II. Matrice transformationnelle**
>
> *1. L'achèvement du figurant*
> *2. L'énonciation et la mort*
>
> **III. Ensemble B** : essai de constitution d'unités textuelles symboliques/figuratives.
>
>> *1. Le représentant et le simulacre. Tableau B.1.*
>>
>> Tableau Œnone mour*ant* comme symbole de la mort de Thésée ⟶ unité symbolique/figurative.
>>
>> *2. Mise en scène du procès/système de l'énonciation*
>>
>> THÈSE : Jeu sur un espace de *projection* décalée de la projection sémiotique.
>>
>> *3. Tableau B.2./Texte/Tableau*
>
> DÉFINITIONS :
> — Figures
> — Allégories (Vénus)
> — Délégation
>
> THÈSES :
> — Réécriture du texte ancien
> — Abus de représentation : adéquation à l'allégorie
>
> PARCOURS :
> 1. du tableau de Phèdre à celui de Vénus
> 2. du tableau de Vénus au tableau de Phèdre mourante
> ⟶ Les unités textuelles symboliques/figuratives.

I. Ensemble A

1. Tableau A/Texte/Rêve [1]

Dès lors qu'elle entre sur la scène, Phèdre y installe un véritable espace, un lieu d'inscription, de figuration par opposition à l'espace vide du dialogue Hippolyte-Théramène. Ce dernier n'avait pas d'existence autre que référée à une géographie ou figuration divine lointaine, lieu d'errance de Thésée, à un passé, à un point de fixation affective. Ici les

---

[1]. Cette formulation (emploi des traits obliques) indique que les mêmes éléments servent à la constitution du tableau, du texte et du rêve.

informations dessinent, même fragmentairement, un lieu : « N'allons point plus avant, demeurons, chère Œnone » *(153)* [2]. Se marquent ainsi les limites d'un tableau qui se remplit, limites qui sont peut-être aussi celles du théâtre lui-même.

D'autres informations sont d'attitudes, de présence physique lourde d'une corporéité qui doute d'elle-même :

> Je ne me soutiens plus, ma force m'abandonne.
> . . .
> Et mes genoux tremblants se dérobent sous moi. *(154-156)*

Le discours même de ces informations, le développement du langage n'est-il alors qu'une pure redondance, un commentaire du tableau, supplément gratuit ou bien suppléance nécessaire de cette corporéité défaillante [3] ?

Le statut du discours, du texte même, dans sa littéralité première, peut être de trois types : supplément ou substitut oral d'une gestualité motrice impossible; refus du théâtre (marqué encore par le rejet brutal de tout masque, de toute lumière/vérité trop immédiate), au sens d'un refus de toute transposition des fantasmes sur une scène autre que celle du langage; et enfin, en troisième lieu, affirmation du caractère onirique du texte. En effet c'est bien là aussi, dans l'insistance même sur la faiblesse, sur le support physique, comme étant précisément en ces limites, une affirmation de ce qu'une partie du texte est onirique, au sens d'un au-delà de la possession des voies motrices, des voies du corps agissant. Aspect troisième à retenir, pour les répercussions qu'il aura dans la suite.

Tableau et texte se produisent, se développent pour l'instant de pair, et si, à nouveau, des détails proprement picturaux confirment le dessin du premier, ils ne font cependant que poursuivre le commentaire en attendant de recevoir un autre statut :

> Dieux! que ne suis-je assise à l'ombre des forêts!
> Quand pourrai-je, au travers d'une noble poussière,
> Suivre de l'œil un char fuyant dans la carrière? *(176-178)*

Fragment à qualifier, sans même plus attendre, comme appartenant à un certain type de rêve, et cela même avec la trace de ses processus de déclenchement accidentels : fantasme du passé qui le précède, glissement de « soleil » rougissant à la recherche nécessaire d'une ombre qui masque, déplacement de l'attribut de « noble » de l'aïeul vénérable (soleil mythique) à une poussière dont il est aisé de penser

---

2. Il s'agit du vers 153. Toutes nos références au texte seront désormais données de cette manière.

3. Sur les notions de supplément/suppléance, cf. J. Derrida, *De la grammatologie*, Éd. de Minuit 1967, en particulier le chapitre III.

qu'elle puisse être traversée et dessinée par des rayons du même soleil; ou bien encore glissement possible par la métaphore qui parcourt toute la poésie de l'époque : « le soleil et son char »[4]. Fragment de rêve — et c'est cela qui importera dans la dialectique productrice de cette scène —, ces trois vers relèvent aussi typiquement d'une formation de compromis entre les éléments refoulés du désir et la représentation parentale du principe qui les interdit. Représentation dont les résidus sont précisément ici les éléments de liaison à l'appel fantasmatique, au passé, et dont le statut est ainsi double, et doublement intéressant.

Des trois énoncés émis par Phèdre — avant qu'une rupture brutale ne vienne rompre l'unité entre le tableau et le texte, retenons deux traits distinctifs successifs : texte-commentaire, dont le rôle reste à préciser (et ceci rassemble les deux premiers groupes de quatre vers : nous ne parlerons pas de strophes et cependant l'idée de leitmotiv, d'itérations rythmiques, n'est pas absente de ce début de scène), puis passage en deux temps à des énoncés oniriques.

2. Système A.1. : Rêve/Veille

D'abord commentaire de commentaire *(162 à 168)*, la voix d'Œnone se fait interprétative, et cela dans un sens univoque : pour Œnone, Phèdre ne cesse de balbutier l'imminence de sa propre mort, jusqu'à ce qu'elle esquisse — de manière totalement métaphorique et empirique — les données d'une explicitation réelle des énoncés figuratifs de Phèdre :

> Les ombres par trois fois ont obscurci les cieux
> Depuis que le sommeil n'est entré dans vos yeux. *(191-192)*

En ces vers — qui portent ouvertement leur appartenance à un type de poésie de la première moitié du XVIIe siècle [5] — se découvre la possibilité d'une lutte toujours à recommencer de la veille — métaphoriquement désignée par l'insistance sur les « yeux ouverts », signe de conscience — contre l'attirance du rêve. Tandis que les deux vers suivants et symétriques :

> Et le jour a trois fois chassé la nuit obscure,
> Depuis que votre corps languit sans nourriture. *(193-194)*

témoignent d'une lutte inverse : tentation de l'affaiblissement, de la perte de « soi » dans le rêve, contre les nécessités de la veille — et l'emportant sur ces mêmes nécessités. Lutte ici thématisée, mais pré-

---

4. Cf. par exemple Malherbe, *Les Larmes de Saint Pierre*.
5. Penser, par exemple, à ce leitmotiv dans *le Songe d'une nuit d'été* de Shakespeare. Penser aussi à la possibilité de voir dans ce type de métaphore une mise en énoncés d'éléments théâtraux techniquement réalisés dans des décors maintenant disparus. Le lever du jour et l'arrivée de la nuit étaient représentés techniquement; cf. à ce propos les informations que fournit le livre de Jean Duvignaud : « *Sociologie du théâtre* », P.U.F. 1965.

sente précédemment dans la figure [6] contradictoire du jour et de la nuit.

> PROPOSITION I
>
> *Du point de vue de la recherche et de la constitution d'unités sémiotiques, se présente ici un certain type de correspondance entre la thématisation d'un système de figures oppositionnelles (rêve et veille) et l'ensemble des énoncés (ou procès) qui pourraient bien être produits et organisés par ce système. En l'occurrence, les deux groupes d'énoncés précédents repérés : 1. comme texte-commentaire. 2. comme texte-fantasme, et appartenant tous deux au tableau/texte/rêve, seront dits « système ». Le texte ayant ici en fait — par sa position — un double statut, représentatif[7] et onirique.*

Le système de figures oppositionnelles rêve/veille explicite le statut du premier groupe d'énoncés-commentaires comme position contradictoire du lieu du texte : au-delà d'une possession efficace de la corporéité motrice et donc dans un abandon aux fantasmes, aux limites mêmes de tout théâtre, de toute « présentation » :

Que ces vains ornements, que ces voiles me pèsent *(158)*.

Ainsi la scène est tableau, commentaire sur le tableau mais aussi commentaire préfiguratif du rêve, passage au rêve par le tableau (« Elle s'assied »... « que ne suis-je assise ») et par le texte-commentaire, ponctué par la répétition de l'opposition vie/mort, qui apparaît ainsi comme le masque de la véritable opposition rêve/veille. Ces relations qui se dessinent sont réciproques : glissement métonymique du rêve au tableau mais aussi relation du rêve au tableau par glissement interprétatif récurrent : les « apprêts » sont moins de mort, moins funestes que ne le pense Œnone *(175)*, ils ont aussi quelque chose à voir avec la préparation du scénario de rêve.

Le procès figuratif — au sens d'enchaînement syntagmatique des éléments du tableau puis du rêve — se produit, se constitue dans le moment même où s'affirme son occultation sous une fausse dialectique, celle de la vie et de la mort. Le tableau, représentation scénique elle-même et commentaires, est soumis à une déconstruction, mise en doute

---

6. *figure* : définissons provisoirement ce terme comme signifiant idéologique codifié, et qui, en tant que tel, fonctionne en occultant. Nous verrons ultérieurement que la valeur relative de cette notion peut en faire la marque figurative (picturalement signifiante) d'un système.

7. *représentatif* (définition provisoire) : qui se rapporte au tableau, à la spécificité proprement matérielle de la représentation scénique.

de sa naïveté, de sa raison d'être, par le développement du procès du rêve au moment même où se trouve produit un faux système explicatif *(173-174)*. Tableau en partie déconstruit et procès de rêve seront ensuite attaqués — mais seulement lorsque l'espace figuratif dans son ensemble aura été troué (« Où suis-je? Qu'ai-je dit? ») — éclatement par contradiction du discours et du lieu. Ils sont alors soumis à une déconstruction explicative par production du système :
    1. l'opposition rêve/veille *(191-194)*.
    2. la trahison.

> PROPOSITION II
>
> *Hors de toute logique psychologique et surtout hors de toute logique d'un dialogue dans lequel les énoncés se répondraient successivement, le texte tragique s'affirme comme infiniment hiérarchisé. Et s'il y a deux voies, elles ne se répartissent pas nécessairement entre deux personnages distincts, elles se situent à un niveau autre. Si la tragédie est émission de dialogues, c'est peut-être au sens où Pascal écrivait : « il faut penser par dialogues », deux voies, l'une qui se lit immédiatement, ici celle de la vie et de la mort, l'autre qui se constitue dans un réseau complexe de niveaux textuels hiérarchisés et imbriqués.*

3. Système A.2. : la trahison

L'élément « trahison » — qui apparaît ici *(197-199)* — n'a pas encore été abordé bien que pouvant être lu dans l'apparence d'accusation des vers d'Œnone *(162-168)*. Le texte n'est pas — comme la facilité première du commentaire pourrait porter à le croire — progression continue, accumulation d'énoncés homogènes dont seule la juxtaposition serait principe de gonflement, de croissance jusqu'à l'éclatement, ici l'aveu. Il est soumis et se soumet à des tensions diverses, hétérogènes et dont des traces indélébiles resteront jusqu'à contraindre des scènes prochaines à y trouver leur principe d'engendrement. Le glissement métonymique du passé, de la figure paternelle au désir, ne cessera de se réaliser dans des modèles autres lors de la *scène 5, Acte II*. Quant à la structure explicative « trahison », elle se construit aux bords extrêmes du tableau avant d'être — en figure [8] — retournée par Œnone qui oppose sa propre conduite déceptive (Œnone : « Mais pour vous fermer les yeux... ») à celle dénoncée chez Phèdre.

        Songez qu'un même jour leur ravira leur mère
        Et rendra l'espérance au fils de l'étrangère,

---

8. Sous le signifiant idéologique : trahison morale et *politique* (élément à retenir).

> A ce fier ennemi de vous, de votre sang,
> Ce fils qu'une Amazone a porté dans son flanc,
> Cet Hippolyte... *(201-205)*

Avant que ne soit prononcé le nom imprononçable d'Hippolyte — effet peut-être déjà en lui-même suffisant pour que soit déclenché un processus de semi-aveu — des périphrases substitutives le désignent dans un double système de relations : son appartenance à une autre femme, plus exactement à une autre mère, et sa position « d'ennemi eu égard à Phèdre » :

> Athènes me montra *mon superbe ennemi (272)*
> ce *fier ennemi de vous (203)*

Un substitut lexical en vaut bien un autre : « ennemi » n'a jamais été sur un axe sémantique bien différencié de celui d'« amant », et le sang est véhicule métaphorique de la passion, de la vie et de la descendance tout à la fois :

> A ce fier ennemi de vous, de votre sang *(203)*

L'insistance sur la relation maternelle est telle qu'elle se retrouve au vers 210 (« le fils d'une Scythe ») et surtout qu'elle se marque dans la réitération d'un indéfini : « *Une* Amazone », « *une* scythe », qui marque non l'importance de la désignation de l'autre, mais bien celle de l'altérité en elle-même. Relation maternelle qui module aussi l'un des espaces essentiels de la trahison : l'abandon des enfants; lisons dans une même continuité d'interprétation :

> Vous *trahissez* l'époux à qui la foi vous lie *(198)*
> Vous trahissez enfin vos enfants malheureux *(199)*

Analysons les trois expressions : « vos *enfants* malheureux », « porté dans son *flanc* » et « avez-vous *enfanté* ». Deux éléments sémiques sont ici en jeu : les enfants et la double maternité — pour l'instant représentée par deux visages de mères : Phèdre et Antiope. Les intrications de la métaphore biologique aboutissent ainsi à mettre en relation les deux expressions « enfants de la Grèce » (enfants de Thésée, dont Hippolyte) et « des Dieux » (enfants de Phèdre et Phèdre elle-même) :

> A ce fier ennemi de vous, de votre sang *(203)*
> Accablant vos enfants d'un empire odieux *(211)*
> Commande au plus beau sang de la Grèce et des Dieux *(212)*

Le passage par le lexème « empire odieux », à lire dans les rapports paragrammatiques *empire-Épire* (où se trouve Thésée) et *Épire-père* (juge), conduit — au travers du leitmotiv qu'il constitue dans *Andromaque* — à l'idée d'une liaison « toujours traître » et « toujours coupable » (présence insistante du père comme juge). Le texte d'Œnone offre deux mouvements contradictoires et simultanés : reconstitution par « condensation » d'une unité menacée entre la mère — Phèdre — et ses enfants, et tout en même temps désignation allusive par glissements successifs de signifiants (filiation évidente par la constante phonématique : « sang » — « enfant », « enfanté », « mains », « trempé ») d'une trahison de ces mêmes enfants jusqu'à l'interrogation pressante :

    Vos mains n'ont-elles point trempé dans le sang innocent ? *(220)*

L'association du « sang » (parenté) et de « l'innocence » (enfance) ne pouvant qu'être le déplacement de la vraie question : « n'avez-vous point déjà trahi vos enfants ? », interrogation qui place toutes les accusations précédentes dans leur véritable temporalité : l'antériorité toujours possible de la trahison.

    La réponse *(221-222)* est affirmation d'une non-réalisation, mais d'une virtualité parfaitement avérée et réelle. C'est une réponse conçue et thématisée comme telle puisqu'à une nouvelle interrogation pressante d'Œnone, Phèdre affirme les paroles précédentes comme point final :

    Je t'en ai dit assez. Épargne-moi *le reste (225)*

Repérons cependant encore un autre glissement signifiant, celui de la double maternité restée dans son altérité (distinction [Phèdre/ses enfants] et [l'Amazone/Hippolyte]) à cette question :

    Et quel affreux projet avez-vous enfanté ? *(223)*

Question dont la réponse, maintenant décidable, affirme la trahison comme déplacement de la relation maternelle — cause peut-être aussi du refus de Phèdre d'aller au-delà : « je t'en ai dit assez ». Et peut-être les vers du rêve peuvent-ils se lire maintenant comme transposition de cette seconde maternité : Phèdre devenue Amazone s'appropriant la forêt (cf. plus loin l'analyse de l'axe sémique « chasse »).

Mise au point de l'analyse : structuration du texte d'Œnone.
Retenons-en pour l'instant trois articulations essentielles :
    1. Accusation marquée du refus de Phèdre de parler une quelconque vérité (métaphore de la lumière).

    Vous la voyez, Madame, et prête à vous cacher
    Vous haïssez le jour que vous veniez chercher ? *(167-68)*

Accusation ponctuée par l'idée de mort, voire de chant mortuaire :

    Dieux touts puissants ! que nos pleurs vous apaisent ! *(157)*

    2. Accusation de désir de mort comme masque de l'opposition veille/rêve.
    3. Triple accusation par condensation signifiante et sous le masque d'un contenu axiologique encore relatif à la mort (appartenance très nette du lexique à un champ du jugement : « dessein », « droit », « offensez », « trahissez », « foi », « trahissez »). Triple accusation de trahison, eu égard aux géniteurs : « les Dieux auteurs de votre vie », à l'époux (dont le nom ne peut ici étrangement être prononcé, tant

il ne serait qu'une nouvelle paraphrase substitutive de celui d'Hippolyte) désigné par sa seule vocation institutionnelle, enfin simultanément trahison des enfants et déplacement de la relation maternelle.

Remarquons que le discours d'Œnone se situe toujours dans l'éventualité de la mort de Thésée, figure définitive de sa trahison — ou à la rigueur dans l'hypothèse d'une relation Hippolyte-Thésée reniant la descendance de ce dernier. Discours nettement accusatif — et cela à plusieurs niveaux — discours qui parle l'aveu avant même qu'il ait eu lieu; mais alors pourquoi ce masque de l'imminence de la mort qui scande le texte? A noter que dans ses manifestations le « contenu » mort n'est jamais identique à lui-même :

> Voulez-vous sans pitié laisser *finir* vos jours?
> Quelle fureur les borne au milieu de leur course?
> Quel charme ou quel poison en a tari la source? *(188-190)*

Lisons dans la continuité signifiante du fragment onirique des vers *176-178* :
- « char fuyant dans la *carrière* »
- « fureur », « course » : Pensez à l'identité au XVIIe siècle des lexèmes : « finir leur course » (vie), « finir leur carrière » (vie).
- « ombre des forêts »
- « source »

Le discours d'Œnone, apparemment sur la mort, se module sur celui de Phèdre : le jeu de production des significations — glissement, insistance, reprise — se fait comme par-delà la division du texte en réparties dialoguées. Et la constitution « par Œnone » du système explicatif de ce qui paraît être le procès textuel de « Phèdre » est en fait davantage intérieure au fonctionnement du texte lui-même qu'issue d'une dialectique du dialogue, d'une maïeutique de l'aveu. La division du texte en deux partitions [9] doit alors se voir attribuer un statut autre : « psychologique », « rhétorique [10] » ou simplement « théâtral », mais en tout cas ne se situant pas au niveau de la production même des significations, y compris des significations « de » ou « sur » les personnages.

Ce glissement signifiant est d'autant plus intéressant à repérer

---

9. Justification de l'expression « texte Phèdre » et non « texte de Phèdre ».

10. On voit ainsi en quel lieu s'inscrit la légitimité et la fécondité du travail de A. Kibedi Varga, *Rhétorique et littérature* (Didier, 1970); en particulier, relativement à notre sujet, p. 110-124. On doit s'y reporter pour éclairer le statut rhétorique des « re-partitions » des scènes en tirades : des conclusions intéressant la nature qualitative et différenciée des Actes eux-mêmes de Phèdre, peuvent alors être induites. L'auteur reconnaît néanmoins dans l'article « La perspective tragique » dans *R.H.L.*, n° 5-6, septembre-décembre 1970, que cette méthode d'investigation ne peut rendre compte des diverses structurations spécifiques à la production du sens tragique et il y substitue une analyse actantielle (inspirée des travaux de Propp et de Greimas).

qu'il précède dans l'ordre de l'énonciation syntagmatique, la thématisation partielle et figurabilisée du système oppositionnel veille/rêve comme essentiel à la structuration du « texte Phèdre ». Les quatre vers *dits par* Œnone sont tout à la fois engendrés par glissement signifiant et solidarité d'apparence : le masque est homogène, tout au long des « dires » Œnone; derrière la mort se lisent le fantasme puis la réalité psychique du fantasme (trahison incestueuse), d'abord sa figuration puis son mécanisme. Le premier aveu de Phèdre : « Je t'en ai dit assez », confirmation des accusations d'Œnone, est tout à la fois explicitation figurée (opposition jour/nuit) du tableau/rêve, non plus dans sa réalité phénoménale, lutte entre le rêve et la veille, mais dans ses moteurs affectifs, et installation d'une structure d'explication du récit lui-même de l'aveu. Quel est alors le statut de ce dernier? Manifestation narrative nécessaire à la tragédie? Ou découpage, illustration nécessaire à l'audibilité de la pièce pour tout public, ainsi que le sont les découpages des voies en « personnages »? Ou bien encore réalisation concrète d'une structure psychique virtuelle ici délimitée?

4. Les procès de constitution des énoncés du sens

Toutes ces questions se posent à présent que se sont constituées les articulations différenciées — et dans leur nature, et dans leurs modes de rapport — du texte. Le tableau se transforme en scénario de rêve et se trouve quelque peu mis en doute par cette première opération : processus de glissement sémiotique [11]. Le tableau/texte/rêve s'analyse à l'aide d'un premier principe d'explication phénoménale : rêve/veille qui se produit et par glissement signifiant et par la présence nécessaire de la mort comme substitut d'une impossible appréhension du tableau et du rêve dans leur totalité contradictoire. Rêve et principe d'explication phénoménale comme réalisation d'une structuration psychique encore autre, processus d'occultation sous une interprétation axiologique de la mort. Le procès textuel ne se produit pas dans une dichotomie qui serait du type apparence/être — le masque de la mort n'est pas une fausse apparence que doit faire éclater une structure causale profonde, dévoilement et explication définitive de tout mystère; ce masque de la mort est tout aussi signifiant que tout autre élément. Il fonctionne dans des chaînes sémiques diverses : mort/rêve/principe de plaisir comme anéantissement; mort comme point limite, comme point de perspective et donc possibilité extrême d'une théâtralisation. *Il n'est pas d'engendrement univoque, les niveaux textuels se hiérarchisent, cela ne veut pas dire qu'ils se soumettent.*

---

11. *Glissement sémiotique :* passage métonymique d'un signifiant gestuel à un signifiant textuel.

Proposition III

Niveaux textuels demeure un terme vague, il nous faut maintenant parler d'« unités textuelles » ou groupes d'énoncés qui ne sont ainsi déterminés que par leur appartenance à une signification. Un même énoncé — syntagme, sémème ou même phonème — appartient toujours à plusieurs unités textuelles. Appartenance à une même signification, c'est-à-dire possibilité de repérage d'une constante sémiotique : fonction sémiotique unissant dans une relation de présupposition réciproque une forme d'expression et une forme de contenu. Le tableau n'était-il pas ici expression du rêve, tout comme le visage de la mort est expression du contenu « trahison »? Non que cette affirmation instaure dans le texte une correspondance homogène, toujours identique à elle-même, entre les différents plans des unités textuelles. Non plus qu'elle vise à découvrir à tout prix un contenu (« signifié »), délibérément associé à chaque forme d'expression. C'est l'analyse du texte lui-même, la constitution des unités textuelles, qui conduit à envisager une telle hypothèse en la situant — non pas comme recherche a priori et métaphysique de signifiés pleins — mais comme production/utilisation dans le texte tragique d'une logique sémiotique qui construit ses propres unités et donne sens à leurs mouvements, à leurs décalages. Production/ utilisation car cette logique se réfère aussi à une sémiologie générale, et surtout à une théorie de la lecture, de l'interprétation, qui imprègne le champ culturel du XVIIe siècle. Théorie de l'interprétation que nous retrouverons ultérieurement.

Il est à noter dès maintenant que le texte va jouer sur les unités qu'il produit. Ainsi en est-il de la relation mort/trahison qui va se renverser dans le discours Phèdre où l'énoncé trahison devient expression de la mort (jalousie). Il convient de lire les deux derniers actes dans cette perspective.

Il faut remarquer aussi que la fonction sémiotique se produit tout à la fois au niveau du procès et au niveau du système [12] :

---

12. Nous définissons ici ces deux concepts empruntés à Hjelmslev : « Le procès/texte est soumis à une règle générale d'ordre des positions — ordre dont la définition ne relève ni du temps, ni de l'espace, mais d'une logique de la compatibilité et du conditionnement, c'est-à-dire des possibilités combinatoires, des rections. Le système est obtenu au terme de deux étapes analytiques : 1. inventaire des constituants du texte; 2. organisation de cet inventaire selon les catégories définies par les positions possibles... Le constituant du texte se définit par les positions qu'il peut occuper dans la chaîne ». Cette explicitation des concepts hjelmsleviens est empruntée à L. Marin in « *Le discours de la Figure* » (*Critique*, n° 270, nov. 69).

(1) Tableau /rêve (Procès)
(2) Mort /rêve/veille (Système 1)
(3) Condamnation axiologique/trahison (Système 2)

S_2 est système du système 1 conçu en tant que procès de métaphorisation, mais il est aussi à supposer qu'il est le système du procès narratif suivant. (1), (2), (3) constituent des unités textuelles finalement caractérisées par :
— l'existence et la détermination réciproque : procès/système;
— le processus de figuration qui établit un rapport « naturel » entre une expression et son contenu (tableau/mort) avant d'en produire la surdétermination (lisible dans les glissements et condensations signifiantes);
— le fait d'une constitution uniquement intratextuelle — l'inscription idéologique ne se marquant qu'aux termes choisis de la figuration.

Le second trait est particulièrement important puisque se situant au niveau d'une dénonciation de toute interprétation immédiate, de toute lecture simple des relations naturelles et qui ne prend pas en compte l'espace de production des significations, espace orienté et délimité par le développement tragique.

Existe-t-il d'autres types d'unités sémiotiques?

II. Matrice transformationnelle

1. L'achèvement du figurant
Replaçons-nous au point final de cette première séquence :
Je meurs, pour ne point faire un aveu si funeste *(226)*,

moment où Phèdre marque d'elle-même ce point final en parlant pour la première fois ce qui fut le mode de figuration de toute la première partie : sa propre mort. Ce faisant, Phèdre situe la mort dans son vrai lieu, non substitut de l'aveu, mais condition même de celui-ci : étrangement la mort est le plus souvent condition du savoir, ou si ce n'est du savoir lui-même, de sa diffusion, de sa reconnaissance : Ériphile doit mourir pour connaître sa véritable identité, Pyrrhus doit mourir pour être Hector... Au point de cette mort, tout recommence, une autre scène, une autre figure peut-être s'élabore en-deçà de la réponse de Phèdre, maintenant qu'a été troué l'espace de la figuration, un autre type de langage doit prendre le relais. La réalisation du figurant — la mort — est épuisement, achèvement de la figuration jusqu'à une prochaine itération, car la matérialité même de ce figurant ne meurt point.

Nous sommes alors dans un champ d'énoncés immédiatement énonciatifs (dialectique du dialogue), la lutte se joue apparemment entre deux morts : celle de Phèdre et celle d'Œnone dont il reste à savoir si elles ne sont pas les deux faces de la même : la mort d'Œnone comme remplissement de celle de Phèdre :

> Je t'en ai dit assez. Épargne-moi le reste.
> Je meurs, pour ne point faire un aveu si funeste *(225-226)*

2. L'énonciation et la mort

Point final mis à l'ensemble A, les deux derniers vers cités sont organisateurs de la temporalité de l'aveu dont, remarquons-le, le nom est prononcé ici pour la première fois. Trois temps différents s'y trouvent représentés : un passé clos « ai dit », un présent en relation de causalité avec un futur : « je meurs pour ». Présent qui pose l'impossibilité de l'aveu sans une mort contemporaine de sa propre énonciation [13] qui puisse autoriser, rendre possibles les énonciations futures. Et Œnone ne s'y trompe pas, qui substitue à la mort de Phèdre la sienne propre.

> Mourez donc, et gardez un silence inhumain *(227)*.

D'où : mort de Phèdre ⟶ non/aveu.

> Mais pour fermer vos yeux, cherchez une autre main *(228)*.

La mort et l'aveu. Cependant il n'est qu'une mort qui puisse être, comme l'exige implicitement le discours Phèdre, présente, au sens de contemporaine de sa propre énonciation, contenue dans cette énonciation même, *celle-là est la mort symbolique de Thésée.* Œnone, elle, ne peut que parler au futur et cependant elle parle — de manière dérivée — la mort de Thésée :

> Mon âme chez les morts descendra la première.
> Mille chemins *ouverts* y conduisent toujours *(230-231)*.

Lisons ensuite : *Acte II. Sc. 1* :

> Il [Thésée] a vu le Cocyte et les rivages sombres,
> Et s'est montré vivant aux infernales ombres;
> Mais qu'il n'a pu sortir de ce triste séjour,
> Et repasser les bords qu'on passe sans retour. *(385-388)*

Insistons ici sur « toujours », « séjour », « sans retour », contraire de « mille chemins de retour ». Puis reportons-nous à la scène 5 de l'acte II, alors que Phèdre s'adresse à Hippolyte en quête de père :

> [...] Puisque Thésée a vu les sombres bords,
> En vain, vous espérez qu'un Dieu vous le renvoie;
> Et l'avare Achéron ne lâche point sa proie. *(624-626)*

C'est parce que Thésée est toujours déjà mort — et que le langage a la puissance de l'acte lorsqu'il répète cette mort, après l'avoir par-

---

[13]. *Énonciation :* au sens d'acte d'organisation et de production d'un discours. Cf. revue *Langages, L'énonciation*, n° 17, mars 1970.

faitement présupposée d'ailleurs dans les accusations d'Œnone *(195 à 205)* — que l'aveu a un lieu autre que de confidence.

III. Ensemble B
1. Tableau B.1. : Mort d'Œnone
Œnone est dans cette scène Thésée — et c'est peut-être aussi pourquoi le nom de Thésée reste imprononçable. Ce n'est là encore qu'une hypothèse, mais qui peut se découvrir féconde : si la mort annoncée d'Œnone est en fait figure substitutive de celle de Thésée, l'aveu tout entier pourrait être substitut, suppléance nécessaire de ce langage du corps qui se refuse (il convient de se remémorer le fonctionnement de l'ensemble A). L'aveu est un reste : « épargne-moi le reste », un supplément/suppléance, il s'adresse à un Thésée qu'il faut tuer pour le ressusciter. On peut lire dans cette perspective, à la scène 5 de l'Acte II :
>Et l'avare Achéron ne lâche point sa proie.
>Que dis-je? Il n'est point mort, puisqu'il respire en vous. *(626-627)*

L'aveu est préparé par un meurtre implicite :
>Quel fruit espères-tu de tant de *violence? (237)*

Ce terme ayant une force d'étrangeté et de rareté très grande au XVIIe siècle. Remarquons aussi le mot « fruit », dont le seul autre emploi dans l'ensemble du texte sera relatif à Thésée :
>De son fatal hymen je cultivais les fruits *(300)*

Entendons *fatal* au sens de : qui peut causer la mort. Mais cette accusation de violence est en fait une projection : la violence est celle du meurtre, point ultime mais totalement logique de la trahison et du désir. Le mécanisme de projection sera le même quant au langage, quant à la nomination :
>C'est toi qui l'as nommé. *(264)*

La nomination serait-elle, elle aussi, de l'ordre de la violence, serait-elle une possession, un viol?

Énonciation et mort, meurtre et projection, c'est cette fois d'une structure de type analytique qu'il nous faut partir pour constituer le fonctionnement textuel. Énonciation et projection sont les deux opérations indispensables à l'analyse du découpage en reparties. Et cela n'est que pure logique : le système qui sous-tend les deux vers matriciels de Phèdre s'est déterminé dans le procès de l'ensemble A — qu'il présuppose tout en lui étant subordonné. Il s'est constitué dans et par le fonctionnement textuel et peut ainsi, à son tour, préfigurer et même déterminer le fonctionnement textuel du procès B : il semble qu'il puisse être dominé par le problème du rapport de Phèdre au langage, à l'énonciation même et par conséquent à l'organisation des énoncés narratifs.

2. Mise en scène de l'énonciation

Il faut faire deux remarques relativement au fonctionnement textuel B : l'énonciation s'y trouve véritablement mise en scène, analysée, commentée — tel le tableau 1 dans l'ensemble A — par réflexion sur son lieu même, sur son fonctionnement (« Par où commencer? »), sur ses conséquences. La scène dans son ensemble serait donc trajet d'un tableau à un autre en passant par la dialectique de la mort. Autre aspect de ce rapport au langage : l'impossible nomination : d'Hippolyte, et celle-ci est dite, commentée, thématisée; de Thésée, et cette dernière ne se découvre pas, ne se veut pas. Deux traits étrangement similaires dans leur opposition : successivement commentaires de la parole et commentaires de la non-parole.

A propos du statut de l'énonciation, *lisons* :

> Tu frémiras d'horreur si je romps le silence *(238)*

Rompre le silence c'est dire le nom même d'Hippolyte : le fait de la trahison a déjà été dit à l'ensemble A.

> Quand tu sauras mon crime, et le sort qui m'accable,
> Je n'en mourrai pas moins, j'en mourrai plus coupable *(241-242)*.

Confirmation de la mort éventuelle d'Œnone comme ne remplissant pas, ne pouvant pas remplir celle de Phèdre. La mort d'Œnone est bien l'effigie, *le simulacre de celle de Thésée*. Œnone se délègue pour mourir en Thésée [14]. Il est un axe de continuité qui mène Phèdre à la mort, et c'est le même qui joue à nouveau après l'aveu.

Relativement à l'impossibilité de prononcer le nom même d'Hippolyte (« C'est toi qui l'a nommé », 264), nous pouvons aussi lire l'espace de projection instauré par le meurtre :

> Quel fruit espères-tu de tant de violence? *(237)*

Espace de projection qui donc peut jouer récurremment sur l'énoncé exclamatif :

> Malheureuse, quel nom est sorti de ta bouche? *(206)*

Métaphore corporelle qui s'annexe la question suivante :

> Et quel affreux projet avez-vous enfanté? *(223)*.

Nommer, c'est enfanter. Mais on enfante des crimes, et le meurtre de Thésée ne peut pas ne pas se lire récurremment dans :

> Quel crime a pu produire un trouble si pressant?
> Vos mains n'ont point trempé dans le sang innocent? *(219-220)*

vers qui se lisent à présent de manière autre, marquant ainsi leur appartenance à un autre type d'unités sémiotiques.

---

14. Retenons ce sens du geste d'Œnone, délégation de mort, comme sa propre mort sera déléguée en *signe* de vérité (Cf. Chapitre XI).

> **PROPOSITION IV**
>
> *A ce niveau de l'analyse, le fonctionnement textuel s'avère jouer doublement : en deçà de l'espace analytique de projection qui joue sur la structure dialoguée, et conséquemment sur le découpage en partitions du texte, se produit un second niveau sémiotique, qui constitue des unités signifiantes autonomes, totalement intratextuelles et ne dépendant pas de ce découpage. Dans l'ordre du découpage dialogué, serait absurde et surtout contradictoire le fait d'un discours — celui d'Œnone — questionnant le meurtre de Thésée qu'elle va elle-même accomplir. Il y a hétérogénéité entre les deux niveaux qui sont irréductibles l'un à l'autre, qui ne relèvent pas de la même logique : le fonctionnement textuel peut anticiper sur le fonctionnement analytique du discours (texte s'oppose ici à discours) ; il peut et il le doit car il fait du discours analytique — non un objet spécifique — mais un matériau qu'il peut préfigurer dans ses contours.*
>
> **Le texte tragique est moins dialogué qu'il n'est en fait dialogique** [15].

Revenons à l'équation symbolique établie : nommer c'est enfanter, enfanter c'est aussi tuer :
— nommer Hippolyte : c'est tuer Thésée (simulacre);
— nommer Hippolyte à Hippolyte vivant : ce sera tuer Phèdre (simulacre de mort et de viol : Acte II, Scène 5);
— nommer Hippolyte à Thésée vivant : ce sera tuer Hippolyte. C'est celui qui nomme qui tue.

Au-delà de cette fonction symbolique, la nomination appartient à la constitution des procès et systèmes du langage : elle est activité de désignation, de substitution. Elle s'inscrit dans le travail de sélection dans une suite paradigmatique, elle substitue, ou du moins peut substituer, la désignation univoque d'un objet à ses définitions [16]. Ici le langage ne peut réaliser une telle opération et s'accroche logiquement à l'opération symétrique, contraire, celle de la combinaison des unités — des unités de significations quelle que soit leur taille. Le texte fuit ainsi dans le contexte, dans l'appréciation des conditions mêmes et du statut de l'énonciation future (« tu frémiras d'horreur », « Quand tu sauras mon crime... »). Le récit — ce qui devrait être le récit de l'aveu —

---

[15]. C'est le heurt non de deux personnages mais de deux fonctionnements sémiotiques qui constitue le texte.
[16]. Cf. Jakobson, *Langage enfantin et aphasie* (Éd. de Minuit, 1969).

cherche à s'épuiser dans le contexte, et ainsi à se donner par contiguïté avec d'autres, avant même de se constituer :

> O haine de Vénus! O fatale colère!
> Dans quels égarements l'amour jeta ma mère! *(249-250)*

Contexte familial duquel ne pourra que se déduire le récit.

> Ariane, ma sœur, de quel amour blessée,
> Vous mourûtes aux bords où vous fûtes laissée! *(253-254)*

Contexte-commentaire qui voudrait tenir lieu d'aveu. La nomination dérivée d'Hippolyte se fait dans sa relation maternelle première : « ce fils de l'Amazone » et dans sa relation seconde : « ce prince si longtemps par moi-même opprimé », relation de force, d'autorité, donc en quelque façon relation parentale. Geste de nomination immédiatement projeté, ce qui pourrait en marquer le point final, d'autant que le texte Œnone module une ponctuation rythmique du déroulement précédent :

— « Ô désespoir » : lire trait distinctif de l'ensemble A (tableau/texte);
— « Ô crime » : lire « meurtre de Thésée », triple trahison;
— « Ô déplorable race » : enfermement des enjeux dans l'enceinte d'un même sang.

3. Tableau B.2. : Vénus

L'aveu/nomination est négation, impossibilité d'une quelconque modulation temporelle : « et par où commencer »? il n'est pas de début, pas de temps originel; « si longtemps » : de tout temps. C'est au point où Œnone tente une localisation temporelle, une localisation aussi du meurtre de Thésée, que se déclenche l'aveu :

> Voyage infortuné! Rivage malheureux, *(267)*

La redondance interne (« voyage »-« rivage »), simultanée du dessin d'une limite, marque une volonté d'extérioriser la passion, de l'encercler dans une problématique de la nécessité/liberté à expliciter dans le cadre d'une rationalité éthique spécifique.

La brutalité de la réponse dément toute tentative d'une figuration temporelle, tout enfermement de la passion dans une délimitation quelconque. Quel sens alors donner à l'apparente modulation temporelle de l'unité narrative des vers 269-316? N'est-elle pas donnée à lire — justement — selon un autre modèle logique que celui du temps? Le récit sur lequel s'achève cette scène est doublement mis en scène : par la réflexivité des processus d'énonciation et aussi par la nécessaire figuration selon l'élément introduit par Œnone : la temporalité. L'analyse de l'énonciation positionne ce texte-récit comme possible parce que le simulacre de meurtre de Thésée a été accompli, comme expansion d'un nom propre, celui d'Hippolyte — en tout cas comme texte producteur d'une libération. N'est-il pas alors possible de lire ce récit dans l'interaction de deux structurations différentes : celle d'une narrativité par ailleurs présente dans l'ensemble du texte et celle d'une corporéité mise en scène, donnée à entendre dans la simultanéité de son énonciation et donc lisible au présent de ce vers :

   C'est Vénus tout entière à sa proie attachée *(306)*

Le lieu du récit serait finalement de jouissance sensuelle, supplément par rapport à l'aveu déjà fait, concession figurative aussi — prime de plaisir et supplément idéologique. Symptomatiquement, lisons ce texte comme remplissement par Phèdre elle-même du cadre figuratif posé par elle : Vénus. Figuratif, car constitué — avant même que toute démarche textuelle n'ait lieu — de représentations idéologiques suffisantes pour qu'il se présente comme un signifiant possible :

   [...] les Dieux ont envoyé
   La fille de Minos et de Pasiphaé *(35-36)*

Résidu possible — au niveau le plus immédiat des significations du moins — du texte ancien d'Euripide dans lequel les événements et énonciations humains sont donnés à lire comme échos d'un conflit entre les Dieux; très exactement — car cela aura son importance — entre deux représentantes féminines de la divinité : Aphrodite et Artémis. A supposer qu'une opération de condensation et de « remplissement » positif [17] des noms divins, se soit produite en passant du texte d'Euripide à celui de Racine, Aphrodite et Artémis pourraient bien ici se mouvoir sous les étiquettes de Phèdre et d'Antiope — cette dernière jamais directement nommée mais bien présente. Quel serait alors le statut de Vénus, *image* divine si fréquemment indiquée par Phèdre ?

   Je reconnus Vénus et ses feux redoutables;
   D'un sang qu'elle *poursuit* tourments inévitables *(277-278)*
   C'est Vénus tout entière à sa *proie* attachée *(306)*

« Poursuit », « proie » peuvent appartenir à un axe sémique déjà esquissé :

   Ariane, ma sœur, de quel amour *blessée*, *(253)*

Sèmes épars d'une scène de chasse — plus précise dans le scénario du rêve *(176 à 178)* — qui ne sont pas totalement inattendus, puisqu'ils formaient l'axe, quasi immédiatement sexuel, d'association dans le texte d'Euripide :

   Emmenez-moi vers la montagne; je veux aller dans la forêt, près des pins où bondit la meute carnassière, aggrippée aux cerfs roux; par les Dieux! j'ai *soif* de crier « Taïaut! », de ramener près de ma blonde crinière, avant de le lancer, l'épieu

---

17. Positif au sens où dans cette transposition se lisent plus directement et plus clairement les enjeux psychiques : éclaircissement d'une relation divine par une double relation de maternité.

ou
>thessalien, de brandir dans mes mains la javeline acérée !

> Artémis, reine de Linné où piaffent les *chevaux* sur la piste aplanie, que ne puis-je dans ton gymnase *dompter* les cavales vénètes ? [18]

Artémis protège Hippolyte et en symbolise toutes les activités. La condensation des deux pôles sémiques affleure ici dans la production d'une Vénus qui « poursuit »; et elle est telle que les deux références divines se confondent et servent d'« images » à référer pour Phèdre comme pour Hippolyte. Il faut relire dans la première scène de l'Acte I les vers *61* à *63* (« Vénus, par votre orgueil si longtemps méprisée »), auxquels répond Hippolyte en dressant la figure de l'Amazone (Artémis). Vénus est trace confondue d'Artémis et de la condensation autour du pôle signifiant — et sexuellement signifiant : chasse/poursuite. Mais ce pôle est lui-même double, Phèdre se projette en Vénus :

> Je *lui* bâtis un temple et pris soin de l'orner *(280)*

à travers une double relation :
— d'altérité :
> De victimes *moi-même* à toute heure entourée *(281-282)*

— de projection :
> Contre *moi-même* enfin j'osai me révolter *(291)*.

Notons que la révolte n'est pas tournée contre Vénus. Il y a identification progressive à la figure de la déesse, jusqu'à la consubstancialisation proclamée :

> C'est Vénus tout entière à sa proie attachée *(306)*

S'il est ici probable qu'il s'agit de la re-écriture d'un vers d'Horace *(Odes, I, XIV, 9)* :
> In me tota ruens Venus
> (Vénus fondant sur moi toute entière)

la notion de corporéité totale s'appliquerait plus à Phèdre qu'à Vénus, confirmation de la relation de projection qui institue Hippolyte comme « proie ». Phèdre elle-même thématise cette relation, à la scène 3 de l'Acte III :

> Déesse, venge-toi : *nos causes sont pareilles (821)*

Et nous verrons qu'elle appartient à l'espace épistémique de la représentation, de la délégation (cf. chapitre VII).

Quel est le rôle de cette distance, de cette figuration de la passion comme passivité, comme fatalité dont un pôle lointain est responsable? Ne s'agit-il pas là d'un langage « figuratif », au sens pascalien du terme; le texte parle la fatalité de la passion pour qu'elle soit lue comme identique et contraire à la liberté : affection (subie) et passion

---

18. Euripide, *Théâtre complet*, Éd. Garnier, t. IV, p. 177.

(agie) tout à la fois [19]. Comme le tableau, la représentation scénique de Phèdre arrivant, avait été « rempli » en même temps que déconstruit par le scénario du rêve, le tableau, l'allégorie de Vénus s'acharnant sur une famille se remplit, s'effectue et se détruit comme tel. Récit d'une passion construit sur le même modèle logique que ceux d'Oreste ou de Xipharès, le récit de Phèdre est traversé d'éléments sémiques autres : unités figuratives, unités symboliques :

    Je le *vis*, je *rougis*, je pâlis à sa vue
    Un trouble s'éleva dans mon âme éperdue *(273-274)*
    Qui peut-être *rougis* du *trouble* où tu me vois *(171)*

L'adresse paternelle des vers *169-172* avait moins pour objet le désespoir et l'impuissance que le trouble sensuel permanent — et donc parfaitement lisible dans l'instant qui précède le rêve. De même :

    Mes yeux ne voyaient plus, je ne pouvais plus parler *(275)*
    Et mes yeux malgré moi, se remplissent de pleurs *(184)*.

Là encore le trouble sensuel est toujours identique à lui-même et le passé narratif est ici dérisoire.

    En guise de conclusion, on notera le *double statut* de ce texte : en tant que figuration nécessaire à la tragédie, *illustration narrative*, il se lit comme récit (cf. les analyses de la narrativité) et comme allégorie de la fatalité des affections; en tant que fonctionnement signifiant, il « remplit » une figure — et par là il est épuisement de cette même figure, assumation d'une activité, d'un travail de la « passion » sur la corporéité en même temps que sur la matérialité du signifiant.

    Le tableau, ou plus exactement les parcours d'un tableau à un autre (1. de celui de Phèdre séduite à celui de Vénus séductrice; 2. de celui de Vénus représentante à celui de Phèdre mourante, point final de la pièce) ne sont pas ici donnés à lire, à déconstruire, à reconstruire. Ils forment le dessin figuratif définitif de figures à jamais indélébiles, et qui sont comme les marques des déterminations qui se liront dans le développement ultérieur du texte. Les unités y sont symboliques dans leur mode spécifique d'engendrement et de constitution, mais figuratives à titre de système. Dans l'ensemble A, les unités textuelles se trouvaient être figuratives dans leur construction, mais symboliques à titre de système. Les unités de l'ensemble B se caractérisent par :

    1. l'existence de la détermination réciproque « procès symbolique/système figuratif »;
    2. l'espace d'un rapport de représentation, de délégation entre les actants et les figures (Phèdre ⟶ Vénus et Œnone ⟶ Thésée);
    3. une constitution uniquement textuelle.

---

19. Cf. dans *Iphigénie*, ces vers se rapportant à Ériphile : « Sous un nom emprunté sa noire destinée, [affection]/Et ses propres fureurs ici l'ont amenée » *(Acte V, scène dernière)*.

II

Ensemble figuratif/narratif

Argument

I. Ensemble A' : essai de constitution d'unités figuratives/narratives.

1. Tableau A'1. : « Hippolyte partant »

DÉFINITION : *signe :* se constituant figurativement, mais dans l'espace d'une structuration actancielle — et non dans un geste d'importation idéologique.
THÈSE : Constitution du tableau/signe « départ » dans une narrativité dédoublée.

2. Système A' 1

THÈSE : antécédence d'une réalisation modélique sur la constitution de sa structure.

3. Système A' 2 : « Phèdre mourante ».

— enchâssement signifiant
— transformation du figuratif en symbolique
→ engendrement du tableau/texte/fantasme à dénommer comme système : le parcours est ici aussi d'un tableau à un autre tableau par un délai textuel.

II. Matrice transformationnelle

— Discours sur Aricie ⟶ substitution d'Hippolyte à Thésée.
— Nécessité d'un parcours sémique.

> **III. Ensemble B′**
> *1. Substitution par médiation :* Théramène.
> *2. Tableau de Thésée. B′.2.*
> Thèses :
> — Le tableau de Thésée s'installe dans la figure (présente-figurative au sens de naturelle) de Théramène.
> ⟶ enchâssement figuratif/symbolique
> — Constitution narrative/figurative.
> ⟶ Le tableau de Thésée est constitution d'unités textuelles figuratives/symboliques dans leur mouvement d'engendrement, narratives/perspectivistes dans leur statut : 1) de récit; 2) d'horizon du texte.

Il est, à bien des égards, important d'apercevoir très vite la symétrie apparente qui règne entre les deux scènes-piliers de l'Acte I. Scène 1 : Hippolyte et son confident-précepteur Théramène, et scène 3 : Phèdre et sa confidente-nourrice Œnone. Deux scènes d'aveux qui feignent d'être organisées par la maïeutique de ce même aveu. Deux scènes d'aveux coupables dans lesquelles la position de l'interdit provient du même pôle : Thésée. Aussi n'est-il peut-être pas inutile d'utiliser les instruments méthodologiques forgés lors de l'analyse de la scène Phèdre-Œnone pour la constitution systématique des implications textuelles de cette première scène, si traditionnellement et platement baptisée scène d'exposition.

Il devient même possible de supposer que l'ensemble « Acte I » fonctionne sur un modèle proche de celui de cette scène — à bien des égards essentielle. Tableau/texte/rêve : tableau tel celui de Phèdre mourante, se dessinant tout au long de cet acte pour ne s'épuiser que dans une autre mort qui le rend vain et inutile. Tableau aussi cette apparence de départ — posée du début à la fin de la scène 1 avant de se transformer pour se réitérer (Acte II, scène 2 : Hippolyte partant, mais dans un but tout autre). Cependant ces deux éléments constitutifs : tableau-figure de Phèdre, et *tableau-signe* du départ d'Hippolyte ne sont pas situés sur le même plan. Le signe se constitue dans l'espace interne de la narration tandis que la figure peut se lire dans une réécriture de véhicules idéologiques. Autre caractéristique d'un possible espace figuratif : la distance des actants aux allégories qu'ils réfèrent sans cesse, Vénus, l'Amazone, Neptune. Quelle fonction remplissent ces allégories et comment s'effectue le travail signifiant qui va les recomposer ?

La lecture de la première scène se fera donc selon trois axes : en premier lieu celui de la constitution du signe « départ », et cela à l'intérieur même d'une narrativité dédoublée — tout à la fois héroïque et passionnelle. Second axe : celui du repérage analytique et sémiotique de la production du tableau-figure de Phèdre — dans ses implications systématiques et ses occultations simultanées. Enfin troisième axe : déjà intimement mêlé au précédent mais spécifique, celui de la référence allégorique, dans ses modulations figuratives et projectives : Vénus, l'Amazone, Neptune.

I. Ensemble A′

1. Tableau A′.1 : Hippolyte partant

Le départ — posé dès le premier vers comme prédicat affirmatif — l'est aussi en fait comme « tableau », au sens où l'était l'entrée en scène de Phèdre. Il est donné dans sa réalité matérielle : séparation d'avec un lieu, d'avec le lieu même de la scène.
Lisons en juxtaposition :

    Le dessein en est pris, je pars, cher Théramène. *(1)*

et

    N'allons point plus avant. Demeurons, chère Œnone. *(153)*

Positions qui paraissent antagonistes eu égard au lieu même de la scène, exclusion ou acceptation, mais qui, d'un autre point de vue, pourraient bien être identiques, si l'on songe que tout le texte-commentaire de Phèdre *(scène 3)* est fuite et même parfois refus du théâtre lui-même.

Mais ici le texte inaugural n'est pas uniquement redondance par rapport au tableau, il est déjà en lui-même explication et justification :

    Je commence à rougir de mon oisiveté. *(4)*

« Rougir » est, nous le savons à présent, symptôme de tout trouble sensuel, figure lointaine et opaque de la nécessité de cacher, de se cacher.

    Depuis plus de six mois éloigné de mon père. *(5)*

Projection de l'éloignement : c'est Thésée, le père lui-même qui s'est éloigné; Hippolyte se donne une position active qu'ainsi il refuse à son père, comme il refusera *(22-24)* une quelconque culpabilité de Thésée. Tableau d'un départ uniquement affirmé dans ce qu'il a de négatif :

    Dans le doute *mortel* dont je suis agité, *(3)*

Lire aussi (Œnone pressant Phèdre d'avouer) :

    Délivrez mon esprit de ce funeste doute *(226)*.

« Mortel » est tout à la fois ce qui résulte d'une mort et ce qui peut causer la mort.

2. Système A'.1. Géographie mythologique
Quel en sera alors le commentaire? Le texte de Théramène n'est-il pas trace figurée de l'accomplissement déjà effectué de ce tableau départ?

Départ et voyage ont déjà été accomplis, bouclés dans le tracé d'une géographie mythique, allégorique, dont il nous faudra découvrir le statut. Au « je » énonciatif qui cherche son affirmation :

> Je commence ... *(4)*
> J'ignore ... *(6)*
> J'ignore jusqu'aux lieux ... *(7)*

il est répondu par un « Je » neutre parce que commandé par Hippolyte et redondant d'inutilité :

> Et dans quels *lieux*, Seigneur, l'allez-vous donc chercher?
> Déjà, *pour satisfaire à votre juste crainte,*
> J'ai couru ... *(8-10)*
> J'ai demandé ... *(11)*
> J'ai visité ... *(14)*

Un jeu de fragmentations sémiques soumet la découverte d'une réalité objective à l'impression d'une réalité fantasmatique, découpant ainsi dans les vers :

> Sur quel espoir nouveau (nouveau : réajustement du fantasme)
> la trace ...

puis :

> dans quels heureux climats (comme éléments d'une réalité possible)
> de ses pas

Tout se passe comme si le récit — interprétatif — de Théramène était position d'une structure invariante : départ se retournant sur lui-même dans sa propre et vaine inutilité. Cette invariante serait posée après sa première effectuation modélique (les premiers vers d'Hippolyte) dans un jeu de présent/antécédent qui affirme ici un certain aspect du fonctionnement textuel comme pouvant être d'ordre analytique et donc comme laissant ouvert un espace de l'interprétation. S'agit-il là d'un processus identique à ce que nous avons nommé « système » précédemment? Œnone dans un texte-commentaire interprétatif produisait en le masquant le système explicatif du texte Phèdre, en le figurant dans la métaphore commune du jour et de la nuit. Théramène produit la structure figurante du texte d'Hippolyte — structure dont nous verrons aussi qu'elle se constitue d'une tout autre manière, à savoir dans le cheminement intertextuel de la narrativité tragique. Tableau/texte-commentaire et mise en scène du tableau sont ainsi soumis à la production d'un système explicatif qu'ils déterminent cependant. Le texte de Théramène fait suite — du point de vue des engendrements signifiants — à celui d'Hippolyte. Relevons-en quelques associations : doute mortel / Où l'on voit l'Achéron se perdre chez les Morts / qui le peuvent cacher / demandé / chez les Morts.

> PROPOSITION V
> *La tragédie, commentaire dans l'une de ses parties d'un tableau (« peinture », proclamait le XVIIe siècle), se démontre pour l'instant comme étant au contraire l'inverse d'un tableau : restitution produite — et à effet de productivité textuelle interne — des systèmes qui conditionnent et déterminent les procès textuels, tandis que le tableau est le moyen de rendre « présent » un système — le plus souvent une suite métonymique — dont on doit rechercher le procès narratif.*

L'affirmation du caractère déjà accompli, achevé, et inutile, du départ n'est pas la seule interprétation que fournisse le texte de Théramène. Statut du discours d'Hippolyte, mais aussi position d'un autre élément de la topologie de la scène : l'absence de Thésée, absence dont la naïveté là encore doit être soupçonnée :
    Qui sait même, qui sait si le Roi *votre père*
    Veut que de son absence on sache le mystère? *(18-19)*
Position de l'absence de Thésée comme volontaire, comme orientée, finalisée. Insistance sur le rôle de paternité (« votre père ») plus que sur celui de chef politique, doublée de l'insistance sur « héros » (marquée au démonstratif : « *ce* héros ») : pôle essentiel de la relation Hippolyte-Thésée, que nous lirons dans la suite de la scène, mais dont nous pouvons déjà saisir le mécanisme dans ces vers qui concernent Pyrrhus (*Andromaque*, Acte I, sc. 1) :
    Et vous avez montré, par une heureuse audace,
    Que le fils seul d'Achille a pu remplir sa place?
L'absence de Thésée avait très spécifiquement un lieu d'intervention dans l'ordre de la relation Hippolyte-Thésée, ainsi cernée par les termes: héros, père, sur-moi. Dernière information, allusion vague : « amante abusée », indéfinie (« une »), figure qui se peut remplir différemment (une amante de Thésée? Phèdre trompée par son absence/mort?) mais qui, récurremment, sera univoque lorsqu'il sera certain que Thésée n'a point pris d'amante. La voix, la partition confidente, est ici pleinement destinée à fournir des interprétations à double sens, figuratives : du départ d'Hippolyte, du piège possible que constituerait l'absence de Thésée — mais piège décalé, représenté comme masque alors qu'il se voudra dévoilement (cf. analyses narratives postérieures) — et enfin du tableau Phèdre. Théramène parle en figure le départ — dans tout ce qu'il est en fait, mais que nous ne pourrons constituer qu'au terme d'une autre analyse : statut du départ dans la narrativité héroïque et dans la stratégie actancielle de l'ensemble de la pièce.

Toute cette scène n'est, à y regarder de plus près, qu'un commentaire de l'affirmation « départ » qui en ponctue le déroulement :

> [...] Je pars, cher Théramène
> Et quitte le séjour de l'aimable Trézène. *(1-2)*
> Enfin, en le cherchant je ferai mon devoir
> Et je fuirai ces lieux que je n'ose plus voir *(27-28)*
> Je fuis, je l'avouerai, cette jeune Aricie. *(50)*
> Si je la haïssais, je ne la fuirais pas. *(56)*

Texte à vocation explicative générale qui — appliqué récurremment — peut donner sens à la fuite de lieux entachés par la présence de « la fille de Minos et de Pasiphaé. » Et les interventions de Théramène — recherche des causes de l'affirmation « départ » — seront les premiers traits de constitution des deux tableaux entrelacés, Phèdre mourante d'une part, Amazone/Artémis d'autre part, que l'on peut lire dans « l'enfance » retracée d'Hippolyte. Tableau Amazone/Artémis qui peut-être se transformera en Aricie? Cette hypothèse, nous la retrouverons après avoir constitué, par un tout autre biais d'analyse, la signification et la fonction organisatrice, génératrice de cet élément « départ », fonction à rechercher sur un axe sémique qui se marque en cette scène, mais ne peut s'élaborer que dans une lecture intertextuelle.

3. Système A'.2. : Phèdre mourante

Des éléments constitutifs du tableau « Phèdre », ne retenons pour l'instant que ceux qui s'intégreront à l'ensemble figuratif de la scène III. C'est une véritable suite figurative que forment les vers *43-47*, les vers *143-150* (scène 2) et enfin le tableau-commentaire du début de la scène 3. Y a-t-il là, d'un point de vue sémiotique, répétition de la même séquence? Autrement dit : ces trois ensembles ne sont-ils que trois variantes d'une même structure, d'une même grandeur?

> Lisons les trois premiers vers :
> Une femme mourante et qui cherche à mourir?
> Phèdre, atteinte d'un mal qu'elle s'obstine à taire,
> Lasse enfin d'elle-même et du jour qui l'éclaire. *(44-46)*

Il nous faut les faire éclater selon deux classes d'éléments définissant deux axes sémiques repérables, avec d'un côté une formation *nominale*, de l'autre une formation *verbale*.

femme, *mourante*	qui cherche à mourir
Phèdre, *atteinte*	qu' s'obstine à taire
lasse, elle-même	l' éclaire

Du côté de la « mélancolie » (au sens d'humeur) passive et de l'affection : des substantifs définissant le sujet (femme, Phèdre, elle-même) auxquels se subordonnent des qualifications proprement picturales (mourante, atteinte d'un mal, lasse). Du côté de la passion : des catégories verbales mais dont le sujet est distancié, éloigné par rapport aux substantifs premiers par des pronoms qui s'y substituent en oblit érant le nom. Distinction entre affection et passion qui ne sera définitivement lisible que lors du récit-aveu de la scène 3. Voyons ensuite à la scène 2, le tableau-commentaire d'Œnone :

> La Reine touche presque à son terme fatal.
> En vain à l'observer *jour* et nuit je m'attache :
> Elle *meurt* dans mes bras d'un *mal qu'elle me cache.*
> Un désordre éternel règne dans son esprit. *(144-147)*

Notons l'insistance sur la passivité. Insistance aussi sur l'égale lutte du jour et de la nuit : élément qui a, nous le savons maintenant, son importance. Mais en tout cas, développement textuel moins « perspicace », si nous devions employer un vocabulaire psychologique, moins pré-figuratif dans l'ordre du développement de cet ensemble. A Théramène revient ce rôle, comme il lui reviendra de figurer — dans le grand récit final — l'ensemble de la pièce. Le tableau qui va se déconstruire dans le déroulement signifiant du texte Œnone-Phèdre est déjà dessiné, avant même l'arrivée de Phèdre : corporéité sur fond d'un commentaire, avant de se fondre dans le commentaire d'elle-même. Sa déconstruction même est signifiée dans l'antériorité d'une présentification symbolique :

> (1) Cet heureux temps n'est plus. Tout a changé de face,
> Depuis que sur ces bords les Dieux ont envoyé
> La fille de Minos et de Pasiphaé. *(34-36)*

à lire comme appelant :

> (2) Noble et brillant auteur d'une triste famille,
> Toi, dont ma mère osait se vanter d'être fille, *(169-170)*
> Qui peut-être rougis du trouble où tu me vois,
> Soleil, je te viens voir pour la dernière fois. *(171-172)*

Même irréversibilité du *temps* dans les expressions « cet heureux temps n'est plus » et « pour la dernière fois ».

On peut lire ici une chaîne signifiante du type :

> Soleil (2) — Dieux (1) — face (1) — rougir (2)
> (2) ⟶ (1) ⟶ (2)

Et dans :

> la *fille* de Minos et de *Pasiphaé*
> toi dont *ma mère* osait se vanter d'être *fille*

les deux termes « osait » et « monstre » appellent la première apparition de la mythologie et d'une constitution paragrammatique de texte : « Minos » s'allie phonétiquement à [monstre] et « fille » à [phaé] dans Pasiphaé.

Le problème sémiotique, ici évoqué, est moins celui du repérage d'unités comparables du point de vue de leur « valeur » dans un « schéma » textuel, valeur uniquement relationnelle et qui est certaine (cf. analyse de la « valeur » de la séquence 2, dans l'ensemble tableau-texte/rêve), que celui du cheminement constant, obsessionnel d'un certain nombre de figures (au sens hjelmslevien) qui chaque fois servent à la formation d'unités différentes. Ces unités hétérogènes ne peuvent pas être comparables du point de vue de leur statut relationnel (variante ou invariante du schéma textuel), mais elles doivent le devenir du point de vue des mécanismes d'engendrement du procès textuel.

Les séquences (1) et (2) ne sont pas prononcées par les mêmes « voix », n'appartiennent pas aux mêmes ensembles textuels et cependant il n'est pas indifférent au fonctionnement général du texte qu'elles se constituent à partir des mêmes figures sémiques (*figures* : éléments qui ne sont pas en eux-mêmes des signes ou qui sont signes d'autre chose que ce pourquoi ils sont exigibles).

4. Tableau/fantasme

Si nous lisons, et nous venons de voir que cela est possible, les vers *34-35-36* dans la continuité (inverse) de l'invocation paternelle au soleil *(169-172)*, il peut être légitime de poursuivre la lecture de cet axe signifiant homogène :

> Dieux! Que ne suis-je assise à l'ombre des forêts!
> Quand pourrai-je, au travers d'une noble poussière,
> Suivre de l'œil un char fuyant dans la carrière? *(176-178)*

Fragment de rêve qui s'engendre à partir de l'invocation au soleil — fragment de rêve qui condense des noyaux sémiques non étrangers au texte d'Hippolyte :

— Dieux/les Dieux.

(remarquons que l'interjection *Dieux*, aussi fréquente qu'elle soit, n'est probablement pas innocente dans l'ensemble de la pièce, étant donnée la surdétermination figurative, allégorique, projective de ce lexème.)

— bords — Trézène — forêts — carrière.

Il faut retenir surtout le dessin par le texte d'Hippolyte d'une « face » de Phèdre totalement obsessionnelle, dont le regard (« suivre de l'œil ») est partout, et change tout ce qu'il touche.

A ces éléments d'analyse qui sont de l'ordre même d'une démarche systématique de déconstitution/reconstitution du texte s'ajoutent ceux que donnerait l'impression sur cette scène du schéma textuel dégagé précédemment. Le départ est tableau, le discours justificatif d'Hippolyte et la structure de départ figurée par Théramène sont textes-commentaires : quel est alors le statut de cette échappée textuelle des vers *34-35-36?* Ils sont rêve, autant dire fantasme/obsession.

5. Tableau/texte/fantasme

Le schéma textuel est ici identique à celui de la scène 3, du moins pour ce qui en concerne le début. Et d'ailleurs ces trois vers ne sont-ils pas aussitôt déniés, recouverts? Mais tandis qu'Œnone contribuait elle-même à cette dénégation en se raccrochant à la cohérence du discours

figuratif de la mort, Théramène suit littéralement le « texte Hippolyte ».
Il le prend « proprement » et en tire le noyau sémique « ennemi »
— peut-être anagrammatiquement présent dans le dernier vers
d'Hippolyte :
>   La fille de *Mino*s et de Pasipha*é*.
>   [mi]   [ne]   [é]

A partir de ce noyau, il élabore un discours à la fois interprétatif
— mais faux — et figuratif du tableau de Phèdre. Une nouvelle continuité s'élabore alors :
>   fragment obsessionnel ⟶ tableau de Phèdre
>   (image de Phèdre)

Continuité absurde du point de vue du dialogue : elle passe par une fausse interprétation; continuité qui, une fois encore, se situe uniquement au niveau du fonctionnement interne du texte. De plus, le discours interprétatif de Théramène formule, et cela situe bien le niveau auquel il se trouve, l'espace apparent du changement, façade psychologique que détruit le fonctionnement réel du texte tragique :

> Mais sa haine, sur vous autrefois attachée,
> Ou s'est évanouie, ou s'est bien relâchée. *(41-42)*

Comme Œnone, Théramène commet l'erreur de croire à une temporalité agissant sur les passions.

A retenir donc comment — par élaboration interne au texte — se produit la transformation du figuratif déconstruit n° 1 (tableau du départ attaqué par le fragment obsessionnel) au figuratif n° 2 (tableau de Phèdre immédiatement dénié dans une formulation négative) :

> Sa vaine inimitié *n*'est *pas* ce que je crains *(48)*

négation, certes, mais demeure l'ambiguïté signifiante de « vaine », qui erre de l'inutile (pour Phèdre) à l'inefficace (sur Hippolyte). Tableau/texte/irruption du fantasme : cette irruption, si elle peut se lire récurremment dans les discours précédents, perce peut-être dans la double face signifiante : « séjour de l'aimable Trézène »/« doute mortel dont je suis agité » (séries d'oppositions sémiques : séjour/agité, mortel/aimable, Trézène/doute). Une barrière à cette irruption du fantasme avait cependant été dressée : celle de la fidélité Phèdre-Thésée, dressée dans le sens d'une projection (Phèdre retenant Thésée), tandis que c'est l'exact contraire qui veut être dit :

> Et fixant de ces vœux l'inconstance fatale,
> Phèdre depuis longtemps ne craint plus de rivale *(25-26)*

Projection n'est pas entièrement juste, car se marquent simultanément — et dans les mêmes termes — deux significations contraires : Thésée retient Phèdre → Phèdre est fidèle → Phèdre *aime* Thésée, mais aussi en même temps l'espoir que Phèdre retienne Thésée, que le cycle des infidélités cesse, cycle dont il apparaîtra dans la suite de cette scène qu'il est obsessionnel. La vision fantasmatique se marque aussi à tout ce qui est nécessité d'un voile, d'un « cache » : rougeur, « fuite » de ces lieux « que je n'ose plus voir ». Rougeur bien ambiguë puisque relative à une « oisiveté » dont nous apprendrons qu'elle est aussi en quelque manière trace de l'enfance :

> Assez dans les forêts mon oisive jeunesse *(933)*

Et c'est bien dans la double face de cette ambiguïté (enfance/honte présente) que s'engendre l'obsession de l'image de Phèdre, puisqu'à une question de Théramène toute pleine de cette même enfance :

> Hé! Depuis quand, Seigneur, craignez-vous la *présence*
> De ces paisibles lieux, si chers à votre enfance [...]
> Quel *péril*, ou plutôt quel *chagrin* vous en chasse? *(29-30 et 33)*

il sera répondu au « péril » plus qu'au chagrin par les trois vers d'Hippolyte *(34-35-36)*.

A ce point du texte (tableau/texte/fantasme), tableau et texte portent en leur envers les traces du fantasme qui va les mettre en doute, les accuser, tout comme le tableau de Phèdre portait inscrite la corporéité défaillante qui l'accusait et de jouissance et de rêve. Ce n'est pas encore une signification qui se constitue, mais seulement son lieu, son statut : tableau, commentaire discursif ou fantasme. Et c'est ce statut que Théramène occulte en attribuant des significations, en interprétant, ce que d'ailleurs il ne manque pas de signaler :

> J'entends. De vos douleurs la cause m'est connue. *(37)*

avant de dresser le tableau de Phèdre sous la figure de l'ennemie. Notons que Théramène face à Hippolyte pose Phèdre comme ennemie (terme ambigu), tout comme Œnone devant Phèdre lui parle d'Hippolyte en termes d' « ennemi » : autre élément de symétrie.

L'irruption du fantasme aussitôt refoulée — bien que n'ayant pas été thématisée — entraîne le rejet de la figure d'ennemi proposé par Théramène — rejet ambigu aussi nous l'avons vu. D'un système figuratif apparemment mal interprété, nous passons à un véritable système explicatif; l'insistance sur la nature même de l'énonciation (« je l'avouerai ») semblerait le prouver, situant le passage comme accession à une vérité.

II. Matrice transformationnelle

Il est ici évident, ce qui ne l'était pas dans la scène 3, que le récit d'Hippolyte *(66-113)* est en deçà de ce qui a été avoué précédemment. L'aveu a toujours déjà été fait, et même lorsqu'Hippolyte répond à Théramène, c'est selon un ton et un temps (imparfait/conditionnel à valeur générale) qui entérinent et ne disent pas. Mais précédemment à cela un texte nous importe : celui par lequel sont signifiés simultanément la mort possible d'Aricie (« la persécutez-vous ») et ses charmes (« ses innocents appâts »). Étrange rapprochement qui unit dans une même relation la reconnaissance des attraits et la persécution sadique. Qui peut remplir cette relation autrement que Thésée, persécuteur depuis toujours d'Aricie ? Il serait vraisemblable que l'aveu-affirmation générale d'Hippolyte soit déclenché par un discours tel qu'il se trouve mis à la place de Thésée. Avant que le texte ne l'explicite *(57-65),* Hippolyte a été substitué à Thésée, geste meurtrier qui ne peut que faire songer au simulacre qu'accomplit Œnone au travers de sa propre mort. Pourquoi très particulièrement à propos d'Aricie cet emploi des lexèmes « aimable » (si ce n'est qu'il a déjà été employé par Hippolyte à propos de Trézène), « appâts », tandis que le terme d'*ennemie* a, semble-t-il, été restreint à un sens politique ?

> Reste d'un sang fatal conjuré contre nous. *(51)*

C'est la première manifestation de ces lexèmes « amoureux », qui tirent « ennemi » vers un autre sens que celui, consciemment, thématiquement, voulu par le discours du sujet Hippolyte. Texte confident qui se fait ici lecture souterraine du discours précédent ; qui en retient des éléments signifiants à peine esquissés, qui les tirent de leur gangue manifeste. Fonctionnement souterrain dont pourtant les rébus se peuvent déchiffrer, par leur insistance, par leur apparente opposition. Meurtre simulé puisque substitution d'Hippolyte à Thésée : Hippolyte peut maintenant parler de Thésée et de ses exploits, parler contre Thésée (ses aventures amoureuses) et enfin parler l'interdit qui pèse sur Aricie.

III. Ensemble B'
1. Explicitation de la substitution Thésée/Antiope

La substitution n'est pas seulement effectuée, elle est aussi explicitée, justifiée par une intervention de Vénus remettant en scène, de manière plus ou moins lointaine, la rivalité des deux déesses — l'une étant cependant tue. Mort d'Hippolyte pour qu'il ressuscite en Thésée, ainsi se thématise « le changement » :

> Pourriez-vous *n'être plus* ce superbe Hippolyte *(58)*

Processus de substitution projective que nous connaissons dans un sens autre : mort de Thésée pour qu'il ressuscite en Hippolyte, processus symboliquement lisible dans la scène 3 (avant le récit de Phèdre) et qui le sera bien plus encore à la scène 5 de l'Acte II (aveu de Phèdre à Hippolyte). Processus qui, s'il dessine une configuration relative à Hippolyte, ne manque pas non plus d'ouvrir un espace de rivalité Thésée/Théramène, dans l'insistance de ce dernier à marquer *(17-21)* et remarquer les infidélités de Thésée :

> Et d'un joug que Thésée a subi tant de fois ?
> *Vénus,* par votre orgueil si longtemps méprisée,
> Voudrait-elle à la fin justifier *Thésée ? (60-63)*

Espace non étonnant d'une double paternité, telle celle que nous trouvons à Oreste, encore plus complexe et qui se marque dans un jeu phonématique : de Méné-*las* à [Py]-*la*-de, jusqu'à [Py]-rrhus. Remarquons que l'ami tient une place dans cette configuration et que les noms *Thé*-sée/*Thé*ramène ne sont pas sans favoriser des associations phonématiques. Relation qui se marquera d'ailleurs plus tard comme une sorte de « délégation de paternité » tragique et sur laquelle on ne revient plus :

> Théramène, est-ce toi? Qu'as-tu fait de mon fils?
> Je te l'ai confié dès l'âge le plus tendre. *(1488-1489)*

Substitution à Thésée de l'image de la mère seule, ou bien dans une relation totalement circulaire :

> C'est peu qu'avec son lait une mère amazone ... *(69)*

où se marque néanmoins la différence essentielle qui sépare une lourde filiation par le sang et une satisfaction par le lait, ou bien dans une situation narcissique :

> Je me suis applaudi quand je me suis connu. *(72)*

Relation caractéristique du guerrier prélude au héros, que d'ailleurs nous retrouvons dans une typologie des sujets tragiques. Mais qui donc est ici héros?

2. Tableau de Thésée

> PROPOSITION VI
>
> *Les intersections textuelles (superposition et jeu de plusieurs unités sémiotiques différentes) analysées jusqu'à présent étaient d'ordre figuratif/symbolique : comment un système symbolique pouvait déconstruire l'apparente cohérence et naïveté d'un tableau, comment aussi un système symbolique pouvait servir à la constitution d'un nouveau tableau (celui de Vénus dans le récit de Phèdre). L'allégorie reste d'abord image distanciée, altérité du sujet avant de se remplir de ses propres désirs. Ici l'intersection textuelle est ouvertement annoncée comme étant d'ordre figuratif/ narratif :*
> — « *quand tu me dépeignais...* » *(figuratif)*
> — « *contais* » — « *histoire* » « *voix* » « *récits* » *(narratif)*
> « *Peinture d'actions* » *et non de* « *passions* » *dans le langage du XVIIe s., mais d'où cependant cette dernière catégorie n'est peut-être pas exclue.*

Le tableau de Thésée est comme inséré par une énonciation tierce à l'intérieur du récit lui-même :

> Tu me contais alors l'histoire de mon père. *(74)*

Histoire qui, à l'entendre annoncer, semblerait révolue, telle celle du héros Hector dont Andromaque demande qu'elle soit exemplairement racontée à son fils. Histoire telle qu'elle semblerait bien admettre la mort de Thésée. L'idée même d'exemple n'est pas inintéressante, trace d'une certaine tradition d'éducation par l'exemple : éducation des Princes, idée bien prégnante en ce siècle de grands précepteurs. Exemple mais aussi et surtout tableau mythologique dont pourtant la présence ici ne peut être fortuite, ni innocente.

Le statut même du tableau mythologique prend un sens particulier dès lors que nous nous souvenons du paradigme proposé par Théramène : toute géographie (au sens général de topologie : des lieux, des villes) a un sens fantasmatique. Elle est figurabilisation, « représentation visuelle » d'une pensée inconsciente, d'une pensée du rêve, dont la trace se peut parfois facilement repérer :

Consolant les mortels de l'absence d'Alcide *(78)*.

Dès lors qu'Alcide est Hercule, et que Thésée peut se substituer à Hercule, avec le même statut *d'absence* et mieux encore, puisque cette substitution est appelée par Théramène :

Craint-on de s'égarer sur les traces d'Hercule? *(122)*

le texte se transforme jusqu'à ce que s'y lise en clair le rêve d'Hippolyte : « consoler les mortels de l'absence de Thésée ». Thésée mort, Hippolyte est d'emblée héros. Il n'est plus besoin d'un espace d'épreuves, d'acquisitions des qualités héroïques, Hippolyte est aussi protecteur, « consolateur », en d'autres termes « père », projection que nous retrouverons lorsqu'il parle à Aricie. Consolant Phèdre de l'absence de Thésée, au sens de sa trahison, de ses infidélités répétées : hypothèse à poser, mais qui ne peut encore être retenue à ce point de l'analyse du texte. A noter le lexème « monstre » dont nous reparlerons, puisqu'il constitue l'une des structures paragrammatiques essentielles du texte. « Monstres étouffés » présuppose ici une force égale du héros et du monstre, qui pourrait bien être le premier indice d'une réversibilité possible des deux (voir scène 5 de l'Acte III : le récit de Thésée) :

Qu'aucuns monstres par moi *domptés* jusqu'aujourd'hui *(99)*

Appel à la constitution de l'héroïsme, appel à la réalisation la plus immédiate possible : « jusqu'aujourd'hui », le départ, la recherche du père prennent un sens de *quête*. Il faut devenir héros. D'autant que selon l'exigence modélisante, mimétisante, instaurée ici, seul l'héroïsme rachète des errances amoureuses.

Appel à l'héroïsme avec néanmoins cette crainte, non explicite, mais marquée dans la scansion duelle des deux « moitiés » du tableau Thésée : qu'à chaque monstre corresponde une nouvelle femme, que l'héroïsme soit lié à l'infidélité. S'il est deux faces du tableau de Thésée, il est bien tentant de les faire se correspondre, d'autant que la séquence-référence du Minotaure — sans cesse rappelée jusqu'à se réactualiser dans le dénouement — fonctionne avec deux séquences amoureuses :

> Ariane aux rochers contant ses injustices,
> Phèdre enlevée enfin sous de meilleurs auspices; *(89-90)*

Des deux « moitiés d'une si belle histoire », laquelle est la plus castratrice ? Toutes deux témoignent d'une égale surpuissance du père et ne font que donner plus de force à l'interdit qui pèse sur Aricie, interdit qui brave les divisions temporelles (« obstacle éternel ») et qui très particulièrement porte sur une dérivation de l'acte sexuel :

> Mon père la réprouve; et par des *lois* sévères *(105)*.

Il n'est guère que la passion ici qui puisse avoir des *lois*.

> Il défend de donner des neveux à ses frères :
> D'une tige coupable il craint un rejeton. *(106-107)*

S'il est possible de faire jouer sur ce nouvel aspect du tableau de Thésée — sa relation à Aricie — le paradigme des traits précédents, on se demande quel Thésée agit ici? Le héros? le héros trop violent, emporté par la fureur (« Furor »)[1], tel Pyrrhus lors du massacre de Troie et qui — culpabilisé de sa cruauté — garderait Aricie vivante? Peut-être même là encore un re-travail du texte-prétexte s'est-il fait en substituant à Thésée s'éloignant pour « se laver par l'exil du sang des Pallantides » la présence d'une Aricie protégée puisque vivante, en même temps que persécutée. Mais plus étrange encore est la formulation d'Hippolyte :

> Il défend de donner des neveux à ses frères *(106)*.

Comme si toute femme ne pouvait jamais qu'être demandée à son frère (évitant ainsi l'affrontement avec le père), Aricie ne pouvant alors plus être l'objet d'une pareille sollicitation :

> Et que jusqu'au tombeau soumise à sa tutelle,
> Jamais les feux de l'hymen ne s'allument pour elle. *(109-110)*

Hippolyte, mis à la place de Thésée, en ressuscite un tableau mythologique : le héros, l'amoureux, le chef politique, concentration suprême de puissance — tel était aussi Mithridate. Comment s'accordent les « deux bouts » figuratifs de cette construction : Hippolyte partant/ Thésée puissant? L'intersection des unités symboliques et figuratives ne dessine ici qu'un système de vraisemblance : peur d'Hippolyte, impossibilité de devenir héros, mais cependant quête et fuite du père.

Le recours à une analyse d'un autre type est nécessaire, analyse intertextuelle dans la mesure où elle suppose des systèmes narratifs communs à un certain nombre de productions textuelles, analyse a priori dans la mesure où elle modélise le développement textuel pour retrouver ensuite les engendrements par jeu des intersections et contraintes sémiotiques.

---

1. Cf. Les analyses de Georges Dumézil sur le sens ancien (romain) de ce terme associé à la représentation mythique de l'héroïsme, dans « Mythe et Roman », *Cahiers pour l'Analyse*, n° 7 : « Lecture de Tite-Live ».

III

Constitution du figuratif

Argument

Préalables

1º repérage du caractère opératoire de la formule actantielle : « héros ». Ouverture sur le statut idéologique de cette notion.

2º questionnement des figures Hippolyte (quête) et Thésée (retournement d'héroïsme).

I. Ensemble I : essai de constitution d'une structuration intertextuelle.

1. Analyse d'une séquence initiale constituée en intertextualité.

Thèses :
— La séquence est un procès dont les constitutions sont régies par des lois de rection.
— L'opération de commutation permet de constituer les significations différenciées des énoncés (ou constituants).
— Des assignations symboliques sont aussi déductibles (cf. déduction de l'identité du père).

2. Corrélation avec les constituants du texte Phèdre
Conclusions :
— Déduction par catalyse de la séquence initiale.
— Intersection de la séquence intertextuelle et du fonctionnement figuratif : délimitation de la figure contradictoire du contrat Hippolyte/Thésée.

> ### 3. La formule de l'éloignement
> CONSÉQUENCES :
> — Une nouvelle topologie et donc une nouvelle symbolique.
> — Un anti-contrat.
> — Une formule en forme de piège.
>
> ## II. Ensemble II : figuratif/narratif.
> ### 1. Le retournement de la formule
> PROPOSITION VIII : constructibilité de l'énoncé « départ », qui n'est pas en fait premier.
> HYPOTHÈSES :
> — détermination figurative de ce retournement — voire même perspectiviste.
> — retournement « mort » (cf. rapport à la structure élémentaire de signification, chapitre V).
>
> ### 2. Constitution du « départ » comme énoncé dramatique
> PROPOSITION : la notion de contrainte sémiotique à l'intersection des opérations de commutation/catalyse et somme conjonctive des différents axes sémiques.
> THÈSE : génération d'un nouveau tableau, constitution figurative complète de la scène 1.
> Le signe « départ » devient énoncé dramatique.
>
> ## III. Ensemble figuratif « Acte I »
> ### 1. Narrativisation de la séquence initiale
> ### 2. Tableau de figuration

Préalables

Deux pôles figuratifs se sont constitués : Hippolyte partant puis Thésée tout-puissant, dessinant ainsi l'axe d'une relation, qui n'est pas nécessairement d'ordre psychologique ou affectif — cela appartiendra à un autre niveau du texte —, mais telle en tout cas qu'elle soit nécessaire à la constitution et à l'analyse systématique de ces premiers tableaux. Si, par certains aspects, le texte tragique est « représentation d'actions » ou développement narratif, ou bien appel à une narrativité mythologique, il devient nécessaire d'analyser ce développement : comment s'engendre la narrativité tragique ? Quelle en est la structure élémentaire [1] ? Comment se déclenche le récit ?

---

1. Cf. pour la définition de ce concept, Greimas, in *Du sens*, Éd. du Seuil, « Le jeu des contraintes sémiotiques », p. 136-137.

1. Caractère opératoire de la formule « héros ». Statut idéologique

Pour ce faire, et orientés par l'idée d'une structure élémentaire qui se construirait sur cette relation Hippolyte-Thésée, nous retiendrons un élément sémique, à définir pour qu'il devienne opératoire, l'élément « héros », présent à bien des égards dans l'organisation figurative et symbolique de la scène 1.

>Ce *héros* n'attend point qu'une amante abusée ... *(21)*
>Quand tu me dépeignais ce *héros* intrépide. *(77)*

Mais la dénomination « héros » n'est pas ici une facilité de vocabulaire, décrivant une position dite principale dans une construction théâtrale ou romanesque ; dénomination dont l'emploi serait d'autant plus aisé qu'elle appartient parfaitement à la hiérarchie imaginaire du XVIIe siècle, surtout dans sa première moitié. Cristallisation d'idéaux de toutes sortes, point ultime d'accomplissement d'une humanité guerrière et amoureuse, le héros rassemble sur lui tous les suffrages des spectateurs, par les résidus mythiques et épiques qui le constituent, par l'espoir secret qu'il renferme d'un prince enfin au-dessus des autres hommes, et ce par autre chose que les pures circonstances de sa naissance. L'imaginaire théâtral est ainsi organisé qu'il ne sert à rien d'être prince si l'on n'est aussi héros. Et si d'être prince peut se donner, le statut héroïque se conquiert, et dans le théâtre racinien — contrairement à beaucoup d'autres représentations idéologiques — il ne va pas de soi, et conséquemment le pouvoir politique ne va pas non plus de lui-même. Le héros est donné, moins comme acteur inévitable, que comme revendication, recherche : les qualités héroïques s'acquièrent, fruits d'épreuves, acceptées, choisies, provoquées, parfois fantasmatiques mais toujours existantes.

Le héros serait-il justification du prince, serait-il ce qui fait croire que le prince a raison d'être prince, mieux, que le prince est prince selon la raison ? « Le cœur a ses raisons que la raison ne connaît pas » (Pascal) ; là où le cœur a ses raisons pour aimer les héros, le cœur finit bien par tenir lieu de raison — ou plutôt il commence par cela, en un temps où l'on ne peut penser une autre réalité sociale et politique.

Les qualités héroïques s'acquièrent dans l'espace narratif d'un texte, ou bien déjà acquises elles sont mises à l'épreuve. Alexandre est héros, et n'est roi que parce qu'il est héros ; Porus veut le devenir ; Pyrrhus, « digne rival de son père », est devenu héros mais il doit être l'égal d'Hector, du mari/père d'Andromaque ; Achille s'accomplit comme héros dans l'espace d'un affrontement avec le père d'Iphigénie, ce que Pyrrhus n'accomplit qu'au prix de sa propre mort. Héros accomplis et chefs politiques, tels seront Mithridate et Thésée, mais il en est aussi qui s'oblitèrent, qui s'oublient : Bajazet dans un lointain horizon esquissé par Acomat a été héros, il n'en est plus que l'enveloppe vide, oblitération métaphorisée dans un obstacle, une prison, qui pourrait bien n'être qu'un prétexte; Oreste est héros pour rien, héros transporté, rendu errant par les caprices des tempêtes; Oreste n'est que le fantôme d'un héros que les Grecs croient remplir d'une mission politique (il est l'ambassadeur des Grecs qui doit exiger d'un Pyrrhus, hésitant quant à la meilleure tactique amoureuse, le fils doublement chéri d'Andromaque : Astyanax/Hector).

Point n'est besoin d'autres exemples — que nous retrouverons par ailleurs — pour dresser cette face, essentielle dans ses réussites mais aussi dans ses échecs et ses refus, du héros, masqué, se cherchant, se perdant mais toujours présent.

2. Questionnement des figures Thésée et Hippolyte

Thésée n'a, semble-t-il, plus rien à faire pour se voir ainsi désigné, c'est-à-dire en partie défini, Thésée a vaincu des monstres sans nombre, sans nom autre que celui de monstres; Thésée libère de toutes servitudes : il délivre la Crète du Minotaure — frère de Phèdre et d'Ariane — monstre-taureau qui apaisait ses appétits d'un tribut de jeunes filles et de jeunes hommes chaque année régulièrement payé. Thésée héros ne devrait attendre des événements et des rencontres que récompenses, et cependant quelle étrange récompense que celle qu'il demande à Neptune. Lorsqu'il fait appel à sa qualification héroïque dans une demande d'accomplissement de promesse, il tue par « méprise » son fils. Quel peut donc être ce retournement tragique de l'héroïsme, qui du positif fait du négatif? Les hommes devraient-ils douter de leur pouvoir et de leur savoir? Hippolyte, lui, n'est pas héros, ou du moins n'a-t-il pour l'instant que quelques virtualités héroïques qui tournent à vide dans les exercices habiles mais oisifs d'un guerrier narcissique des forêts [2].

Et cependant Hippolyte revendique les qualités de héros, sans peut-être se donner les moyens de les acquérir : retrouver son père là où Théramène a échoué, ce peut être l'une des significations de ce départ annoncé de manière si affirmative. Et la nécessité de l'héroïsme se dévoile totalement dans le discours sur Thésée :

> Qu'un long amas d'honneurs rend Thésée excusable,
> Qu'aucuns monstres par moi domptés jusqu'aujourd'hui
> Ne m'ont acquis le droit de faillir comme lui *(98-100)*

avant de s'expliciter dans le développement narratif de la pièce. Les passions conjuguées de Phèdre et d'Aricie, dans la condensation qu'elles font d'Hippolyte et de Thésée *(lire 436-448* pour Aricie, *634-662* pour Phèdre), constituent Hippolyte comme héros, héros de ce qu'il est et

---

2. Cf. ultérieurement la typologie des sujets.

de ce qu'il n'est pas : l'image de son père. Et peut-être, comme l'Hippolyte d'Euripide mais pour d'autres raisons, peut-être refuse-t-il l'espace même d'une rivalité avec son père? Peut-être l'impossibilité de se faire, de s'éprouver héros, que nous allons découvrir maintenant, n'est-elle que le reflet masqué de l'impossibilité d'une rivalité avec Thésée qui mettrait en cause et le statut d'Aricie — dépendante de Thésée — et le statut de son épouse légitime : Phèdre.

Il nous appartient maintenant d'organiser la structure élémentaire annoncée à l'aide de la relation Hippolyte-Thésée et du cadre vide que représente la dénomination héros, et peut-être aussi à l'aide de la présence dans tous les textes tragiques raciniens, quels qu'ils soient, de fragments qualifiables comme récits. Récits parce que s'affirmant comme tels grâce à la médiation temporelle, et parce qu'analysables par un certain nombre de modèles narratifs généraux (mis à jour sur certaines formes textuelles telles que le mythe et le conte), mais aussi spécifiables pour chaque manifestation narrative particulière. Et dans cet ordre d'hypothèses quant aux fonctionnements textuels, la spécificité de la narrativité tragique reste à analyser. La narrativité, au sens de spécificité de l'organisation syntagmatique d'un texte, ne signifie pas déroulement chronologique, bien qu'elle puisse dans certains cas se marquer par une organisation temporelle propre. En aucun cas la narrativité ne peut signifier déroulement d'une première lettre à une dernière, véritable internement du texte dans sa linéarité apparente. Elle est transformation, circulation logique ou succession mais non événementielle (représentation univoque). Mais elle se marque, s'atteste d'elle-même dans diverses formes textuelles : récitation constituée et coutumière de quelque passion, de quelque « amoureuse histoire », renvois rapides à une antériorité événementielle, qui par là même appartient totalement à l'algorithme de la pièce, ou réécriture fragmentaire et allusive d'une narrativité mythologique et légendaire omniprésente à la culture qui a produit le texte en même temps qu'elle s'y produit.

I. Ensemble I
1. Analyse d'une séquence initiale intertextuelle
Si la relation du héros à ce qui peut l'instituer comme tel peut être lisible et structurable de manière immédiate, elle ne détermine pas l'ensemble de la structure élémentaire ou séquence initiale. Aucun texte ne la thématise en la récitant explicitement. La « passion » ou ce qui structurellement peut en tenir lieu (le récit par Agamnenon de ses scrupules et tergiversations par exemple) est l'objet d'une narration; songeons à celle d'Oreste (*Andromaque*, Acte I, scène 1), songeons aussi à celle de Xipharès (*Mithridate*, Acte I, scène 1). Il est un ordre de successivité des énoncés narratifs qui appartient en propre à ces récits.

Le choix d'un objet de fixation — Hermione pour Oreste, Monime pour Xipharès — se trouve problématisé par un tiers, qui non seulement choisit le même objet, mais dont le pouvoir est tel que cet objet lui appartient d'emblée : Hermione n'est pas choisie par Pyrrhus mais lui est désignée comme récompense, elle lui est tracée par ses propres victoires, par ses qualités de héros; Monime est désignée par le roi, père de Xipharès. La fonction même de celui qui désigne l'objet comme lui appartenant, de celui qui pose l'interdit (Thésée dans *Phèdre*), le situe comme père. Mithridate est père pour Xipharès, ce qui se lit dans la pièce, Pyrrhus est père pour Oreste, ce qui peut apparaître par la référence à ces deux premiers énoncés narratifs : désignation d'un objet de fixation — énoncé (1), puis appartenance de cet objet à un autre, le père — énoncé (2).

> Tu vis naître ma flamme et mes premiers soupirs.
> Enfin quand Ménélas disposa de sa fille
> En faveur de Pyrrhus, vengeur de sa famille,
> Tu vis mon désespoir [...] (*Andromaque*, Acte I, scène 1)

Le second énoncé non seulement rend ineffectuable la réalisation du premier, mais encore il le culpabilise; le transforme en plaidoyer :

> Qu'il te suffise donc, pour *me justifier*,
> Que je vis, que j'aimai la reine *le premier;* (*Mithridate*, Acte I, scène 1)

Énoncé premier si plein du second que Xipharès y qualifie Monime de reine, s'agissant d'un passé où elle n'était encore que princesse grecque, fille de Philopoemen, vassal respectueux de Mithridate. L'objet ainsi désigné ne peut pas ne pas être celui même de l'interdit, la reine; l'interdit lui-même, voire le double interdit comme dans *Phèdre*, est déterminant de l'objet ou des objets de fixation. Deux relations sont ainsi tracées, l'une à l'objet fixé — apparemment première — et l'autre au père, en fait initiale; aussi est-ce la relation à l'objet fixé qui va pour un instant s'oblitérer, se masquer dans l'éloignement dans une vaine recherche de l'héroïsme :

> et tu m'as vu depuis
> Traîner de mers en mers ma chaîne et mes ennuis. (*Andromaque*, Acte I,
> [scène 1)

L'éloignement est oubli, mais il est aussi vengeance, désaveu :

> Détestant ses rigueurs, rabaissant ses attraits,
> Je défiais ses yeux de me troubler jamais *(ibid.)*

La structure temporelle du récit de Xipharès offre l'exemple d'une curieuse simultanéité : celle de la découverte de l'interdit paternel, de l'appartenance de l'objet fixé à un autre et de la trahison de la mère.

> Hélas! ce fut encor dans ce temps odieux
> Qu'aux offres des Romains ma mère ouvrit les yeux;

> Ou pour venger sa foi par cet hymen trompée,
> Ou ménageant pour moi la faveur de Pompée (*Mithridate*, Acte I, scène 1)

Énoncé dont la conséquence sera de rendre contemporains les énoncés 3 et 3′ : celui de l'éloignement, de la recherche de l'oubli dans le combat, dans la quête de l'héroïsme et celui du désaveu de la mère :

> [...] et ma mère éperdue [...]
> A mille coups mortels contre eux me dévouer,
> Et chercher, *en mourant*, à *la désavouer* (ibid.)

A l'éloignement/vengeance de l'objet fixé/mère répond ici une alliance provisoire avec le père qui est à la fois éloignement, oubli de l'objet de fixation et désaveu de la mère. Est-ce par glissement un désaveu, une vengeance ? Xipharès en punissant sa mère de l'excès d'amour qu'elle lui porte punit-il aussi Monime de son manque d'amour pour lui, puisqu'elle respecte son père au point d'accepter de lui Mithridate pour époux, système positif/négatif qui se résumerait ainsi :

```
Monime ─────────→ Mithridate ←───────── Mère
       excès de respect            manque
       = excès d'amour             d'amour  ─────→ trahison
       pour son père
Monime ─────────→ Xipharès   ←───────── Mère
trahison←─────────  manque             excès
                    d'amour            d'amour
```

Système d'inversion qui peut réunir Mithridate et Xipharès pendant un moment.

L'énoncé (4) suivant est de provocation : le père trahit, comme Pyrrhus se détournant d'Hermione, ou meurt comme Mithridate, en conférant très explicitement à cette mort la dimension d'un piège. Sur Hermione pèse toujours le même interdit tandis qu'elle est mise en position d'être vengée : Oreste ne peut qu'accourir, thématisant lui-même la dimension de piège que cependant ne semblait pas avoir la trahison de Pyrrhus :

> Mais admire avec moi le sort, dont la poursuite
> Me fait courir alors au *piège* que j'évite. (*Andromaque*, Acte I, scène 1)

Monime n'est apparemment plus interdite, mais elle est mise en position d'être sauvée et Xipharès ne peut lui aussi qu'accourir auprès d'elle, jusqu'à lui faire aveu de son amour (Acte I, scène 2).

Voici en un tableau le résumé de ces cinq énoncés narratifs constituants de la narration passionnelle :

Andromaque	*Mithridate*
Récit d'Oreste (Acte I, Sc. 1)	*Récit de Xipharès (Acte I, sc. 1)*
1. Affirmation d'un objet-valeur : Hermione	1. Affirmation d'un objet-valeur : Monime
2. Appartenance à un autre : Pyrrhus *(père)*	2. Appartenance à un autre : Mithridate *(père)*
3. Éloignement/oubli vengeance/désaveu	3. Éloignement/alliance avec le père désaveu de la mère
4. Trahison du père/Provocation	4. Mort du père/Provocation
5. Redoublement : *axe du mandatement*	5. Redoublement : *axe de la quête de la femme* (aveu)
PIÈGE	PIÈGE

2. Corrélation avec l'ensemble Phèdre

Si dans « Phèdre » la mort n'est qu'horizon, possibilité contenue dans la proposition « éloignement » du père — tandis qu'elle fonctionne symboliquement au niveau du développement textuel —, le geste de provocation lui préexiste, il est dans cet éloignement lui-même et dans l'interdiction qu'il fait reposer sur Hippolyte, interdiction ironique par définition puisqu'il s'agit de veiller sur Phèdre et Aricie. Il est une affirmation d'un objet à fixer faite par Hippolyte, elle se marque dans la narration réticente de l'Acte I, scène 1 (objet sur lequel pour l'instant nous n'apposerons définitivement aucun nom propre, ni celui de Phèdre, ni celui d'Aricie). Cet objet à fixer est posé, nommé par le père et cela est parfaitement thématisé :

> Thésée ouvre vos yeux en voulant les fermer;
> Et sa haine, irritant une flamme rebelle,
> Prête à son ennemie une grâce nouvelle. [3] *(116-118)*

tout comme Phèdre dira « Athènes me montra mon superbe ennemi » *(272)* et il est d'emblée « appartenance à un autre », puisque interdit, c'est dire que cet énoncé est condensation des énoncés (1) et (2) d'*Andromaque* et de *Mithridate*. L'énoncé (3) : éloignement vengeur pour Oreste se fait alliance avec le père pour Xipharès, pour se faire finalement contrat oblitérateur avec le père pour Hippolyte. L'énoncé (2) dans la séquence initiale de Phèdre est alors condensation de l'éloignement et de la provocation paternelle, le dernier énoncé restant invariant :

---

[3]. L'édition de 1697 porte ici : « les yeux » et le mot « ennemi » au masculin, ce qui — s'il s'agit là d'un lapsus et non d'une simple erreur d'impression — pourrait être la marque d'une généralisation de toute manière contenue dans ce vers, mais répondant en écho au vers de Phèdre : « Athènes me montra mon superbe ennemi. » On sait qu'il existe tout au long de *Phèdre* une équation Athènes = Thésée.

redoublement, ouverture d'un axe de mandatement, de quête de la femme, en un mot de transgression.

Cette opération de condensation de plusieurs fonctions en une est d'ailleurs parfaitement représentative du type d'opération textuelle qu'accomplit *Phèdre* par rapport aux autres textes de Racine.

Ainsi à ce moment d'une analyse méthodologiquement très différente, s'élabore une séquence initiale, non marquée dans Phèdre par un récit, qui n'est autre que celle résultant de l'impression fonctionnelle de la narration :

1. *Affirmation d'un objet-valeur interdit :* condensation des énoncés (1) et (2);
2. *Contrat avec le père :* condensation des énoncés (3) et (4);
3. *Redoublement/transgression.*

Le contrat qui lie Hippolyte à Thésée prend ainsi un relief particulièrement intéressant : il englobe la fonction de provocation et ceci sous les deux formes effectuées l'une dans *Andromaque*, l'autre dans *Mithridate;* Thésée par son éloignement même trahit Phèdre, comme Pyrrhus lorsqu'il se détourne d'Hermione et le piège de l'éloignement se trouve poussé jusqu'à la formulation de la mort du père. Contrat de provocation perfectionné, il recèle encore les traces de la fonction dont il est dérivé : l'éloignement, proposition dont il est possible de vérifier la possibilité en songeant à *Iphigénie*, pièce dans laquelle l'éloignement provoqué d'Achille à Lesbos est un éloignement mandaté, forme première de contrat.

Mais ce qui est éloignement ici — et en premier lieu celui de Thésée, première fonction que nous avions relevée précédemment comme constitutive de la séquence initiale — provoque deux déplacements constitutifs de deux lieux originaux, de deux ailleurs; par cette nouvelle distribution des lieux, par son éloignement même, Thésée désigne à Trézène deux objets sur lesquels devront s'affirmer les soins d'Hippolyte. Il désigne ainsi en plaçant dans le champ de vision et d'action d'Hippolyte les objets sur lesquels pèse l'interdit; un glissement de la fonction « éloignement de Thésée » à la « désignation d'objets interdits » n'est donc pas impossible. La portée provocatrice que nous avions décelée dès la première lecture, mais comme diffuse dans toute la séquence, se trouve maintenant concentrée sur le seul contrat, investi des significations de mort, de trahison, et donc de tous les sens de la provocation.

Dans cette perspective, le récit de Xipharès dans *Mithridate* présente un intérêt manifeste, puisqu'il est à la fois manifestation d'une narrativité « héroïque » et d'une narrativité « amoureuse » dont nous avons à élucider les caractéristiques. Structure narrative initiale qui semble comporter trois énoncés qui se peuvent encore travailler : la désignation des interdits est elle-même marquée par la fonction de l'éloignement.

> **PROPOSITION VII**
> *Comment avons-nous construit cette séquence initiale ?* Par catalyse [4] *dans l'ensemble des unités narratives des pièces prises comme un schéma systématique. Diverses questions peuvent alors se poser : eu égard à ce schéma général, comment se détermine la manifestation particulière « Phèdre », la sélection, la condensation qu'elle opère sur les unités narratives ? Quelles unités textuelles peuvent être produites par cette forme particulière d'utilisation, d'usage — pour reprendre l'opposition hjelmslevienne schéma/usage — des unités narratives ? Dans cet « usage » se tient l'écart manifeste qui sépare le récit d'Oreste (scène 1, Acte I)* du faux récit d'Hippolyte, faux récit car il se masque derrière un autre : celui des exploits et de la toute-puissance du héros/père. S'il est possible de lire quelque part dans* Phèdre *un ordre de succession — il nous faudra ultérieurement systématiser et éventuellement théoriser cette notion de succession, voire même d'ordre — semblable à celui que nous venons empiriquement de construire — c'est dans le récit de* Phèdre, *regardé d'un autre point de vue.*

3. La formule de l'éloignement

Thésée partant — mystérieusement vers quelque aventure secrète, donc peu probablement vers une mission héroïque ou militaire —, cet énoncé n'est pas sans référence à cette fonction d'éloignement, structuralement commune à de nombreuses manifestations narratives : « Le prince devait partir pour un lointain pays, laisser sa femme dans des mains étrangères » [5], première fonction narrative dans le type narratif analysé par Propp. L'éloignement est prélude à tout déséquilibre qui va produire la nécessité du récit. Thésée part — et cela dans une apparente antériorité du texte ici présent —, il quitte le lieu marqué comme lieu privilégié de l'exercice de son pouvoir politique, Athènes. Mais ce n'est point pour autant en ce lieu de confiance qu'il laisse Aricie, que nous pouvons pour l'instant qualifier de « captive », et Phèdre, son épouse légitime. Au déplacement vers « un ailleurs » mystérieux, lieu d'infidélités probables et d'exploits non moins certains (présence du système paradigmatique énoncé par Hippolyte : exploits/infidélités), se superpose un déplacement « Aricie-Phèdre vers

---

4. Nous donnerons ici de ce concept la définition de Hjelmslev : « La reconnaissance de certaines fonctions oblige, en vertu de la solidarité qui existe entre fonctions et fonctifs, à interpoler certains fonctifs inaccessibles à la connaissance par d'autres voies. Nous dirons que cette interpolation est une catalyse », in *Prolégomènes à une théorie du langage*, Éd. de Minuit, chapitre XIX, p. 129.

5. Cf. Propp, *Morphologie du conte*, Gallimard.

Trézène », lieu originel d'Hippolyte, lieu d'exercice de son pouvoir, de son savoir guerrier. N'est-ce pas là déjà le premier geste de substitution d'Hippolyte à Thésée — geste accompli, étrangement, par Thésée lui-même? L'exil général d'Athènes, qui ne sera plus pour la pièce que l'horizon lointain du policé, du civilisé, ou bien la scène déplacée des enjeux politiques, n'est-il pas aussi, pour Thésée et pour les autres personnages, métaphore d'un ailleurs plus mystérieux, où fonctionnent peut-être d'autres normes? Trézène est telle que s'y fait jour la relation Aricie-Hippolyte, telle que s'y renouvelle la « passion » de Phèdre pour Hippolyte. En déplaçant la topologie de la pièce d'Athènes à Trézène, Thésée pose ce lieu comme autre, comme différent. Attend-il des forêts de Trézène les errances quêteuses du *Songe d'une Nuit d'Été?* Trézène doit-elle, ainsi posée par un Thésée amant et volage, devenir un lieu de redistribution des cartes, pour ne pas dire un lieu de modifications étranges des règles de l'échange des femmes? Très curieusement Phèdre serait la seule permanence de ce changement topologique, permanence parce que « éternité de la passion » et surtout immuabilité des normes — extérieures ou non — auxquelles elle s'affronte. Mais l'espace du change ne peut s'ouvrir que si sa fin est entrevue, il ne peut qu'être espace transitoire. La mort de Thésée est inscrite dans la fonction éloignement, elle n'en est qu'un point ultime et c'est effectivement en tant qu'appartenant au programme fonctionnel de la pièce qu'elle ne peut y venir comme élément extérieur (intériorisation non problématique d'une norme dite classique par les « doctes »).

Le retour de Thésée est inscrit dans la production d'un espace autre, espace du songe, espace d'une forêt où sont rendus possibles tous les échanges, tous les changes. Aussi le lieu de la pièce se creuse-t-il dans l'ultime prolongement du séjour « ailleurs » de Thésée (séjour « récité » à l'Acte III, scène 5), prolongement qu'il n'a pas véritablement souhaité, qu'il subit, enfermé dans une sombre prison aux contours et aux dédales sinueux. Il n'est pas impossible de supposer que Thésée, produisant d'un même geste, d'une même décision, les deux disjonctions — son départ et le déplacement d'Aricie et de Phèdre d'Athènes à Trézène —, donne forme de piège à cette nouvelle distribution topologique, piège non étranger à la stratégie racinienne, puisqu'il est aussi produit par Amurat qui provoque Roxane en la faisant seule maîtresse et responsable du captif Bajazet, piège qui n'est pas étranger non plus, semble-t-il, à Mithridate. Les contours de Trézène sont tracés par Thésée et c'est pourquoi il ne manquera pas de s'étonner que quelque chose y existe qui fût déjà ailleurs :

> Mais ce coupable amour dont il est dévoré
> Dans Athènes déjà s'était-il déclaré? *(1027-1028)*
> Et ce feu dans Trézène a donc *re*-commencé? *(1031)*

L'insistance même de Thésée est significative, son refus de penser un axe de continuité entre Athènes et Trézène, ce « feu » n'a pas continué sourdement, souterrainement, il ne s'est pas poursuivi, il a « recommencé ». Il faut bien une coupure, si l'on ne veut penser la vanité du piège.

Aménageant ainsi — par son éloignement même — cet espace du piège, Thésée le fait espace de provocation par la place qu'il y assigne à Hippolyte : mis en position de responsable — de gardien — Hippolyte est celui qui doit veiller, autant dire — en formulant l'interdiction (fonction seconde dans de nombreux schémas narratifs) sous une forme négative — qu'il ne doit pas quitter Trézène. Position qui ne sera thématisée et prise en compte par Hippolyte que lorsqu'elle prend fin lors du retour de Thésée :

> Vous daignâtes, Seigneur, aux rives de Trézène

(position du lieu)

> Confier *en partant* Aricie et la Reine.

(« en partant » : position de l'éloignement.)

> Je fus même *chargé* du soin de les garder *(929-931)*

Étrange position, pour celui qui postule à l'héroïsme, que celle de « gardien », position qui n'est autre que celle de l'eunuque Acomat, dans *Bajazet*, resté près du sérail tandis que le sultan Amurat remporte de nouvelles victoires militaires.

> Il commande l'armée, et moi, dans une ville,
> Il me laisse exercer un *pouvoir inutile* (*Bajazet*, Acte I, scène 1)

Hippolyte serait donc tout à la fois mis en position d'eunuque par son père Thésée (qui peut-être lui refuse toute possibilité d'héroïsme) et revendiqué pour autre chose, tel Bajazet. Aussi ne peut-il parler à Aricie que dépossédé de cette fonction par la mort de Thésée [6]. Hippolyte est ici d'emblée placé en position de castration, ce qui ne peut que trouver un écho dans l'avènement symbolique de la toute-puissance du père. C'est un *faux contrat*, voire un *anti-contrat* d'héroïsme qui lui a été ici imposé, manifestation que nous retrouverons puisque c'est en répondant à un faux mandatement, à un mandatement d'exil, qu'Hippolyte va tuer le monstre et mourir de cet accomplissement signifiant dernier. Hippolyte ne doit pas seulement devenir héros contre son père, tel Pyrrhus « digne rival de son père » mais encore malgré son père.

---

6. Hippolyte — non eunuque — est mis en position de « gardien de femme » par un geste provocateur et piègeur du roi/père, représentant de l'autorité, fonction à lire dans une possible référence à de nombreuses variantes du mythe (ré-actualisées dans de nombreuses pièces de l'époque), telle cette version syrienne dans laquelle le jeune favori du roi est envoyé par le roi lui-même construire un temple, accompagné de l'épouse du roi (le héros remplira son signifiant vide en se châtrant pour ne point être accusé).

II. Ensemble II : Figuratif/narratif
1. Le retournement de la formule

> PROPOSITION VIII
>
> *La formule « éloignement » est parfaitement multivalente : la constitution par catalyse de la séquence narrative initiale nous en avait démontré une première condensation, éloignement/provocation; l'analyse de ses implications et conséquences en démontre ici deux autres aspects. Elle n'est pas seulement* trahison *(de Phèdre) et donc* provocation *(Phèdre mise en position d'être sauvée, ce sur quoi d'ailleurs le texte jouera dans le passage métonymique de Thésée à Hippolyte, Acte II, scène 5) mais aussi* piège *directement tendu à Hippolyte*, piège et affirmation inéluctable de sa castration. *Encore n'est-ce point assez, cette formule « éloignement » est aussi marque d'un anti-contrat, d'emblée transgressé dès lors qu'Hippolyte affirme :*
>
>   Le dessein en est pris : je pars, cher Théramène,
>   Et quitte le séjour de l'aimable Trézène *(1-2)*,
>
> *le second vers étant affirmation de la dénonciation du contrat, de la transgression. Dès lors, comment va fonctionner ce nouvel énoncé, cette nouvelle formule « éloignement d'Hippolyte » qui s'engendre dans les méandres des implications narratives et symboliques? L'énoncé premier du texte est déjà reconstitution, itération transformée d'un autre énoncé, retournement du texte sur lui-même dans son propre engendrement. Retournement parfaitement logique et attendu : le premier énoncé ne peut pas être produit* ex nihilo. *Théoriquement, il n'est pas de degré zéro de l'écriture, le premier énoncé se construit.*

Hippolyte retourne la formule de l'éloignement, il nie le contrat qui lui était imposé en en produisant un autre, mais qui restera sans suite :
  Théramène, je pars, et vais *chercher mon père. (138)*
Quête fanstasmatique du père, vaine constitution d'un sur-moi héroïque et protecteur. La première scène — premier développement textuel — se produit dans cet espace du retournement de la formule éloignement, explicitation véritable du tableau figuratif « Hippolyte partant ». Nous comprenons alors — à ce niveau d'organisation systématique — le sens des paroles de Théramène, modelant l'éloignement vain d'Hippolyte sur le sien, le sien propre étant (en fonction d'un glissement de paternité déjà suggéré) modelé sur celui de Thésée. Et la recherche du père se module sur ce vain écho d'une faible voix clamant le nom de

Thésée. Comment le texte interprétatif de Théramène se remplit-il ici de son véritable sens, confirmation surdéterminée du premier sens en ce point d'intersection des deux procès : figuratif/symbolique, narratif/symbolique ? Analyse systématique, bien que sous une forme métaphorique, des fausses justifications d'Hippolyte quant à l'éloignement de son père, les paroles de Théramène se font obstacle au retournement de la formule de l'éloignement, retournement dangereux, pressenti et dans la dimension du piège, et dans l'ambiguïté signifiante :

> Et si, lorsqu'avec vous nous tremblons pour ses jours,
> Tranquille, et nous cachant de nouvelles amours,
> Ce héros n'attend point qu'une amante abusée ... *(19-21)*

En quoi le retournement de la formule de l'éloignement peut-il apparaître comme un danger alors que tout danger semble disparaître dans la fuite ?

> Et je fuirai ces lieux que je n'ose plus voir. *(28)*

Cet éloignement d'Hippolyte apparaît à tel point dangereux à Théramène qu'il cherche à l'en détourner par tous les moyens, y compris des conseils non déguisés de désobéissance aux lois paternelles, bien semblable en cela à Œnone conseillant à Phèdre de s'abandonner à une passion devenue apparemment moins coupable depuis la mort de Thésée (*114-137*, pour le plaidoyer de Théramène ; *337-362*, pour Œnone).

Plaidoyer, le dernier texte de Théramène est aussi énonciation du système de l'interdit : il en thématise l'engendrement et les implications :

> Thésée ouvre vos yeux en voulant les fermer *(116)*

Thésée marque, désigne l'objet de l'interdit dans une fatalité de l'inceste comme nécessaire à toute structuration du sujet :

> Le ciel de nos raisons ne sait point s'informer. *(115)*

Mais encore n'est-ce point tout : Thésée se voit ici désigné comme responsable de la « fermeture » d'Hippolyte, de ce qu'il nommera — car il faut bien se valoriser à ses propres yeux — sa « fierté », fermeture symbolique dont le seul équivalent est de l'ordre de la castration. Dévoilement donc par Théramène des principales significations de la formule « éloignement » relativement à Thésée : désignation de l'interdit en plaçant sous la responsabilité d'Hippolyte deux femmes, et cela, remarquons-le, au même titre, et donc provocation par promulgation sadique d'une contradiction : désir/castration, contradiction contenue du point de vue des unités narratives dans la formule « anti-contrat ».

Après ce résumé et cet aperçu des intersections fécondes des deux plans figuratif/symbolique et narratif/symbolique, il est nécessaire d'analyser la transformation de ces implications sémantiques lors du retournement de la formule par Hippolyte.

Détournement de l'interdit par « fuite » de Phèdre comme d'Aricie, et cela dans une parfaite symétrie textuelle :

> Et je *fuirai* ces lieux que je n'ose plus voir. *(28)*

Association sémique de la honte à l'image obsessionnelle de « Phèdre » :

> Ma honte ne peut plus soutenir votre vue *(669)*
> Je ne puis sans horreur me regarder moi-même *(718)*
> Je *fuis*, je l'avouerai, cette jeune Aricie *(50)*

Symétrie, bien que, nous l'avons vu, le fonctionnement textuel accorde à l'image de Phèdre le statut essentiel du fantasme dans la scène 3 de l'Acte I.

Détournement de l'interdit et donc abandon de toute responsabilité : il est frappant à cet égard de voir que le texte, et très particulièrement le plaidoyer de Théramène, ne retient pas cet élément. Ici la manifestation textuelle se produit au détriment des possibilités logiques d'une structure, le texte se trouve contraint, surdéterminé par un entrecroisement de niveaux. Si cet élément « abandon de toute responsabilité » (valeur logiquement possible de l'éloignement entrevu comme dénonciation, retournement du contrat) n'est pas repris par l'usage textuel, c'est que le faux contrat n'est que la figure narrative de la contradiction castration/désir qui, elle, organise tout le récit d'Hippolyte *(66-113)* dans sa double face sadique « des monstres étouffés», et masochiste (retournement du désir sexuel : « cette indigne moitié d'une si belle histoire. »)

2. Constitution du « départ » comme énoncé « dramatique »

Si l'éloignement contenait — et ceci même de plusieurs points de vue — le sème « provocation », qu'en sera-t-il lorsqu'Hippolyte retourne la formule : le départ d'Hippolyte ne devient-il point provocation virtuelle (relativement à Phèdre et à Aricie), provocation d'un aveu, d'une marque d'aveu ? Se pourrait-il donc, contrairement à toute attente, et contrairement à toutes les interprétations traditionnelles, que ce soit Hippolyte — ou du moins un certain fonctionnement textuel, repérable empiriquement comme relatif à Hippolyte — qui déclenche l'aveu de Phèdre (ne qualifions d'aveu que celui qui vise Hippolyte, nous avons vu par ailleurs quel pouvait être le statut du texte confident s'adressant en principe à Œnone) ?

Provocation s'adressant à Aricie ou bien destinée à Phèdre, là encore la considération du sème « provocation », plus exactement de la fonction « provocation » du seul point de vue du plan narratif, laisse les deux possibilités ouvertes. C'est ici le fonctionnement figuratif/symbolique qui apporte une contrainte. Le tableau/texte A (scène 3 Acte I) se déchirait au point de l'intrusion du scénario du rêve, et c'est précisément ce scénario qui se trouvait transformé, remodelé dans le tableau d'une Vénus chasseresse poursuivant Hippolyte et progressivement rempli par Phèdre. Fonctionnement symétrique : le tableau/texte A′ (scène 1, Acte I) se déchire par intervention du fantasme, de l'image obsédante de Phèdre ; il serait logique que cette image transformée, mais dans la continuité d'elle-même, se fasse tableau à la fin de cette scène :

> Avouez-le, tout change ; et depuis quelques jours *(128)*

Étrangement, le découpage temporel ne conserve ici qu'une durée extrêmement réduite, tel celui opéré par Œnone : « trois jours ». (« Les ombres par *trois fois* ... »)

> On vous voit moins souvent, orgueilleux et sauvage,
> Tantôt faire voler un char sur le rivage *(129-130)*

Image qui préfigure l'interprétation immédiate — et donc voulue par le texte comme « pré-figuration » — du scénario du rêve de Phèdre. D'ailleurs le « on » ne peut-il pas se remplir de n'importe quel sujet ?

> Tantôt, savant dans l'art par *Neptune* inventé,
> Rendre *docile* au frein un *coursier indompté (131-32)*

Souvenons-nous, en ce point précis, du texte d'Euripide, déjà cité ; et repérons l'allusion faite ici à Neptune, mais que, contrairement à la référence de Phèdre à Vénus, nous n'analyserons pas encore :

> Les forêts de nos cris moins souvent retentissent ;
> Chargés d'un feu secret, vos yeux s'appesantissent. *(133-134)*

Constitution progressive de l'épaisseur d'un silence, mais aussi simultanément, le rappel de cette corporéité lourde d'elle-même, et dont nous avons déjà fait la remarque à propos de Phèdre.

Condensations sémiques donc des deux textes l'un sur l'autre, tableau de Phèdre/tableau d'Hippolyte, jusqu'à ce point évidentes qu'il ne s'agit plus seulement de similitude, mais bien de confusion :

> Il n'en faut point douter : vous aimez, vous brûlez ;
> Vous *périssez* d'un mal que vous dissimulez. *(135-136)*

Conclusion inattendue par *la figure d'une mort* (lointainement contenue dans le terme « périr », mais qui en est cependant bien l'aboutissement ultime) totalement absente de tout le développement textuel précédent. L'image obsessionnelle, le fantasme de Phèdre s'est ici transformé en un tableau d'Hippolyte parfaitement surdéterminé par les signifiants de l'image précédente qui s'y impriment, qui en déterminent les constituants.

Et c'est pourquoi des deux possibilités ouvertes précédemment : provocation jouant sur Phèdre ou sur Aricie, seule la première peut être retenue et justifie le passage du visage d'Aricie jeté comme un voile sur le tableau :

> La charmante Aricie a-t-elle su vous plaire ? *(137)*

à la question de la provocation :

> Ne verrez-vous point Phèdre avant que de partir *(139)*

Seul intermédiaire entre les deux : la réaffirmation par Hippolyte du retournement de la formule de l'éloignement, retournement qui se veut contrat donné à lui-même, institution d'un axe d'épreuves — énigme, recherche du père — mais qui n'est autre que fuite apparente, provocation à l'aveu et quête du surmoi paternel. Réversibilité donc de cette formule de l'éloignement Thésée/Hippolyte, réversibilité qui se marque dans le texte par la substitution de l'un à l'autre. Réversibilité qui peut aussi être la marque inconsciente d'un texte comme *Bajazet* dans lequel la dimension du piège vise en premier lieu Roxane, position ici occupée par Phèdre.

La structure élémentaire dégagée par produit (sens mathématique : intersection) des deux ensembles figuratif/symbolique et narratif/symbolique se résume ainsi provisoirement :

$$\begin{array}{ccc} \text{éloignement 1} & \longrightarrow & \text{interdit} \\ \text{transgression} & \longrightarrow & \text{éloignement 2} \end{array}$$

Elle redessine donc totalement la figure « départ » que nous avions relevée dans son appartenance à l'ensemble figuratif/symbolique, elle l'inclut dans l'ensemble narratif/symbolique avec la propriété retournée de l'éloignement.

Par ailleurs ce type d'intersection de plans textuels différents nous a ici permis l'achèvement de la constitution figurative de la scène 1. Tableau-signe du départ d'Hippolyte et tableau-allégorie de Thésée tout-puissant se rejoignent par leur contenu commun : éloignement/provocation (provocations paternelles à la castration) tandis que le scénario fantasmatique (Phèdre/monstre) s'imprime par-delà le dialogue dans le tableau « Hippolyte amoureux » dressé par Théramène.

Dans cette composition figurative duelle les sujets s'imbriquent : [*tableau-signe départ*, fantasme de Phèdre, tableau de Phèdre mourante, *tableau-allégorie de Thésée*, tableau d'Hippolyte amoureux]; ils s'engendrent selon les deux axes figuratifs essentiels mais nécessitent pour être explicités l'intervention d'une structure narrative dont les développements vont constituer une partie de la pièce.

Les deux ensembles (A', A) qui se structurent dialectiquement l'un par rapport à l'autre posent — l'un par simulacre (« fausse fenêtre »), l'autre par substitution — la mort de Thésée; les deux l'appellent également comme remplissement du fonctionnement symbolique (simulacre et substitution) et remplissement du fonctionnement narratif.

Seul l'ensemble figuratif/symbolique conserve son statut et la mort de Thésée ne bouleverse en rien les traits du tableau de Thésée héros, Thésée tout-puissant. C'est dans cette continuité que se liront les commentaires d'Aricie et d'Ismène, commentaires figuratifs de la mort de Thésée, qui cependant — étrangement — n'entrent pas dans ce premier ensemble.

III. Structuration de l'Acte I comme ensemble figuratif

Structuration de l'ensemble textuel « Acte I »

- Tableau A1 : « Phèdre mourante »
- Texte-commentaire : masque de la mort
- Irruption du rêve
- Système A1 : figure jour/nuit
- Système A2 : trahison
    - semi-aveu
- simulacre du meurtre de Thésée
- fuite dans le contexte
- nomination
- fausse interprétation temporelle
- Récit : Tableau A2 : Vénus / Phèdre

Conclusion : la mort comme principe de plaisir d'anéantissement mais aussi
Provocation
lire : « Peins-lui Phèdre mourante »

- Tableau — signe A'1 : « Hippolyte partant »
- Texte-commentaire. Système A'1
- Irruption du fantasme
- Système A'2 : figuration de Phèdre mourante
    - semi-aveu : Aricie
- substitution d'Hippolyte à Thésée
- fuite dans le passé (référence)
- Tableau A'3 : Thésée tout-puissant (castration)
- Tableau A'4 : « Hippolyte amoureux » au travers des signifiants : Phèdre / Vénus

Conclusion : retournement de l'éloignement de Thésée, départ d'Hippolyte
Provocation
lire : « Phèdre veut vous parler avant votre départ »

1. Narrativisation de la séquence initiale

Les deux conclusions — dont le tableau nous montre ici la symétrie — vont en fait s'inscrire différemment dans le texte et cependant au nom d'un même contenu politique. D'emblée le départ d'Hippolyte, signifiant vide en dehors du fonctionnement textuel de l'ensemble A', est interprété, rempli politiquement par Panope :

> Déjà même Hippolyte est tout prêt de partir;
> Et l'on craint, s'il paraît dans ce nouvel orage,
> Qu'il n'entraîne après lui tout un peuple volage. *(332-334)*

« Départ » ne signifie plus rien de ce qu'il pouvait signifier isolé de la référence figurée : recherche de Thésée ; il s'affirme ouvertement comme ce qu'il était sous son masque : provocation ici entendue au sens politique. Ce qui ne signifie cependant pas que nous faisons du discours politique une traduction masquant autre chose (nous retrouverons ultérieurement le cheminement autonome et spécifique de ce même discours politique).

Provocation et Œnone ne s'y trompe pas, qui coupe le discours de Panope afin que Phèdre n'y puisse répondre directement :

> Panope, c'est assez. La reine, qui t'entend,
> Ne négligera point cet avis important. *(335-336)*

Comme si déjà cet avis avait été trop loin, avait outrepassé ses droits par un remplissement signifiant trop rapide et trop perspicace. Suit un retournement de la figure de la mort — cela dans l'ordre du discours explicite, du discours figuré de la cohérence psychologique, discours du « changement » — mais surtout retournement de la formule de provocation : si la mort était provocation, la vie le devient dans une réponse directe au départ d'Hippolyte thématisé dans son sens politique :

> Peut-être, convaincu de votre aversion,
> Il va donner un chef à la sédition
> Détrompez son erreur, fléchissez son courage. *(355-357)*

L'un des fonctionnements sémiotiques qui agit le plus souvent le texte tient à ce phénomène de retournement de formules tantôt actantielles (enlèvement, départ), tantôt performancielles (nous lirons ainsi dans une série de décalages/retournements la scène d'aveux de Phèdre à Hippolyte).

Figure identique à celle faussement interprétée par Théramène : l'aversion, la haine de Phèdre. Entérinement bref de la mort de Thésée, conséquence logique en fait de tout le fonctionnement textuel précédent :

> Le Roi n'est plus, Madame ; il faut prendre sa place *(342)*

invitation brusque à une substitution. Aucune question relativement à la mort de Thésée : le texte en déplace les commentaires; ils seront faits non par Phèdre et Œnone mais par Aricie et Ismène. Cette scène n'a d'autre lieu que d'explicitation de la trahison pour ceux à qui les différents jeux de figuration auraient permis de la refouler. L'entrevue d'Aricie et de Thésée, après la condamnation d'Hippolyte, jouera le même rôle.

Conclusion donc de cet ensemble figuratif soumis à diverses tensions symboliques et narratives, conclusion qui sous couvert d'une figuration politique et morale (devoir ambigu d'une mère envers « un fils » : Œnone parle elle-même le langage de l'inceste), est en fait mise en scène de l'aveu, mise en scène de l'effectuation de l'inceste. Mais le texte serait trop clair si les implications immédiates de cette double provocation n'étaient brouillées par la constitution de la tactique Hippolyte. Ainsi se résoud la contradiction apparente selon laquelle, après avoir décidé de donner à son départ le sens plein de la provocation, Hippolyte quasiment face à Phèdre, refuse de la rencontrer :

(1)
>C'est mon dessein : tu peux l'en avertir.
>*Voyons-la*, puisqu'ainsi mon devoir me l'ordonne. *(141-142)*

(2)
>Il suffit : je la laisse en ces lieux,
>Et ne lui montre point un visage odieux. *(152-153)*

La provocation, l'éloignement/départ, ne peut et ne doit jouer qu'au travers d'une figuration politique, et ne peut s'effectuer que lorsque se remplit le signifiant vide dont elle dépend : la mort de Thésée.

Nous avons donc un ensemble figuratif qui se constitue en jouant simultanément sur un fonctionnement textuel signifiant et en jouant — idéologiquement — sur un fonctionnement textuel sémiologique : figuration du texte, occultation possible de certaines de ses implications signifiantes.

2. Tableau et figuration

Il est à remarquer, dans cet ensemble globalement qualifié de « figuratif » et constitué par les énoncés de l'Acte I, que deux types différents d'unités figuratives s'y constituent. Le départ d'Hippolyte et la mort de Phèdre sont donnés dans leur puissance en acte pour être déconstruits et travaillés dans l'ordre même de leurs signifiants. Ils commencent par dénoter de manière univoque pour être ensuite cernés de toute part par leurs véritables et multiples signifiants. L'éloignement de Thésée est donné comme énigme, comme à déchiffrer, à remplir selon les fluctuations performancielles des différents sujets d'énonciation, puisque le théâtre permet en effet cette production perpétuelle d'une théorie de la performance diffractée. Cette distinction nous oblige à quelques précisions opératoires : sera appelé « figuratif » un ensemble d'énoncés qui spécifient dans leur fonctionnement dénotatif la « présentation » du sujet même de l'énonciation. Ainsi Phèdre se commentant elle-même, constituant son propre *tableau* ou Hippolyte s'affirmant dans sa puissance de départ. Ce second exemple permet d'analyser comment, en fait, un tableau peut être construit, déduit et non donné a priori, comme point de départ d'une temporalité textuelle, et nous permet ainsi de supprimer de la définition du figuratif le terme vague de « présentation » en lui substituant celui de *tableau constructible* (cf. analyse de la réversibilité de la formule « départ » qui construit l'énoncé dit énoncé premier).

Systématisons les conclusions du chapitre I : le système d'un procès figuratif peut être produit aux travers d'énoncés figurabilisés (ex. : le système « métaphorique » : jour/nuit) *se déduisant du tableau*. Il peut aussi être produit en termes « figurés », mais toujours se déduisant du tableau (ex. : la figure de la mort, masque du système A.2, la trahison). Par opposition à cette définition du tableau et du figuratif, il n'y a pas de tableau de Thésée, mais d'emblée *une allégorie mythologisante*, ensemble d'énoncés figurabilisant un sujet au moyen d'un corps de figures empruntées à d'autres textes (mythes, histoire). Et c'est peut-être pourquoi Thésée est d'emblée parlé sur le plan symbolique. Il y a *figuration* de Thésée et non tableau.

PROPOSITION IX

Ce groupe de définitions et de remarques se situe au niveau d'un essai de typologisation des énoncés produits : énoncés figuratifs et/ou allégoriques, énoncés symboliques, énoncés narratifs. Nous avons déjà noté que la propriété de narrativité se situait moins au niveau de la description immanente du fonctionnement textuel qu'au niveau d'une ré-écriture par le texte d'une intertextualité qui englobe tout à la fois des textes autres du même auteur et des textes historiques analysables dans le même corps, soit par leur contemporanéité, soit parce qu'ils sont précisément donnés à ré-écrire.

   « Symbolique » caractérise les énoncés se rapportant à, ou produisant, un fonctionnement de l'écriture dans sa relation à l'altérité (mécanisme de la parole — de la signification aussi), et dans sa relation à une théorie du sujet. Cependant il ne suffit pas de décrire, il faut aussi produire l'intelligibilité de la production même de ces différents types d'énoncés. Les modes de structuration en paraissent être pour l'instant doubles : structuration actantielle, elle tient à des types de sujets et organise des aspects essentiels du fonctionnement textuel ; structuration signifiante, elle se produit à l'intérieur même du travail sur le langage. Et cependant ce second mode de structuration — travail de la signifiance — ne peut échapper totalement à une théorie historique du langage, théorie qui se lit dans de nombreux autres textes : problème de l'interprétation chez Hobbes et Spinoza, problème de l'interprétation et du salut chez Pascal, limites de l'interprétation dans la logique de Port-Royal d'Arnauld et Nicole ; autant de systèmes qui se posent ouvertement des problèmes sémiologiques, problèmes de la constitution et du repérage « juste » des significations, problèmes des modes de significations.

A. La figuration de Thésée est-elle figure au sens pascalien, dans la mesure où elle posséderait un sens littéral certain mais qui affirmerait sa seule littéralité et donc la virtualité d'un autre sens, d'un chiffre? Elle porte le sens de mort, mais n'est-ce point un masque, n'est-ce point là un piège pour toute interprétation trop « figurative »? Quel serait alors le statut sémiologique des deux tableaux figuratifs?

B. Les énoncés de figuration sont destinés à être textuellement répétés, transformés mais selon une autre empreinte actantielle. Les énoncés relatifs à Thésée — repérables ici dans l'ordre de la structuration actantielle héros/devenir héros — le seront selon une autre structuration. Ils sont aussi destinés à être parlés selon diverses structurations performancielles, ici résultats d'une dialectique projective Théramène/Hippolyte; ils se verront formulés et signifiés dans des discours tout autres. Distinguons ici les concepts de texte et discours, discours soit comme ensemble d'énoncés performanciels (définition qui vient d'être utilisée), soit comme association non-textuelle d'énoncés c'est-à-dire non soumises aux lois de l'écriture.

Les énoncés figuratifs, « Hippolyte partant », « Phèdre mourant » sont destinés à être travaillés, déconstruits dans ce qu'ils dénotent, transformés dans leur totalité et non seulement dans leur contenu tandis que l'expression en resterait identique. Comment donc se produiront les différentes combinaisons syntagmatiques, ou associatives de ce tableau « départ », qui ne va cesser de se réaffirmer sans jamais s'effectuer, signifiant d'autre chose que de lui-même, fonction sémiotique sans cesse déplacée et qui ne s'épuisera que dans l'ultime mais trouble signification de la mort dans et contre le monstre?

C. Autre question à poser à présent : comment vont jouer les différents modes de structuration mis à jour, dans la mise en branle « dramatique » de l'ensemble Phèdre? Remplissement explicite, thématique et parfaitement lisible de la figuration énigmatique de Thésée, sa mort est logique, elle met en branle la structure élémentaire de signification et cependant elle appelle une interprétation, un commentaire : la scène 1 de l'Acte II.

Quelle place attribuer à ces deux premières scènes dans une logique de la provocation, où « départ » et « mort » se réfléchissaient dans le même miroir? Déplacement du départ vers la constitution d'une autre signification? Quels niveaux de structuration se constituent lors de cette première partie de l'Acte II : figuration de Thésée mort?

IV

Structuration actantielle et structuration performancielle

Argument

Préalable : repérage du caractère opératoire de la formule actantielle : héros-captive; expansion possible de la figuration de Thésée.

I. Structuration actantielle
1. Opérations de commutation intertextuelle.
2. Constitution d'une séquence initiale par intersection des déductions intertextuelles et d'une lecture signifiante.
3. Émergence de la multivalence de la formule de l'interdit.

II. Structuration performancielle
1. Repérage d'un double trajet performanciel.
2. Double appartenance des énoncés dans l'ordre de la constitution du texte :
   — Prophéties
   — Systèmes
3. Constitution des significations par contrainte, intersection des niveaux de structuration.

Scène 1 de l'Acte II : elle est figurative en ce qu'elle poursuit le cycle des présentations/déconstructions/représentations mises en cause dans les deux ensembles figuratifs précédents. Cependant elle se pose comme détachée de cet ensemble, isolée dans l'Acte II, excroissance de l'ordre structurel Hippolyte/Phèdre/Thésée, commentaire des deux figures d'Hippolyte et de Thésée, oblitération de celle de Phèdre et peut-être aussi mise en scène de l'aveu d'Hippolyte, de l'élaboration du grand mythe politique d'Hippolyte. Cependant toutes ces caractéristiques — ouverture et travail sur des problématiques dramatiques différentes — ne sont peut-être pas à envisager sur le même plan. Peut-être faut-il plutôt y voir — de manière très empirique et à en juger par la présence insistante du signifiant Thésée dans ce texte — une excroissance de la figuration de Thésée, figuration univoque puisque entrevue dans son seul aspect castrateur relativement à Hippolyte.

Commentaire de la mort de Thésée, avant de l'être de sa figuration précédente, les premières paroles d'Ismène situent d'emblée Aricie comme captive, Thésée étant son vainqueur.

>   Aricie à la fin de son sort est maîtresse *(373)*

Prisonnière, captive qui ne peut décider de sa propre destinée, elle participe à la mise en scène d'une fatalité autre que celle de la passion et dont pourtant les effets sont identiques, celle d'une maîtrise politique et guerrière des destins. Aricie est dans une position bien semblable à celle d'Ériphile, de qui Doris, sa confidente, dira :

> Je sais que tout déplaît aux yeux d'une captive,
> Qu'il n'est point dans les fers de plaisir qui la suive *(Iphigénie, 401-402)*

mais bien contraire aussi en ce qu'Aricie est persécutée de connaître sa propre identité tandis qu'Ériphile l'est de l'ignorer, jusqu'à mourir pour se connaître. Position bien semblable aussi à celle d'Andromaque, mais ce sont là des éléments d'analyse intertextuelle que nous retrouverons ultérieurement.

>   Je cesse d'être esclave, et n'ai plus d'ennemi? *(376)*

« Esclave » est cependant la seule allusion totalement claire à cette position de captive qui se découvre par commutation intertextuelle, comme si elle ne devait pas être explicitée, décrite, cernée dans son entier comme elle l'est dans les autres textes et avec insistance; comme si la situation d'Aricie relevait d'une quelconque anomalie dans l'ordre même de la typologie explicite : « captive », ordre dans lequel Thésée occupe paradigmatiquement la position d'Achille ou de Pyrrhus, en d'autres termes Thésée est le ravisseur d'Aricie. Ravisseur sur lequel l'élément « ennemi » ne peut qu'apporter une ambiguïté sémantique ailleurs utilisée et démontrée (« Athènes me montra mon superbe ennemi »), et cela d'autant que le texte d'Ismène n'hésitera pas à placer sur le même axe d'intimité Thésée et les frères morts d'Aricie :

>   Et Thésée a rejoint les mânes de vos frères. *(378)*

I. Structuration actantielle : captive/héros ravisseur

1. Profil général. Commutation intertextuelle

Dans une certaine antériorité, avant l'acte violent et victorieux du ravisseur, Andromaque aimait Hector (« aimait » est ici employé non comme désignant une certaine nuance psychologique mais comme indice d'un certain type de relation), Aricie chérissait ses six frères. La place « passée », « avant », de la structure relative à Ériphile est vide, et se double donc sans aucun problème, sans résistance, pourrait-on dire, de la relation présente : amour du ravisseur. Soit schématiquement :

1)
    Andromaque ⟷ Hector   (avant)
    Andromaque ⟵ Pyrrhus (ravisseur)
    Andromaque ⟶ Pyrrhus (? relation à interroger)

2)
    Ériphile ⟶ —   (avant)
    Ériphile ⟶ Achille (ravisseur)
    Ériphile ⟵ —   (relation possible à interroger dans l'ordre d'une substitution Ériphile/Iphigénie)

3)
    Aricie ⟶ Pallantides (avant)
    Aricie ⊢⊣ Thésée   (ravisseur)
                      relation non définie — oblitérée — refoulée
    Aricie ⟷ Hippolyte

A supposer qu'ici aussi se soit produite une condensation textuelle engendrant la structure narrative actantielle de la « pièce » Phèdre, la relation à déduire des schémas 1) et 2) serait de l'ordre d'une relation amoureuse Aricie/Thésée, à première vue parfaitement absente du texte donné à lire. Et cependant ne peut-on pas imaginer un doublement de cette relation, un déplacement dans celle d'Hippolyte et d'Aricie? Déplacement quelque peu suggéré par le texte :

> J'aime, je prise en lui de plus nobles richesses,
> Les vertus de son père, et non point les faiblesses. *(441-442)*

Avant même ces vers explicites, relisons dans cette perspective les différentes marques de la curiosité d'Aricie relativement à la mort de Thésée, jusqu'à cette condamnation par Ismène :

> Thésée est mort, Madame, et vous seule en doutez. *(392)*

qui refoule toute suite signifiante par un barrage d'ordre politique :

> Athènes en gémit, Trézène en est instruite. *(393)*

2. La scène originaire

Quels que soient les remplissements, projections, dont il est l'objet, l'axe actantiel captive/ravisseur est présent dans Phèdre, et bien plus présent encore par le statut et les caractères donnés à la scène du « rapt » (scène originaire? bris de fantasmes originaires?).

Les mêmes éléments sémiques s'y combinent toujours : destruction violente par un guerrier farouche; perte de toute famille, de toute représentation institutionnelle et sociale; perte de tout pôle de fixation affective. La mise en scène en est ici identique quant à Ériphile et quant à Aricie. Il faut lire :

> C'est peu d'être étrangère, inconnue et *captive (Iphigénie, 470)*

(notons la présence de la même scène à la même place dans le découpage syntagmatique du texte) et dans *Phèdre* :

> O toi qui me connais, te semblait-il croyable
> Que le triste jouet d'un sort impitoyable,
> Un cœur toujours nourri d'amertume et de pleurs
> Dût connaître l'amour et ses folles douleurs? *(417-420)*

L'amour est ici répétition, redoublement du sort de captive, redoublement qui donc identifie en quelque manière le sort de captive et celui d'amante, Andromaque et Hermione représentant les deux pôles de cette réversibilité. Le texte s'engendre comme si un lien inéluctable unissait « l'amour et ses folles douleurs » et le rapt, comme si l'amour se nourrissait du souvenir appelé de cette scène :

> Rappelerai-je encor le souvenir affreux [...]? *(Iphigénie, 487)*
> Dois-je oublier son père à mes pieds renversé,
> Ensanglantant l'autel qu'il tenait embrassé?
> Songe, songe, Céphise, à cette nuit cruelle *(Andromaque, 995-997)*

Le passage est ici — pour ce qui concerne Aricie — plus brutal, plus immédiat : le souvenir n'est qu'à peine mis au passé :

> Reste du sang d'un roi ... *(421)*

Lieux d'investissement symbolique évident, ces fragments textuels (et non discours purement associatifs) sont aussi les lieux les plus marqués d'investissement d'une figurabilité mythique. Les nœuds signifiants y fonctionnent tout à la fois comme associations symboliques, « trains de pensées inconscientes » écrivait Freud, mais aussi comme équations culturelles, portées par la présence lointaine mais efficace des variantes mythiques — souvent réactualisées dans les diverses productions théâtrales des XVIe et XVIIe siècles.

> Reste du sang d'un roi, noble fils de la Terre *(421)*

Ascendance mythologique qui fait d'Aricie la figure symétrique de Phèdre, elle aussi fille de Minos, descendant lointain de la terre dans une équation de la terre et de la filiation paternelle :

> Le fer moissonna tout; et la terre humectée
> But à regret le sang des neveux d'Érechthée. *(425-426)*

> On craint que de la sœur les flammes téméraires
> Ne raniment un jour la cendre de ses frères. *(429-430)*

Ce geste de légitimation (« ranimer ») se lit en fait avec l'idée de « fécondation », « d'enfantement » :
> Il défend de donner des neveux à ses frères *(106)*

Étrange fécondation dans les cendres, dans la terre et par le sang, ce sang qui « humecte » la terre, ce sang qui est le même que le sien, que celui de ces éventuelles « téméraires flammes », fécondation bien près d'approcher symboliquement de l'inceste. Et ce type de glissement et d'équations signifiantes n'est pas réservé au « texte Phèdre ». Ainsi la guerre de Troie est dans *Andromaque* un paragramme sémique générateur de tout un ensemble d'unités, à lire dans une même continuité :

> Je songe quelle était autrefois cette ville
> Si *superbe* en *remparts*, en *héros* si *fertile*,
> Maîtresse de l'Asie; et je regarde enfin
> Quel fut le sort de Troie et quel est son destin.
> Je ne vois que des *tours* que la CENDRE a *couvertes*,
> Un *fleuve* teint de *sang*, des *campagnes* désertes,
> Un ENFANT dans les fers, et je ne puis songer ... *(Andromaque, 197-203)*

Éléments sémiques :
> fleuve → sang → terre (campagne — cendres) → enfant

puis :
> Votre Ilion encore peut sortir de sa *cendre*,
> Je puis, en moins de temps que les Grecs ne l'ont pris,
> Dans *ses murs relevés* couronner votre FILS. *(Andromaque, 330-332)*

Remparts, murs sacrés, murs relevés : éléments sémiques qui n'ont de sens dans le développement textuel que par rapport à Andromaque. Une équation s'établit progressivement par glissement signifiant : couronne de remparts = femme; couverte de cendres = ensanglantée = fécondée = seconde naissance d'Astyanax. Symboliquement Astyanax est fils de la guerre de Troie, fils d'une double figure Hector/Pyrrhus. Pyrrhus que l'on évoque
> ... de sang tout couvert, échauffant le carnage *(Andromaque, 1002)*

Là encore nous saisissons la trace du fantasme originaire du viol, de la séduction : être fécondée par son ravisseur. Mais la figure de ce dernier est totalement absente du texte d'Aricie : elle se résorbe tout entière dans la position même de l'interdit.

3. Analyse de l'interdit. Multivalence

Thésée ravisseur prend Aricie à ses frères, en les tuant — tout comme il a pris Ariane et Phèdre à leur père, le Minotaure, en le tuant.
> Tu sais, depuis leur mort, quelle sévère loi
> Défend à tous les Grecs de soupirer pour moi *(427-428)*

Avant leur mort, les Pallantides disposaient d'Aricie, ils étaient donneurs de femmes, en d'autres termes ils étaient substituts du père d'Aricie. Nous analyserons d'autre part ce ressort étrange qui veut que Thésée ne puisse prendre une femme qu'à son époux, à ses frères, mais jamais directement à son père ; apparent symptôme d'une impuissance qui ne semble pas se faire jour ailleurs.

Thésée prend Aricie à ses frères, c'est dire qu'il la prend symboliquement comme amante ou femme, et la positionne ensuite comme sa fille : elle dépend de lui seul ; en d'autres termes, il réalise par l'interdit qu'il fait peser sur elle ce que seul aurait pu réaliser son mariage avec elle. Thésée prend Aricie à ses frères, c'est-à-dire (par équivalence paradigmatique) qu'il la prend pour femme en retournant son geste sur lui-même par la position de l'interdit. Il s'efforce — et cela est souligné — de donner à cet interdit la forme la plus institutionnelle possible, la plus proche ou du mariage ou de l'adoption, formes ici parfaitement réversibles. Interdit institutionnalisé par « une sévère loi » rappelée par Aricie :

    Tu sais, depuis leur mort, quelle sévère loi *(427)*

aussi bien que par Hippolyte :

    Mon père la réprouve ; et par des lois sévères *(105)*

Problématique de l'adoption que nous retrouverons, et qui, en tout cas, se fera jour au dénouement : adoption et substitution d'Aricie à Hippolyte :

    Que, malgré les complots d'une illustre famille,
    Son amante aujourd'hui me tienne lieu de fille. *(1653-1654)*

Quel double sens donner alors à ce double interdit ? Refus de donner sa fille, tel celui d'Agamemnon qui, au travers de ses multiples stratagèmes, vise autant à protéger Iphigénie des Dieux, du sacrifice, qu'à l'empêcher d'épouser Achille ? Et ce n'est qu'à la fin de la pièce que Thésée remplit véritablement cette paternité auparavant dessinée. Mais aussi autre sens de l'interdit, celui qui se lit dans la continuité de la scène originaire de violence, Thésée ne cessant de craindre l'inceste : il tend un piège à Hippolyte et à Phèdre (« amante abusée »), il interdit à Aricie toute relation sexuelle car ce ne serait jamais que la reproduction d'un inceste avec des frères doués de la représentation de puissance paternelle. Mais lire ainsi le texte d'Aricie serait extrapolation gratuite, s'il ne nous en fournissait lui-même l'occasion ; Thésée est « vainqueur » = ravisseur « soupçonneux ». Qu'est-ce qui est à soupçonner, si ce n'est des relations amoureuses dont on est *jaloux ?* Et surtout :

    Mais tu sais bien aussi de quel œil dédaigneux
    Je regardais ce soin d'un vainqueur soupçonneux. *(431-432)*

Ces phrases n'ont de sens que comme « négatif » d'une possible relation amoureuse Aricie/Thésée, et comme interprétation évidente

— par Aricie — de l'interdit en tant que marque d'une jalousie, obligée de se nier dans une institution politique.

> Tu sais que de tout temps à l'amour opposée,
> Je rendais souvent grâce à l'injuste Thésée,
> Dont l'heureuse rigueur *secondait* mes mépris. *(433-435)*

Si Aricie peut considérer l'interdit de Thésée comme inutile, superflu et second, c'est qu'il n'est autre que le redoublement vain d'un premier interdit, parfaitement intériorisé par le sujet Aricie : l'interdit de l'inceste. Qu'est-ce qui peut nécessiter la réactualisation de cet interdit — à présent que les Pallantides ont été assassinés — si ce n'est la peur d'une relation captive/ravisseur se substituant à la relation initiale Aricie/Pallantides ? Le mépris de l'interdit de Thésée est doublement signifiant : et de ce qu'il double l'interdit primordial de l'inceste, et de ce qu'il témoigne d'une virtualité amoureuse Aricie/Thésée, dont la peinture de la réversibilité Thésée/Hippolyte *(441-442)* n'est pas le signe le plus évident.

Et c'est pourquoi le récit d'Aricie est doublement structuré : une version comporte l'interdit, la reproduction de l'interdit et ses conséquences ; l'autre n'en comporte plus aucune trace (le déplacement de la fixation sur Hippolyte les efface tous deux, Hippolyte est permis par rapport à l'interdit fondamental et premier : celui de l'inceste).

Double structuration du récit d'Aricie donc, mais aussi double structuration de la scène dans son ensemble (au sens d'ensemble d'énoncés), lieu d'entrecroisement de deux organisations : l'une actantielle, narrative, l'autre performancielle. Dans le développement de la première, et en référence à une intertextualité (qui englobe les « autres » textes « signés » Racine et des textes culturels multiples), se joue la structure actantielle ravisseur/captive manifestée dans une narrativité temporalisée et mythologisée tout à la fois (à partir de « Reste d'un sang ... »). Cette structure actantielle entretient des rapports étroits avec un modèle du type père/fille dans le fantasme originaire et ses implications, tout comme la structure actantielle héros/aspirant héros vise le modèle père/fils. Dans l'ordre du second mode de structuration se joue un déplacement métonymique du père au fils, identique apparemment à celui qui organisera la « scène d'aveu » Phèdre-Hippolyte. Mais les deux structures concourent également à la structuration du texte.

II. Structuration performancielle du texte : Scène 1, Acte II

Du point de vue performanciel — point de vue de la constitution et de l'interprétation des énoncés discursifs — « l'échange » est d'emblée placé sous le signe du redoublement, de la répétition. Aricie questionne, mais sait déjà que répondre à ses propres questions, monologue diffracté en deux « partitions » et qui cherche à assurer ses propres énoncés, jusqu'à ce qu'Aricie parle seule et comble un vide de son propre écho.

1. Double trajet performanciel

Et cependant les glissements paraissent provoqués par les « dires » d'Ismène : d'Hippolyte à Thésée, puis de Thésée à Hippolyte, comme si le discours sur Thésée ne pouvait excéder certaines limites permises. Le trajet performanciel (émission et interprétation des énoncés) s'établirait comme suit, du point de vue des signifiés phénoménalement désignés :

Hippolyte		
	Thésée (1)	
Hippolyte		passage effectué par le discours Ismène.
		passage effectué aussi par le discours Œnone.
	Thésée (2)	
Hippolyte		glissement effectué par le discours Aricie.

Que peut signifier ce redoublement performanciel du trajet Thésée/Hippolyte ? Vers quoi emporte-t-il le discours ? La première expansion du terme Thésée (discours Aricie) n'est-elle pas sans rapport avec la figure Thésée lointain/héros/mort ? Lisons les énoncés se rapportant au schéma performanciel (1).

On sème de sa mort d'incroyables discours. *(380)*

Il s'agit d'un procès de mythologisation, marqué avec insistance : « bruit mal affermi » *(375)*, « incroyables discours » *(380)*, « et ce bruit est partout répandu » *(383)*, comme s'il était toujours prêt à se répéter dans le cheminement des idéologies toujours renouvelées, mais aussi comme s'il était la marque d'autre chose encore, d'autre chose de plus puissant que lui-même, tel un processus de surinvestissement symbolique. Mythologisation qui, dans un texte où la voix populaire est rarement présente pour elle-même, n'a d'autres échos que « ce discours », ce « récit de nobles exploits » (scène 1, Acte I) éternellement présents à la mémoire fascinée d'Hippolyte ou à l'esprit faussement naïf d'une Aricie («Croirais-je ... », *389*). Le discours d'Ismène sur Thésée, plus exactement sur la figure de Thésée dessinée à l'Acte I est comme éclaté en deux suppositions par le refus du paradigme traumatisant : exploits/conquêtes amoureuses comme implication mutuelle. Thésée amant, « ravisseur », ne peut qu'être puni dans l'ordre d'une voix féminine et vengeresse. Et étrangement puni par « les flots », par Neptune, celui qui le doit récompenser, celui aussi qui en est peut-être l'allégorie, la figure divine, tout comme Vénus est celle de Phèdre. Thésée a deux référents divins : Neptune et Hercule, dont il nous faudra analyser et le statut et les relations. Mais la

supposition seconde, les Enfers, efface toute présence féminine.
> *Alternative 1 :*
> On dit que, *ravisseur* d'une amante nouvelle,
> Les *flots* ont englouti cet époux *infidèle*. *(381-382)*
> *Alternative 2 :*
> On dit même, et ce bruit est partout répandu,
> Qu'avec Pirithoüs aux Enfers descendu,
> Il a vu le Cocyte et les rivages sombres,
> Et s'est montré *vivant aux infernales ombres. (383-386)*

Éléments sémiques : ravisseur (souvenons-nous de l'analyse précédente), flots, présence d'un autre (double possible), enfers, fleuve, mort, dont le constituant commun pourrait bien être la provocation. Punition d'une infidélité dans l'alternative 1, provocation/punition puisque se refermant sur elle-même dans l'alternative 2. Commutons les termes : l'infidélité serait-elle provocation ? Système d'explication bien semblable ici — dans l'ordre d'une pure production intra-sémique — à celle mise au jour par l'application des formules narratives : le départ, l'éloignement y étaient doublement provocation, en ce qu'ils sont trahison de Phèdre, en ce qu'ils placent Hippolyte en position de contradiction : castration/désir. Les éléments sémiques ici mis en place étant ceux que nous retrouverons — transformés — lors du récit par Thésée de son éloignement, nous aurons alors à les analyser et à voir si le second aspect y sera implicitement thématisé.

2. Prophéties. Systèmes

Comme le texte de Théramène — désigné comme « géographie mythologique » — celui-ci ouvre sur la dimension possible du piège. Mais le texte n'est jamais identique à lui-même, il y a itération, non répétition d'une identité : le piège n'est plus seulement amoureux :
> Tranquille, et nous cachant de nouvelles amours *(20)*

Ses deux dimensions sont discernées : trahison amoureuse (alternative 1) et provocation (alternative 2); mais surtout le piège est fermé : il ne peut que se retourner sur lui-même :
> Mais qu'il n'a pu sortir de ce triste séjour,
> Et repasser les bords qu'on passe sans retour. *(387-388)*

Le texte s'est construit, et les alternatives signifiantes qu'il ouvre se précisent, se contraignent les unes les autres jusqu'à faire remplir à certains fragments textuels une quasi-fonction de prophétie; comme si chaque énoncé textuel se devait d'être l'application des fonctions sémiotiques qui organisent l'ensemble du texte. Et cela avec une orientation qui peut être différente : vers l'avant du texte, fonction de systématisation, fonction lecturale, explicative — peut-être même didactique; mais aussi vers la suite, figure au sens pascalien, prophétie, anticipation qui clôt le texte — du moins un certain plan du développement dramatique du texte. Refermement du piège d'une part *(387-*

388), commentaire figurabilisé et systématisant, analysant des actes symboliquement commis à l'Acte I d'autre part :

> Croirai-je qu'un mortel, avant sa dernière heure,
> Peut pénétrer des morts la profonde demeure? *(389-390)*

Thésée est mort avant de mourir : désignation de toute mort symbolique. Ismène, ici, bloque le discours :

> Quel charme l'attirait sur ces bords redoutés? *(391)*

Quelque chose — à propos de la figure de Thésée — est ici donné à déchiffrer : cette question sans réponse est prématurée.

Avant de poursuivre l'étude de la constitution de ce texte, de telles caractéristiques textuelles — énoncés systématiques, énoncés anticipateurs — nous obligent à quelques remarques :

1. L'hypothèse selon laquelle une unité textuelle peut se produire comme application complète de la ou des fonctions sémiotiques organisatrices de l'ensemble du texte est à analyser dans l'ordre d'une définition — du moins d'un essai de définition de la nature et du fonctionnement d'un texte.

2. Cette même hypothèse est à confronter au déroulement du texte comme manifestation :
   a) orientée,
   b) ayant un point zéro et un point final.

3. Donc cette hypothèse est à confronter à celle d'une narrativité logique, d'une successivité des énoncés qui doit bien avoir une raison d'être (problème de la formalisation de la successivité des énoncés et de leur constructibilité).

PROPOSITION X

Le texte théâtral racinien se présente tout particulièrement comme possédant des énoncés-anticipation et des énoncés-métaphores (figures/signes?).

Les premiers fonctionnent comme prophéties, ils annoncent.

Les seconds rassemblent, explicitent, systématisent : ainsi à la scène 1 de l'Acte II, la thématisation des deux meurtres symboliques de Thésée qui appelle d'ailleurs dans la bouche d'Ismène (394-395) les noms d'Hippolyte et de Phèdre.

Il importe de se demander : en quoi le texte ainsi construit possède-t-il les propriétés d'un texte clos? en quoi toute figure peut-elle ouvrir un espace de l'interprétation? Notion possible d'interprétation fausse car les énoncés ne portent pas nécessairement la marque de ce qu'ils sont en « signification » (cf. ch. XIV La logique de Port-Royal)? en quoi un certain fonctionnement du texte se situe-t-il peut-être au-delà de cet espace orienté de l'interprétation (fonctionnement paragrammatique)?

Par exemple, c'est peut-être à partir de la formulation de l'énigme :
> Quel charme l'attirait sur ces bords redoutés? *(391)*

que se produit le second passage à Thésée. Appel au passé, appel à l'intelligibilité de la structure actantielle captive/ravisseur, appel cependant masqué puisque des deux possibilités posées par Ismène, seule la seconde a été retenue, transformée dans un glissement signifiant de la provocation à la fascination, à l'attirance.

3. Intersection des niveaux de structuration

Comment dialoguent les deux trajets performanciels relatifs à Thésée? L'un est expansion d'une première structure actantielle : Thésée héros; l'autre est expansion de la seconde structure mise à jour : ravisseur/captive. Deux trajets — deux structures actantielles narratives —, l'alternative proposée par Ismène : ainsi se structure la mise en scène du récit d'Aricie, expansion de la figure Thésée, parmi des énoncés qu'elle provoque (penser au caractère sémique parfaitement vague du mot « aventure »), Aricie refoulant ceux qui seraient trop explicites, mais que néanmoins elle a plaisir à entendre, tels « Thésée ravisseur » qu'elle refoulera plus loin avec violence :
> un hommage à mille autres offert *(447)*

Le fonctionnement performanciel est donc ici de l'ordre d'une expansion de structures actantielles qui se recouvrent à demi : Thésée héros, Thésée ravisseur sont donnés dans une interrelation non encore explicitée, si ce n'est dans le modèle traumatisant pour Hippolyte d'une causalité inéluctable : être héros = ravir, être infidèle à chaque nouvel exploit. La structuration performancielle — découpage en partitions, découpage des rôles, des unités de parole — n'est donc pas arbitraire ou répondant à des a priori psychologiques. La répartition des énoncés est ici organisée par la double structuration actantielle avant de se faire monologue narratif.

Monologue doublement structuré, nous l'avions déjà remarqué, du point de vue de la relation entretenue avec la formulation de l'interdit pesant sur Aricie, mais aussi en ce qu'une partie est séduction subie tandis que l'autre est séduction retournée. Tout comme l'interdit est renversé par Thésée en la formule la plus proche tout à la fois du mariage et de l'adoption, la séduction est retournée, projetée et fixée agressivement sur Hippolyte, contre Thésée, et non pas, comme on aurait pu l'attendre, malgré Thésée :
> Phèdre en vain s'honorait des soupirs de Thésée :
> Pour moi, je suis plus fière, et fuis la gloire aisée
> D'arracher un hommage à mille autres offert. *(445-447)*

La seconde séquence du récit — suite de celle modulée par la structuration actantielle — se donne comme comparaison avec l'histoire de

Phèdre, symétrie que nous pouvons méthodologiquement respecter, voire étendre à la première séquence. Lisons ainsi le récit d'Aricie :

« fille unique de la terre » (descendance directe par Érechthée et Pallante).	— une moitié de Phèdre : fille de la terre et du soleil. — mauvaise ascendance, mais double : l'une active (de désir), Phèdre ; l'autre passive (ne pas être aimée), désignant Ariane.

homologie phonétique :

[Aricie/Ariane]

— mort de ses six frères, tués par *Thésée*, mais elle se refuse à thématiser Thésée comme ravisseur, comme si cela la contraignait à le thématiser aussi comme amant possible. — Aricie prise par Thésée à ses frères.	— Ariane et Phèdre sont prises par Thésée après qu'il a tué leur frère, le Minotaure.

Problématique identique relativement à Thésée :

1) Prendre toute femme à son frère

— Aricie persécutée — Aricie soupçonnée	— Ariane abandonnée — Phèdre placée dans un piège

2) Peur perpétuelle de l'inceste (projection?)

— Aricie déplace la relation amoureuse et supprime en fait l'interdit, qui n'apparaît plus dans la séquence présente, tentative de séduction d'Hippolyte.	— Phèdre ne peut être victime du piège ; sa passion ne fait que se renouveler.

Symétrie parfaitement vérifiée dans un sens, symétrie et donc rivalité possible des deux histoires amoureuses : d'Aricie d'une part, de Phèdre d'autre part. Lisons dans l'autre sens : Phèdre fut ravie par Thésée, prise à son frère, entre un premier abandon, celui d'Ariane, et un autre apparent, le départ de Thésée. Phèdre fut prise pour une autre, pour substitut d'Ariane abandonnée (Ariane = Aricie?). Mais Phèdre est ici reine (statut d'Hermione dans *Andromaque*, avec le jeu captive/ reine). Le rapt s'est déplacé, transformé. Il nous faudra cependant attendre la manifestation de la structuration actantielle : captive/ ravisseur.

V

Fonctionnement d'un énoncé figuratif/narratif

Argument

Définition

Figuratif : désignation par le sujet de l'énonciation de sa propre image.

I. Dans le mouvement de structuration actantielle
THÈSE : Constructibilité de l'énoncé figuratif/narratif « départ » dans la réversibilité de la structuration actantielle Hippolyte-Thésée.
OPÉRATION : Commutation intertextuelle (Andromaque/Mithridate).
HYPOTHÈSE : L'itérativité narrative comme marque spécifique de la tragédie; une syntagmatique bloquée.
⟶ Nécessité d'un repérage des itérations.

II. Dans le mouvement de structuration sémiotique
1. Constitution d'une structure élémentaire de signification
OPÉRATION : Démonstration de l'implication sémiotique « départ → mort ». Implication narratif/figuratif/symbolique.
THÈSE : Constitution du signifié mort à l'intérieur du texte, signifié non premier dans l'ordre textuel qui affirme la structure de signification comme essai d'une totalisation à recevoir idéologiquement.

> **2. *Émergence du discours figurant/figurabilisé***
> — Ruptures internes au discours politique : interférence de la séquence-thème.
> — Reprise du statut interprétatif de la performance (cf. chapitre IV)
> — De la figurabilisation à la lecture paragrammatique de cet énoncé.
> *En figure : le départ-dénouement.*
>
> **III. Intersection**
> Thèse : L'intersection des deux mouvements de structuration (l'axe Hippolyte/Thésée, lisible actantiellement, et l'axe Aricie/Thésée, lisible dans les implications sémiotiques) produit la relation « dramatique » Hippolyte/Aricie.
> Perspective : L'énoncé « départ », dans ses itérations successives, est une « annonce », une figure dont le texte est à trouver.

« Figuratif » recouvre la désignation par le sujet de l'énonciation de sa propre image. Le sujet de l'énonciation se désignant ainsi comme signe figuratif : « Hippolyte partant ».

Quelles transformations va subir et produire cet énoncé, dans quelles signifiances nouvelles va-t-il se mouvoir tout en les promouvant ?

L'énoncé départ — bien qu'apparemment point zéro du texte — est, nous l'avons vu, construit dans la réversibilité d'une structuration actantielle. Il est l'autre face de l'éloignement de Thésée, et en cela dangereux, voire même déjà imprégné de la signification de mort. En tant que constitué par cette structuration actantielle, il est lisible et analysable dans une intertextualité narrative dont nous avons déjà repéré les marques dans *Andromaque* et dans *Mithridate*. A résumer brièvement : Hippolyte est toujours sur le point de partir, comme Oreste est sur le point d'enlever Hermione, comme Xipharès est aussi sur le point de partir se battre. La tragédie est de l'ordre d'une *syntagmatique bloquée*. La séquence narrative initiale, à demi masquée dans l'énoncé figuratif premier est itérative. Elle se reproduit en se transformant, métaphore d'un « faire » narratif impossible.

I. Dans le mouvement de structuration actantielle

Le fonctionnement paradigmatique, appelé par Théramène (scène 1 : ce que vous allez faire, je l'ai déjà fait), est armature essentielle du fonctionnement actantiel tragique. Mais le système de transformations est tel qu'au travers d'itérations multiples — obsessionnelles — se produisent de nouveaux mouvements de signification. La séquence narrative d'*Andromaque* se répète, en se transformant de manière particulièrement explicite :

Séquence modélique	*Itération n° 1*	*Itération finale*
1. Affirmation d'un objet de fixation.	1. L'objet de fixation appartient toujours à un autre.	1. Mandatement par Hermione : tuer le père, elle-même étant la récompense.
2. Attribution à un autre : *Père*.	2. Mandatement par l'objet de fixation.	2. Trahison de la mère. (Réponse négative.)
3. Éloignement (oubli-désaveu) — mandatement.	3. Trahison du père : il reprend la mère qu'il avait laissé espérer.	3. Folie — retournement de l'enlèvement en don.
4. Trahison du père.	4. Redoublement : projet d'enlèvement.	
5. Redoublement : transgression *annoncée-figurée*.		

Observons qu'ici itération s'associe à condensation, les énoncés narratifs se condensent jusqu'à se réduire à trois (nombre d'énoncés qui constituent la séquence narrative initiale de Phèdre; cf. chapitre III). Des énoncés se perdent, s'agrègent à d'autres, tandis que leur orientation sémique fondamentale se réitère dans l'énoncé suivant. La séquence finale (trois énoncés) est parfaitement constructible logiquement : Oreste mandaté par Hermione, c'est la dimension déjà entrevue du piège mais thématisée dans un autre sens. Hippolyte ne va-t-il pas chercher symboliquement, implicitement, à se faire mandater par Aricie, mandat politique de recouvrement de la légitimité du trône d'Athènes? La construction est d'épuration, véritable construction du nombre à rebours, analyse réductrice jusqu'aux plus petites unités. Nous reverrons ultérieurement ce fonctionnement sémiotique, qui par quelques côtés s'approche d'une construction perspectiviste. Perspective en diminution tandis que s'offre une explication ultime. Analyse jusqu'à l'unité systématique [1] ultime que constitue la folie d'Oreste :

---

1. Au sens d'explicitation, d'analyse partielle du procès de la pièce.

véritable figurabilisation de tous les énoncés précédents et de toutes leurs implications dans l'image du coït parental et de la castration d'Oreste, qui s'offre à être déchiré :

> Mais que vois-je? A mes yeux Hermione l'embrasse?
> Elle vient l'arracher au coup qui le menace.
> . . . .
> Quels démons, quels serpents traîne-t-elle après soi?
> Hé bien! filles d'enfer, vos mains sont-elles prêtes?
> Pour qui sont ces serpents qui sifflent sur vos têtes?
> . . . .
> Et je lui porte enfin mon cœur à dévorer. (*Andromaque*, Acte V, scène dernière)

L'énoncé « départ » ne va-t-il pas ainsi se moduler jusqu'à son épuisement ultime dans la mort, mort qui est aussi très amplement (lire pour cela le récit de Théramène) une condensation figurabilisée de tous les éléments actantiels et sémiques qui ont précédé? Mort qui est sommation, métaphore infinie du texte. Mort qui est, eu égard à la séquence finale d'*Andromaque*, conséquence de la trahison de la mère, trahison à double sens puisque consommée par Œnone. Ces homologies, glissements ou refus ne sont pas sans signification si l'on considère l'intertextualité racinienne. Et c'est encore une image (figurabilisation) d'enlèvement qui aurait dû achever *Phèdre* : celle de l'enlèvement d'Aricie, fuite comme retournement vain de la trahison, retournement qui cherche à tout prix à forclore la trahison dans l'oubli total de l'imminence de l'intervention de Neptune.

L'itération d'une même séquence initiale, et plus encore peut-être l'itération intertextuelle d'une même séquence narrative est donc aussi à rechercher dans le texte « Phèdre ». Et si tout à coup s'imprégnait dans le texte l'idée selon laquelle le premier énoncé figuratif pourrait bien être mandatement, mandatement par Phèdre : tuer le père. La substitution actualisée dans le fonctionnement textuel, pas du tout dans le fonctionnement actantiel qui demeure identique à lui-même, serait réponse anticipée à la provocation de Phèdre, provocation contenue dans l'énoncé figuratif « Phèdre mourante ». Rappelons que dans l'ordre de succession, et donc nécessairement en quelque manière dans l'ordre de constructibilité des énoncés textuels, le tableau « Phèdre mourante » est esquissé dans l'énonciation Théramène immédiatement précédente de la substitution Hippolyte/Thésée. Justification aussi de ce qu'Hippolyte n'accepte pas de voir Phèdre (scène 2, Acte I); la réponse à la provocation contenue dans le tableau figuratif « Phèdre » a déjà été donnée. Nous aurions donc ici un type d'énoncés anticipateurs autres que ceux de figuration, de prophétie, ou plus exactement une indication du trajet de lecture de la figure Thésée lointain/ Thésée mort, complément d'ordre symbolique par structuration actantielle (signification de l'éloignement de Thésée). Il n'y a plus alors seulement réversibilité des deux formules : éloignement de

Thésée, départ d'Hippolyte, mais bien adéquation des deux dans une même mort, celle de Thésée. Le départ, figuré, d'Hippolyte tue Thésée. Affirmation qui sera essentiellement à lire lors de la scène 5, de l'Acte III — véritable matrice de retournement des structures actantielles. L'aveu de Phèdre à Hippolyte ne peut qu'être accepté; il est non seulement offre, ce qui est explicite dans le texte, mais récompense. Phèdre se donne là où Hermione se refuse.

L'énoncé « départ » est le produit de trois éléments :
1. fixation d'un objet interdit;
2. contrat avec le père;
3. transgression : départ;

et visiblement il peut aussi se transformer en mandatement par la mère. Quelles transformations vont subir ou produire chacun de ces éléments constitutifs lors des itérations de l'énoncé premier ?

Notons ces repères :

Énoncé 1 : (figuratif), *scène 1, Acte I.*
Le dessein en est pris : je pars cher Théramène *(1)*
Théramène, je pars, et vais chercher mon père *(138)*

Énoncé 2 : (figurabilisé dans un discours politique), *scène 2, Acte II.*
Madame, avant que de partir,
J'ai cru de votre sort vous devoir avertir *(463-464)*

Énoncé 3 : scène 5, Acte II (Après l'offre de Phèdre) :
Partons; et quelque prix qu'il en puisse coûter,
Mettons le sceptre aux mains dignes de le porter *(735-736)*

Énoncé 4 : scène 5, Acte III (demande de mandatement de départ à l'autorité paternelle)
Souffrez, si quelque monstre a pu vous échapper,
Que j'apporte à vos pieds sa dépouille honorable,
Ou que d'un beau trépas la mémoire durable,
Éternisant des jour si noblement finis,
Prouve à tout l'univers que j'étais votre fils. *(948-952)*

Énoncé 5 : scène 2, Acte IV (projet inutile et fantasmatique de fuite avec Aricie, puisque pèse déjà la menace de Neptune)
Osez me suivre, osez accompagner ma fuite. *(1358)*

Énoncé 6 : (récit du départ d'Hippolyte par Théramène), scène 6, Acte V.

Repérage naïf au niveau de l'itération explicite de l'énoncé, auquel sont à ajouter des opinions diffractées, des prises en compte, telle celle par Œnone à la fin de l'Acte I, qui sous un masque politique situe le départ d'Hippolyte comme provocation à l'égard de Phèdre (scène 5).

A remarquer déjà que l'énoncé « départ » ne se chargera d'une signification thématisée de mort qu'après l'aveu de Phèdre (scène 6, Acte II) : « quelque prix qu'il en puisse coûter », mort qui tout comme celle de Xipharès est désaveu de la mère, purification aussi de son crime.

II. Dans le mouvement de structuration sémiotique

1. Constitution d'une structure de signification

Départ/mort et l'implication inverse à supposer retour/vie, quatre termes opératoires essentiels à la structuration de l'ensemble du texte, et cela du point de vue même de plusieurs modes de structuration différents. Un premier schéma, dit S_1, regroupe les énoncés « départ » et « vie » dans une apparente relation de contrariété, à démontrer dans le fonctionnement de l'Acte I. Par schéma nous entendons : « structure qui comprend deux termes réunis par la relation de contradiction »[2]. $[S_1 \longleftrightarrow \bar{S}_1]$ soit $[S_1 (départ) \longleftrightarrow \bar{S}_1 (vie)]$ — vie et mort étant ici des catégories opératoires à analyser dans leur fonctionnement, comme grandeurs algébriques et non dans les mouvements de signifiance qu'elles tracent et que nous prendrons aussi en compte. Comment s'établit cette relation de contrariété ? L'énoncé est très amplement et très explicitement pressenti comme dangereux dans l'ordre performanciel de Théramène, alors qu'il est répété par Hippolyte comme nécessité inéluctable, à la limite comme fatalité — sème toujours donné dans son rapport à la mort. Souvenons-nous de la défiance ironique de Théramène répondant par une affirmation pronominale négative à l'annonce de l'énoncé figuratif « départ ». Jusqu'à cette affirmation déjà quelque peu imprégnée de l'idée de mort :
>   Vous périssez d'un mal que vous dissimulez *(136)*

Vous périssez = vous partez. Énoncé à lire dans la réflexivité du second énoncé figuratif : « Phèdre mourante », mais aussi comme sème contextuel de l'énoncé départ. Dans l'engendrement du mouvement textuel, départ s'identifie à mort par un autre processus, symbolisation et figurabilisation par substitution d'une autre mort : celle de Thésée. Départ = persécution d'Aricie, souffle Théramène et ainsi donc départ = substitution à Thésée, ce qui ne peut qu'être confirmé par la structure actantielle du contrat dans laquelle Hippolyte, dénonçant le contrat d'eunuque imposé par son père, se donne à lui-même un nouveau contrat masqué sous la nomination « quête du père ».

Mais la structuration intertextuelle permet encore de nouvelles équations : le départ peut être — comme celui d'Oreste — mandatement, mandatement pour tuer le père. La multivalence de cet énoncé — ici résumée — se lit néanmoins selon une réversibilité déjà entrevue, mais qui est en fait une réversibilité des énoncés de mort : mort d'Hippolyte/mort de Thésée. Cette double face fait entrevoir

---

[2]. A. J. Greimas, *Du Sens*, Éd. du Seuil, 1970 : « Éléments d'une Grammaire Narrative », p. 163.

déjà la nécessité d'une double lecture du schéma posé [départ ⟵⟶ vie].

Cependant, avant cette opération qui s'avérera nécessaire, de ce schéma S_1 nous pouvons déduire le schéma S_2 [S_2 (retour) ⟵⟶ $\bar{S}_2$ (mort)]. Les deux schémas sont unis par une corrélation ainsi définie : « relation entre deux schémas dont les termes, pris un à un, sont en relation de contrariété »[3]. Soit $S_1 \neq S_2$ (départ $\neq$ retour) et $\bar{S}_1 \neq \bar{S}_2$ (vie $\neq$ mort). S'établit donc ainsi logiquement — c'est-à-dire sans considération aucune de ce qu'apparaît ou n'apparaît point pour l'instant l'énoncé « retour » — la structure élémentaire suivante :

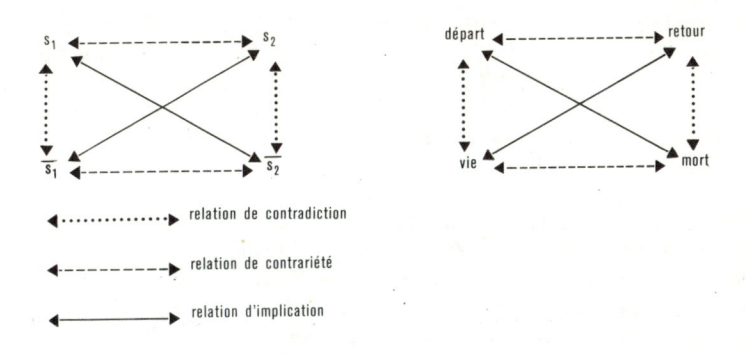

$$\begin{array}{ccc} S_1 & \longleftrightarrow & S_2 \\ \updownarrow & \times & \updownarrow \\ \bar{S}_1 & \longleftrightarrow & \bar{S}_2 \end{array} \qquad \begin{array}{ccc} \text{départ} & \longleftrightarrow & \text{retour} \\ \updownarrow & \times & \updownarrow \\ \text{vie} & \longleftrightarrow & \text{mort} \end{array}$$

⟵⋯⋯⟶ relation de contradiction

⟵– – –⟶ relation de contrariété

⟵⟶ relation d'implication

Le premier schéma et son implication [départ ⟵⟶ mort] apparaissent comme organisant une première série d'énoncés textuels et ceci en prenant en compte la réversibilité mort d'Hippolyte/mort de Thésée, parfaitement thématisée lors de la demande de mandatement héroïque (Acte III, scène 5) dans laquelle le retour de Thésée entraîne la nécessité de la mort d'Hippolyte, ou encore thématisée dans le meurtre d'un monstre parfaitement ambivalent et qui peut se faire signe du père comme de la mère monstrueuse à désavouer.

La mise en place même de cette structure élémentaire de signification appartient en propre au texte; il ne s'agit pas d'un a priori mais d'une construction à partir de catégories appartenant en propre à un champ historique et idéologique : le prince, la nécessité d'une reproduction du pouvoir. Il ne faudrait pas ici — et de manière plus générale dans toute analyse textuelle — confondre marques idéologiques et a priori historique. Le texte élabore les catégories dites « tragiques » et constituées en structures élémentaires de signification à partir de notions plus essentielles encore, mais il s'agit là d'un travail et d'une hiérarchie déjà interne à des instances idéologiques et culturelles, elles-mêmes déterminées d'ailleurs.

---

3. A. J. Greimas, *op. cit.*, p. 163.

> PROPOSITION XI
>
> *Nous allons tenter de déterminer comment s'effectue la mise en marche de cette structure élémentaire, structure génératrice, mais ne se réalisant pas ici entièrement dans un modèle particulier. Structure qui en fait n'est pas donnée, n'est pas à découvrir dans le texte par un geste magique et démystificateur, mais qui se construit dans son ensemble, en partie textuellement : élaboration contextuelle et constitutive de l'énoncé départ, déduction logique des énoncés « retour »/« vie ». C'est le premier schéma et la première implication qui sont à l'origine de la mise en marche de la narrativisation — ici peut-être « dramatisation », mais nous préciserons ces concepts ultérieurement (cf. fin du chapitre VII). La fin de l'Acte I est remplissement thématique de la signification construite dans le texte et malgré le texte (figuration idéologique) : la mort est appelée et donnée. L'espace de constructibilité de cet énoncé est net, dès lors que l'on songe à d'autres modèles de la même structure : la mort de Mithridate est donnée dès les premiers énoncés du texte : « La tragédie de Mithridate se joue entre deux morts, la mort feinte et la mort réelle d'un même homme* [4]. » *La nouvelle de la défaite des armées d'Amurat fait l'objet aussi d'une première série d'annonces. Et cet espace de constructibilité est négation, ou du moins transformation de toute réminiscence structurelle narrative, mise en évidence du rôle essentiel des énoncés symboliques.*

Hippolyte, comme Xipharès, réservent à l'annonce ici neutre — reste du héraut antique — de l'énoncé « mort » un accueil parfaitement serein, comme si cet énoncé trouvait des structures psychiques parfaitement modelées à ses contours :

> On nous faisait Arbate, un fidèle rapport :
> Rome en effet triomphe, et Mithridate est mort. *(Mithridate, 1-2)*
> Mon père ne vit plus. Ma juste défiance
> Présageait les raisons de sa trop longue absence.
> La mort seule ... *(Phèdre, 465-467)*

Mêmes contours d'une pensée déjà existante, non étrangère au sujet qui, ici, s'exprime. D'autant qu'elle s'exprime, en ce qui concerne Hippolyte, suivie d'une réitération d'éléments sémiques appartenant au fantasme originaire de castration : « les travaux éclatants » de Thésée, la dimension incommensurable de « l'univers » à laquelle il est par comparaison assimilé, et surtout la référence à Alcide (Hercule).

---

4. R. Barthes, *Sur Racine*, Éd. du Seuil, 1963, p. 95.

Référence déjà rencontrée comme portant la double dimension du sur-moi paternel inégalable :
> Quand tu me dépeignais ce héros intrépide
> Consolant les mortels de l'absence d'Alcide *(77-78)*

ou bien la dimension de l'amoureux infidèle (dans la bouche de Théramène) :
> Craint-on de s'égarer sur les traces d'*Hercule? (122)*

ou encore dans la bouche d'Aricie :
> *Hercule* à désarmer coûtait moins qu'Hippolyte. *(454)*

Lecture continue après laquelle il n'est plus de doute possible sur l'adéquation allégorique de Thésée à Hercule, véritable double de lui-même. Le rappel par Hippolyte de son fantasme *(469-470)* :
> Les Dieux livrent enfin à la Parque homicide
> L'ami, le compagnon, le successeur d'Alcide

est justification brève de l'équation symbolique « départ » = « mort de Thésée ».

Équation qui cependant se doit d'être refoulée — et dans l'accusation des Dieux et surtout dans le renversement de l'énoncé « départ ». Départ imminent, placé par Ismène dans sa relation directe à la mort de Thésée — ce qui pour le trajet de lecture ne peut qu'être significatif, puisque performance se situant en deçà de la connaissance lecturale (prise par le lecteur ou spectateur et non partagée par les performateurs et donc source indicatrice de permanences et de différences à analyser).

2. Discours figurant/figurabilisé

Son départ est deux fois annoncé par Hippolyte :
> 1) Madame, avant que de partir,
> J'ai cru de votre sort vous devoir avertir. *(463-464)*
> 2) Je pars, et vais pour vous
> Réunir tous les vœux partagés entre nous *(507-508)*

Ruptures internes au discours politique. Ce mouvement est connu pour avoir déjà été celui de la scène 1 : d'une affirmation à l'autre, en passant par tous les énoncés contextuels qui en donnent l'interprétation. Énoncés contextuels qui sont de l'ordre d'un discours politique dont il nous faudra donner le statut, car il est loin d'être absent de *Phèdre* comme d'ailleurs de l'ensemble du théâtre racinien. Discours politique immédiatement substitué à celui du Roi Thésée, discours qui s'affirme dans sa légitimité eu égard au peuple :
> Et dans cette Trézène, aujourd'hui mon partage,
> De mon aïeul Pitthée autrefois l'héritage,
> Qui m'a, sans balancer, reconnu pour son roi,
> Je vous laisse aussi libre, et plus libre que moi. *(477-480)*

Légitimité double puisque tirant son origine à la fois d'une ascendance — élément essentiel, dans sa symétrie, avec l'ascendance légitimante d'Aricie et dans son opposition à l'illégitimité de Thésée — et d'un assentiment populaire. Hippolyte parle le lieu de son discours : roi de Trézène, il y instaure les lois dans une autonomie hâtivement accordée à chaque partie du royaume. Hippolyte s'instaure en lieu et place de Thésée, non point tant d'ailleurs en prenant sa place politique, qu'en prenant sa place dans l'ordre de la relation à Aricie — relation dont nous avons vu qu'elle était structurée par le schéma actantiel. « Je révoque » prend sens relativement à « Et dans cette Trézène, aujourd'hui mon partage », substitution à Thésée qu'Hippolyte ne peut pas vouloir totale sans assumer aussi le rapport à Phèdre. Et donc ouverture sur l'énoncé suivant : « Aricie reine à Athènes ». Hippolyte ne brigue pas la succession :

> Mais si pour concurrent je n'avais que mon frère,
> Madame, j'ai sur lui de véritables droits *(490-491)*

A lire peut-être comme ces deux vers de Xipharès :

> Je l'aime et ne veux plus m'en taire,
> Puisqu'enfin pour rival je n'ai plus que mon frère. *(Mithridate, 35-36)*

A lire donc dans cette identité d'une rivalité antécédente avec le père, mais rivalité qui devait être tue. L'autre rival d'Hippolyte — auquel par glissement on va substituer Aricie — est en fait Thésée, Thésée qui, encore et toujours, retient Hippolyte d'aller à Athènes. Et d'ailleurs ce glissement n'est pas sans décalage : le sème « rival » ne peut sans impropriété s'appliquer à Aricie.

Symétrique inverse de la scène violente, du fantasme originaire rappelé, figurabilisé par Aricie, le discours produit l'effacement, l'oblitération du passé par Hippolyte, et cela sur le même mode. Le discours politique d'Hippolyte — s'il a tout comme le plan militaire de Mithridate, une signification effectivement politique — est aussi, comme le thématise Aricie, « songe », *partage mythique figurant d'autres désirs*. Hippolyte met fin au piège, la mort de Thésée semblant n'y point suffire, par un geste magique de dispersion :

> Trézène m'obéit. Les campagnes de Crète
> Offrent au fils de Phèdre une riche retraite.
> L'Attique est votre bien. *(505-507)*

Partage qui conclut un long détour par des éléments sémiques — réminiscences mythologiques — traçant la deuxième version de la scène d'enlèvement d'Aricie. Double marque de la scène du rapt en ces vers :

> (1)
> Assez dans ces sillons votre sang englouti
> A fait fumer le champ dont il était sorti. *(503-504)*

A lire d'abord dans la continuité sémique du discours d'Aricie :

> (2)
> ... et la terre humectée
> But à regret le sang des neveux d'Érechthée. *(425-426)*

C'est dire à quel point il ne peut s'agir là uniquement d'éléments appartenant à un fantasme originaire ontologiquement associé à un « personnage »; ces éléments constituent le texte par delà le découpage en partitions, ou récitations performancielles, mais cependant il n'est pas sans importance que ce soient les actants Aricie et Hippolyte qui les actualisent. Discours d'Hippolyte qui est aussi à lire en rapport avec :

> (3)
> Et la Crète fumant du sang du Minotaure. *(82)*

« Champ » (1) — « terre » (2) — « Crète » (3) — « sang » (1) — « sang » (2) — « sang » (3) — « fumer » (1) — « fumant » (3) : éléments sémiques immédiatement associés. Médiatement s'associent aussi « sillon »/ « humectée », dont nous avons vu déjà le rapport avec l'idée de fécondation; « neveux d'Érechthée »/« Minotaure » s'associent en rappelant cette loi étrange qui fait que toute femme doit être prise à un ou à des frères, substitut de la puissance paternelle, et *par* le meurtre d'un monstre, éclatement de l'échange en deux instances : l'une de légalité, l'autre symbolique; ou bien encore éclatement possible des deux figures parentales : père et mère. Cette dernière association fait s'imprimer dans le texte d'Hippolyte le sème « *monstre* »/« *Minotaure* » qui n'y apparaissait pas contenu, fût-ce implicitement, mais qui l'était dans l' « inconscient » textuel (et non dans l'inconscient d'un « personnage », notion qui ne signifie rien).

Notons l'entrecroisement, dans ce discours d'Hippolyte, d'une itération de la scène de l'enlèvement, marque d'un manque, de ce que Hippolyte, lui, n'a pas encore fait (en d'autres termes nouvelle face de la castration, mais face originale puisque déduite d'un fonctionnement intratextuel), et d'une suite d'énoncés politiques. Énoncés qui, s'ils ne peuvent présenter un véritable système politique, témoignent néanmoins des marques idéologiques d'une réflexion sur la notion de pouvoir. Il est — dans une référence temporelle lointaine —un pouvoir naturel, fort (symbole mâle du sceptre) :

> Un sceptre que jadis nos aïeux ont reçu
> De ce fameux mortel que la Terre a conçu. *(495-496)*

Pouvoir naturel dans sa relation immédiate à la terre, pouvoir « reçu », comme dans la Bible les Premiers Rois du peuple juif « reçoivent » tout pouvoir de Dieu. Il est ensuite des voies légales et légitimes de filiation directe, mais aussi des voies légales, mais non nécessairement légitimes, telle l'adoption.

> L'adoption le mit entre les mains d'Égée. *(497)*

La légitimité se constitue alors non dans l'essence du pouvoir lui-

même mais dans sa conservation, voire même dans son accroissement, dans la prospérité et les conquêtes territoriales :
> Athènes, par mon père *accrue et protégée,*
> Reconnut avec joie un *roi* si *généreux (498-499)*

Ouverture donc sur la possibilité d'un autre type de légitimité, mais nous retrouverons ultérieurement ces caractéristiques du discours politique dans *Phèdre*. Il reste que l'existence d'une telle légitimité, d'ailleurs déjà parlée mais non explicitée par Hippolyte, porte atteinte à la cohérence de la suite du discours :
> Madame, j'ai sur lui de *véritables droits*
> Que je saurais sauver *du caprice des lois. (491-492)*

Ainsi, ce nouveau type de légitimité — non naturelle, se constituant historiquement — ne reçoit pas nécessairement de traduction institutionnelle. La légitimité que restitue Hippolyte à Aricie n'est peut-être pas si politique qu'il le veut bien dire : retour ultime à la légitimité « naturelle » certes, mais surtout comblement, effacement de l'acte de Thésée. Si dans le texte d'Euripide, Thésée est parti afin de se purifier du meurtre sanglant des Pallantides, c'est ici Hippolyte qui accomplit l'acte magique purificateur. Transfert d'un actant à un autre, mais aussi encore attestation d'interférence entre les deux textes. Ce ne sont pas seulement les lois qui pèsent sur Aricie qu'Hippolyte révoque d'un geste royal, c'est la scène même du rapt. Là encore, Thésée n'y est pas directement figurabilisé, si ce n'est par la médiation : Athènes = Thésée (équation ici marquée dans le texte par le sème « reconnaissance »; ailleurs marquée par une figure : « Athènes me montra mon superbe ennemi »). D'autre part, quand Hippolyte évoque « Athènes qui laissa dans l'oubli vos frères malheureux », il définit un crime bien en-deçà de celui qui fut réellement commis par Thésée. Hippolyte oblitère et pour oblitérer il lui faut atténuer : « Athènes dans ses murs maintenant vous rappelle », purification *par* Hippolyte mais *pour* Thésée : reconstitution ultime par delà la mort du surmoi paternel.

Le partage s'engendre donc dans une atténuation du meurtre des Pallantides, dans une oblitération totale — par renversement — de l'enlèvement d'Aricie qu'il replace à Athènes, comme avant, et sans frères à qui devoir la demander. C'est dans cette perspective qu'il faut lire le vers *480* :
> Je vous laisse aussi libre, et plus libre que moi.

Donc double sens déjà se constituant dans ce partage, refus de prendre intégralement la place de Thésée, refus de se substituer légitimement à Thésée alors qu'il le pouvait faire à son insu symboliquement, et effacement de la scène du rapt, effacement donc de ce par quoi Aricie pouvait se situer dans l'ordre d'une relation amoureuse Aricie-Thésée (cf. chapitre IV). Fonctionnement textuel et structuration performancielle sont ici parfaitement isomorphes alors que d'autres parties du texte ne les révélaient qu'isotopes. Par « isomorphe » nous entendons une identité en tous points qui rend des éléments « superposables », par « isotope » nous notons la possibilité d'une traduction d'un langage dans un autre, sans identité des éléments [5]. Relativement à ce nouveau pouvoir politique d'Aricie, par lui délimité à Athènes, Hippolyte se situe comme guerrier, comme second; distinction entre un pouvoir politique et une fonction militaire que seul semble permettre le fait du retour à la légitimité politique naturelle [6]. La légitimité politique qui se constitue a besoin d'être directement appuyée sur la force. Position qu'Hippolyte a peut-être aussi rêvé d'occuper auprès de son père, évitant par là les pièges « amoureux » de l'héroïsme. Entre l'affirmation puissante d'une légitimité constituée et qui sait se faire respecter, et celle, contraire, du retour à la légitimité naturelle, le texte se produit au travers de ces contradictions explicites, contradictions qui sont en fait génératrices des axes de significations autres.

Statut interprétatif de la performance. Ce partage est à double sens, et tel qu'il puisse être effectivement pris par Aricie pour un songe :

> Je crains presque, je crains qu'un *songe* ne m'abuse.
> Veillé-je? Puis-je croire un semblable dessein? *(510-511)*

jusqu'à s'interroger sur le véritable moteur d'un tel discours :

> Quel Dieu, Seigneur, quel Dieu l'a mis dans votre sein? *(512)*

Si les questions étaient ainsi posées pour qu'elles aient des réponses, ces dernières ne se pourraient lire que dans les références allégoriques de la pièce : Vénus/Phèdre ou Neptune/Thésée (rapport que nous établirons plus tard). L'usage des énoncés performanciels est ici beaucoup moins destiné à une quelconque expression des sentiments d'un personnage mais bien davantage à une réflexion sur le statut même du discours précédent. Usage de la performance comme lieu de production d'un système explicatif masqué sous cette même performance dans ces aspects proprement stylistiques d'interrogation. Ce statut de la performance nous conduira ultérieurement à analyser la problématique de l'interprétation dans la pratique discursive du XVIIe siècle — du théâtre très particulièrement. Mais les énoncés d'Aricie sont à deux faces : les uns sont textuels, les autres se lisent dans la continuité du discours de la scène 1 : inversion de la relation Thésée-Aricie dans « une inimitié » de Thésée sur laquelle ici le texte reste en suspens :

> Et d'avoir si longtemps pu défendre votre âme
> De cette inimitié ... *(517-518)*

Rappel, appelé par le discours d'Hippolyte, de la scène violente de

---

5. Définitions inspirées de A. J. Greimas.

6. Cf. la distinction de G. Dumézil entre les trois « fonctions » et l'appel historiquement déterminé à une hiérarchie transformable parmi ces trois fonctions : *L'Idéologie des Trois Fonctions* (Latomus, 1958) et *Mythe et Épopée* (Gallimard, 1968-1970).

l'enlèvement par Thésée, mais aussi peut-être éloge du refus de l'imitation du père et par là-même entérinement implicite de l'oblitération, de l'effacement pratiqué dans ce même discours d'Hippolyte. L'idée même de ce parallélisme explicite Thésée/Hippolyte demande à être interrompue, le nom même de Thésée reste non-dit, barré par une réplique immédiate :

>   Moi, vous haïr, Madame?
> Avec quelques couleurs qu'on ait peint ma fierté,
> Croit-on que dans ses flancs *un monstre* m'ait porté? *(518-520)*

Étrange rappel, négativement, de la mère mais surtout image d'une mère monstrueuse, dont l'association surgit à la place de celle — forclose — de Thésée. Ce sème « monstre » ici placé, alors que le trajet lectural connaît le premier aveu de Phèdre, alors que le second aveu ou plutôt l'offre à Hippolyte va en remplir la signification, est tout à la fois métaphore condensatrice et annonce, figure du devenir paragrammatique de ce terme. Lecture que nous ferons ultérieurement. A remarquer dans ces vers que la « haine » y est associée à l'existence, à la puissance virtuelle de cette mère monstrueuse. *La partie centrale des énoncés de cette scène joue donc une fois encore le rôle d'une matrice de transformation.* Le surgissement du fantasme de la mère monstrueuse est ici comparable à celui du fantasme de Phèdre dans la première scène : même position dans le développement syntagmatique, même fonction de mise en doute, d'ébranlement d'un discours que son incohérence même nous avait fait soupçonner. Étrangement le discours politique, l'emprunt du discours politique ne parvient pas au même degré de consistance isotopique (en cohérence) que le discours figuratif apparemment plus immédiatement lié à une problématique sémiologique du rapport tableau/réalité. Ces énoncés sont donc de système (au sens de système/structure explicatrice) quant à leur rapport au texte précédent, en même temps que développement, procès d'une figure traumatisante : celle de l'enlèvement renversé en castration pour le fils. De plus, ils sont tout à la fois conséquence et systématisation figurabilisée du texte précédent et mise en scène, annonce textuelle des énoncés suivants.

Figurabilisation et lecture paragrammatique de l'énoncé « départ ». Le second énoncé « départ » est d'un guerrier qui s'offre à combattre : rassembler des suffrages, mettre Aricie sur le trône d'Athènes. Et la véritable réponse à ces énoncés performanciels est à rechercher — moins dans les échos suivants qui en donnent en fait le statut — que dans la fin de cette entrevue :

>   Partez, Prince, et suivez vos généreux desseins.
>   Rendez de mon pouvoir Athènes tributaire. *(572-573)*

Après donc l'annonce de la venue de Phèdre.

Si nous lisons cette succession, comme nous lisons celle qui lui est commutable dans le texte de *Mithridate* :

— Xipharès déclare son amour à Monime : pas de réponse explicite.

— Mithridate est de retour : Monime déclare son amour à Xipharès; Monime demande à Xipharès de partir combattre et peut-être de mourir.

> N'importe, il me faut obéir.
> Inventez des raisons qui puissent l'éblouir.
> D'un *héros* tel que vous c'est là l'effort suprême :
> Cherchez, Prince, cherchez, *pour vous trahir vous-même*,
> Tout ce que, pour jouir de leurs contentements,
> L'amour fait inventer aux vulgaires amants. *(Mithridate, 721-726)*

Mandatement de mort explicite, et même explicite dans sa cruauté et son ironie.

> Vous-même, en ma faveur, vous voulez vous trahir? *(515)*

déclare Aricie avant d'accepter le départ d'Hippolyte et les dangers qu'il comporte, puisque Hippolyte part pour être mérité, pour payer le droit d'aimer.

Au travers de cette lecture intertextuelle, *l'annonce* du retour de *Mithridate* — fantasme obsessionnel du retour toujours possible du *nom* du père — serait, fonctionnellement du moins, symétrique de l'annonce de l'entrevue avec Phèdre — fantasme tout aussi obsessionnel de la mère monstrueuse. Souvenons-nous

> Tout a changé de face,
> Depuis que sur ces bords les Dieux ont envoyé
> La fille de Minos et de Pasiphaé. *(34-36)*

Réversibilité des deux fantasmes parfaitement liés, et que d'ailleurs le texte de *Mithridate* unira dans une nouvelle itération de l'énoncé « départ de Xipharès » (dont la syntaxe est aussi essentielle à la pièce que dans *Phèdre*). Union des deux faces du fantasme qui se fait dans un glissement quasi-explicite : mandatement de mort de Monime/ mandatement d'héroïsme du père, jusqu'au désaveu de la trahison de la mère :

> Trop heureux d'avancer la fin de ma misère,
> J'irai ...

(jusqu'ici réponse au mandatement de Monime)

> ... J'effacerai le crime de ma mère *(Mithridate, 939-940)*

Dans la perspective d'une lecture intertextuelle, le départ d'Hippolyte serait donc déjà désaveu de la mère — telle l'était l'alliance avec le père (cf. chapitre III) —, dimension que dans le texte de *Phèdre*, il ne revêtira qu'après l'offre de Phèdre (scène 6, Acte II) :

> Partons; et quelque prix qu'il en puisse coûter,

(annonce de la mort)

> Mettons le sceptre aux mains dignes de le porter. *(735-736)*

Quel statut donner à ce décalage de la structuration intertextuelle logique par rapport à la manifestation textuelle qui fait éclater le départ en deux énoncés? Le départ/héroïsme et le départ/désaveu sont séparés par l'explication de ce qui dans *Mithridate* n'est donné que comme signifiant vide, comme texte de référence : la trahison de la mère (sans nom) infidèle. Eu égard à ces remarques, le texte de *Phèdre* est moins condensation que développement de virtualités, d'ellipses du texte de *Mithridate :* tout ce qui pouvait encore se masquer dans le texte *Mithridate* est ici explicité, et surtout mis en acte dans la présence matérielle du langage du corps sur le « lieu » de la scène. Le « départ-partage », « *départ* » *comme énoncé figuratif* — toujours au sens où se représente ici sur la scène ce qui n'a de réalité que dans l'extérieur, que dans son envers — et « *partage* » *comme énoncé symbolique* marqué d'une structuration textuelle paragrammatique, est aussi déjà désaveu non explicite de la mère, figurabilisé dans le retour à un ordre ancien :

                    Les campagnes de Crète
Offrent au fils de Phèdre une riche retraite. *(505-506)*

Rejet lointain, mais ouverture de l'espace possible d'un nouvel enlèvement, enlèvement du « fils », déplacement de la relation maternelle.

    Cet énoncé « départ », à un certain niveau de cohérence, peut fonctionner comme mise au service d'un bras guerrier (celui d'Hippolyte) à la cause politique d'une restauration légitimatrice (celle d'Aricie sur le trône d'Athènes). Mais il fonctionne aussi, au niveau d'une lecture des engendrements textuels et intertextuels, comme effacement de l'enlèvement d'Aricie par Thésée et donc effacement d'un aspect de la puissance paternelle, refus de se substituer à Thésée : Aricie est ici instituée comme détentrice de cette nouvelle puissance paternelle. Hippolyte se crée le pouvoir paternel dont il a besoin, pôle de mandatement (c'est Aricie qui en dernier recours signe à Hippolyte son ordre de départ), mais non pôle de trop grande puissance guerrière et sexuelle. Il est à remarquer qu'Aricie serait encore substitut de Thésée comme apte à recevoir la confidence de l'offre de Phèdre, confidence impossible à parler à Thésée *(scène 1, Acte V)*. L'énoncé départ est aussi désaveu de la mère : ce sont ces deux derniers axes de significations qui le lient inévitablement à l'idée de *mort* (fonction sémiotique tragique : départ/mort). Aricie — comme Monime — peut exiger la mort comme preuve (ces jeunes filles paraissent d'ailleurs à bien des égards fort éloignées de l'apparence figurée, idéologique d' « amour sororal », apparence à laquelle semblerait se laisser prendre R. Barthes [7]). Et le désaveu de la mère n'est effectif que dans la mort. Rappelons Xipharès :

        A mille coups *mortels* contre eux me dévouer,
          Et chercher, en mourant, à la désavouer. *(Mithridate, 73-74)*

---

7. R. Barthes, *op. cit.*, p. 22-23.

La structuration actuelle de l'énoncé peut donc s'établir comme suit :
1. Effacement de l'enlèvement d'Aricie, effacement aussi du contrat d'eunuque imposé par Thésée et donc effacement de l'éloignement de Thésée indissolublement lié au contrat. On peut déduire de là une symétrie entre les séquences d'énoncés : « enlèvement d'Aricie » et « éloignement de Thésée » rattaché plus loin à « enlèvement avec Pirithoüs de la femme du tyran de l'Épire ». Symétrie qu'il sera particulièrement intéressant d'analyser dans ses moindres implications.
2. Restitution du pouvoir paternel à Aricie → mandatement de départ fait par Aricie → mort.
3. Désaveu de la mère → mort.

Il nous faut maintenant chercher à analyser ce schéma de l'énoncé « départ » dans sa seconde version, dans son rapport à la séquence narrative actantielle, mise au jour dans le chapitre III et dans son rapport à la structure élémentaire.

III. Intersections : lecture parallèle à la structuration narrative

L'ensemble « Acte II » — envisagé ici dans la diversité et l'intersection de ses niveaux de signification — se structure dans ses grandes articulations sur le modèle narratif à demi-constitué, à demi-masqué dans l'Acte I. Il paraît même en restituer des énoncés que nous n'avions pu élaborer que par catalyse intertextuelle.

Lisons simultanément la structuration narrative telle qu'elle s'établissait par intersection des textes de *Mithridate*, *Phèdre* et *Andromaque* :

1. Affirmation d'un objet de fixation.	1. Objet de fixation : Aricie.
2. Appartenance à un autre : *Père*.	2. Enlevée et appartenant à un autre : *Thésée*.
3. Éloignement - oubli/désaveu. Alliance éventuelle avec le père.	3. Alliance : nouveau contrat - nouveau mandatement.
4. Trahison/provocation du père.	4. Trahison du père : Aricie.
5. Transgression *annoncée*.	5. Transgression *effectuée* : désaveu et mort.

dans le texte, les énoncés 1 et 2 se lisent dans la réactualisation répétée de la scène d'enlèvement, selon un ordre de succession inverse, mais cela ne change en rien la nature même des énoncés scène 1, Acte II (le texte d'Aricie), scène 2, Acte II (le texte d'Hippolyte). Et ces énoncés, ici non condensés, mais fonctionnant dans le même ordre fantasmatique, appellent leur négation, leur reniement, tout comme l'éloignement du héros est désaveu de sa « passion » interdite. Effacement dans un nouveau contrat, dans un nouveau service. Nouveau contrat, nouveau mandatement : celui qu'affirme Aricie à la scène 3. L'énoncé 4 surtout appelle une explicitation : Aricie, revêtue symboliquement de la puissance paternelle — et de son équivalent politique —, se met à fonctionner comme Thésée : elle mandate Hippolyte, alors qu'il n'a jamais pu obtenir de son père que de faux contrats ironiques. Elle va aussi remplir la fonction de provocation de l'actant Thésée : elle trahit en acceptant, en insistant sur l'entrevue Hippolyte-Phèdre :

> Seigneur, vous ne pouvez refuser de l'entendre.
> Quoique trop convaincu de son inimitié,
> Vous devez à ses pleurs quelque ombre de pitié. *(566-568)*

Provocation qui est très exactement, sur la scène, l'actualisation du piège de Thésée, confiant Aricie et Phèdre à Hippolyte, piège apparu dans la structuration implicite du texte, mais non directement manifesté.

Au niveau de la structuration actantielle et narrative, ces trois vers sont provocation, actualisation directe du piège; au niveau de la structuration performancielle, ils sont interprétés comme trahison présente de l'aveu d'Hippolyte, comme invalidation de cet aveu par refus d'y répondre :

> Cependant vous sortez. Et je pars. Et j'ignore
> Si je n'offense point les charmes que j'adore! *(569-570)*

Interprétation actantielle et performancielle là encore se démontrent isotopes, mais non isomorphes, puisque non relatives aux mêmes sujets (Thésée d'une part, Aricie elle-même d'autre part). Et inversion curieuse, le mandatement « départ » est consécution de la trahison, la trahison est criminelle, et dans l'ordre du développement du texte le contenu du mandatement ne s'élabore que postérieurement à cette trahison-provocation.

PROPOSITION XII

Modulation donc sur les énoncés constitutifs de la séquence narrative initiale qui d'ailleurs toujours n'intervient dans le texte que comme déjà transformée. La première séquence s'inscrivait dans une relation actantielle Thésée/Hippolyte. Elle s'instaure ici comme entrecroisement des deux structurations actantielles : Thésée/Hippolyte, puis Thésée/Aricie. *La relation Hippolyte/ Aricie n'est pas première, elle n'est que déduite de ces deux structurations. Transformation donc d'une séquence par intervention d'une structuration actantielle autre, mais aussi mise au présent, réalisation dans le développement signifiant du langage de ce qui n'était que références passées.*

Non que la première séquence se situe dans un avant ou dans un extérieur quelconque du texte, mais elle ne s'y lisait que par catalyse, non par fonctionnement textuel présent. En l'absence totale de Thésée (mort) s'effectue la figurabilisation complète des énoncés précédents. Figurabilisation qui implique donc un emploi d'énoncés déjà parlés, déjà « annoncés ». Et d'un tout autre point de vue — du point de vue non de la structuration du texte mais de ses éléments sémiques — ce deuxième énoncé bien que « re-production » du premier lui est contraire. Le premier est mandatement de mort : meurtre du père, substitution au père dans le fonctionnement symbolique, et enfin provocation à l'égard de Phèdre. Le second énoncé est refus d'une substitution complète au père, effacement de l'enlèvement et donc d'un certain point de vue, mais que nous n'aurons que récurremment, effacement de la mort de Thésée. Récurrence qui nous sera donnée lors de l'analyse de la symétrie : enlèvement d'Aricie/enlèvement de la femme du tyran de l'Épire; mais, avant cela, l'institution d'Aricie en Athènes est déjà reconstitution du père; reconstitution qui d'ailleurs va servir à Hippolyte face à Phèdre (scène 4, Acte II). Seule peut-être la dimension de provocation ne peut être effacée, quel qu'en soit le désir d'Hippolyte : elle est inscrite dans le programme tragique par le développement du premier ensemble figuratif.

Le second énoncé est identique au premier en ce qu'il est transformation isomorphe (éléments par éléments) des termes qui constituent la séquence narrative initiale. Mais il lui est contraire aussi en ce qu'il cherche à renverser, à transgresser la problématique du premier.

Cette première itération de l'énoncé « départ » en fait une mise en acte signifiante d'une séquence structurante déjà abstraitement constituée, procès de figurabilisation, de narrativisation dont le système a déjà été mis en place, procès qui se déclenche par jeu sur le premier schéma de signification : $S_1 \longleftrightarrow \overline{S_1}$ (départ ⟷ vie). Relation de contradiction entre S_1 et $\overline{S_1}$ qui se démontre dans le fonctionnement à ces différents niveaux de structuration : actantiel, performanciel ou proprement textuel, malgré le masque d'une apparente cohérence entre les deux termes, malgré tout ce qui peut nier l'implication « départ ⟷ mort ».

Le départ suivant l'aveu de Phèdre est cette fois explicitement chargé de l'élément sémique « mort »; provocation à l'égard de Phèdre — nous l'avons vu ainsi thématisé dans la lecture qu'en fait Œnone — il joue ainsi :

> On dit qu'un prompt départ *vous* éloigne de *nous*,
> Seigneur. A *vos* douleurs je viens joindre *mes* larmes. *(584-585)*

jusqu'à se réitérer comme tel au milieu de cette scène, point d'engendrement de la seconde énonciation :

> Ma honte ne peut plus soutenir votre vue;
> Et je vais ...

et la réponse :
>   ... Ah! cruel, tu m'as trop entendue.
>   Je t'en ai dit assez pour te tirer d'erreur. *(669-672)*

Annonce de départ, ici présente dans l'énonciation fuyante, d'Hippolyte, et qui joue là un rôle capital, puisque permettant la ré-écriture par Phèdre d'un texte figuré en texte explicite (à l'intérieur de la scène 5 de l'Acte II). Départ qui sert ici de matrice transformationnelle, dans l'ordre d'un renversement du discours.

L'énoncé, le signe « départ », n'est pas une séquence, mais bien une figure au sens de marque d'un signe, au sens de ce qui indexe le système de détermination des textes, des procès. Mais il est une figure construite, une figure qui elle-même est déterminée. Le texte tragique, du moins le « texte Phèdre », n'est pas figuratif, il élabore le figuratif.

VI

Figuré, figuratif, figurabilisé

L'interprétation

Argument

Mise en place
— Double appartenance typologique des énoncés.
— Présence modulante de la séquence-thème.
— Application possible de la thèse du redoublement de l'interdit à la structuration actantielle d'Hippolyte.

I. Jeu sémiotique de superposition des discours : Acte II, scène 2

OPÉRATION : Manifestation par la lecture de l'interdit figuré dans le discours politique et s'imprimant dans les signifiants narratifs.
THÈSE : Ré-écriture du récit d'Hippolyte (scène première), et du discours politique. Justification du modelage du texte sur le système : tableau/texte/rêve.
RÈGLES DE TRANSFORMATION. CHIFFRE
— *Thèse :* Penser la notion d'*ordre textuel* simultanément à la typologie des énoncés.
— *Hypothèse :* Caractérisation des unités textuelles figurées/figurabilisées.

II. L'interprétation

1. Discours figuré
— Mise en place des catégories sémiques binaires identiques et contraires.
— Analyse du jeu sémiologique figuré/figurant.
— Surdétermination des structures performancielles.

2. Le Labyrinthe. Discours figurabilisé
— Marque de la séquence-thème « enlèvement ».
— Liaison interprétation/vérité : *savoir interpréter accuse.*

3. Tableau figuratif
— Transformation des énoncés passés, dans l'ordre de l'énonciation, en art de persuader.
— Matérialité du figurant (relation maternelle) : l'art de convaincre se subsume sous l'art de persuader, de la « charité » à la « chair ».

Un premier élément d'homogénéité de l'Acte II paraît être la double appartenance typologique des énoncés qui s'y développent. Les premiers sont *figurabilisés*, figurant, au travers de « tableaux » faits de réminiscences mythiques restituées à leur matérialité première, des éléments d'interprétation qui vont se trouver repris, thématisés, temporalisés dans des *formes narratives* : deuxième type d'énoncés. Énoncés figurabilisés présents lors des commentaires de l'éloignement de Thésée (Acte II, scène 1); énoncés figurabilisés qui constituent le tableau-fantasme originaire de l'enlèvement. Il nous faudra expliciter cette double appartenance typologique, le mode de rapport des énoncés entre eux : quelle articulation, et même quel « code » de traduction y a-t-il entre les deux? Le texte d'Aricie (Acte II, scène 1) semble présenter un intérêt particulier du fait de l'intériorisation de cette articulation dans un seul et même récit.

Mais par ailleurs, pourquoi cette scène, rattachée dans la typologie traditionnelle à l'idée de « confidences », se déplace-t-elle à l'Acte II alors que son lieu paraît être le premier acte? Elle s'organise, pour une part importante, autour du scénario-tableau fantasmatique : *Enlèvement*. Terme générateur tout aussi présent, nous l'avons montré, dans la scène 2 (Hippolyte/Aricie) et dans la scène dite d'aveu entre Phèdre et Hippolyte. S'il est une matrice dans la structuration de cet ensemble « Acte II », ce n'est pas l'une de ces notions indéfinissables « confidences » ou « aveux », mais bien cette « séquence-thème »[1].

---
1. Expression formée à partir de la notion saussurienne de « mot-thème ».

En effet il ne s'agit pas là de l'itération d'une « unité », mais de la constitution de ce qui dans le texte même, dans son fonctionnement signifiant, en produit l'isotopie.

Rappelons aussi la distinction entre tableau scénique, figuratif — « Hippolyte partant », « Phèdre mourante » — et tableau fantasmatique tel « Thésée lointain ». Comme ce dernier était à lire dans les marges d'une structuration actantielle Hippolyte/Thésée (symboliquement : structuration par la castration), nous avons vu que le second tableau fantasmatique ou séquence-thème est à lire de pair avec la structuration actantielle Aricie/Thésée. La scène 1 de l'Acte II se fait d'abord commentaire du tableau « Thésée lointain », puis tableau de l'enlèvement. Articulation ? Homogénéité par le fondement symbolique, la castration ?

Le récit d'Hippolyte à l'Acte I traçait un chemin menant du scénario fantasmatique — scénario qui était alors monté en récit — à l'interdit; le récit d'Aricie suggère ce même chemin, en passant par l'idée même de *redoublement*. L'énoncé « redoublement », littéralement inscrit à l'Acte II, se lit donc aussi récurrement comme articulation textuelle effective dans le premier récit d'Hippolyte, articulation dite et masquée tout à la fois par le refus de l'exemplarité paternelle :

> Quand même ma fierté pourrait s'être adoucie,
> Aurais-je pour vainqueur dû choisir Aricie ? *(101-102)*

Cet énoncé « redoublement » d'un autre interdit se lit ici dans certaines expressions, telle celle-ci :

> Il défend de donner des neveux à ses frères *(106)*

insistant sur la relation proprement familiale, sur la liaison « par le sang ». S'il en est ainsi, la seconde partie du texte d'Hippolyte se repliant sur la première, l'oisiveté, le non-héroïsme, marqués par l'interdit, sont en fait refus de devenir Thésée, refus de se substituer au père, explicitation dont l'incidence se produit dans l'élaboration du partage (scène 2, Acte II). Ce sont donc des chemins symétriques — voire même peut-être identiques — qui conduisent des deux scénarios, « Thésée lointain » et « enlèvement », au langage même de l'interdit. Des deux unités « figurabilisées » à l'engendrement du même principe symbolique. N'y a-t-il pas là une reproduction de la dualité structurante procès/système ? L'interdit n'est-il pas lui-même système d'analyse des deux scénarios, des deux procès textuels figurabilisés au travers d'une transformation de fragments mythiques et mythologiques ? Mais le fonctionnement textuel est d'une plus grande complexité encore : procès/système sont autonomes tout en s'interpénétrant. Le premier texte d'Hippolyte (constitution du partage) parle l'interdit dans le refus d'une substitution complète à Thésée; comme son premier récit à Théramène le parlait dans le refus de se faire héros : refus du paradigme exploit/aventures amoureuses multiples.

Nous avons là les deux clés de fonctionnement, de structuration de ce second ensemble : d'une part l'homogénéité matricielle assurée par la séquence-thème « enlèvement»; et d'autre part le mode d'articulation des énoncés appartenant à cette séquence figurabilisée. De plus une attention particulière paraît devoir être apportée au mode de discours sur l'interdit. Si les textes se présentent en une dualité énoncés figurabilisés/énoncés explicatifs, quel statut accorder à l'interdit ? Le récit d'Aricie est une succession simple : rappel du scénario fantasmatique et traumatisant de l'enlèvement; interdit et redoublement de l'interdit, puis oblitération de ce même interdit par déplacement sur Hippolyte. Bien qu'à ce moment même du texte, se poursuive, par l'énonciation agressive et violente d'une rivalité avec Phèdre, le fond diffracté de l'interdit sous la forme : impossibilité d'une relation amoureuse Aricie/Thésée et donc déplacement de cette même relation. Ce qui paraissait oblitération, oubli de l'interdit, ne l'est en fait qu'à demi.

I. Jeu sémiotique de superposition des discours

PLAN

1. Statut et fonctionnement de l'interdit (Acte II, scène 2)
— Le redoublement et ses conséquences
— Diffraction de l'interdit
— Problèmes de l'énonciation : double lecture, car double appartenance

2. Structuration par l'ordre textuel
— Le statut des enlèvements de Thésée
— Le retournement de la formule de l'enlèvement
— L'effacement de l'enlèvement
— Caractéristique des unités textuelles figurabilisées

1. Statut et fonctionnement de l'interdit dans la scène 2 de l'Acte II

Le redoublement et ses conséquences. Deux modes de discours performanciel sur l'interdit : le partage qui démontre la nécessité de conquérir, qui pose Aricie comme reine à enlever militairement, et la première partie de l'aveu d'Hippolyte, cette temporalité lointaine dans laquelle il se refusait à toute séduction. Aucun interdit ne figurabilise cette contrainte, si ce n'est, dans l'ombre de l'Hippolyte d'Euripide, l'obéissance absolue à Artémis; si ce n'est, dans la textualité racinienne, la présence signifiante de la mère Amazone, Antiope, double figure de la Déesse. A remarquer d'ailleurs qu'Artémis contrairement à Neptune, Vénus ou Hercule ne se trouve pas ici utilisée comme allégorie à remplir, peut-être parce que les éléments sémiques qui la constituent se sont

dispersés entre plusieurs axes. L'interdit qui pesait sur Aricie n'était en fait que le redoublement d'un autre plus puissant. Les contraintes qu'Hippolyte s'impose ont quelque chose à voir avec un interdit; ne sont-elles pas aussi redoublement d'un autre interdit, redoublement de l'interdit de l'inceste? Lisons :
> Moi qui, contre l'amour fièrement révolté,
> Aux fers de ses captifs ai longtemps insulté,
> Qui des faibles mortels déplorant les naufrages,
> Pensais toujours du bord contempler les orages. *(531-534)*

Relisons aussi scène 1, Acte I :
> Dans un âge plus mûr moi-même parvenu,
> Je me suis *applaudi* quand je me suis connu. *(71-72)*

Vers dont les significations sont en fait à inverser : approbation, soulagement devant le fait que l'histoire amoureuse de Thésée puisse être justification — histoire dont le récit renouvelé succède à cette affirmation. C'est la même structure d'explication que celle fournie par Aricie :
> Je rendais souvent grâce à l'injuste Thésée,
> Dont l'*heureuse* rigueur *secondait* mes mépris. *(434-435)*

même structure, si ce n'est qu'elle est retournée par Hippolyte en narcissisme guerrier, étape qui suit celle de l'amour maternel spéculaire, les deux étapes étant ici restituées dans le premier récit d'Hippolyte. Mais le redoublement de l'interdit de l'inceste n'est pas ici (scène 2, Acte II) directement parlé : seule sa conséquence phénoménale en est évoquée aux travers de périphrases géographiques, familières au langage du XVIIe s. certes, mais aussi particulièrement signifiantes dans une textualité qui retravaille la matérialité de toutes les figures rhétoriques [2]. « Bord » appartient autant à la délimitation de la scène théâtrale, qu'à celle de l'Enfer (« bords que l'on passe sans retour ») ou des passions : lieu de la scène comme lieu clos d'exercitation des passions — au sens le plus matériel de ce terme. L'interdit apparaît cependant dans sa dimension d'élément essentiel à la structuration du sujet :
> Par quel trouble me vois-je emporté loin de moi! *(536)*

l'amour est trouble du moi au sens de déconstruction des instances du sujet.

Le redoublement de l'interdit sera parlé au travers d'une tout autre médiation : plus sourde, moins ouverte à l'explicitation immédiate. Tout comme le discours de Théramène (fin de la scène 1, Acte I) s'imprégnait, comme à son insu, de tous les sèmes de Phèdre jusqu'à celui de la mort, Hippolyte parle Aricie, l'image d'Aricie — et cette médiation imageante, écran du corps, est importante — au travers des forêts, au travers d'un autre langage; et c'est peut-être pourquoi aussi il parle

---

2. Cf. quant au statut épistémique de ces constitutions rhétoriques, l'article de P. Kuentz dans *Communication*, n° 16, « Recherches rhétoriques », 1970.

d' « une langue étrangère », thématisation de l'écran signifiant qui s'est imposé à lui :

>Par quel trouble me vois-je emporté loin de moi! *(536)*

Image d'une fuite, d'un départ là encore, d'un enlèvement, condensation sémique qui rassemble des sens épars en même temps qu'elle peut en ouvrir d'autres :

>Portant partout le trait dont je suis déchiré *(540)*

Figure classique certes mais dont l'appartenance à une origine sémique chasseresse n'est pas ici indifférente. Rappelons la thématique d'Aricie : poursuivre, capturer, déchirer.

>Dans le fond des forêts, votre image me suit; *(543)*
>Mes arcs, mes javelots, mon char tout m'importune;
>Je ne me souviens plus des leçons de Neptune. *(549-550)*

Ces forêts dont le symbole est tout à la fois d'oisiveté :

>Je commence à rougir de mon oisiveté *(4)*
>Assez dans les forêts mon oisive jeunesse *(933)*

et de pesanteur amoureuse :

>Les forêts de nos cris moins souvent retentissent;
>Chargés d'un feu secret, vos yeux s'appesantissent. *(133-134)*

Oisiveté de la première enfance et/ou pesanteur toute pleine, nous l'avons démontré, de la présence de Phèdre.

    C'est par cet entrecroisement textuel que le récit-aveu d'Hippolyte peut se jouer comme texte limite entre le déplacement de la relation sur Aricie, et la manifestation de l'interdit dans le non-déplacement. Forêts, chasse, courses, chevaux sont sèmes se rapportant à Antiope, ils se thématisent dans l'image d'Aricie, tandis qu'ils s'imprègnent inconsciemment de cette pesanteur qui ne peut être relative qu'à Phèdre. Entrecroisement complexe donc.

    La médiation même de l'image est ici essentielle, médiation absente par exemple du type de passion peinte et simultanément vécue par Phèdre, et dans laquelle la présence corporelle immédiate revêt une certaine efficacité. Éloigner Hippolyte a un sens pour Phèdre. S'éloigner d'Aricie ne peut avoir de sens pour Hippolyte; ce qui ne peut que faire soupçonner son affirmation première comme étant masque d'autre chose (le fonctionnement textuel nous avait d'ailleurs permis de le démontrer) :

>Je fuis, je l'avouerai, cette jeune Aricie *(50)*

La présence et l'absence ne jouent pas le même rôle, n'ont pas le même statut que dans un autre type de relation :

>Présente, je vous fuis; *absente, je vous trouve;*
>Dans le fond des forêts *votre image* me suit. *(542-543)*

Il y a là comme un refus masqué du support physique de l'image, présence dans l'absence qui ressemble étrangement à un fantasme rappelé et chéri. Refus parallèle à celui même de la corporéité guerrière en jeu dans les exercices, dans la chasse :

> Mon arc, mes javelots, mon char, tout m'importune. *(549)*

Quel sens alors donner à l'allégorie de Neptune, double symétrique de Thésée, comme Hercule est son double effectif ? Double paternel de Thésée, puisqu'il est celui qui donne des leçons :

> Tantôt, savant dans l'art par Neptune inventé *(131)*
> Je ne me souviens plus des leçons de Neptune *(550)*

Oubli des leçons paternelles, oubli de l'interdit de l'inceste, c'est peut-être là ce qui se joue dans ce vers, et cela avec un écho :

> Mes seuls gémissements font retentir les bois,
> Et mes coursiers oisifs ont oublié ma voix. *(551-552)*

Lecture hiérarchisante : [Neptune $\xrightarrow{\text{leçons}}$ Hippolyte $\xrightarrow{\text{ordres}}$ chevaux], lecture qui se perd et s'annule dans la vanité de son dernier terme tout comme nous pouvons faire une lecture hiérarchisée directement dans la demande d'Hippolyte (Acte III, scène 5) : [Hercule $\xrightarrow{\text{substitution}}$ Thésée $\xleftarrow{\frac{\text{substitution}}{\text{impossible}}}$ Hippolyte]. Confirmation de l'équation nuancée Thésée = Hercule = Neptune, mais aussi assignation, par symétrie des deux lectures, du point où se situe l'impossible substitution, l'impossible héroïsme donc, avant qu'il ne soit ouvertement et explicitement parlé. Point d'assignation en la forêt, en Antiope et en Phèdre tout à la fois.

Que dire alors de cette même référence à Neptune dressée face à Phèdre comme rempart protecteur :

> Neptune le protège, et ce Dieu tutélaire
> Ne sera pas en vain imploré par mon père *(621-622)*

Allégorie reconstructrice du père et que contrairement à d'autres allégories (Phèdre/Vénus), il ne remplira pas. Dédoublement symbolique nécessaire, le texte de la scène 2 parle l'interdit, mais aussi se construit sur la mort de Thésée qu'il ne peut dénier aussitôt après ; l'appel à Neptune, bien que se concrétisant au présent/futur (et non au passé/conditionnel) est le double de l'appel direct au père. Le nom même de Thésée, mis cette fois sans précaution aucune totalement au présent, ne jaillira que dans un développement signifiant un peu ultérieur *(663-664)*.

En ce point d'évocation de Neptune, il est un processus textuel autonome, dont le cheminement récurrent passe de Neptune — celui qui tuera, par délégation de Thésée, Hippolyte — à :

> Et mes coursiers oisifs ont oublié ma voix. *(552)*

C'est là la trace justificative de l'impuissance d'Hippolyte à maîtriser son attelage au dénouement. *Mais surtout trace de la constitution du texte, de l'inscription, de l'application à chaque marque textuelle, à chaque énoncé, à chaque séquence, de la fonction organisatrice de l'ensemble textuel.*

Diffraction de l'interdit. Comment se parle et se dénie, comme s'efface l'interdit? Le « scénario » du partage le parlait au travers du rappel de la scène de l'enlèvement, en exposant la substitution incomplète à Thésée. L'aveu d'Hippolyte ne le parle que de biais, il ne présente pas un « amour » interdit, comme lors de la première scène; il donne à lire un amour forcé, forçant le sujet lui-même. Interdit/orgueil qui ne peut être en fait que le redoublement de l'autre. Et cependant le fonctionnement signifiant de ce qui devrait l'effacer (tableau figuratif de l'amour d'Hippolyte pour Aricie) en garde comme les marques indélébiles : dans la résurgence de tous les sèmes contextuels Antiope/enfance et dans celle, ponctuée par le récit de Théramène à l'Acte I, des sèmes contextuels Phèdre mourante/rêve (« que ne suis-je assise ... »). Le tableau figuratif « Hippolyte amoureux » n'a guère de réalité; lu dans la continuité de celui qu'avait déjà brossé Théramène, il est la réplique de celui de « Phèdre mourante »/ jouissance, et cela en vertu de la symétrie des deux ensembles figuratifs A et A′ de l'Acte I. Les références sémiques de Théramène :

>   Tantôt, savant dans l'art par Neptune inventé *(131)*

sont à retrouver dans le tableau « Hippolyte amoureux » comme indication aussi de la réversibilité des deux faces précédemment notées de l'allégorie Neptune : face Neptune et face Hercule.

>   Chargés d'un feu secret, vos yeux s'appesantissent *(134)*

Hippolyte :
>   La lumière du jour, les ombres de la nuit,

(dualité contextuelle à Phèdre)
>   Tout retrace à mes yeux les charmes que j'évite. *(544-545)*

>   On vous voit moins souvent, orgueilleux et sauvage
>   ... Rendre docile au frein un coursier indompté. *(129-132)*

Hippolyte :
>   Et mes coursiers oisifs ont oublié ma voix *(552)*

Notons l'insistance sur cet énoncé qui sera répercuté et « réalisé en acte » lors du dénouement tragique. Notons également la référence explicite de Théramène à Antiope :
>   Vous-même, où seriez-vous, vous qui la combattez,

(« la » = Vénus)
>   Si toujours Antiope à ses lois opposée,
>   D'une pudique ardeur n'eût brûlé pour Thésée? *(124-126)*

Référence multiple d'ailleurs; à l'enfantement, à une virtualité de symétrie Antiope (« pudique ardeur pour Thésée »)/Phèdre (« passion incestueuse pour Hippolyte »), la première se pouvant peut-être recouvrir aussi du nom d'Aricie, puisqu'il est aussi une symétrie Aricie/Phèdre.

> Avec quelques couleurs qu'on ait peint ma fierté,
> Croit-on que dans ses flancs un *monstre* m'ait porté? *(519-520)*

Ne pas aimer Aricie, haïr Aricie c'est avoir un monstre pour mère; Hippolyte aime Aricie donc Antiope n'est pas un monstre — proposition déjà parfaitement explicite dans le texte de Théramène, proposition très certainement explicite aussi pour tous les « sujets performanciels ». Ce n'est donc pas à cela que répond l'interjection d'Hippolyte. Supplément, elle est trace d'une faille, trace d'une peur du non-amour d'Aricie. Les deux tableaux « Hippolyte amoureux » sont à lire dans la continuité l'un de l'autre; le second, celui qui s'affirme dans la bouche d'Hippolyte comme figuratif, étant à mettre en doute : n'est-il pas seulement reste d'un déplacement, rempart contre une peur obsédante? Cette même peur fantasmatique qui jaillissait dans la première scène sous la forme dénotée « fantasme/obsession/rêve » n'est-elle pas celle qui ici vient troubler, mettre en doute le procès textuel avant même qu'il ne se soit constitué — *système explicatif et déconstructeur du procès/tableau/texte figuratif antécédent à son élaboration?*

Le déroulement textuel est tel que ce sont ces vers (enfantement, mère, monstre, haine) qui produisent l'aveu à proprement parler. L'annonce :

> Je me suis engagé trop avant *(524)*

ne peut désigner comme trop plein d'information que cette violente dénégation à propos de la mère, dénégation qui sera totalement claire dès lors que s'établira l'analyse sémique du terme « monstre » et l'analyse de sa fonction paragrammatique, très particulièrement dès lors que ce terme sera connu comme pouvant connoter une référence à Phèdre.

Il n'est donc pas de véritable oblitération, effacement de l'interdit; ce qui est refoulé sous son aspect constitué, cohérent et solide — tel l'interdit du mariage d'Aricie, explicité, détaillé lors du premier récit d'Hippolyte — se trouve ici dispersé, diffracté selon des ondes sémiques plurielles (Antiope/Aricie, Amour/Haine de Phèdre, Phèdre/Neptune). Tout comme l'interdit parlé par Aricie pour lui-même, par le redoublement qu'il constitue, se trouvait apparemment oublié, effacé, mais se déplaçait en fait dans l'axe entrevu d'une rivalité Aricie/Phèdre, voire plus explicitement d'une conquête d'un Hercule bien proche de Thésée :

> Hercule à désarmer coûtait moins qu'Hippolyte *(454)*

Retour de l'interdit refoulé, mais surtout retour signifiant de l'objet refoulé de l'interdit. Et c'est peut-être pourquoi Hippolyte, face à Théramène venant lui annoncer la venue de Phèdre, pourra s'écrier :

> Phèdre? Que lui dirai-je? Et que peut-elle attendre ... *(565)*

Exclamation qu'Aricie ne peut qu'interrompre. Trouble de l'énonciation, lieu symétrique de celui de Phèdre :

>   Ciel! que lui vais-je dire, et par où commencer? *(247)*

et qui atteste à quel point tout a déjà été dit.

Problèmes de l'énonciation. Quel est donc ce langage qui dit sans dire, qui est lui-même l'interdit, qu'est-ce qui en peut faire l'étrangeté?
>   Songez que je vous parle une langue étrangère *(558)*

Réflexions (retour sur l'énonciation, sur le statut de cette énonciation) dont nous avons vu à propos de la scène 3, Acte I (Phèdre-Œnone) qu'elles ne sont jamais sans importance. Lues dans la continuité de celle sur l'impensable énonciation face à Phèdre (« que lui dirais-je? »), elles peuvent témoigner d'un déplacement du message, cette langue ne peut qu'être « étrangère » pour Aricie, puisque destinée à une autre oreille.

Mais l'important ici est l'entrecroisement « réflexivité de l'énonciation/réflexivité de la passion », et donc aussi (et à quel point, nous venons de le voir) réflexivité de l'interdit primordial de l'inceste. Syncrétisme brutal, et assez rarement aussi explicite et clair, du langage et de l'interdit.

>   Peut-être *le récit* d'un amour si sauvage
>   Vous fait, en m'écoutant, rougir de votre ouvrage. *(553-554)*

Rougir est un indice de toute honte, de toute transgression, mais aussi de tout trouble sensuel. Il suffit de se référer à la chaîne « soleil », « trouble », « rougeur », « voile » ... Le destinataire, l'autre, est, à la limite de cette construction grammaticale (indistinction entre récit et « ouvrage » relativement au verbe « faire rougir » et au sujet de ce verbe), sujet même de l'énonciation, sujet-auteur de ce « récit-ouvrage ». L'autre, c'est peut-être moins d'ailleurs Aricie en elle-même et pour elle-même que comme représentant institué de Thésée, et par là même source de tout langage. Celui qui écoute, le destinataire, en un mot aussi le lecteur, est source et sujet de tout langage textuel, il est celui par qui le texte existe.

« Langue étrangère » parce que parlée d'un lieu signifiant qui est en deçà de toute structure performancielle, de toute structure du dialogue :

>   Et ne rejetez pas des vœux mal exprimés,
>   Qu'Hippolyte sans vous n'aurait jamais formés. *(559-560)*

Quelle faille, quel trouble creuse ce récit pour qu'il mérite le jugement « mal exprimés »; quelle dispersion de ces « vœux », en d'autres termes de ces *désirs*, pour qu'elle implique la réunification — et dans l'unité du nom propre « Hippolyte » — et dans l'idée rassemblante de « formés »? Aricie est ici source/prétexte (source en tant que représentativité de Thésée, prétexte en tant qu'occasion d'un déplacement métonymique) de tout langage, de même qu'à Aricie [Thésée] Hippolyte

osera parler la monstruosité de Phèdre (cf. Acte V, scène 1). « Langue étrangère » à le prendre littéralement, implique peut-être aussi l'existence d'un chiffre, d'une règle de traduction, de déchiffrement, au sens où l'entendait la réflexion du XVIIe siècle sur les langues :
> Les langues sont des chiffres où, non les lettres sont changées en lettres, mais les mots en mots.
> De sorte qu'une langue inconnue est déchiffrable.
> Pascal. *Pensées, Papiers non classés* [3],

PROPOSITION XIII
Une langue est déchiffrable à condition d'en connaître le chiffre, la compétence de transformation. Le récit d'Hippolyte est donné comme déchiffrable, au lecteur-spectateur seul, sous le masque d'une bienséance, d'une politesse faite à Aricie. Idée qui rejoint là parfaitement celle, émise au début de ce chapitre, d'une double typologie des énoncés, avec la possibilité de règles de transformation de l'une en l'autre. D'un point de vue textuel, les premiers énoncés d'Hippolyte — relativement à son départ et à la réorganisation politique qu'il implique — appartiennent à deux types d'unités textuelles déjà appréhendées. Narratives, appartenant à des structures élémentaires narrativisées par itération de la même séquence (la tragédie comme syntagmatique bloquée). Autres unités textuelles : les unités figurabilisées que nous avons déjà distinguées des unités figuratives en ce qu'elles sont traitement par intertextualité imageante de fantasmes originaires. Une unité de ce type a paru se constituer ici — comme elle semble par ailleurs se constituer dans chacune des parties de cet ensemble « Acte II » : celle de l'enlèvement d'Aricie par Thésée lors du meurtre des Pallantides.

Quel rapport, quelles articulations peut-il y avoir entre ces unités narratives/figuratives et figurabilisées, et le développement temporalisé, modélisé idéologiquement du récit de la passion, avec les résurgences, les diffractions signifiantes qui s'y inscrivent? Dans la mesure où l'interdit a quelque chose à voir avec la position de père de Thésée, dans le mesure où Thésée est à la fois celui qui enlève et celui qui garde cet interdit, c'est, à un certain niveau de l'analyse, rechercher l'articulation entre les deux énoncés : Thésée lointain/Hippolyte partant (réversibles) et « enlèvement ». A un autre niveau de l'analyse, c'est rechercher le fonctionnement, les engendrements proprement

---

3. Édition Lafuma, l'Intégrale, Éd. du Seuil, 1963, p. 580.

intratextuels qui font se correspondre le premier tableau figurabilisé
« Thésée lointain » et le second « enlèvement d'Aricie ». Et c'est encore
rechercher les lois d'intersection des deux structurations actantielles
jusqu'à présent mises à jour.

2. Structuration par l'ordre textuel

Le statut des enlèvements. Avant que ne se constitue dans le récit
d'Aricie le scénario fantasmatique de l'enlèvement, le premier récit
d'Hippolyte en avait proposé l'idée, mais en omettant parmi les exploits
de Thésée le meurtre des Pallantides, donc en s'épargnant d'aborder
l'enlèvement d'Aricie elle-même. L'enlèvement est comme identique
à une gigantesque propagation, dispersion séminale :

> Sa foi partout offerte et reçue en cent lieux. *(84)*

Les associations figurabilisées : tableaux de femmes, dont le texte est
ici comme le titre même :

> Ariane aux rochers contant ses injustices *(89)*

sont peintures de scènes ou d'enlèvement ou de désespoir : enlèvement
d'Hélène ou plus exactement « vol » (cf. « Hélène à ses parents dans
Sparte dérobée », *85*), puisque c'est directement aux géniteurs que ce
préjudice est porté.

L'enlèvement est acte, démonstration de force, donc affrontement
avec un égal, frère ou époux de la femme, affrontement violent à partir
duquel s'instaure une légitimité nouvelle. Cette même légitimité est
par ailleurs institutionnalisée dans le mariage :

> Phèdre *enlevée* enfin sous de meilleurs auspices. *(90)*

La rupture de cette légitimité, installée par la force (cf. Pascal) ouvre
l'espace d'une « injustice », ici marquée, et cela est significatif à propos
d'Ariane (songer au glissement parfois opéré entre Ariane et Aricie).
L'injustice est possibilité d'une consolation, d'un retour aussi à la
légitimité première :

> Salamine témoin des pleurs de Péribée. *(86)*

Ici se côtoient l'injustice et l'ouverture d'un nouvel espace amoureux,
possibilité d'une rupture du cercle fantasmatique de l'enlèvement-
séduction. Ouverture double ici, puisqu'elle est à la fois possibilité de
séduire Aricie et possibilité de ne pas passer par l'étape nécessaire et
traumatisante de l'enlèvement. Meurtre (« tuer des monstres »),
enlèvement sont le paradigme effrayant de la loi d'enchaînement : exploits
guerriers/infidélités ; il n'est pas en la matière de légitimité définitivement
établie. L'enlèvement est aussi attestation infaillible et troublante de
la spécificité du sexe féminin, spécificité porteuse de menaces de
castration.

Les enlèvements sont ici, eu égard aux paroles prophétiques de
Théramène *(19-21)*, éléments sémiques possibles du tableau « Thésée

lointain ». Éléments narrativisés, transformés en *récit* (récit = langue étrangère, réflexions sur l'énonciation, cf. scène 2, Acte II) par l'itération d'une même obsession : celle de la symétrie exploits meurtriers/séductions amoureuses et donc celle de la castration. Notons donc, à ce moment de l'analyse, la possibilité d'une équation symbolique des deux énoncés figurabilisés : « Thésée lointain » (dont nous retenons la réversibilité avec Hippolyte partant) et « Thésée ravisseur » — énoncé donné à interpréter, par Ismène, par Aricie, par Hippolyte. Sémantiquement interprété par Ismène, c'est un retournement du sort sur Thésée lui-même « englouti par les flots », ou bien pris à son propre piège provocateur, enfermé dans les entrailles de la terre. Retournement même de la castration; Thésée se voit dépossédé de son pouvoir phallique, retenu dans les entrailles, de la femme cette fois. Et il n'est pas sans intérêt que cet acte sexuel avec la terre soit représenté par Aricie sous le terme mystérieux de « charme ».

Retournement de la formule de l'enlèvement. La fonction du discours performanciel d'Ismène est ici parfaitement étonnante. Tout comme Œnone accomplissait — sur ordre et désir de Phèdre — l'acte symbolique du meurtre de Thésée, Ismène produit ici dans un mouvement de signifiance indépendant d'elle, l'acte symbolique du viol de Thésée, thématisé ultérieurement dans le désirs chasseurs d'Aricie *(450-457)*. Thésée mort, la castration se retourne contre lui, l'enlèvement aussi dans ce geste brusque qui fait dire à Hippolyte :

> La mort seule, bornant ses travaux éclatants,
> Pouvait à l'univers le cacher si longtemps.

Refus, dénégation de ce que Thésée ait pu être ravisseur :

> Les Dieux livrent enfin à la Parque homicide
> L'ami, le compagnon, le successeur d'Alcide. *(467-470)*

Thésée est enlevé, « livré » par son double, par « les Dieux », car Thésée est protégé par les Dieux; il est « ravi », son geste, son piège, se retourne contre lui-même, métaphores qui comme toutes celles relatives à cette expansion sémique de l'éloignement/mort, ne peuvent qu'être prophétiques à l'égard du déroulement syntagmatique futur. Il est livré en tant qu'Alcide, en tant qu'Hercule, et donc aussi livré ainsi à la Parque, à la femme phallique :

> Hercule à désarmer coûtait moins ...

Le retournement de l'enlèvement, dans le discours d'Hippolyte, s'intègre des éléments sémiques appartenant au discours symbolique d'Aricie. Le cheminement signifiant souterrain en fait ici la condensation des deux fantasmes : Thésée est enlevé et violé, dévoré par la Parque.

C'est ce même retournement — particulièrement intéressant dans sa génération signifiante — qui libère le discours politique d'Hippolyte, très exactement la première partie de ce discours, la révocation de l'interdit pesant sur Aricie :

>Je révoque des lois dont j'ai plaint la rigueur. *(475)*

Lire « injustice » et songer à Ariane. C'est l'effacement de l'enlèvement d'Aricie qui libère la seconde partie du discours politique d'Hippolyte : le partage magique, le rêve du partage.

Premier récit d'Hippolyte (Acte I, scène 1) : les tableaux successifs sont transformation de fantasmes en tableaux représentatifs appartenant en propre à cette picturalisation du théâtre qui se substitue à tout décor, à toute peinture effectivement présente; castration et représentation brutale de l'interdit qui pèse sur Aricie : « loi sévère », « tige coupable » :

>Il veut avec leur sœur ensevelir leur nom,
>Et que jusqu'au tombeau soumise à sa tutelle *(108-109)*

Ainsi Agamemnon acceptait dans l'un de ses stratagèmes (*Iphigénie*, Acte I) que sa fille meure pourvu que ce fût sans l'amour d'Achille.

L'énoncé de l'interdit — dont nous avons vu qu'il peut bien n'être qu'un redoublement de l'interdit primordial de l'inceste (et cela sans même encore jouer sur la symétrie facile Aricie/Phèdre) — suit le développement signifiant du fantasme originaire de la castration. Or c'est l'interdit qui fonde analytiquement la castration : le texte d'Hippolyte, dans une logique analytique, aurait la tête à l'envers — c'est l'interdit parental qui produit la menace de castration bien que celle-ci puisse s'étayer sur la perception de la différence des sexes. Quelle est donc la logique autre à laquelle répond la constructibilité ordonnée des énoncés de ce texte?

Logique de la vraisemblance, de l'ordre d'une progression du difficilement pensable « Hippolyte amoureux » (amoureux malgré son passé et surtout malgré le passé de son père) à l'impensable : aimer Aricie, aimer celle que s'est gardée, réservée Thésée?

PROPOSITION XIV

La logique du texte d'Hippolyte est d'ordre textuel, *ordre autonome par rapport à tout autre, et dans lequel le procès figurabilisé est constitué de manière antécédente par rapport au système qui l'analyse. Cette logique serait identique à celle qui régit la constructibilité des énoncés de l'Acte II. Ce concept d'ordre textuel est ici essentiel, car il est position d'une certaine finition de la manifestation textuelle dans un infini sous lequel cependant elle se range. Dans cette manifestation, et donc aussi dans cet ordre textuel, s'affirme une inscription dans l'histoire, ici très particulièrement une inscription dans l'historicité du langage, de la science-préscience du langage au XVIIe siècle.*

L'effacement de l'enlèvement. Les énoncés figurabilisés sont à lire — et peuvent être lus dans leur littérarité représentative : ils sont alors fragments de tableaux, nomination appelant le tableau; mais ils peuvent aussi *s'interpréter*, ils peuvent s'analyser au moyen de l'instrument systématique qu'ils produisent : ici le rôle de l'interdit. L'enlèvement d'Aricie, le meurtre des Pallantides est travail sur un tableau mythologique : il engendre, par inscription de la structure actantielle Aricie-Thésée, le discours sur l'interdit, thématisation précédant la diffraction, le déplacement dans un autre lieu : la rivalité avec Phèdre. Le texte d'Aricie est essentiel comme contraction de discours qui, dans l'ordre performanciel d'Hippolyte, se trouvent scindés, éclatés :

1. tableau d'enlèvements → thématisation forte de l'interdit;

2. retournement de l'enlèvement → effacement de l'interdit (1er discours politique);

3. tentative d'effacement des deux enlèvements et de Phèdre, et d'Aricie → réapparition diffractée, souterraine, mais essentielle de l'interdit.

Nous avions insisté précédemment (chapitre V sur l'itération de l'énoncé « départ ») sur la réactualisation, nécessaire pour l'effacer, du meurtre des Pallantides et de l'enlèvement d'Aricie, mais le partage établi par le second discours politique d'Hippolyte est aussi effacement de l'enlèvement de Phèdre. Phèdre retournant en Crète — pays attaché aux traces et souvenirs du Minotaure :

Et la Crète fumant du sang du Minotaure *(82)*

C'est aussi Phèdre recouvrant un état antécédent, Phèdre avant l'enlèvement par Thésée et, virtuellement aussi parmi les possibles du texte, *Phèdre à enlever* de nouveau.

Il est significatif dans la perspective de cet ordre textuel dont nous parlions précédemment, qu'Hippolyte tente d'effacer cet enlèvement avant que Phèdre n'en fasse — en le retournant elle-aussi — une arme de séduction. A cet égard, le texte d'Hippolyte est tout à la fois recherche d'une protection — ambivalence puisque ce peut être la recherche des conditions de possibilité d'une conquête — et anticipation. Position par Hippolyte du second élément intégré — dans l'ordre textuel uniquement sans égard à quelque personnage que ce soit — par le discours amoureux et destructeur de Phèdre. Premier élément : le départ, deuxième élément : l'enlèvement. Comment s'engendre alors, pour Hippolyte, la nécessité, semble-t-il contraignante, de dérouler un aveu complet ? Comment les deux faces — l'une figurabilisée, l'autre figurée — de cette langue étrangère qu'il profère alors se répondent-elles ?

S'il est deux enlèvements à effacer, et mythiquement effacés par le discours d'Hippolyte, l'aveu peut répondre à la nécessité d'une explication, d'une option interprétative, là où les énoncés « en signification » laissaient entrevoir deux interprétations :

> A fait fumer le *champ* dont il est sorti.
> Trézène m'obéit. Les campagnes de Crète
> Offrent au fils de *Phèdre* une *riche* retraite *(504-506)*

Deux chaînes signifiantes : *sang — champ — sorti* (= entrailles, enfantements) s'associant à *campagne* (champ = campagnes) de Crète (revoir l'analyse sémique faite à ce propos dans le chapitre V). D'où une virtualité de réalisation, de manifestation des éléments sémiques : Minotaure — Enfantement — Monstre, jusqu'à :

> Moi, vous haïr, Madame?
> Croit-*on* que dans *ses flancs* un *monstre* m'ait porté? *(518-519)*

A noter l'importance de l'indéfini « on » qui ne désigne pas Aricie. Esquisse d'une illusion vécue par ce « on »? Celle de Phèdre qui, par déplacement de la relation maternelle, se prend pour mère d'Hippolyte? Les sèmes « enlèvement » et la figure du « monstre/Phèdre » produisent-ils la nécessité de l'aveu comme substitut d'un enlèvement dont Hippolyte ne veut en aucun cas (référence au paradigme paternel)? L'aveu serait alors aveu à Phèdre (réversibilité avec Aricie?) Ou bien encore nécessité de l'aveu pour pallier l'irruption du fantasme destructeur de la mère?

Les unités textuelles figurabilisées. N'avons-nous pas ici à nouveau un fonctionnement textuel semblable à celui de l'acte I : tableau figurabilisé/texte-commentaire politique/jaillissement du fantasme? Tout fonctionnement par tableau serait alors appelé à être déconstruit, bouleversé par le principe qu'il a engendré? Le texte de l'aveu est tout à la fois ré-écriture possible d'un discours interdit (celui du désir) par déplacement, comme le récit de Phèdre se temporalisait et aussi se déplaçait dans l'allégorie Vénus.

Les unités textuelles figurabilisées/ré-écrites que nous avons ici constituées se caractérisent ainsi :

1. Figurabilisées, elles sont signifiant (images ou mots, cette distinction est ici non pertinente) d'un fantasme originaire (castration-séduction).

2. Elles impliquent que le texte choisisse parmi les significations qu'elles peuvent constituer : mouvement de ré-écriture.

3. Elles sont intégrées à une cohérence, vraisemblance performancielle, qui les restitue à des axes idéologiques de la communication : « confidences », « aveux », de la même manière que les unités textuelles figuratives/symboliques se trouvaient prises et engluées dans la dialectique tragique vie/mort.

PROPOSITION XV

Le mode de rapport des deux types d'énoncés envisagés est en fait double, un rapport réciproque d'engendrement et d'analyse procès/système, mais aussi un rapport de ré-écriture. Aricie déplace et ré-écrit l'interdit dans l'ordre d'une nouvelle relation qui en permet la transgression en même temps que la position : position en tant que Thésée lui est interdit et se masque en l'allégorie d'Hercule, transgression en ce qu'elle le prend en Hippolyte. De même Hippolyte ré-écrit et transgresse l'interdit en s'adressant à Aricie.

Le texte se trame et se constitue de ces ré-écritures successives, de ces interprétations qu'il se donne à lui-même. Et ceci dans un double mouvement : d'une part, les contraintes sémiotiques se font plus étroites, plus pressantes et enserrent les signifiants de tous côtés, comme en en restreignant la potentialité de significations ; d'autre part, la multiplication des systèmes sémiques élabore des ensembles nouveaux.

A remarquer, de nouveau, le double jeu des énoncés : produit explicatif de certains énoncés antécédents et anticipation, inscription, marque jetée sur le devenir dramatique et signifiant du texte.

II. L'interprétation

PLAN

1. Figurant/figuré
— Les catégories sémiques binaires
— Le jeu sémiologique « figurant/figuré »
— Le décalage performanciel

2. Le « Labyrinthe »
— Tableau figurabilisé intertextuel : le héros
— Tableau figurabilisé onirique : l'enlèvement
— Énoncés figurabilisés et fonctionnement figuré

3. Le discours figuratif
— Le travail sur les temps
— Matérialité du figurant
— Figurabilisé/figuratif

4. Conclusion : la séquence-thème « enlèvement »

Revenons maintenant à la structuration par séquence-thème en analysant le développement maximum de cette séquence, développement dans lequel peuvent être comprises les virtualités des autres réalisations : il s'agit là de l'aveu de Phèdre à Hippolyte. Le texte se réalise lui-même :

Hippolyte présente la possibilité d'un nouvel enlèvement de Phèdre — et c'est cette possibilité que Phèdre réalise elle-même, *elle constitue son propre enlèvement par Hippolyte.* Elle est sujet et non objet de son propre enlèvement, et cela dans l'ordre même du développement intratextuel.

Les discours de Phèdre sont ici doublement donnés à interpréter. Une première série d'énoncés performanciels est visiblement à double sens : un sens bienséant dans lequel et malgré lequel se doit lire un sens, ou des sens autres. Le groupe d'énoncés « Labyrinthe » (nous utiliserons à présent cette désignation) serait alors transgression par confusion métonymique entre les axes sémiques, entre les sens. Bien que ce texte ne se puisse suffire à lui-même, il appelle une autre traduction, une autre version textuelle qui, elle, s'affirmera comme figurative, par exemple :

> Hé bien! Connais donc Phèdre et toute sa fureur *(672)*

et statuant sur l'énonciation elle-même, sur la réorganisation temporelle qu'implique l'énonciation.

1. Figurant/figuré

Les catégories sémiques binaires. Les performances s'affirment ici comme jeu sur des catégories sémiques binaires : père/fils d'abord, puis amour/haine ou du moins, le terme d'amour étant encore forclos, haine/non haine, puis enfin mort/retour. Catégories binaires, double sens des énoncés, puisqu'ils peuvent être soit pris littéralement, soit interprétés. Ce double sens sera d'ailleurs thématisé par Phèdre à la scène 1 de l'Acte III, scène qui, à bien des égards, est le commentaire de celle-ci :

> Ciel! comme il m'écoutait! Par combien de détours
> L'insensible a longtemps éludé mes discours! *(743-744)*

Détours qui lui étaient permis, ce que Phèdre dénie positivement, tout en le reconnaissant par la voie négative : il y eut ensuite un type de « discours » qui ne se peut éluder. Le sens non immédiat est évident pour Phèdre et cependant les résistances, les censures idéologiques sont encore suffisantes pour qu'elle s'exprime « en figure ».

Les deux axes sémiques confondus dans le texte « Labyrinthe » sont peut-être ici encore distincts : axe de Thésée et axe d'Hippolyte. Le second se lit ici de manière explicite dans le « vous » destinataire, vers lequel se tend le discours. Le premier, s'il se peut lire quelque part, est présent dans le sémème « *fils* », en d'autres termes fils de Thésée. Le père mort, et sur lequel d'ailleurs le discours sera bref :

> A vos douleurs je viens joindre mes larmes *(585)*

(énoncé à sens multiple), n'est plus ici représenté que par le fils :

> Je vous viens pour un fils expliquer mes alarmes. *(586)*

L'autre fils, Hippolyte, lui aussi fils de Thésée, n'est représenté que par lui-même (insistance du « *vous* »), mais il représente son père. Les deux termes de la catégorie binaire « père/fils » sont tels qu'ils sont *identiques* (le père est le fils, et le fils devient le père dans la même assumation à l'égard de Phèdre) et *contraires* (le fils ayant été maintenu comme fils par Phèdre, par son apparente haine, ne peut devenir père). A cela — jeu sémiotique, que nous expliciterons mieux historiquement, sur sens propre/sens figuré — s'ajoute un autre jeu signifiant, le jeu sur les pronoms.

Le pronom est catégorie grammaticale non désignative de manière univoque, c'est-à-dire qu'elle peut se modifier contextuellement (cette catégorie n'existe pas d'ailleurs en l'absence de contexte). Les pronoms appartiennent à cette catégorie grammaticale que Jakobson désigne comme celle des « embrayeurs » : « Selon Peirce, un symbole est associé à l'objet représenté par une règle conventionnelle, tandis qu'un index est dans une relation existentielle avec l'objet qu'il représente. Les embrayeurs combinent les deux fonctions et appartiennent ainsi à la classe des symboles-index. » [4].
Qui désigne qui, dans quel rapport et dans quelle « relation existentielle », pour reprendre l'expression de Jakobson ?
On dit qu'un prompt départ vous éloigne de nous,
Seigneur. A vos douleurs, je viens joindre mes larmes. *(584-585)*

Le « on » est rappel contextuel de l'annonce du départ d'Hippolyte, dans sa réalité à l'égard de Phèdre, et dans sa réalité interprétée par Œnone comme provocation (scène 5, Acte I, analysée au chapitre II) à lire dans l'adjectif « *prompt* ». Le « on » est donc désignation condensée de Panope (importateur des événements extérieurs) et d'Œnone. Il est de plus marqué d'une force d'affirmation générale, comme dans cet exemple que l'on trouve quelques énoncés plus loin dans le troisième discours de Phèdre :
On ne voit point deux fois le rivage des morts. *(623)*

Plus encore que provocation, le départ est fonction définissant Hippolyte (remplissement de l'indéfini par le « *vous* ») et déjà marqué du signe fort d'une quelconque « fatalité » (textuelle). Disparition rapide du vous bienséant, reste de la présence impuissante d'Œnone ou bien encore reste d'une position institutionnelle royale qui eût dû présider à cette entrevue (« La Reine s'avance » : institution et aussi théâtralisation). Disparition du « nous » dans la première tentative de réunion Phèdre/Hippolyte : « à *vos* douleurs joindre *mes* larmes. » Relisons aussi (scène 3, Acte I) :

---

4. R. Jakobson, *Essais de Linguistique Générale*, Éd. de Minuit, 1963, p. 179.

> Je te laisse trop voir mes honteuses *douleurs ;*
> Et mes yeux, malgré moi, se remplissent de *pleurs. (183-184)*

Au-delà même d'une réunification, c'est, par continuité signifiante, une fusion, une projection de ses propres douleurs en celles d'Hippolyte et réciproquement : pleurer pour lui; sous la formule bienséante, se lit en fait une première marque d'aveu :

> Je *vous* viens pour *un fils* expliquer *mes* alarmes. *(586)*

Redondance de l'opposition « vous »/« mes », médiatisée par « un fils ». Le « *vous* », trop plein ici de la relation existentielle qu'il actualise (la présence corporelle et brûlante d'Hippolyte : « Le voici. Vers mon cœur tout mon sang se retire »), remplit le « un départ » indéfini; de même l'adjectif énonciatif « mes » remplit le « un fils ». Confusion recherchée du fils et de la mère pour trouver la même protection, confusion marquée immédiatement après : « Mon fils n'a plus de père ».

Lisons dans la suite (scène 1, Acte II) :

> Je mets sous son pouvoir et le fils et la mère. *(806)*

Le texte de Phèdre est ici manifestation simultanée de deux pressions, là aussi identiques — dans leur rapport à Hippolyte et l'effet recherché — et contraires, l'une par conjonction (réunion dans la réciprocité mutuelle et fusion dans la recherche d'une seule et même protection), l'autre par disjonction violente : *la mort.*

> ... et le jour n'est pas loin
> Qui de ma mort encor doit le rendre témoin. *(587-588)*

« La seconde arme du sujet, c'est la menace de mort. ... La mort est ici nom, la partie d'une grammaire, le terme d'une contestation. Très souvent la mort n'est qu'une façon d'indiquer l'état absolu d'un sentiment. »[5]

Signification de provocation — telle nous avions pu déjà la signaler —, la mort est ici ce qui répond, la seule réponse possible à l'absolu du départ. Et ici joue le jeu signalé précédemment entre les catégories fils/père. La catégorie « fils » se peut doublement remplir : fils de Thésée et de Phèdre, mais aussi fils de Thésée seulement. Et le « témoin », le spectateur dont il est ici question pourrait bien être aussi — en vertu de la réversibilité — le second : mort/spectacle/provocation, nous retrouvons une bribe de fonctionnement figuratif identique à celui de l'ensemble « Acte I ». Le fils est ici — dans l'ordre du fonctionnement signifiant du texte — affirmé comme fils, avant de devenir, immédiatement après, père :

> Déjà mille ennemis attaquent son enfance.
> *Vous seul* pouvez contre eux embrasser sa défense. *(589-590)*

---

5. R. Barthes, *Sur Racine*, Éd. du Seuil, 1963, p. 40.

Le fils de Thésée devient ici déjà Thésée, mais il peut encore se lire comme fils, ce qu'atteste la fin de ce premier discours de Phèdre. Recherche d'une même protection pour la mère, et pour le fils, par une nouvelle médiation : celle du danger de mort qui menace Phèdre, « mille dangers » qui menacent l'enfant — le pluriel est ici symptomatique et de la nécessité de déplacer le discours et d'une exagération paranoïaque qui vise, par anticipation, le danger que représente Aricie. Danger déjà présent — dans son unique signification politique, mais exagération préfigurative, annonciatrice en « la manière » (selon l'expression de Pascal) de ce qu'une intention se masque ici. Le fonctionnement est tel — à ce point du discours — qu'il ménage un double remplissement figuré du terme « fils », identifié ou bien à Phèdre elle-même, ou bien à Hippolyte : la superposition des deux en un seul remplissement n'étant d'ailleurs pas impossible en ce qu'elle serait recouvrement d'une unité intime et incestueuse déjà, mère-fils.

Mais la seconde partie du discours est retour sur un sens littéral, elle situe à nouveau Hippolyte comme fils — en lui donnant la possibilité de ne pas devoir se poser nécessairement en remplaçant de Thésée :

> Mais un secret remords agite *mes* esprits.
> Je crains d'avoir fermé *votre* oreille à *ses* cris. *(591-592)*

Glissement pronominal encore, *mes* esprits/*ses* cris, qui dit « Phèdre » sous le terme fils, parlant ainsi la nécessité de ce retour au passé, et donc de ce retour à Hippolyte comme *fils* — retour nécessité par la question de la réciprocité de l'amour. Tel le texte d'Aricie, la première partie du texte de Phèdre est construction quasi-onirique d'une réalité évidente, puis interrogation. Mais ici il n'est pas de rupture entre les deux, l'homogénéité est de l'ordre de la relation « existentielle » pronominale, elle est de l'ordre de la présence d'Hippolyte comme spectateur-destinataire. A preuve, les énoncés relatifs à la substitution fils/père seront repris en l'absence d'Hippolyte, non comme construction onirique, mais comme projet statuant sur une temporalité à venir, totalement modifiée par l'aveu (scène 1, Acte III, *800-809*). Questionnement obsédé, tel est à présent le discours de Phèdre, et cela encore derrière le masque littéral d'une maternité qui défend ses droits (situation d'Andromaque face à son vainqueur Pyrrhus, ce qui déjà pourrait annoncer la transposition d'Hippolyte comme héros vainqueur).

> Je tremble que sur lui votre juste colère
> Ne poursuive bientôt une odieuse mère. *(593-594)*

Nécessité impérative de la répétition pronominale « sur lui » pour que le syntagme « odieuse mère » ne soit pas lu dans la continuité sémique des vers d'Hippolyte (« Croit-on que dans ses flancs ..., *520*). Paradigme aussi d'un système de projection : « sur lui »/« ne poursuive une odieuse mère », à lire à l'envers : ce que je demande pour lui doit m'être accordé.

Et c'est bien à ce titre que la réponse d'Hippolyte est dénégation et oblige à une nouvelle tactique performancielle :
> Madame, je n'ai point des sentiments si bas. *(595)*

Hippolyte ne répond qu'à la toute dernière partie du discours de Phèdre, la première restant pour l'instant en suspens, et de plus, il refuse le renversement. *Hippolyte s'attache au sens littéral des paroles de Phèdre :* faire souffrir le fils pour punir la mère (là encore sens littéral qui a une réalité intertextuelle, paroles d'Andromaque, par exemple) et c'est à cela qu'il répond. En résumé, cette première énonciation est position d'un jeu de catégories sémiques binaires, fils/père, qui ont un sens symbolique réel et qui demeurent pour l'instant en suspens. Tandis que le jeu performanciel s'établit sur une autre catégorie dont le renversement est refusé. Il est intéressant de remarquer que le jeu performanciel se dérobe, esquive les enjeux symboliques réels.

Le refus d'Hippolyte a pour conséquence l'élimination, la suppression immédiate de la médiation « fils » — dont cependant nous avons vu et nous reverrons qu'elle n'est pas seulement une médiation.
> Quand vous me haïriez, je ne m'en plaindrais pas *(596)*

Catégorie sémique annoncée : la haine. Relisons ce vers d'Hippolyte à propos d'Aricie :
> Si je la haïssais, je ne la fuirais pas. *(56)*

la haine étant ici négativement identifiée à « contraire de l'amour ».
> O haine de Vénus! O fatale colère *(249)*

Haine = colère = attachement agressif, mais attachement cependant. La haine est attestation d'un lien, protection contre l'indifférence : « je ne m'en plaindrais pas. » Le jeu sur les catégories sémiques va être tel ici que s'impose la nécessité de passer du questionnement à l'aveu, contraindre par l'aveu. Le texte littéral est réflexion sur les apparences, paradigme qu'il lui faut peut-être bien appliquer, sur les causalités : qui cause quoi, qui entraîne quoi? En même temps que déjà le rappel, l'attestation du passé est preuve, attitude qui est par excellence celle de la régression maternelle incestueuse. A la haine possible d'Hippolyte, et qui serait rassurante, répond la haine passée de Phèdre, apparence et réalité tout à la fois :
> Dans le fond de mon cœur vous ne *pouviez* pas lire. *(598)*

Apparence, mais aussi :
> Seigneur. Vous m'avez vue attachée à vous nuire; *(597)*

juxtaposition significative de la haine et d'un « attachement » connoté de possessivité, voire de dévoration déjà affirmée à travers l'allégorie :
> C'est Vénus tout entière à sa proie attachée. *(306)*

Attachement/possessivité passionnée et agressive, mais aussi réversibilité en passivité/abandon :
> A votre inimitié j'ai pris soin de m'offrir. *(599)*

Double mouvement de haine : haine d'Hippolyte, logique dans l'ordre des apparences littérales et rassurante dans l'ordre du rapport de l'énonciation à son propre sujet supposé; haine de Phèdre attestée de manière cohérente par les faits, mais aussi abstraitement décrite dans ses deux postulations contradictoires : active/passive. Il n'est pas inintéressant de voir que la formulation abstraite — et finalement explicatrice — précède l'appel aux faits du passé et l'analyse en des termes bien choisis dont l'interprétation est ici quasiment imposée. Le discours s'affirme, mais il s'affirme en même temps comme apparence. L'appel au passé est littéralement juste, mais là, encore, la « manière » doit être interprétée :

> Quand la parole de Dieu est fausse littéralement elle est vraie spirituellement ... cela est faux littéralement, *donc* cela est vrai spirituellement. [6]
>
> Le chiffre a deux sens. Quand on surprend une lettre importante où l'on surprend un sens clair, et où il est dit néanmoins que le sens en est voilé et obscurci [7]...
>
> Mais le temps a été prédit clairement et la manière en figures. [8]

Le passé est donné à réinterpréter — passé dont le rappel fonctionne comme une véritable obsession à la scène 3, de l'Acte I —, puis en ce vers :

> Toi-même en ton esprit rappelle *le* passé. *(683)*

« Le passé redevient présent sans cesser pourtant d'être organisé comme un souvenir [...] les scènes érotiques sont en effet de véritables fantasmes [...] et soumises à tout un protocole de répétition », écrit Roland Barthes [9]. Et il est étrange qu'ici ce soit le geste d'éloignement agressif, le geste de refus qui soit soumis à cette même répétition. Il est le témoin le plus sûr de la passion, il en est l'exact contraire et en même temps l'affirmation la plus puissante — y compris l'affirmation à soi-même :

> En public, *en secret*, contre vous *déclarée (601)*

C'est le rappel obsédant du passé — de la « scène érotique passée » (Barthes), même dans sa négation — qui produit le passage du questionnement à l'aveu; le passé est enserré dans sa propre explicitation, le procès « passé » est submergé par son propre système. Là déjà s'opère une première transgression de la structuration sémiotique du texte : le discours de Phèdre ne se suffit pas à lui-même, ne se contente pas d'affirmer une littéralité du passé, il affirme en même temps la nécessité de son trouble, de sa mise en doute, il possède « un sens clair »

---

6. Pascal, *op cit.*, *Papiers classés*, XIX, « Loi figurative », n° 272, p. 535.
7. *Ibid.*, n° 260, p. 533.
8. *Ibid.*, n° 255, p. 532.
9. R. Barthes, *op. cit.*, p. 28.

en même temps que la marque de ce qu'il est « voilé et obscurci » selon les termes de Pascal. Et c'est pourquoi Hippolyte devra, pour y répondre, faire appel à la littéralité du premier discours de Phèdre : la thématique maternelle. Décalage étrange, mais dont la nécessité est évidente. Le troisième rappel du passé dans cette scène montre assez à quel point dire le passé c'est avouer, et cela d'autant que Phèdre donne le sens clair de ce passé :

>   Si pourtant à l'offense on mesure la peine,
>   Si la haine peut *seule* attirer votre haine,
>   Jamais *femme* ne fut plus digne de pitié,
>   Et moins digne, Seigneur, de votre inimitié. *(605-609)*

Admirable entrecroisement de vers qui se répondent mais pourtant les éléments sémiques interfèrent en un point précis. L'élément « femme » qui intervient dans la continuité apparente doit en fait fonctionner sémiquement dans cette attirance réversible des haines. Lisons en effet :

>   Je tremble que sur lui votre juste colère
>   Ne poursuive bientôt une odieuse *mère. (593-594)*

Passage essentiel de la mère à la femme dont l'élément d'homogénéité sémique est la haine ou du moins le jeu des haines *(606)* et dont le glissement signifiant pourrait bien s'opérer dans l'écartèlement :

>   J'ai voulu par des mers en être séparée *(602)*

symptôme d'un éclatement, d'une dispersion du sujet de la maternité. L'aveu se lit dans ce passage, modelé d'ailleurs sur le texte de Senèque. Fin de la première incantation : « Pitié pour une veuve »; fin de la seconde : « Aie pitié d'une amante ». Les glissements successifs par la médiation étant absents, alors qu'ils sont essentiels à la suggestion et à l'analyse d'une relation incestueuse.

L'aveu est aussi parlé dans la maxime générale de réversibilité de la haine; si la haine est contraire de la haine, elle attirera son contraire. Étant ici identique (et par là rassurante) et contraire à elle-même, l'affirmation répétée de la haine est un double appel : à la dénégation et à la sécurisation. Ce serait là la définition même d'un discours figuré (figuratif au sens pascalien), mais il est déjà transgressé par un double jeu : sur la haine d'Hippolyte à l'égard de Phèdre et sur la haine de Phèdre à l'égard d'Hippolyte. La première est présente et correspond au sens figuré, la seconde est passée et déniée.

Le jeu sémiologique « *figurant/figuré* ». C'est cette transgression même qui contraint Hippolyte à puiser ailleurs sa réponse, dans la littéralité du premier discours. L'aveu est déjà trop clair.

>   Des droits de *ses* enfants une mère jalouse
>   Pardonne rarement au fils d'une autre épouse. *(609-610)*

Hippolyte assume ici la position littérale de fils qui lui avait été restituée dans la seconde partie du premier discours de Phèdre. Il s'assume par une induction généralisatrice qui lui permet de restituer à Phèdre l'anonymat d' « une mère », d'éviter le glissement « fils de Phèdre »/ « Hippolyte » par le pluriel « ses enfants », tandis qu'il s'affirme dans son originalité première, dans sa première relation enfantine : « fils d'une *autre* épouse. » Effacement dans la généralisation, dispersion du nom de Phèdre, et cependant peut-être ces énoncés ne sont-ils pas dénués de toute accusation — « soupçons importuns » pourrait bien être dénonciation et jalousie à l'égard d'une trop grande intimité entre Thésée et Hippolyte, dont Phèdre d'ailleurs s'est déjà une fois fait l'écho :

        ... et mes cris éternels
L'arrachèrent *du sein* et *des bras paternels*. *(295-296)*

Mais c'est cependant le refus de la spécificité de Phèdre qui l'emporte, dispersion du signifiant dans l'infinité vide de la généralité, du lieu commun, dont on sait par ailleurs qu'il n'a pas d'existence dans le texte tragique où chaque énoncé est construit et démontré.

    Toute autre aurait pour moi pris les mêmes ombrages. *(613)*

Effort de généralisation et de dispersion auquel il sera répondu littéralement, mais aussi pour ce qu'il signifie d'esquive, de dénégation, de fuite de la part d'Hippolyte :

    Ah! Seigneur, que le ciel, j'ose ici l'attester,
    De *cette loi commune* a voulu m'excepter! *(615-616)*

La présentification (« j'ose ») de l'exception est aveu mais surtout rejet brutal d'un sens clair, d'un sens propre qu'avait développé le discours même de Phèdre. Opposition d'une fatalité (appel « *au ciel* ») et d'une institution, d'une loi, opposition de la force violente et inéluctable de l'inceste et de l'institution de son interdit :

    Qu'un soin bien différent me trouble et me dévore! *(617)*

Il n'est qu'une différence possible, le paradigme père/fils, haine/non-haine, le paradigme des contraires qui s'est développé, répété et démontré dans tout le développement précédent et qui ne peut que s'appliquer ici : la seule différence pensable est celle de l'inimitié et de l'amour, et surtout de la « loi » et de sa transgression dévorante.

C'est de la transgression qu'Hippolyte veut se protéger par la reconstruction du nom du père derrière l'allégorie de Neptune. Neptune plus que tout autre est appellation du surmoi de Thésée. Le discours défensif d'Hippolyte est compromis : il garde des traces de la transgression esquissée dans le passage de « l'époux » au « père », passage de l'adultère à l'inceste, qui sera inversé ultérieurement dans :

    Que Thésée est *mon père*, et qu'il est *votre époux?* *(664)*

Mais il garde aussi trace du premier discours de Phèdre, de sa littéralité, mais d'une littéralité vite troublée :

    Le ciel peut à *nos* pleurs accorder son retour. *(620)*
    Seigneur. A vos douleurs je viens joindre mes larmes *(585)*

Emprunt à ce qui aurait dû être la logique bienséante de cet échange, mais emprunt ambivalent qui garde toutes les marques signifiantes des niveaux de discours de Phèdre.

C'est une nouvelle catégorie binaire qui, cette fois, se trouve proposée dans la performance Hippolyte, retour/mort. Le signifiant lui-même de « mort » est forclos, remplacé par une euphémique métonymie : « votre époux voit encore le jour », bien que l'élément sémique « jour » n'y soit pas indifférent comme marquant la présence éternelle de cet œil qui toujours regarde et voit — lumière qui juge, lumière du père qui ne saurait disparaître.

Le dédoublement du père en Neptune imploré par Thésée permet un second dédoublement : entre Thésée et le nom de Thésée imploré par Hippolyte, la marque en demeurant dans la répétition d'une nomination, Neptune, puis d'une définition « ce Dieu tutélaire » :

> Neptune le protège, et ce Dieu tutélaire
> Ne sera pas en vain imploré par mon père. *(621-622)*

Retour/non-retour tel est le jeu qui se développe alors dans le mouvement des négations. Mais les deux sont finalement identiques, et cela dans un double sens : le retour est vie, tandis que le non-retour peut être non-mort, premier sens, mais aussi le retour peut être mort, tandis que le non-retour est mort définitive. Lisons :

> Peut-être votre époux *voit encore le jour ;*
> Le ciel peut à nos pleurs accorder *son retour. (619-620)*

→ RETOUR = VIE

Que dis-je ? Il n'est point mort, puisqu'il respire en vous. *(627)*

→ ABSENCE = NON-MORT

On ne voit point deux fois le rivage des morts *(623)*

L'idée même d'itération de la mort, assez immédiate pour produire cet étrange signifiant « deux fois », est telle que le retour de Thésée impliquerait un nouveau meurtre :

→ RETOUR = NON-VIE

« Non-vie » car à défaut d'un nouveau meurtre, c'est un anéantissement qui s'effectuera sur Thésée :

> Et l'avare Achéron ne lâche point sa proie. *(626)*

→ NON-RETOUR = MORT (certaine et définitive)

Il y a entrecroisement de deux structures élémentaires de signification, deux schémas : [vie/non-mort — non-vie/mort] et [retour/absence — non-retour/retour].

Le décalage performanciel. Cet entrecroisement qui encercle Hippolyte rend inopérant l'espoir d'une reconstitution du nom du père, l'espoir d'une loi contenant la transgression. Les sens se renvoient les uns aux autres dans une contradiction qui ne fait que répéter leur inévitable unité : mort/non-mort. L'objection d'Hippolyte est balayée violemment, réduite à néant dans un renvoi définitif du père à l'anonymat. Le dédoublement paternel effectué par le texte précédent se transforme :

> Puisque *Thésée* a vu les sombres bords,
> En vain *vous* espérez qu'*un* Dieu *vous le* renvoie. *(624-625)*

C'est une assumation totale de la mort de Thésée. Le texte Phèdre ici n'est plus à interpréter, il ne voile pas, il assume en lui-même la dialectique des lectures contraires qu'il imposait précédemment. Il affirmait le passé comme passé, tout en demandant qu'il soit lu comme présent; il affirme ici chacune des lectures possibles en montrant que toutes sont univoques, qu'il n'est plus deux voies signifiantes possibles : confusion des deux sens, « figuré » et « propre », bienséant; confusion des deux axes sémiques dans la superposition des deux images d'Hippolyte et de Thésée. Le niveau signifiant du « sens littéral » était tout à la fois constitué de sèmes relatifs à Thésée (le fils de Thésée, la nécessité d'exiler Hippolyte du fait de la présence de Thésée) et de sèmes appartenant à la relation maternelle elle-même et dont nous retrouverons la descendance, la « germination » dans les réflexions sur l'énonciation (fin de la scène). L'autre niveau signifiant constitué du remplacement de Thésée, du raisonnement sur l'attirance et le renversement de la haine et de l'amour, se nourrit donc d'éléments sémiques relatifs à Hippolyte. La confusion des deux images, puis des deux histoires, car toute image n'existe que dans son expansion en récit [10], n'est pas artifice rhétorique. Elle joue un rôle, il est vrai, dans une logique vraisemblable de la progression, logique dont il n'est pas évident d'ailleurs qu'elle appartienne aux catégories psychologiques du XVIIe siècle. La superposition des deux images est elle-même répétition d'un trouble, d'une obsession de ce passé, tout à l'heure parlé à demi :

> Je l'évitais partout. O comble de misère!
> Mes yeux le retrouvaient dans les traits de son père. *(289-290)*

Fantasme, trouble de la perception omis dans la reconstruction précédente du passé, ou bien alors présent dans la seule trace :

> J'ai même défendu, par une expresse loi,
> Qu'on osât prononcer votre *nom* devant moi. *(604-605)*

L'angoisse du nom est angoisse de l'image même, le nom ne fait pas que désigner, il dépeint, il est le signifiant même dans sa domination.

Le retournement de la formule : Hippolyte en son père, puis ici même : Thésée en Hippolyte, n'est pas seulement masque, formulation par métonymie d'une transgression. Phèdre redonne vie à Thésée en

---

10. R. Barthes, *op. cit.*, p. 28.

Hippolyte, redonne vie à la corporéité d'Hippolyte et le désir brise ici toute image : « puisqu'il *respire* en vous. » Se mêlent ici les images métonymiques du passé, si lointaines qu'elles en paraissent éternelles :

Toujours devant mes yeux je crois voir mon époux. *(628)*

et les actes mêmes du désir présent qui recréent, qui forment Hippolyte :

Je le vois, je lui parle ; et mon cœur ... Je m'égare. *(629)*

Une dernière fois encore, Hippolyte cherchera à interpréter, à bloquer le sens littéral du message, s'accrochant ici précisément à ce niveau de l'image/écran pour refouler le niveau du désir :

Tout mort qu'il est, Thésée est présent à vos yeux. *(632)*

Attachement à l'image « vos yeux », mais surtout ici contradiction de l'appel au père. La mort de Thésée n'est plus ici déniée. Effet de trouble du discours ou bien effet de l'efficace du discours de Phèdre : tout énoncé ne peut que signifier la mort de Thésée. Mais aussi formation de compromis : toute trace de désir n'est pas absente du texte Hippolyte. Prise en compte d'une réunion possible (« nos pleurs ») dans l'appel au père ou bien inversement prise en compte définitive de la mort de Thésée — qui autorise alors le discours de Phèdre.

Il n'est pas seulement un double fonctionnement : sens littéral et sens à interpréter identique et contraire, dans les énoncés performanciels « Phèdre ». Les énoncés « Hippolyte » sont prises en compte — parfois décalées du sens littéral proposé — mais aussi formation de compromis entre une défense, une censure et des pressions désirantes. Les énoncés « Phèdre » obéissent, eux, à un fonctionnement sémiologique, ils répondent à une réflexion historique sur les rapports figuré/figurant, risques d'une prise en compte trop importante du figurant, mais dans un sens ici sensiblement différent de celui de Pascal. Chez ce dernier, en effet, s'il est un risque c'est celui du piège charnel du figurant : croire à la littéralité du discours, et à elle seule, ce que font « les trop grands figuratifs », et c'est aussi faire erreur charnelle. C'est ne pas comprendre qu'étant donnée la nature cupide de l'homme Dieu ne peut lui parler que par figures, langage charnel semblable et contraire au message spirituel — que seuls dans l'Évangile les vrais chrétiens ont su lire.

Le texte, les décalages performanciels très particulièrement, se construisent ici dans ce jeu figuré/figurant. Mais le figurant n'est-il ici qu'un masque ? C'est une question que nous reprendrons lors de l'analyse de la troisième partie de cette même scène. La transgression de ce jeu qui va maintenant s'effectuer dans le texte du « Labyrinthe » est-elle transgression du figurant seul, du masque ou bien transgression du système d'énonciation dans son ensemble, critique de la nécessité de ne jamais pouvoir parler de ce dont on veut parler ?

2. Le labyrinthe

Les images superposées d'Hippolyte et de Thésée éclatent en récit. « L'Éros racinien ne s'exprime jamais qu'à travers le récit. L'imagination est toujours rétrospective et le souvenir a toujours l'acuité d'une image. »[11]. Ce récit-là n'est pas seulement, comme sa première apparence le laisse croire, une reconstruction, il est construction de la naissance d'une « passion », constitution de ce fantasme originaire dont nous n'avons jusqu'à présent lu que des effets. Phèdre construit ici ce fantasme de séduction dans lequel tout à la fois elle est séduite et elle peut séduire.

Quelle interprétation est ici donnée à l'éloignement/mort de Thésée ? Remarquons auparavant qu'Hippolyte est le seul à n'avoir jamais parlé l'éloignement de son père, il retourne la formule de l'enlèvement, il livre son père mais jamais il n'interprète, jamais il ne commente ni ne remplit cet éloignement. La fonction que les énoncés « Phèdre » y donnent ici est de trahison, d'infidélité :

> Je l'aime non point tel que l'ont vu les Enfers,
> Volage adorateur de mille objets divers,
> Qui va du Dieu des morts déshonorer la couche; *(635-637)*

Inversion grammaticale : « il a vu les sombres bords », « tel que l'ont vu les Enfers », sorte d'objectivation de la vue dans un don d'ubiquité générale, si générale qu'elle place Thésée dans des situations de trahison multiples (« mille objets divers »), alors qu'il n'est qu'une seule épouse du Dieu des morts. C'est un trait d'emphatisation déjà noté à propos de « mille ennemis » pour en désigner un. Trace paranoïaque qui surtout semblerait faire du terme « trahison » un élément obsessionnel, tandis que Phèdre s'assimile symboliquement aux Enfers. Élément fantasmatique, qui dès lors que nous restituons — eu égard aux séquences-thèmes « enlèvement » — à ce texte sa cohérence de fantasme originaire, serait angoisse d'une perpétuelle trahison du père. Lisons ainsi un peu plus loin cette étrange allusion :

> Charmant, jeune, traînant tous les cœurs après soi,
> Tel qu'on dépeint nos Dieux ... *(639-640)*

Vers qui peuvent prendre sens dès lors que le texte suivant (un texte de Phèdre encore) indiquera que Minos, père de Phèdre, se trouve être le Dieu des Enfers.

La confusion transgressive des deux types de sens : sens propre/sens « en figure », montre à quel point ce texte n'a pas seulement un statut dramatique dans l'ordre du dénudement progressif de Phèdre face à Hippolyte, et donc pas seulement un statut performanciel répertoriable dans une catégorie « semi-aveu ». Ce texte « Labyrinthe »

---

11. R. Barthes, *op. cit.*, p. 28.

n'est plus un texte « en figure », à preuve le présent, provocateur et ironique, qui l'amorce :

Oui, Prince, je languis, je brûle pour Thésée. *(634)*

C'est cette fois Phèdre qui prend à la lettre le texte d'Hippolyte qui l'appuie, le force jusqu'à l'éclatement. Et dès lors que le mécanisme interprétatif est renversé dans l'ordre de la structuration actantielle, toute interprétation est vaine, le texte ne figure plus rien que lui-même, contemporain et de sa propre énonciation et de sa propre jouissance.

Cependant le statut sémiologique de ce texte n'est pas comparable au récit de la scène 3 de l'Acte I, récit de *rencontre*, réactivation de la scène de séduction amoureuse. Il est une autre scène de séduction dont le statut imaginaire est différent aussi. Le premier récit de Phèdre :

Athènes me montra mon superbe ennemi.
Je le vis, je rougis, je pâlis à sa vue; *(272-273)*.

renvoie à une temporalité, à une apparence d'historicité, à une représentation, bien qu'à la limite de son épure, d'une « réalité ». Le texte perd ici ce statut : sa temporalité est lointaine, et thématisée comme antérieure à toute histoire du sujet, à la limite comme enfantine; l'élément sémique « enfant » rappelé dans le syntagme « filles de Minos » se trouvant ici projeté sur Hippolyte :

Pourquoi, trop jeune encor, ne pûtes-vous alors [...] *(647)*

Il est à peine nécessaire qu'il y ait ici référence à une « réalité », disons à un « vécu »; le vécu est totalement de l'ordre du fantasme, ce qui n'entame en rien sa « réalité » spécifique mais change son statut. Cette position imaginaire est intrinsèquement liée au statut sémiologique du texte; alors que la seule référence imaginaire du premier était allégorique (tableau de Vénus rempli par Phèdre), les énoncés « Labyrinthe » sont ici ouvertement ré-écriture d'un texte ancien, ré-écriture de tableaux textuels (l'arrivée sur les flots du héros vainqueur), ré-écriture surtout d'une légende ancienne.

Tableau figurabilisé intertextuel : le héros. Le portrait d'Hippolyte/Thésée est marqué par la redondance d'un « il », qui est en fait au-delà de la désignation même de ces deux actants dans leur particularité. Lisons *Andromaque* (scène 1, Acte II), dans la continuité de cette présence de chaque instant des éléments sémiques « mer », « vaisseaux », « île » :

Tu t'en souviens encor, tout conspirait pour lui :
Ma famille vengée, et les Grecs dans la joie,
Nos vaisseaux tout chargés des dépouilles de Troie,
Les exploits de son père effacés par les siens

ou bien encore (scène 3, Acte III) Hermione :

Sais-tu quel est Pyrrhus? T'es-tu fait raconter
Le nombre des exploits ... Mais qui les peut compter?
Intrépide, et partout suivi de la victoire,
Charmant, fidèle enfin, rien ne manque à sa gloire.

L'attente du héros est inscrite dans le destin de la femme, en un temps de guerre et de conquêtes. Le texte de Phèdre est aussi ré-écriture de ces nombreuses réminiscences internes aux textes raciniens.

> Digne sujet des vœux des filles de Minos. *(644)*

Aimé, attendu avant d'être vu, posé d'emblée comme victorieux, Thésée n'est autre ici qu'actant symbolique et légendaire d'un récit, à efficace fantasmatique pour le sujet qui le constitue, et à efficace idéologique. Parmi les affleurements sémiques « flots », image de Thésée comme Dieu de la mer, comme remplissement de Neptune, cette réminiscence encore,

> Des héros de la Crète assembla-t-il l'élite? *(646)*

rappel évident de la position actantielle d'Agamemnon. Le texte inscrit en lui-même les marques des autres textes et cela n'est pas sans conséquence. Comme si, ici, Phèdre provoquait une guerre de Troie dont elle serait l'Hélène à venger : détour textuel complexe mais qui l'assure d'avoir été enlevée un jour par Hippolyte/Pâris. Car le portrait ici dressé d'Hippolyte pourrait bien être ré-écriture de celui d'un lointain Pâris sur lequel se jouait aussi un combat Vénus/Diane. C'est la victoire de Vénus qui est ici inconsciemment rêvée dans un bref espace textuel de réminiscence, qui va bien au-delà de toute structuration actantielle et performancielle. Ce même fonctionnement textuel et intertextuel, dans lequel tout se ré-écrit et se travaille toujours, dément toute idée — heureusement dépassée à présent — d'une intentionnalité de « personnages » représentant sur la scène des comportements humains. Le jeu sémiologique s'il peut ici expliciter d'autres énoncés, d'autres « symptômes » textuels dans un sens analytique, se situe au-delà d'un fonctionnement du discours. Le jeu sémiologique — ré-écriture, mise en signification d'autres textes — constitue, tisse un texte et non un simple discours.

Tableau figurabilisé onirique : l'enlèvement. C'est par cette médiation que Phèdre peut souhaiter être « enlevée » par Hippolyte — comme le fut Hélène par Pâris. C'est par une autre médiation intertextuelle qu'elle peut le souhaiter sur « un vaisseau », en ces lieux d'errance, d'absence au monde où les contraintes sont bouleversées, en ces lieux sans nom où Ériphile découvrit son vainqueur. C'est par la médiation générale de la narrativité héroïque que Phèdre peut confondre, du point de vue de la valeur héroïque, le père et le fils :

> Les exploits de son père effacés par les siens *(Andromaque, 467)*
>
> Par vous aurait péri le monstre de la Crète. *(649)*

Le texte donc n'a ici qu'un sens, mais qui est sommation de tous les autres sens, et c'est pourquoi il peut fonctionner aussi, bien que produit par lui, comme une irruption dans le jeu sémiologique réglé par la dualité sens clair/sens second. Il est aussi intersection des divers modes de structuration : structuration actantielle par la narrativité héroïque, expression du nécessaire devenir héroïque, structuration performancielle par confusion et transgression d'une norme d'échanges d'énonciations précédemment codifiée.

Ce texte n'est pas dans son isotopie générale fragment de rêve, bien que certains énoncés appartiennent à une typologie du rêve; le vaisseau est ici substitut, transformation du char :

Dieux! que ne suis-je assise à l'ombre des forêts!
Quand pourrai-je, au travers d'une noble poussière,
Suivre de l'œil un char fuyant dans la carrière? *(176-178)*

« Char fuyant », « noble poussière », « traînant tous les cœurs après soi » sont des éléments sémiques agglomérés par le même noyau : mouvement violent — chevaux qui traînent le « char » :

Lorsque de *notre Crète* il traversa les flots. *(643)*

La Crète est élément du sol originel pour Phèdre, comme la forêt l'est pour Hippolyte. Les flots sont éléments médiateurs, comme l'est la poussière.

Malgré tous les détours de sa vaste retraite. *(650)*

Le labyrinthe est sombre, rempli d' « *ombres* ». Il est donc ici des éléments sémiques qui appartiennent à la logique signifiante du rêve. Le modèle formel du récit (reconstruction à partir d'un événement passé dont les actants/figures sont déplacés, bouleversés) peut aussi être celui d'un récit de rêve. Mais cela ne constitue pas l'isotopie du texte dans son entier. Le texte s'inscrit d'abord dans une structuration performancielle dominée, réglée par un modèle sémiologique et à laquelle il décide de mettre fin en s'attachant violemment à une littéralité provoquée : « *Oui*, Prince, je languis » (bien que déjà l'appellation *Prince* qui se substitue à celle de « Seigneur » appelle les sèmes « jeunesse », « non-possession du pouvoir politique »). Il est donc par là-même transgression de la modulation sémiologique qui s'est jouée précédemment; cependant cette modulation (sens clair et sens à interpréter) se constituait en fait non dans son modèle formel, mais dans les manifestations pratiques des deux « figures » (au sens d'images physiques) ou plus exactement des deux signifiants qui se confondent ici : Hippolyte/Thésée. *La transgression de ces modalités sémiologiques est donc système de leur procès* — production/analyse dont nous avons déjà pu détailler le fonctionnement.

Le texte « Labyrinthe » ne peut donc être analysé uniquement comme fragment de rêve, il doit l'être dans le respect de ses différents niveaux de structuration.

Ré-écriture d'un texte ancien, il en garde une trace indélébile. Le texte ancien — dans son ancienne cohérence — l'emporte un temps et se trouve partiellement réactualisé sans aucune transformation :

Pour en développer l'embarras incertain,
Ma sœur du fil fatal eût armé votre main. *(651-652)*

Texte ancien dans son intégrité, avec cet élément signifiant relativement à Phèdre : « *fatal* » car ayant causé une mort, celle du Minotaure à propos de laquelle ce terme pourrait bien être la marque d'un regret. C'est ici le fils qui devient « *arme* », premier élément d'affaiblissement, de féminisation peut-être du héros; mais la virtualité de ce texte ancien, sa conséquence logique, est l'union, fût-ce provisoire, d'Ariane et du héros vainqueur. C'est cette virtualité, cette possibilité d'une jalousie à l'égard d'une autre (Ariane/Aricie), qui entraîne un retour du texte sur lui-même pour que se puisse effectuer la substitution de Phèdre à Ariane.

Si le texte a ici quelque chose à voir avec un mécanisme de rêve, il en reconstitue alors la genèse : le point de départ (réalité ou texte), puis les transformations qui toutes ici se font par déplacement, puisque le texte originel est déjà fortement condensé (texte mythique) et surtout déjà figurabilisé. Reconstitution d'un processus de travail signifiant, comme il y a ici reconstitution d'un fantasme originaire dans sa genèse imaginaire ou vécue.

> Mais non, dans ce dessein je l'aurais devancée *(656)*

Retour du texte sur lui-même (« mais non ») pour en éviter les virtualités conséquentes (« dessein ») et refaire le récit (« devancée »).

> L'amour m'en eût d'abord inspiré la pensée. *(657)*

C'est la pensée même d'une rivalité possible, la pensée aussi d'une corporéité : « la main » qui engendre cette première énonciation « propre » de l'aveu — et cela avec insistance :

> C'est moi, prince, c'est moi, dont l'utile secours
> Vous eût du Labyrinthe enseigné les détours. *(655-656)*

« prince », écrit ici sans majuscule, atteste en quoi le passage de « Seigneur » à « Prince » était déjà significatif.

Mais si l'histoire ou la légende mythique est ainsi à refaire, c'est aussi pour que ne puissent se reproduire aucune de ses conséquences : le fil est bien trop ténu, puisqu'il n'a pas permis à Ariane de conserver Thésée :

> Un fil n'eut point assez rassuré votre amante. *(658)*

Le sémème « amante » est tout à la fois redondance de l'aveu, troisième terme de la série : « mère », « femme », « amante » (cf. Sénèque), et marque d'une possessivité jalouse, aux limites d'un sentiment maternel avec le syntagme « cette tête charmante », connotation fréquente d'enfant, ou du moins d'assez peu de virilité.

La séduction, l'enlèvement, se renverse maintenant; la femme n'est plus seulement médiatrice comme le fut Ariane guidant Thésée jusqu'au monstre.

> Compagne du péril qu'il vous fallait chercher *(659)*

Reconnaissance de ce niveau de narrativité mythique et idéologique qui est, quoi qu'il advienne, exigence d'héroïsme. « Compagne » est aussi « complice », qui tue le monstre avec ..., reniement possible des géniteurs — de la mère et de celui qu'elle a enfanté — reniement peut-être aussi du père par déplacement de la fixation sur Hippolyte. Notons les deux substitutions parallèles : celle d'Hippolyte à Thésée, celle de Phèdre à Ariane; substitutions qui ne sont pas sans se lire dans la continuité des structurations actantielles : l'enlèvement de Phèdre par Hippolyte et sa réciproque, puisqu'il s'agit ici d'un enlèvement non seulement consentant mais retourné, est transformation, déplacement de l'enlèvement d'Ariane par Thésée.

Peut-il être aussi déplacement de l'enlèvement d'Aricie par Thésée? Aricie est prise à ses frères comme Ariane/Phèdre l'est par le meurtre de son frère : le Minotaure (rappelons ici la double structuration du récit d'Aricie, scène 1, Acte II, la double voix qui s'y inscrit, celle de Phèdre et celle d'Aricie). Mais Aricie est prise dans un acte violent, sanglant et criminel, et dont la justification politique demeure faible. Ariane et Phèdre seront prises dans un juste mouvement : expiation d'un monstre sanguinaire. Mais une injustice est commise : l'abandon d'Ariane, pensé par Hippolyte dans les mêmes termes que l'interdit qui pèse sur Aricie. Aucun des actes héroïques de Thésée n'est sans faille. Une illégitimité pèse sur lui, et de laquelle il ne pourra qu'être le prisonnier. Son éloignement — emprisonnement, encore imprégné des sèmes de purification qui organisait celui du Thésée d'Euripide, est trop ambivalent pour restituer cette légitimité. L'abandon d'Ariane reste faute, tache dans l'espace politique du Roi d'Athènes, en même temps d'ailleurs qu'il est obsession pour Phèdre, car point d'appui, point d'application de ce que Mauron [12] nomme « angoisse d'abandon » — justification de cette ultime suspension d'Hippolyte à la veille de son départ.

L'enlèvement de Phèdre ne se trouve pas seulement inscrit, tel celui d'Andromaque (la nuit, l'incendie de Troie, les crimes) dans une géographie mythique et symbolique, mais aussi dans une cosmologie. Le choix de Phèdre, une descente au Labyrinthe — symétrique d'une descente aux Enfers dans lesquels se trouve son père Minos — est reniement de la mère : reniement du soleil, de la lumière. Confirmation de l'ambivalence sémique de la fuite de la lumière (Acte I, scène 2), honte ou jouissance. Phèdre
    Se serait avec vous *retrouvée*, ou perdue. *(662)*

Cette descente au Labyrinthe est aussi, et cela n'est pas indifférent, recouvrement d'une identité antécédente, d'un sol originaire. Phèdre entraîne Hippolyte sur son propre sol. D'où l'assimilation du « départ

---

12. Ch. Mauron, *Phèdre*, Corti 1968.

d'Hippolyte » à la « retraite de Phèdre en Crète » dans un nouvel enlèvement de Phèdre. Mais le « chemin » de lecture dessine ici une sorte d'enlèvement à rebours, c'est Hippolyte qui est pris, enlevé de Trézène pour s'isoler, s'enterrer en Crète : deux amants dans les profondeurs d'une prison, syntagme symbolique à retenir pour son rapport avec « l'aventure » de Thésée (Acte III, scène 5). Et à ce niveau de ré-écriture de l'histoire, du texte ancien de la légende, l'issue est inconnue, voire indécidable. Le texte qui retravaille la légende en efface l'univocité de signification, en ouvre les possibles.

Énoncés figurabilisés et fonctionnement figuré. La dimension de l'enlèvement qui cependant continue de jouer comme séquence-thème diminue au profit du contre-enlèvement. Il y a condensation en un seul récit des deux récits d'Aricie : celui de l'enlèvement et celui de la séduction qu'elle veut opérer sur Hippolyte, séduction violente et chasseresse qui prend, qui viole. Le récit d'Aricie cependant n'est pas transgression : le sujet de l'enlèvement de Thésée — sujet forclos d'ailleurs — se déplace, l'objet de la séduction devenant Hippolyte, au niveau superficiel du texte, car l'axe de rivalité « Phèdre » montre en fait à quel point c'est encore Thésée qui est ici visé. Et c'est pourquoi il est essentiel ici qu'Hippolyte reconstitue Thésée non seulement comme « père » mais aussi comme « époux » de Phèdre, c'est-à-dire comme étant celui qui l'a prise, celui qui l'a enlevée. Position aussi des deux fautes : adultère (« époux »)/inceste (« père »), qui justifie la hiérarchie des deux énoncés, l'inceste étant ce qui vise le plus Hippolyte.

> Dieux ! Qu'est-ce que j'entends ? Madame, *oubliez-vous*
> Que Thésée est mon père, et qu'il est votre époux ? *(663-664)*

« Oubli », « mémoire », moins peut-être d'une loi que d'une histoire, oubli de l'histoire du père, oubli du nom du père, instance symbolique autant qu'institution idéologique. Et c'est par l'institution sociale que Phèdre répondra, interprétant apparemment le second terme d'Hippolyte, « époux » (association sémique « fidélité » → « honneur », « gloire »), alors qu'elle répond en fait au premier :

> Et sur quoi jugez-vous que j'en perds la *mémoire*,
> Prince ? Aurais-je perdu tout le soin de ma gloire ? *(665-666)*

Statut performanciel d'une provocation : recherche d'un écho qui, en répétant son propre discours, se trahisse, chantage à la mort. Non-reniement du discours précédent, mais annonce d'un respect certain de la gloire ; parler pour mourir ensuite, ou mourir pour ne pas parler :

> Je meurs, pour ne point faire un aveu si funeste. *(226)*

puis

> Je voulais en mourant prendre soin de ma gloire [...] *(309)*

Le texte a ici une cohérence au niveau d'une prétendue vraisemblance de la lutte de la gloire et de l'amour, psychologie éthique parfaitement absente du théâtre de Racine. Il a donc une cohérence empruntée, un masque idéologique maladroit, derrière lequel se cache la logique violente d'une séduction provocatrice. Mais il ne s'agit pas là du même type de fonctionnement textuel que celui des énoncés de la première partie (sens clair/sens second) ayant un statut sémiologique dans l'ordre de la structuration performancielle. La vraisemblance psychologique et éthique est ici ce qui fait donner un sens à ces énoncés, alors que dans les premiers énoncés, sens clair et sens second ont une spécificité connotative. Ce sens apposé — comme après-coup par la médiation d'une cohérence idéologique pointée par le terme de « *gloire* » — est celui d'un démenti, d'un effacement dénégateur du discours « Labyrinthe », qui redevient alors, par la force du refus/refoulement d'Hippolyte, « discours innocent ».

>Madame, pardonnez. J'avoue, en rougissant,
>Que j'accusais à tort un discours innocent. *(667-668)*

Cependant la provocation joue, le texte ne parle pas le « sur quoi jugez-vous » (c'est-à-dire le comment), ne parle pas la description, mais il *avoue*. Il parle ainsi le pourquoi, la prédisposition qui a donné à Hippolyte l'intelligibilité du texte de Phèdre.

PROPOSITION XVI

Le texte « Labyrinthe », mise en signification, transformation d'un autre texte, était lui aussi donné à déchiffrer, et cela dans l'ordre d'une causalité : son intelligibilité pour Hippolyte est à demi preuve, à demi reconnaissance qu'il n'a pas seulement entendu, mais aussi écouté. Il n'y a pas ici de loi de transcription, la loi du chiffre n'est autre que la loi du désir.

D'où la nécessité immédiate et impérative de la fuite, balancement de la provocation à la mort par celle du départ :

>Ma honte ne peut plus soutenir votre *vue;*
>Et je vais ... *(669-670)*

Position aussi d'une invariante psychique et morale : l'écoute et non seulement le dire, et marque définitive d'une empreinte, d'une salissure aussi :

>Je ne puis sans horreur me regarder moi-même. *(718)*

Le fantasme, la faute en termes axiologiques, est expansion, il s'attache à quiconque l'écoute, paradigme qui d'un certain point de vue peut aussi adapter la relation à celui qui regarde et lit, au spectateur-lecteur. Telle est aussi la castration dans ce texte de Balzac, analysé récemment par Roland Barthes : « Le récit commence, mais il se trouve que c'est la relation d'un mal terrible, animé d'une force irrésistible de contagion; porté par le récit lui-même, ce mal finit par toucher la belle *écouteuse* ... On ne raconte pas impunément une histoire de castration. » [13] Ces lignes sont analyse du statut même du récit dans sa « modification », mais aussi peut-être indice de la raison de cette contagion du mal. Castration qui peut toujours s'actualiser en quiconque.

3. Le discours figuratif

C'est l'échange, provocation par la mort et par le départ, manifestation performancielle et quasi immédiatement textuelle de ce qui n'était que déductibilité des deux tableaux figuratifs de l'Acte I qui provoque le passage radical, brutal à un autre type de discours.

Figuré dans une première partie de cette scène, le texte se présentait dans une cohérence claire, littérale (ayant une spécificité et une signification, y compris connotative) qui s'affirme comme ayant un autre sens, second. Mais le texte figurant n'est à considérer et à analyser ni comme un masque ni comme une pure isotopie désignative, dénotative.

Deuxième partie du texte : une *figurabilisation* de l'aveu dans un mouvement de travail, de ré-écriture de textes anciens, et d'autres textes raciniens. Figurabilisation de l'aveu, mais aussi de la séquence-thème « enlèvement », qui se trouve ici réactualisée, puis retournée, dans le même mouvement et surtout dans une invariabilité fatale du même sujet, du même objet.

Le travail sur les temps. Troisième partie? Le discours se présente ainsi :

> Hé bien! connais donc Phèdre dans toute sa fureur. *(672)*

Phèdre se décrit, se peint et situe son propre tableau et cela sans aucune médiation allégorique : aucune présence ici, pas même une marque de Vénus, l'allégorie posée par Phèdre dans son discours à Œnone (scène 3, Acte I). Tableau au présent, le présent de l'énonciation étant d'ailleurs ici pris comme point de repère de toute la distribution temporelle :

> J'aime. Ne pense pas qu'*au moment* que je t'aime *(673)*

Reprise et transformation d'un énoncé du premier récit de Phèdre, ou du moins du texte immédiatement précédent :

> J'aime ... A ce nom fatal, je tremble, je frissonne,
> J'aime ...
> *Œnone :* Qui? *(261-262)*

Et selon la même progression de l'indécidabilité de l'objet à la dénomination. Deux transformations cependant par rapport à ce premier

---

13. R. Barthes, *S/Z*, Éd. du Seuil, 1970.

récit de Phèdre : l'impossible nomination a ici éclaté en deux processus, l'objectivation permise par la figurabilisation dans le texte de la deuxième partie de la scène (Phèdre s'y adresse à Hippolyte en l'objectivant dans une troisième personne du singulier, sauf dans le dernier vers) et le tutoiement évident.

Quant à la répartition temporelle, le présent figuratif de l'énonciation « connais ... » sera éclatement de la temporalité réglée, codifiée du récit « chronologique » ou du moins se situant dans une logique des successivités. Il n'est pas ici de successivité, les temps sont à réorganiser par rapport au seul point de référence maintenant pertinent : l'énonciation de l'aveu. Il est un passé référé à une histoire, mais dont la nature s'épuise dans les preuves qu'il fournit au présent; c'est un passé a-temporel, hors du temps et qui ne doit être qu'argument :

> Toi-même en ton esprit rappelle le passé. *(683)*

Association d'ailleurs coutumière de la « passion », de la fixation amoureuse et de la mémoire dans les catégories psychologiques raciniennes. Rappelons aussi ce vers d'Oreste :

> De soins plus importants rempliraient ma mémoire. *(Andromaque, 62)*

Mémoire est désignation générique de toute une zone affective de laquelle ne sont exclus ni fantasmes ni pensées inconscientes. Affirmation perpétuelle de ce que tout amour est toujours répétition, ré-écriture d'un passé. A ce titre, le texte de Phèdre est appel de ce passé, recherche de la trace de séduction incestueuse, recherche d'une marque, d'une faille dans le narcissisme guerrier, cette faille fût-elle de haine. La haine est moindre mal que l'indifférence :

> Ciel! comme il m'écoutait! Par combien de détours
> L'insensible a longtemps éludé mes discours! *(743-744)*

En ce lieu du texte se place un passé dont la fonction est tout à la fois démonstrative (dans un discours événementiel, dans le discours des faits interprétés [haine/amour] il n'y a pas d'autre interprétation) et symbolique : l'appel incestueux de la mère :

> C'est peu de t'avoir fui, cruel, je t'ai chassé.
> J'ai voulu te paraître *odieuse*, inhumaine;
> Pour mieux te résister, j'ai *recherché* ta haine. *(684-686)*

Le discours est ici inverse du discours figuré : il interprète, il dévoile le sens second du premier discours :

> Ne poursuive bientôt une *odieuse* mère. *(594)*
> A votre *inimitié* j'ai *pris soin* de *m'offrir*. *(599)*

Il transforme la première partie du texte en masque, en figurant sans signification autre que l'illusion, et cependant les termes en sont curieusement identiques. Les énoncés ici sont d'interprétation, et de la même apparence (« paraître »), déjà thématisée d'ailleurs en termes d'affectivité; ils fournissent un système explicatif autre :

— apparence d'agressivité, parce que trop d'amour pour « un » fils (première partie de la scène);

— apparence d'agressivité, parce que trop d'amour pour Hippolyte (troisième partie de la scène).
Dans l'espace de superposition de ces deux énoncés schématiques, espace dicté par la réflexivité du texte de la troisième partie, se dessine un glissement possible d'un système à un autre. D'un fils à un autre fils :

> Tremblante pour *un fils* que je n'osais trahir,
> Je te venais prier de ne le point haïr.
> Faibles projets d'un cœur trop plein de ce qu'il aime! *(695-697)*

L'explication se pense ici comme interprétation, elle conserve au langage, au discours figurant sa cohérence, elle est adhésion à cette cohérence dont elle fait un passé constitué : « Je te venais ... » Quel sens donner à ce passé? N'a-t-il pas comme celui analysé précédemment un double statut : argument, attestation de la réalité *présente* de l'aveu (par opposition à un passé autre), mais aussi peut-être appel, invocation d'un autre déplacement? Phèdre, la mère, est le fils dans la recherche d'une même protection affective (« ne *le* point haïr » = ne *me* point haïr) et la mère se donne un autre fils.

Matérialité du figurant. Nous voyons là *comment le texte se constitue de l'intersection de deux ensembles structurants : le jeu sur les temps et le jeu sur le statut sémiologique des énoncés*. Deux passés se superposent : l'un est passé par rapport au lieu topologique et historique de la scène (« rappelle le passé »), l'autre est passé par rapport à l'aveu lui-même :

> Que dis-je? Cet aveu que je te viens de faire,
> Cet aveu si honteux, le crois-tu volontaire? *(693-694)*

Le passé le plus immédiat se structure sur le même mode que le passé/passé; tous deux se structurent à partir des mêmes figurants : trop d'amour pour un fils/trop d'amour pour un autre fils. Le figurant du discours I (père/fils/mère) est ici refoulé, déplacé, transformé en simple figure au sens de masque, au sens de ce qui dit sans dire. Or, il n'en est rien, tout figurant, et c'est de cela que Pascal essaie de se garder, a une matérialité propre, une cohérence spécifique qui doit être évacuée par refoulement, déplacement dans une expansion de la catégorie proprement amoureuse. Le figurant révèle ce qui a poussé Phèdre au premier aveu : le système explicatif « trahison des enfants » (développé dans le « texte Œnone ») joue à nouveau. Remarquons à ce propos le passage du syntagme pluriel « enfants » au syntagme singulier « fils », préparation, modelage du dessin textuel sur sa production future : « *un fils* que je n'osais trahir ». Ce passage s'effectue, et cela n'est pas un hasard, lors du discours d'Œnone (scène 5, Acte II) qui interprétait l'énoncé « départ » comme provocation.

Là où le texte paraît se situer au maximum de « plénitude », illusion d'un « dire tout » dans le présent même du dire (« *toute* sa

fureur »), il est encore en deçà du développement non maîtrisable par lui de ses mouvements de signifiance. Illusion de la totalité, de la plénitude du discours qui comble tout manque :
> Je t'en ai dit assez pour te tirer d'erreur. *(671)*

Marque symbolique d'un excès (la fixation incestueuse) qui produit un manque (l'erreur, la castration). Cette illusion est celle du système figuratif qui croit se suffire à lui-même; elle se trouve déconstruite, ruinée par la réflexion même sur le langage, par l'espace infiniment petit qui sépare le tableau figuratif présent et actualisant de l'espace de la réflexivité « théâtrale » d'un énoncé. Le théâtre est mise en doute de tout usage du langage, et donc du langage.

Le passé est figurant, tandis que le présent est donné, dans l'ordre même de cette plénitude comme vérité — comme vérité indépassable. Le passé atteste le présent, le marque comme vrai, le figurant est donc aussi ce qui marque comme vraie la vérité. Le figurant « mère odieuse/fils » est ce qui fait vraie la vérité; en d'autres termes la vérité du présent, de l'amour, c'est la relation incestueuse. Et voilà pourquoi c'est précisément le rappel, dans la réflexivité des énoncés, du glissement d'un fils à un autre qui appelle la condamnation la plus violente, en même temps peut-être que le désir le plus violent; d'une « mère odieuse » le texte passe, par cette médiation, au « crime odieux ».
> Venge-toi, punis-moi d'un odieux amour.
> Digne fils du héros qui t'a donné le jour *(699-700)*

Constitution condensatrice d'Hippolyte en *héros/fils* dans une étroite intimité pronominale, qui était déjà celle du vers précédent (toi/moi) :
> je ne t'ai pu parler que de toi-même *(698)*

D'une plénitude de l'aveu à celle du fantasme, à celle, répétée, de la figurabilisation du monstre.

S'il est une structuration possible de cette troisième partie, sans pour autant imposer au texte une répartition et un ordre rigides, elle se joue autour de ces trois pôles : *répartition des temps, dialectique des plans sémiologiques, problème de la vérité dans ses rapports à des catégories psychologiques et axiologiques.* Présentification dans un instant figuratif du texte de la vérité dans sa totalité : « Phèdre et toute sa fureur », tableau symétrique de l'achèvement de la transformation de l'allégorie de Vénus en tableau figuratif de Phèdre :
> C'est Vénus *tout* entière à sa proie attachée. *(306)*

Mais le tableau figuratif lui-même, développé dans la contemporanéité de son énonciation, est de culpabilité/pitié par la médiation divine. Confrontation aussi entre vérité et morale, entre vérité et causalité. Il n'y a de morale que la justification, que l'excuse d'une causalité externe. S'opposent alors symétriquement « approuve moi-même », « lâche complaisant », qui seraient de l'ordre d'une causalité interne et

des références divines telles que « vengeances célestes », « feu fatal à tout mon sang », qui d'ailleurs pourraient aussi lointainement désigner la dimension du piège extérieur à Phèdre, puisque construit par Thésée (cf. le sémème « vengeance »). Référence aux divinités, comme réminiscences des textes anciens, mais aussi comme *témoins*, fonction dont nous avons pu voir à quel point elle était ambiguë. Si nous superposons ces deux types d'énoncés, la référence divine se fait déjà *appel* au passé, à la relation incestueuse et tableau de séduction/agressivité. La relation au séducteur se trouve ici transposée :
>Ces Dieux qui se sont fait une gloire cruelle
>De séduire le cœur d'une pauvre mortelle. *(681-682)*

A lire dans la continuité de l'équation allégorique Hippolyte/Dieux (« Tel qu'on dépeint nos Dieux, ou tel que je vous voi », *640*), cette relation est aussi d'agressivité, d'accusation. Le tableau figuratif vérité/morale se constitue d'éléments sémiques hiérarchisés : actualisation corporelle, faiblesse/force des Dieux (corps défaillant et par là-même demandant à être soutenu), complaisance dans la perpétuation de l'amour due à une causalité extérieure. Cette dernière catégorie sémique binaire étant en fait le produit de l'impossibilité de poser le problème de la causalité relativement à l'origine de la relation amoureuse et non seulement à sa perpétuation.

Figurabilisé/figuratif. Mais surtout, ainsi constitué d'intersections sémiques hiérarchisées, le tableau/texte ne peut plus s'affirmer comme vérité totalisante des signes et de la signification de la passion; il est d'emblée déconstruit, d'emblée appel à une autre vérité.

Le passage par la relation maternelle, déjà marquée dans l'indice sémique « odieuse » *(685)*, ouvre sur une troisième structuration du texte, la vérité de la vérité à lire dans la superposition des deux passés :
>De quoi m'ont profité mes inutiles soins? *(687)*

avec comme sens premier et donné dans la cohérence première du texte l'impossibilité d'oublier Hippolyte :
>Si tes yeux un moment pouvaient me regarder. *(692)*

jusqu'à :
>Frappe. Ou si tu le crois indigne de tes coups,
>Si ta haine m'envie un supplice si doux *(707-708)*

Deux passés, l'un lointain, l'autre relatif à l'énonciation présente, se superposent comme affirmation de la relation incestueuse et des dérobades, des refus d'Hippolyte. Le texte est non plus seulement tableau, mais reproche d'une apparence d'indifférence. Jusqu'à la reconnaissance même de l'inceste (« odieux amour ») qui épuise la vérité du texte et le renvoie à un rappel figurabilisant de la deuxième partie.

En effet cette deuxième partie a été, semble-t-il, totalement refoulée. Ou alors elle se trouve lointainement thématisée dans des vers du type :

>   Tremblante pour un *fils* que je n'osais trahir,
>   [...] je ne t'ai pu parler que de toi-même. *(695-698)*

Le glissement d'un fils à un autre fils étant ici déplacement du glissement Thésée à Hippolyte. Des éléments sémiques de la deuxième partie se retrouvent ici : nécessité du héros, héros et fils de héros, délivrance, univers (le monstre de Crète, le Minotaure faisait trembler l'univers par ses exigences sanguinaires), et surtout le sémène « monstre » dont nous analyserons ultérieurement en quoi il peut être mot-thème de toute une fonction paragrammatique. Ce dernier tableau est tout à la fois figuratif — en tant que mise en scène, actualisation sous l'effet « mort », d'un scénario de séduction qui pourrait bien être celui de l'inceste — et figurabilisé en tant que reconstruction d'énoncés appartenant à l'enlèvement et au meurtre du monstre (cf. récit de Thésée, récit de Théramène sur le départ d'Hippolyte). Lisons ainsi :

>   Digne fils du héros qui t'a donné le jour,

(en y notant la forclusion d'Antiope et le déplacement de la relation de maternité sur Thésée)

>   Délivre l'univers d'un monstre qui t'irrite. *(700-701)*

en rappelant :

>   Par vous aurait péri le monstre de la Crète *(649)*

(il est dépourvu de tout nom dans l'énonciation « Phèdre »). Lecture ici nécessaire d'un désir d'enlèvement, d'un simulacre d'enlèvement — et dans la recherche de l'adéquation du fils au père et dans le rappel du meurtre comme condition préalable à la possession. Rappel donc de l'enlèvement qui ne peut que provoquer l'évocation du nom de Thésée (« La veuve de Thésée ») même sous la forme d'un jugement moral. Lisons encore :

>   Ma sœur du fil fatal eût armé votre main.
>   Mais non, dans ce dessein je l'aurais devancée. *(652-653)*
>   Voilà mon cœur. C'est là que ta main doit frapper. *(704)*

Le discours, trace signifiante matérielle de la corporéité de la main, se fait ici guide, fil d'Ariane qui doit conduire à ce signifiant indécidable de la mort, de l'enlèvement, de la satisfaction du désir.

Ainsi, dans le signifiant textuel, s'inscrit le rappel des énoncés figurabilisés de la deuxième partie, mais aussi se marque un ordre de succession des énoncés : mouvement de production du désir par transgression d'un déjà existant. Transgression du texte déjà de la légende :

>   Moi-même devant vous, j'aurais voulu marcher *(660)*

De même se produit ici une transgression du figuratif du simple tableau « Phèdre mourante » jusqu'à :

>   Frappe. Ou si tu le crois indigne de tes coups,
>   Si ta haine m'envie un supplice si doux,
>   Ou si d'un sang trop vil ta main serait trempée,

>   Au défaut de ton bras prête-moi ton épée.
>   Donne. *(707-711)*

Au-delà de la mort, le viol et la castration. Castration qui se trouvera ultérieurement marquée et remarquée par Théramène :
>   Je vous vois sans épée, interdit, sans couleur? *(716)*

La structuration complexe de ce dernier texte est donc aussi production du système des énoncés qui l'ont précédée et engendrée : tableau figuratif, dans une ré-écriture de l'aveu déjà fait à Œnone. Tableau vérité/moralé, mais qui est déjà *appel désirant*. Constitution, extraction de la vérité de la vérité : l'inceste à repérer dans une série de glissements signifiants, ou de moules signifiants qui cherchent à parler d'autre chose. Et enfin langage figurabilisé en même temps que figuratif de cette vérité dans sa seule vraie présentification : mise en acte par le signifiant de ce qui se dit représenté. Le figurabilisé — bien que produit par des processus non dépourvus de toute censure — transgresse le figuratif, en rompt la progression vraisemblable : Phèdre s'acheminant lentement vers la mort, « mort lente » dit Barthes. Le texte est au-delà de cette mort, dans les actes signifiants et symboliques qui la produisent.

Nous voyons donc ici comment peut s'inscrire dans le texte le « fait » de l'inceste. Moins dans une situation — Hippolyte fils de Thésée et Phèdre épouse de Thésée — que dans un développement textuel. Très exactement dans les délais signifiants — passage par le figurant par exemple — du développement textuel. Le travail sur des catégories sémiologiques — historiquement définissables — s'investit ici comme instrument d'inscription dans le texte d'une « vérité ». Moins que jamais le figurant, le discours qui sert à dire autre chose, n'est à prendre comme masque, comme apparence. Il n'est pas ici de trace de cette fausse dialectique — que l'on dit pourtant classique — de l'être et du paraître. Figurant et figuré ont non seulement un même degré de réalité, mais un même degré dans l'ordre de la connaissance.

3. Conclusion : la séquence-thème « enlèvement »

Énoncés *figurés* (Première partie), *figurabilisés* (Deuxième partie), *figuratifs* (Troisième partie). Le premier texte est à interpréter et se présente comme étant à interpréter. Il permet de mettre à jour une certaine surdétermination des découpages performanciels, à l'intersection d'une détermination sémiologique (qui autorise par exemple les décalages de réponses) et d'une détermination proprement signifiante qui fait que le texte « dit par l'un » ne peut refouler le texte « dit par l'autre », puisqu'ils se constituent dans les mêmes mouvements de signifiance.

Le second texte (le Labyrinthe) est aussi à interpréter; mais s'il est interprété, il est piège. Comprendre, c'est aussi s'accuser; en cela plus que fragments oniriques, ces énoncés figurabilisés ont un fonctionnement symbolique dans lequel l'interprétation elle-même peut être piège. Or ce texte est récit d'enlèvement à deux actants : Thésée et Hippolyte, comme le récit de Thésée (Acte III, scène 5) : Thésée et Pirithoüs. Le récit de Thésée est remplissement de la formule : « éloignement de Thésée » dont nous connaissons, par l'analyse, l'assimilation à un piège. A un piège signifiant dans l'ordre performanciel répond un piège signifiant dans l'ordre narratif : les deux se constituent d'énoncés figurabilisés dont les uns (premiers ou seconds) sont la transformation des autres.

La troisième partie est transformation/transgression de l'ensemble figuratif A (scène 3, Acte I), mais témoigne surtout d'un fonctionnement textuel coutumier au texte racinien dans son entier. Le récit y est une sorte de structure vide, de signifiant vide, que l'on dirait extérieur à la pièce, à la scène surtout, lointain, dans cette vague antériorité quasi-légendaire. Et cependant ce récit est sans cesse réaffirmé, remanié, transformé. Dans *Mithridate*, il s'agit de la trahison de la mère de Xipharès, lointaine, avant la pièce : elle motive cependant toutes les performances (cf. l'analyse du récit de Xipharès, au chapitre II). Ce signifiant vide, trahison de Mithridate par une mère dont le nom est à tout jamais imprononçable et ignoré de tout le texte, est d'abord donné comme contemporain de la promesse de Mithridate à Monime (mariage). « Mère » de Xipahrès, ainsi Monime est-elle placée malgré les justificatifs de Xipharès. Trahison de la mère et position de Monime comme mère : signifiant narratif ici de la relation incestueuse. Trahison de la mère causée par les infidélités de Mithridate (cf. Thésée) et/ou par « trop d'amour » pour le fils. Ce signifiant est aussi accusation, Xipharès en l'interprétant en a fait un piège :

>Je sais quel est mon crime et je connais mon père

(crime = aimer Monime, la future femme de Mithridate)

>Et j'ai par-dessus vous le crime de ma mère. *(Mithridate, 363-364)*

Xipharès doit aussi l'effacer, tel Hippolyte demandant un « contrat » d'héroïsme à Thésée, ou *mourir* :

>Trop heureux d'avancer la fin de ma misère,
>J'irai ... J'effacerai le crime de ma mère. *(Mithridate, 939-940)*

Récit-signifiant vide, sorte de texte référentiel perpétuellement ré-écrit, telle est bien cette trahison de la mère, toujours symétrique de l'axe actantiel « Monime », jusqu'à l'adéquation de Monime à ce signifiant qu'elle assume alors :

>C'est moi qui les rendant l'un de l'autre jaloux,

(Xipharès et Pharnace, frères ennemis apparemment, mais bien plutôt figures d'une fausse symétrie faite pour maintenir et assurer une cohérence idéologique)

>Vins allumer le feu qui les embrase tous,
>Tison de la discorde et *fatale furie*,
>Que le démon de *Rome* a formée et *nourrie*. *(Mithridate, 1489-1493)*

Monime s'identifie à la mère infidèle qui a trahi en donnant à Rome les attributs de la puissance de Mithridate (castration). Et c'est aussi ce dont Mithridate l'avait indirectement accusée :

> Du malheur qui me presse
> Tu ne jouiras pas, infidèle princesse. *(Mithridate, 1451-1452)*

Nous retrouverons l'analyse de cette pièce en termes de figuration, mais il est à retenir que la sémiotique tragique se constitue en partie de ces engendrements/remplissements au croisement d'un fonctionnement historique proprement sémiologique et d'un fonctionnement symbolique construisant/déconstruisant le texte et le sujet.

La séquence-thème « enlèvement » n'est pas ici sans rapport avec ce récit-signifiant vide, qui module le texte. Elle serait alors pleinement narrativisée sous forme de récits figurabilisés et dont on produit les procès et systèmes de transformation; non plus seulement redondance d'un énoncé, d'un rappel qui cherche à se refouler lui-même, comme d'ailleurs l'ensemble de la problématique de l'inceste et de la castration cherche à se refouler de *Mithridate* par le maintien de la symétrie des deux frères Pharnace et Xipharès, ainsi que par l'artifice d'une fin heureuse. La symétrie des deux frères n'est pas nécessairement à interpréter dans le cadre d'un système de « doubles », elle appartient aussi à cet a priori sémiologique de la figure, ainsi défini par Pascal :

> *Miscellan. Langage* — Ceux qui font les *antithèses* en forçant les mots sont comme ceux qui font de fausses fenêtres pour la *symétrie* : leur règle n'est pas de parler juste, mais de faire des figures justes.[14]

Antithétiques et symétriques, tels pourraient bien être Pharnace et Xipharès, figures « justes » d'une rhétorique actantielle nécessaire à l'intelligibilité de la pièce (pour un certain lecteur historiquement situé). Qu'en est-il de l'opposition/symétrie Aricie-Phèdre? Question que nous aurons à reposer à propos de la structuration actantielle générale. Mais nous avons déjà un élément de réponse à ce moment de l'analyse. Si la séquence-thème « enlèvement » peut être identifiée, ou du moins rapportée, au récit-signifiant vide « mère infidèle » dans le texte de *Mihridate*, il est à noter qu'Aricie constitue cette séquence tout autant que Phèdre, tandis que Pharnace ne se fait jamais l'écho d'un signifiant qui ne lui appartient pas. Pharnace et Aricie n'auraient donc pas ainsi le même statut dans cette rhétorique actantielle.

En résumé :

A — L'ensemble « Acte II » se constitue à partir d'une double typologie des énoncés : 1) figurés ou figurabilisés, 2) interprétés. Cet ensemble fait ainsi de la notion d'interprétation sa matrice essentielle. A ce titre, la scène 5 (Phèdre-Hippolyte) forme le point d'achè-

---

14. Pascal, *op. cit.*, p. 580.

vement du système, puisqu'elle produit tour à tour les différents types d'énoncés et leur statut différencié. Par ailleurs, elle produit à partir de cette double appartenance typologique, la modulation et la surdétermination sémiologique et signifiante de la partition performancielle.

B — Cet ensemble est aussi mise en marche, narrativisation et symbolisation de l'ensemble figuratif I : *narrativisation de l'énoncé « départ » et mise en interprétation de l'énoncé « mort »*. Les deux énoncés prenant une signification non plus seulement performancielle et « dramatique » (comme à la fin de l'Acte I), mais un statut par rapport au langage lui-même (fonctionnement sémiotique de tous les textes) et par rapport à l'ordre symbolique qui le fonde. « Départ » et « mort » sont à lire en relation avec la double séquence-thème/signifiant vide : enlèvement-castration.

C — Il y a enfin une mise à jour d'un fonctionnement de l'écriture, de la production du texte, qui ne peut pas ne pas être référentielle. Par référentielle, nous entendons se produisant dans une intertextualité intégrée au texte, tout en conservant les attributs de son extériorité (attributs de représentation idéologiques appartenant à un autre sol historique). Le fonctionnement référentiel est aussi mise en perspective d'une antériorité du sujet à lui-même.

Ici donc, en ce second ensemble textuel, se constitue un autre type d'unités textuelles, différentes de celles produites par le premier ensemble figuratif. Schématiquement le second ensemble serait plus figurabilisé que figuratif. Mais surtout il met à jour un type d'unités sémiotiques complexes, caractérisées par un rapport non naturel à ce qu'elles peuvent vouloir signifier. Entre le tableau « scène 3, Acte I » et la mort, il est un rapport qui semble « naturel » dans une problématique sémiotique de l'institution des signes. Entre le figurant « relations de maternité/pouvoir politique » et le figuré « relation incestueuse », articulés par les catégories sémiques binaires, il est un rapport posé, expliqué par le texte et analysé dans tous ses fonctionnements. Mise en perspective et mise en question détournées du niveau de cohérence cependant élaboré par le texte. Le figurant peut être lu dans sa littéralité première; ceux qui ainsi parlent la rhétorique de la figure parlent juste, mais ils ne parlent pas nécessairement vrai. « Fausses fenêtres pour la symétrie ». « Figures justes ».

La cohérence psychologique, la cohérence d'un apparent dialogue, d'une « communication » surtout, est mise en doute, mais peut aussi ne pas l'être. Peut aussi se lire une progression, un dénudement progressif de Phèdre face à Hippolyte, jusqu'à ce qu'elle s'offre à lui.

Le texte doit ête analysé dans son inscription historique, dans le repérage des lieux où peut s'inscrire un certain type d'historicité. Le traitement du discours a une spécificité qui peut ne pas être sans rapport avec les théories sémiologiques du champ en question. Ou peut-être ces théories ne sont-elles ainsi qu'en fonction des textes?

VII

De l'interprétation à la représentation

Argument

Question : Le discours politique est-il seulement expression d'un contenu qui lui est hétérogène ?

Préalable : Repérage du fonctionnement « pictural » perspectiviste du jeu sémiologique. Possibilité d'un triple repérage du mouvement anticipation/récurrence des énoncés :
1. Sémiologiquement : prophétie/commentaire
2. Sémiotiquement : système/procès
3. Figurativement : perspective/retour du regard

I. L'exégèse, le commentaire

HYPOTHÈSE : Le texte se produit ici à partir d'une figure : celle d'Hippolyte, index sous la forme « Hippolyte partant » du système qui se développe.
ANALYSE : Détermination du texte dans l'intersection du commentaire et d'une structuration performancielle spécifique. S'y marque une problématique de la vérité, de l'interprétation juste.
→ La matérialité du figurant comme vérité.

II. Le discours de la représentation

TRANSFORMATION : Le discours politique s'engendre dans la réitération de l'énoncé figuratif « départ ».

> *1. La délégation de pouvoir*
> Thèse : Double représentation de Phèdre, en Œnone et en Vénus (allégorie figurative).
> Conséquence : Dimension politique de la notion de « représentation ».
>
> *2. Les délais de la représentation*
> — Brouillage du rapport naturel d'un signe à son contenu possible. *Trouble de la représentation figurative.*
> — Substitution d'un rapport « en signification » au rapport naturel impossible. *Représentation figurée.*
> — Substitution de la délégation de pouvoir à la représentation figurée. *Représentation pratique.* Renversement interprétatif des énoncés précédents.

Cet ensemble « Acte II » — centré ou décentré sur une théorie de l'interprétation — est visiblement traversé par un discours politique. Discours du partage dans le texte d'Hippolyte, qui s'il doit précisément se décentrer pour laisser se marquer l'empreinte de la scène originaire de l'enlèvement, ouvre néanmoins une problématique du pouvoir politique : *son origine* — légitime, illégitime, par filiation naturelle ou par adoption, par choix d'un représentant; *sa perpétuation* — conquêtes, richesse; et aussi sa *dépossession* — comment s'assurer un successeur, comment éviter les pièges de la filiation naturelle : le fils qui peut succéder pouvant aussi, parce qu'il est fils, trahir.

La trace de ce discours politique se retrouve dans les énoncés « Théramène » qui ponctuent cet Acte II (scène 6). Commentaires d'abord, insistance sur les marques physiques de ce qui a précédé et qu'il ignore :

> Pourquoi, Seigneur, pourquoi ces marques de douleur?
> Je vous vois sans épée, interdit, sans couleur? *(715-716)*

Insistance sur le « pourquoi », sur l'absence des attributs de guerrier, syntagme sémique qui trouvera un écho dans le récit de Thésée, lui aussi découvert « sans armes ». Comme si la matérialité signifiante qui vient de se faire jour laissait sur Hippolyte des traces matérielles évidentes pour celui qui a écouté :

> Je ne puis sans horreur me regarder moi-même *(718)*

Mais, une fois encore, la performance éclate en deux types d'énoncés : commentaires du tableau figuratif « Phèdre s'enfuyant », symétrique inverse d'Hippolyte « fuyant » ou « partant », puis discours politique :

> Mais Athènes, Seigneur, s'est déjà déclarée.
> Ses chefs ont pris les voix de toutes ses tribus.
> Votre frère l'emporte, et *Phèdre a le dessus. (722-724)*

Discours illogique dans le statut de successivité qu'il se donne, il devrait précéder la proposition de départ qu'il invalide *(721)*. Discours dont il faut rechercher le rapport à la scène précédente : expression d'autre chose; annonce peut-être (« Athènes » métaphore de Phèdre « déclarée à Hippolyte »), mais aussi adéquation à son chef, à son roi et prophétie déjà de son retour. Analyse ici du chef en termes de représentation : choix du successeur par les chefs de tribus et non filiation naturelle, choix du successeur dans le respect d'une loi nationale (Hippolyte, fils de l'étrangère), mais choix d'un chef/non chef, puisque d'une régence, qui justifie dans l'ordre de la cohérence politique la double information : « Votre frère l'emporte, et Phèdre a le dessus ». Le statut sémiotique des énoncés comme expression (au sens de présentation systématique autre, dans un autre langage, sur un autre mode de discours) d'un contenu précédent n'empêche pas, n'altère pas la cohérence et la signification politique du discours.

C'est là un certain fonctionnement sémiotique, que nous avions déjà noté, et qui peut apparaître comme spécifique du texte théâtral tragique : des contenus signifiants sont représentés ou figurés, cela dépend de la spécificité des énoncés, par avance (par rapport à un ordre de déroulement du texte) ou par récurrence. Rassemblement systématique d'un procès de contenu dans une expression appartenant à un discours particulier : politique ici, parfois mythique (cf. analyse des textes d'Ismène, scène 1, Acte II). Il nous faudra revenir sur cette question, mais il semble que ce soit l'un des traits de théâtralisation des textes : prophéties ou péroraisons figurabilisées, modulées en un autre langage. Intériorisation au sein du texte même de ce que pouvait vouloir signifier un certain type de discours. Mise en perspective du discours, soit en annonçant au loin ce qui s'y peut découvrir (prophétie), soit en retraçant d'un trait rapide le dessin renvoyé, tel dans la peinture représentative ce second triangle de vision, en quelque sorte renvoyé par le tableau lui-même :

> Comme si le rayon de l'œil, divergeant jusqu'à la surface de la toile convergait vers le fond du tableau ou encore, selon l'image du faisceau divergent, qu'une fois la surface passée un regard venait vers moi du fond du tableau, qu'en lui quelque chose regardait : après s'être chargé le regard « se retournait ».[1]

Trajet récurrent, retournement qui est aussi celui des énoncés sur eux-mêmes, si ce n'est que le fonctionnement sémiotique textuel se situe dans des discours hétérogènes (passionnel/politique, par exemple, ou commentaire/mythe), tandis que le trajet aller et retour perspectiviste se situe dans la même homogénéité optique.

Récurrence de l'aveu « Phèdre l'emporte » dans une parfaite

---

[1]. Léonard de Vinci, *Carnets*, tome I, Gallimard, p. 221, texte cité par Jean-Louis Schefer in *Scénographie d'un tableau*, Éd. du Seuil, 1969, p. 24.

invraisemblance performancielle, puisque toute allusion à la mort imminente de Phèdre se trouve ici reportée (ce qui ne peut que confirmer son statut entièrement figuratif à l'acte I). Mais aussi récurrence de la reconstruction du père, du surmoi paternel :

> Cependant un bruit sourd veut que le Roi respire.

sorte de continuum symbolique et souterrain dans lequel s'est, en fait, toujours manifestée la présence de Thésée.

> On prétend que Thésée a paru dans l'Épire
> Mais, moi qui l'y cherchai, Seigneur, je sais trop bien ... *(729-731)*

Modulation vaine, et par là-même renforcement de l'énoncé non-mort de Thésée, désormais quasiment certain aux yeux du spectateur, y compris pendant le premier discours de Phèdre (Acte III, scène 1). La récurrence de l'énoncé est trop forte, il est l'inverse de la mort symbolique de Thésée à l'Acte I, il est la redondance de la tentative de reconstitution face à Phèdre, il est le remplissement de tous les enlèvements — fantasmes originaires : cet axe de cohérence est trop important. Et les énoncés tragiques ne sont pas pour se perdre, du moins ceux relatifs à une structure actantielle aussi capitale que celle de Thésée ; cet énoncé est récurrent en même temps que nécessairement prophétique.

> N'importe, écoutons tout, et ne négligeons rien.
> Examinons ce bruit, remontons à sa source.
> S'il ne mérite pas d'interrompre ma course,
> Partons ; et quelque prix qu'il en puisse coûter,
> Mettons le sceptre aux mains dignes de le porter. *(732-736)*

Départ : retrouvons mon père = « remontons à sa source », donc lieu de destination qui devrait être le lieu d'origine du bruit : l'Épire. Recherche « formelle » de l'origine du bruit qui est comme l'imitation d'un départ, d'un acte géographique « remontons ». Le vrai départ empreint — comme déjà à la fin de la scène avec Aricie — du désir de vaincre ou de mourir :

> quelque prix qu'il en puisse coûter

(cf. analyses sur l'énoncé « départ » chapitre V, dans une relecture aussi de *Mithridate*).

Retrouvons mon père, ou reconstituons mon père, en remettant le sceptre — symbole du pouvoir et de la virilité — à une autre. Faux départ (mimétisme de la recherche dans la recherche du *bruit*, de la trace vide, du signifiant seulement) et apparence de vrai départ s'annulent quasiment dans leur contradiction.

Revenons au statut du discours politique : il est méditation entre l'accomplissement figuratif/figurabilisé de l'acte sexuel et les commentaires de ce même acte et de ses préliminaires. A quelle nécessité et surdétermination textuelle correspond cette médiation ? Constat d'une trace indélébile laissée sur Hippolyte, mais aussi et surtout mise au point, expression sémiotique (récurrente et prophétique) des énoncés

précédents, ces quelques échanges performanciels statuent à nouveau sur l'énoncé « départ ». Ils réduisent un premier départ à néant :
>   Si vous voulez partir, la voile est préparée.
>   Mais ... *(721-722)*

Phèdre l'emporte. Le départ esquissé performanciellement, à l'intérieur même de la scène Phèdre-Hippolyte, a un sens de fuite devant le fantasme de l'inceste/reconstitution du père. Ils produisent la nécessité d'un second départ, en même temps d'ailleurs que sa vanité, qui lui serait vengeance et mort (énoncé 3 du schéma de successivité narrative mis à jour au chapitre II). Et c'est de celui-là que Phèdre se défend; il joue à nouveau comme provocation :
>   Comme il ne respirait qu'une retraite prompte! *(745)*

Les prémisses de cette scène 1, scène de réponse, mais dont nous verrons qu'elle a aussi bien d'autres fonctions, posent trois registres d'énoncés (différencier ici «registre » qui envisage l'ouverture signifiante de ces énoncés et « type/typologie » qui se réfère à leur statut sémiologique). L'un (premier vers) renvoie à la notion de pouvoir et à l'événement, attribution du pouvoir à Phèdre — comme importation apparemment extérieure (annonce de Théramène) et qui est en fait intériorisée dans le texte comme récurrence.

A la notion publique de pouvoir s'oppose la recherche ambivalente de la nuit, de la non-figurativité « se cacher » :
>   Ah! que l'on porte ailleurs les honneurs qu'on m'envoie.
>   Importune, peux-tu souhaiter qu'on me voie? *(737-738)*

Anticipation sur la réflexion suivante : ce qui ne se devait point dire, s'est dit, a été dit; en miroir de cela, ce qui se doit voir, la fonction publique « importune », le pouvoir, ne doit point être accepté, ne doit point être vu. Réflexivité du dire et du voir, du discours et du figuratif qui à ce point précis du texte, le situe effectivement comme exégèse, commentaire de ce qui a précédé : une figure sera donnée à interpréter, celle d'Hippolyte.

Le second registre d'énoncés situe le discours d'Œnone comme celui de l'erreur, de l'illusion anachronique, discours qui n'a pas su intégrer, non seulement les événements extérieurs conservés dans leur extériorité, mais aussi les « faits », les produits même du texte. Discours de l'erreur, mais qui, par l'écart différentiel qu'il fait nécessairement se produire dans l'intérieur du texte, sert de révélateur à ces mêmes faits. Si le discours est ici paradigmatique, comme le plus souvent les prémisses de scène, le discours d'Œnone pourra être lu comme tel tout au long de cet échange performanciel dont le sens naît des inadéquations.

Troisième volet sémique. Parallèle à celui de Théramène, le discours se fait constat des marques de ce qui s'est produit. Marques dont la matérialité ne s'inscrit ici qu'avec l'opposition intérieur/extérieur. Il ne s'agit pas là d'un jeu vérité/apparence. Le statut de vérité est identique en ce que savait Phèdre et en ce que sait maintenant Hippolyte.

Il s'agit bien davantage d'une accusation de l'irréversibilité de la temporalité, c'est-à-dire de l'ordre textuel d'irréversibilité des énoncés. Et il s'agit surtout de la trace idéologique d'une logique de l'intériorité, d'une logique de l'intention, qui, quelque critiquée qu'elle ait été (lire *les Provinciales*) n'en anime pas moins certaines catégories psychologiques.

> Cache-moi bien plutôt : je n'ai que trop parlé.
> Mes fureurs *au-dehors* ont osé se répandre.
> J'ai dit ce que *jamais* on ne devait entendre. *(740-743)*

Le « dire » se substitue au « faire » cependant marqué dans le sème « répandre », pendant que s'affirme aussi — nécessité théâtrale et justification — le caractère exceptionnel de ce qui précède. Le « on » désigne celui qui a entendu, mais aussi celui qui voit, celui qui sait et juge (Thésée, Minos son père, Juge des Enfers), et aussi celui qui voit et sait tout à la fois : le spectateur. Et c'est dans cette relation au spectateur que se joue l'aspect secondaire de cet énoncé : la justification par l'exceptionnel.

Trois registres donc dans ce texte dont la structuration paraît être d'ordre performanciel, et cela par la seule absence d'un texte monologue. Le texte sera ici un jeu de production-interprétation des énoncés, jeu plus complexe que celui du balancement rhétorique (thèse/antithèse) qui anime les grands monologues, tel celui d'Hermione (*Andromaque*, Acte V, scène 1). Il est à remarquer d'ailleurs à ce propos que le texte Phèdre ne présente pratiquement aucun discours-monologue justifié par autre chose qu'une pure nécessité scénique (Acte III, scène 2; Acte V) ou systématique (Acte III, scène 6; production du système du procès Acte III). C'est dire à quel point le travail de la performance, et plus précisément encore le travail de l'interprétation, y est essentiel.

I. L'exégèse, le commentaire

Une figure est donnée à interpréter : celle d'Hippolyte lors de l'entrevue précédente, mais elle est à peine esquissée dans le « on » recouvrant le destinataire du discours; elle se trouve immédiatement masquée dans le procès de l'interprétation même :

> Ciel! comme il m'écoutait! Par combien de détours
> L'insensible a longtemps éludé mes discours! *(743-744)*

Reconnaissance du statut typologique « figuré » des « discours » tels qu'ils étaient parfaitement clairs, mais tels aussi qu'ils posaient ce qui permettait de les « éluder », de les prendre littéralement. Reconnaissance qui attribue à ce type d'énoncés, non seulement un statut sémiologique que nous connaissions déjà, mais aussi un statut performanciel de piège (que nous avions reconnu dans la partie II).

> Comme il ne respirait qu'une retraite prompte! *(745)*

Thématisation de l'énoncé « départ » dans le rôle de provocation qu'il a joué dans la scène, provocation par interprétation littérale du texte de Phèdre, et donc en enfermant le discours « Phèdre » dans son propre piège (cf. « comprendre c'est s'accuser »), ce qui se thématise ici sous un aspect phénoménologique :

> Et combien sa rougeur a redoublé ma honte! *(746)*

Le texte se lit donc ici terme à terme comme commentaire des parties I et II de la scène Phèdre-Hippolyte dont il donne la réflexivité : figures-pièges jusqu'à la relecture proposée de l'épisode figuratif-figurabilisé de la mort.

> Hélas! Quand son épée allait chercher mon sein *(748)*

Dans une ellipse qui refoule le geste intermédiaire, s'emparer de l'épée, qui donc refoule le geste même de la castration et restitue à Hippolyte la propriété de sa virilité : « son épée ».

> A-t-il pâli pour moi? me l'a-t-il arrachée? *(749)*

Dimension de piège aussi dans ce geste, au delà même du piège : le chantage. Thésée, désarmé, sans épée, tombera lui aussi dans ce même piège, la prise de l'épée est signe de haute trahison, ainsi la remise aux Romains par la mère (sans nom) de Xipharès des « trésors » de Mithridate. La mort était là encore provocation.

Premier statut du texte : il est commentaire, réflexivité du précédent; mais dans l'ordre de la structuration dialoguée, performancielle, il est appel à une dénégation, description déceptive, négative pour qu'elle soit renversée. Le discours attend de l'autre un relai, une médiation qui dise ce qu'il ne peut pas dire (rappelons le « c'est toi qui l'as nommé »). Médiation ici refusée, car c'est un autre recouvrement qui s'affirme; jugement moral, sans illusion cependant : « Vous nourrissez un feu qu'il vous faudrait éteindre » (à remarquer le mode conditionnel). Et surtout passage par le discours politique — refuge d'Œnone qui lui fait tout exprimer. Le discours d'Œnone est ici trace idéologique : d'une notion de pouvoir s'opposant à celle de passion, le pouvoir est la raison contre les passions; d'une dichotomie radicale entre le public et le privé (jeu de masques d'une société vivant perpétuellement à découvert/recouvert); d'une psychologie amoureuse affadie : fuir celui qui se refuse. Les énoncés sont inadéquats dans l'ordre de la structuration performancielle et se chargent, dans l'assumation de cette erreur — qui paraît ressortir au simple niveau de la vraisemblance psychologique —, de marques idéologiques à détruire. Et c'est pourquoi la repartie de Phèdre est non seulement dénonciation de l'illusion d'une dérivation, d'un divertissement possible, mais aussi énonciation d'une idée de pouvoir rationnel. Le pouvoir n'est pas fantaisie, respect des passions d'un homme, mais représentation d'une rationalité, même en un seul. Il s'agit là d'un pouvoir non pas contre les passions, mais d'un pouvoir sur les passions (toutes les théories politiques du XVIIe siècle fonctionnent à partir d'une théorie de l'imagination et donc des passions).

Cela se thématise dans la correspondance — fréquente il est vrai aux XVIe et XVIIe s. — entre le gouvernement d'un sujet et le gouvernement d'un état. Le figurant métaphorique « La raison sans les passions est un roi sans sujet » [2] n'est pas sans signification quant à ces théories politiques :

> Moi, régner! Moi ranger un État sous ma loi,

(pouvoir absolu, « ma loi », mais pas *irrationnel*)

> Quand ma faible raison ne *règne* plus sur *moi!*
> Lorsque j'ai de mes sens abandonné l'empire!
> Quand *sous un joug* honteux à peine je respire! *(759-762)*

Le souverain est un être libre.

Le discours politique n'est pas dans les textes raciniens une expression malléable d'instances autres; il possède une spécificité, même si à certains moments, et semblable en cela à certains autres types de discours, il ne signifie pas seulement pour lui-même. La réplique politique se présente d'ailleurs presque comme répondant à autre chose, puisqu'elle paraît nécessiter l'intervention d'un autre énoncé dont la force d'action sur Œnone est connue et dont une fois de plus un compromis est attendu :

> Quand je me meurs! *(763)*

Moins d'ailleurs tableau figuratif que démonstration d'une participation à sa propre mort. Et à cela le « divertissement », le déplacement politique ne peut pas répondre : « Fuyez » (Œnone). Erreur politique commise par Œnone, mais aussi erreur d'appréciation des faits, de ce qui s'est produit dans la matérialité du langage de la scène Phèdre-Hippolyte. Œnone juge selon un paradigme anachronique, les paradigmes ne sont justes que lorsqu'ils ont rapport à un fantasme.

> Vous l'osâtes bannir, vous n'osez l'éviter. *(764)*

L'erreur sur la temporalité avait déjà été commise par le discours « Œnone » tentant d'assigner à l'histoire amoureuse de Phèdre des limites ressortissant à l'ordre du vécu repérable dans le temps. A la réponse d'alors :

> Mon mal vient de plus loin

correspond ici celle-ci :

> Il n'est plus temps. *(765)*

Certes il est des repères temporels, mais ceux-ci n'ont rien d'événementiel. La première interprétation déceptive de la figure d'Hippolyte était provocation d'une seconde, sécurisante, mais appartenant à une autre performance. Le « il n'est plus temps » est aussi la marque

---

2. Diderot, in *La Religieuse*. Diderot ne fait ici que sanctionner l'acquis principal de la théorie des passions au XVIIe siècle.

de l'échec de cette stratégie du dialogue. Il ouvre l'espace de la seconde interprétation et l'appuie — comme un mouvement de vengeance — sur les dires mêmes d'Œnone :
> Toi-même, rappelant ma force défaillante,
> . . . .
> Par tes conseils flatteurs tu m'as su ranimer.
> Tu m'as fait entrevoir que je pouvais l'aimer. *(769-772-773)*

Logique de l'espoir — la même qui a engendré le questionnement amoureux de toute la partie I (figurée) de la scène 5, Acte II — dont le discours voulait que ce soit l'autre qui l'aborde. Le décalage, l'erreur, qui marque les énoncés « Œnone » est démonstration de ce qui est à retenir et dénonciation des illusions du divertissement. Mais il est aussi mise en évidence d'une spécificité du discours d'Œnone, qui n'est pas un simple double de celui de Phèdre. C'est l'agressivité propre d'Œnone — en d'autres termes la jalousie — qui a pu motiver son inattention à la stratégie de Phèdre. Discours clair il est vrai :
> Que son farouche orgueil le rendait odieux!
> Que Phèdre en ce moment n'avait-elle mes yeux? *(779-780)*

Et qui, aussi, donne au premier texte sur Hippolyte (Acte I, scène 3) un sens proprement littéral, spécifique par rapport à son statut symbolique : accusation de trahison; sens figurant dont nous ne pouvions alors apercevoir la spécificité.
> Vivez, ne souffrez pas que le fils d'une Scythe,
> . . . .
> Commande au plus beau sang de la Grèce et des Dieux. *(210-212)*
> Mais si jamais l'offense irrita vos esprits,
> Pouvez-vous d'un superbe oublier les mépris?
> Avec quels yeux cruels sa rigueur obstinée
> Vous laissait à ses pieds peu s'en faut prosternée! *(775-778)*

Dans les premiers vers déjà se lisait l'ordre de ne se point laisser commander, dominer : « Vivez » auquel se superpose ici : « fuyez ». L'ordre performanciel s'est ici renversé : dans une première scansion, le discours de Phèdre était commentaire, peinture des « mépris » d'Hippolyte — non posés univoquement comme tels mais donnés à interpréter. Tandis que le discours d'Œnone était de diversion, déplacement dans les illusions d'un gouvernement politique. Dans la seconde scansion, c'est le discours d'Œnone qui est récusation et peinture violente, agressive, des « mépris » d'Hippolyte alors que les énoncés de Phèdre se font ouverture sur un espace possible de l'espoir :
> Et l'espoir, malgré moi, s'est glissé dans mon cœur. *(768)*

Les deux scansions performancielles se renversent (dans leur distribution), mais ne deviennent pas pour autant symétriques. Cette non-symétrie permet aux deux énoncés « fuite dans le pouvoir politique » (Œnone) et « espoir » (Phèdre) de se réunir en un compromis : le projet politique de Phèdre, symétrique du partage territorial effectué par Hippolyte face à Aricie.

Solution d'espoir et solution politique : délégation du pouvoir à un autre, tel Hippolyte remettant le pouvoir qu'il aurait pu prendre entre les mains d'Aricie. Don? peur des risques, des virtualités dangereuses de ce même pouvoir? Hippolyte refuse de se substituer totalement à Thésée, Phèdre refuse de laisser Hippolyte dans la position qu'elle lui a imposée. Phèdre dénie la castration imposée à Hippolyte en lui donnant le pouvoir, en se soumettant à lui.

Mais là se joue aussi un acte de trahison; le pouvoir ne se transmet pas gratuitement et impunément d'un pôle à un autre : lorsque la mère de Xipharès passe à l'ennemi, à Rome, en emportant avec elle les attributs du pouvoir, les « trésors » de Mithridate, elle trahit et accuse ainsi Xipharès, séquence narrative dont nous reparlerons ultérieurement. Phèdre trahit un type de légitimité, un type de représentation politique instaurée par Thésée, puisque appartenant à l'organisation politique d'Athènes :

> Ses chefs ont pris la voix de toutes ses tribus. *(723)*

Phèdre ainsi tue une seconde fois Thésée — et là peut-être plus puissamment encore (cf. la référence à la trahison dans *Mithridate*) que précédemment.

Examinons l'engendrement de ce second aspect de la trahison : Œnone provoque — comme pour rendre plus vivace le mépris de Phèdre — la médiation par la relation maternelle. Erreur encore :

> Songez qu'une barbare en son sein l'a formé. *(787)*

Le passage par la mère, par l'altérité de l'autre mère n'est interprétable qu'en deux sens pour Phèdre. Sécurisant : quelque chose en Hippolyte fait qu'il peut aimer, car il y a bien quelque part dans son passé, dans son passé lointain — enfantin — une relation permettant de l'affirmer. Appel à la relation maternelle. Ou sens jaloux :

> Je ne me verrai point préférer de rivale. *(790)*

Vers dont cependant la liaison à ce qui précède n'est pas totalement assurée, qui surgit là comme maxime, formule donnée dans son immédiateté brutale, mais à retenir pour les virtualités d'anticipation qu'elle peut contenir. Le passage par l'autre mère est aussi effacement par avance de l'objection politique de la légitimité. Le texte, avant même de se constituer comme projet politique magique, élabore son terrain de possibilités, efface ce qui pourrait le gêner en restituant à Hippolyte une ascendance tout aussi remplie de « normalité » qu'une autre :

> Quoique Scythe et barbare, elle a pourtant aimé. *(788)*

Phèdre se fait curieusement l'écho d'un propos d'Hippolyte qui la désignait tout en la reniant :

> Croit-on que dans ses flancs un monstre m'ait porté? *(520)*

La logique propre du texte se situe bien souvent au-delà de la structuration performancielle. La construction du projet politique feint de

paraître se situer au niveau phénoménologique d'une réponse à Œnone :
> Il a pour tout le sexe une haine fatale. *(789)*
> Il oppose à l'amour un cœur inaccessible :
> Cherchons pour l'attaquer quelque endroit plus sensible. *(793-794)*

Présentation comme tactique performancielle de ce qui est en fait compromis de deux plans de développement du texte précédent; l'apparence du texte masque effectivement ce qui le produit : le procès de constitution du texte lui-même et non la cohérence faussement psychologique (de l'ordre d'une théorie de la communication) selon laquelle il peut aussi se moduler.

L'énoncé « pouvoir politique » est défini par Œnone comme force, vengeance, vassalisation d'Hippolyte, tous éléments sémiques qui seront renversés par Phèdre pour être attribués à Hippolyte lui-même : conservation ici d'une signification, mais changement de son axe d'orientation. Pouvoir est aussi éducation, exemple pour les autres, ce que le discours fait ici éclater : séduction éducative, celle de la mère, celle qui peut corriger la rudesse des « forêts »,
> Œnone, il peut quitter cet orgueil qui *te* blesse.
> Nourri dans les forêts, il en a la rudesse. *(781-782)*

et éducation politique, militaire :
> Il instruira mon fils dans l'art de commander. *(804)*

Cet éclatement est la marque d'une recherche de la réciprocité non dissimulée :
> Peut-être il voudra bien lui tenir lieu de père.
> Je mets sous son pouvoir et le fils et la mère. *(805-806)*

Nous avons ici l'aboutissement dans le discours des virtualités du figurant (Partie I, scène Phèdre-Hippolyte) pris pour lui-même. Le projet politique de Phèdre ne naît pas ex nihilo, pas même d'une simple nécessité dramatique et tactique, il répond à une surdétermination du texte par lui-même. Développement d'un figurant, mais aussi développement de l'envers de l'énoncé « départ » :
> Athènes l'attirait; il n'a pu s'en cacher;
> Déjà de ses vaisseaux la pointe était tournée,
> Et la voile flottait aux vents abandonnée. *(796-798)*

« L'un de ces innombrables vaisseaux qui croisent devant toute tragédie racinienne pour lui représenter combien sa négation est proche et facile »[3]. Départ est ici jalousie, relativement à un autre lieu : « Athènes » = Thésée = Aricie (depuis qu'Hippolyte l'a investie des attributs de la puissance de Thésée et cela est connu dans l'ordre de la constitution lecturale). Jalousie relativement à une virilité vers autre chose tendue, vers une autre recherche, vers une autre puissance : « pointe tournée ». C'est cela même qui doit être repris en charge

---

3. R. Barthes, *op. cit.*, p. 18.

(ces vers appartiennent à une cohérence de la justification) et annulé. Relisons ici le système sémique des « signes », des « marques » du pouvoir politique dans *Mithridate* par exemple :

> Hélas! ce fut encore dans ce temps odieux
> Qu'aux offres des Romains ma mère ouvrit les yeux;
> . . . .
> Elle trahit mon père, et rendit aux Romains
> La *place* et les trésors confiés en ses mains.
> *(Mithridate, 61-66)*

Les territoires, « les trésors », sont à assimiler le plus souvent à l'idée d'enfants et donc de successeurs [4], d'héritiers, de futurs détenteurs du pouvoir. Phèdre donne ainsi son fils — descendant légitime — à Hippolyte — descendant illégitime — et ainsi trahit du point de vue d'une division Grèce/ennemis. Trahison à mettre en rapport à bien des égards, avec celle de la mère de Xipharès. Phèdre donne à Hippolyte la couronne :

> Œnone; fais briller la couronne à ses yeux.
> . . . .
> Je ne veux que l'honneur de l'attacher moi-même. *(800-802)*

Couronne, diadème, éléments sémiques d'un pouvoir, mais d'un pouvoir féminin : c'est le diadème qui est remis à Monime. Cependant les formes de rapprochement ne seraient rien sans l'opposition évidente : donner la couronne (féminisation) et remettre le sceptre ou l'épée :

> Je vous cède, ou plutôt je vous rends une place,
> Un sceptre que jadis vos aïeux ont reçu *(494-495)*

ou bien encore :

> Mettons le sceptre aux mains dignes de le porter. *(736)*

Une inversion sémique se produit ici parmi les différentes marques du pouvoir : la couronne est remise à Hippolyte, le sceptre (masculin) à Aricie et cela dans deux discours/projets qui visiblement se rendent symétriques l'un de l'autre. A Hippolyte on donne tout à la fois le pouvoir, la place de Thésée, qu'il a refusée (servir de père au fils de Phèdre, y compris même servir de père à Phèdre), et la marque, le signe du pouvoir féminin. La castration, symboliquement opérée à la fin de la scène 5 de l'Acte II, ne peut qu'en partie être effacée; il en demeure une trace indélébile dans laquelle s'inscrit l'impossibilité de donner à Hippolyte le sceptre.

Être celle qui dispose et remet le pouvoir, telle est aussi Roxane dans *Bajazet* :

> Prince, l'heure fatale est enfin arrivée
> Qu'à votre liberté le ciel a réservée.

---

4. Cf. *Athalie*, où les trésors du roi David fonctionnent comme symbole de descendance, donc de pouvoir à venir.

> Rien ne me retient plus; et je puis, dès ce jour,
> Accomplir le dessein qu'a formé mon amour.
> . . . .
> J'arme votre valeur contre vos ennemis
> *(Bajazet, 421-428)*

Ce qui se présentait comme tactique performancielle face à Œnone, dramatique face à Hippolyte, doit aussi être lu dans une structuration actantielle intertextuelle. Que faut-il conclure de cette scène?

1. le travail dans le texte racinien de la structuration performancielle : le texte n'est pas un monologue aux articulations rhétoriques. Il se constitue d'une détermination et nécessité proprement textuelles, de l'utilisation du dialogue comme mise en place des blancs, des refoulements du discours, des contraintes qui démasquent ces refoulements. La contrainte résidant ici dans l'autonomie et la spécificité du discours d'Œnone. Lorsque le texte a besoin d'abolir cette spécificité il le fait, comme à la fin de cette scène : le discours de Phèdre se délègue en celui d'Œnone. Œnone devient « représentation », au sens politique, de Phèdre. C'est-à-dire semblable à Phèdre et contraire, en ce qu'Hippolyte peut l'écouter, alors qu'il n'écouterait point Phèdre. Moïse est ainsi représentation de son peuple : il lui est semblable mais aussi contraire en ce que lui seul peut parler à Dieu. Structure d'une délégation de pouvoir qui appartient parfaitement à l'épistémé classique [5].

2. la délégation de pouvoir, très particulièrement du pouvoir de la persuasion, et donc de la séduction, se rencontre ici avec le cheminement d'une allégorie figurative : Vénus. En même temps que Phèdre se joue en Œnone, se représente elle-même en Œnone (sous couvert toujours d'une cohérence de la tactique psychologique), elle se représente aussi, jusqu'à l'identification, en l'allégorie figurative de Vénus.

II. Le discours de la représentation

1. La délégation de pouvoir

Sous couvert d'une tactique de persuasion,
> Pour le fléchir enfin tente tous les moyens :
> Tes discours trouveront plus d'accès que les miens. *(807-808)*

Phèdre se représente elle-même, à elle-même en même temps qu'à Hippolyte (« Je t'avouerai de tout »), ou plus exactement elle se représente d'abord, avant de s'identifier à ce qu'elle a d'abord tenu à distance d'elle-même.

---

[5]. On saisit ici la variabilité extrême de la compréhension du concept de représentation. Une sémiotique de la tragédie classique pourrait se donner comme tâche l'étude de cette variabilité et de la diversité des objets recouverts par ce concept — lequel délimite moins une épistémé classique qu'il n'en marque l'impossibilité.

> Presse, pleure, gémis; peins-lui Phèdre mourante.
> Ne rougis point de prendre une voix suppliante. *(809-810)*

Sois moi sans être moi : définition même du portrait [6]. « Un portrait porte absence et présence, plaisir et déplaisir. La réalité exclut absence et déplaisir » écrit Pascal [7].

Le portrait est la chose figurée, mais il peut devenir réalité si cette chose figurée « n'est la peinture » d'aucune autre chose. Phèdre, acteur et spectateur de son propre portrait, refuse l'existence d'Œnone pour elle-même, abolit le rôle figurant d'Œnone — et la spécificité (dont on sait maintenant qu'elle peut être dangereuse) d'Œnone en s'identifiant à elle :

> Je *t*'avouerai de tout, je n'espère qu'en *toi*.
> Va, *j*'attends ton retour pour disposer de *moi* *(811-812)*

jusqu'à la confusion du « toi » et du « moi ».

Quel sens donner alors au passage immédiat du « toi », symbole-index existentiellement lié à *Œnone*, au « toi », désignation suspendue (pendant tout un vers) de l'allégorie de la déesse *Vénus?* D'une identification à une autre? Le chemin textuel en est cependant presque inverse; référence distanciée d'abord, puis délégation de pouvoir exactement symétrique de celle faite à Œnone : séduire, persuader Hippolyte par le discours même des passions comme discours politique (« Phèdre mourante »), puis identification à la Déesse. C'est la mise en représentation de Phèdre à elle-même (il s'agit là d'une dimension moins psychologique que proprement sémiologique) qui autorise la distanciation première Phèdre/Vénus regardant Œnone-Phèdre :

> O toi, qui vois la honte où je suis descendue,
> Implacable Vénus, suis-je assez confondue? *(813-814)*

Et ce regard se rapporte à la délégation de pouvoir, à l'impératif immédiat de séduction, de persuasion :

> Cruelle, si tu veux une gloire nouvelle,
> Attaque un ennemi qui te soit plus rebelle.
> Hippolyte te fuit *(817-819)*

Là encore, c'est dans la désignation pronominale ambivalente que se joue le glissement du « te » au « me », et l'identification de Phèdre à Vénus. La représentation s'abolit. Mais il est nécessaire de donner à cette notion de représentation son sens actif : le représentant est celui qui a pouvoir pour, celui qui agit pour. Il s'agit d'une médiation, mais

---

[6]. Cf. A. Arnauld et P. Nicole, *La Logique ou l'Art de penser*, Seconde Partie, chapitre XIV, Flammarion 1970, p. 205. La notion de portrait s'y affirme plus univoque qu'elle ne l'est chez Pascal. Ce dernier la retourne jusqu'au point d'équivocité/réversibilité suffisant pour que s'y joue la subsumation/figuration de l'ordre du cœur (charité) et de l'ordre de la chair (cupidité, principe irréductible des trois concupiscences traditionnelles, éventuellement réductibles — cf. 597 [455], où cupidité et concupiscence sont distinguées).

[7]. Pascal, *op. cit.*, n° 260 (678), p. 23.

qui peut parfaitement posséder une dimension pratique : la dimension qu'elle a dès lors que cette notion est concept politique. Une théorie de la représentation ne peut pas ignorer l'enracinement de cette notion idéologique dans un concept de théorisation du politique non plus que les répartitions conceptuelles délégation/représentation.

L'acte théâtral est moins ici de représentation que d'actualisation signifiante d'un signe à lui-même, dans une totalité qui doit être analysée à ses différents niveaux hiérarchiques et dans son procès de production. Car il ne s'agit pas d'un a priori du théâtre, mais de quelque chose qui est produit dans et par le texte.

>   Hippolyte te fuit ; et bravant ton courroux,
>   Jamais à tes autels n'a fléchi les genoux.
>   Ton nom semble offenser ses superbes oreilles.
>   Déesse, venge-toi : *nos causes sont pareilles. (819-822)*

Plusieurs remarques ici : la représentation/identification est effectivement active, elle passe par la position d'un « but » à atteindre — en cela elle est très différente de l'adéquation figurative de la scène 3 de l'Acte I (« C'est Vénus tout entière... »). Cette marque d'une activité n'est pas non plus sans rapport avec une structuration actantielle : braver le courroux de Vénus est un danger, braver celui de Phèdre le serait-il aussi? Menaces qui pèseraient sur Hippolyte, comme celles, mortelles, de Roxane sur Bajazet. La confusion pronominale « venge-toi » et « venge-moi » est explicitée par l'hémistiche suivant : le « Qu'il aime » suspendu demeure ici synonyme de « qu'il m'aime ».

Trois actants : Œnone, déléguée à la tactique dramatique, Vénus, déléguée à l'idéologie de la fatalité, et Phèdre, se représentant représentée dans les deux autres. Une structuration textuelle intéressante et qui se clôt sur son propre échec :

>   Œnone? On *me* déteste, on ne *t*'écoute pas.

Échec de la représentation-délégation, comme avait échoué la présentification matérielle (figurée, figurabilisée et figurative); échec donné l'espace d'un instant comme désaveu d'Hippolyte, mais dont le débouché restera à jamais en suspens. Si ce n'est qu'il se peut réaliser dans une autre structuration : la prise en charge par Œnone de la représentation dans un moment de retournement du passé en futur. Les énoncés de cette nouvelle scène Phèdre-Œnone fonctionnent comme rappel d'une ancienne prédiction (« je te l'ai prédit ») et constitution d'une nouvelle prédiction.

2. Les délais de la représentation

Le bref monologue de la scène 2 de l'Acte III possède un statut scénique : il est le temps d'une incursion dans l'extérieur apparent du texte, dans le réservoir à événements. Mais il a aussi un autre statut : il est le temps du remplissement par Phèdre de sa propre prédiction, juste avant qu'elle ne se retourne. La nouvelle du retour de Thésée ne vient pas frapper le texte dans l'immédiate succession de l'aveu à Hippolyte. Le temps d'instauration de cette structure de la délégation, de la représentation, est nécessaire au développement du texte : il est un aboutissant actif du développement figuratif, figurabilisé en une structuration actantielle dont l'envergure est d'ailleurs intertextuelle (cf. Roxane dans *Bajazet*). Il préfigure aussi, il anticipe par la symétrie Œnone-Vénus sur un développement excessif de la délégation de pouvoir faite par Phèdre ; au-delà de la représentation, au-delà même des pouvoirs qui ont été attribués.

L'annonce du retour de Thésée ne nécessite pas, telle sa mort, la médiation d'un messager neutre : Panope. Le retour de Thésée n'est pas même présenté comme une nouvelle, tant il est la réversibilité de l'annonce première de sa mort. Il est d'emblée soumis à interprétation. La première a déjà d'ailleurs été faite en partie et c'est pourquoi aussi il n'est pas besoin de médiation neutre. Théramène le premier a parlé du retour de Thésée comme « bruit sourd », en d'autres termes comme fantasme, comme représentation lointaine d'une culpabilité qui, en l'occurrence, et cela n'est pas sans importance, s'adressait à Hippolyte.

L'interprétation d'Œnone est univoque : la force de l'événement — c'est dire à quel point il n'est justement pas seulement événement — l'emporte sur celle des faits, sur celle de tout ce qui s'est construit dans l'ordre du discours. Il n'est pas de temps pour elle :

Il *faut* d'un vain amour étouffer la pensée,
Madame. Rappelez votre vertu *passée*. *(825-826)*

Et la force de l'événement est celle de sa réalité physique, de sa matérialité présente, sur la scène :

Le Roi, qu'*on* a cru mort, va paraître à vos yeux ;
Thésée est arrivée, Thésée est dans ces lieux. *(827-828)*

Théâtralisation qui se fait simultanément par rapport à Phèdre (« à vos yeux ») — et donc théâtralisation culpabilisante —, et par rapport au spectateur. Serait-elle là aussi culpabilisante dans une sorte de rupture de l'espoir secret, inconscient, de voir s'affirmer et s'actualiser la relation incestueuse ? Le procès de culpabilisation s'affirme dans le texte, malgré lui, et très particulièrement dans la présentation contemporaine de deux énoncés : chercher Hippolyte pour lui donner le pouvoir = trahison et insistance sur la légitimité du pouvoir de Thésée. L'insistance sur la reconnaissance par le peuple de la puissance et de la légitimité « naturelle » de Thésée n'est telle que parce qu'il y a trahison — trahison qui se parle aussi dans un discours politique, tout comme la trahison de Mithridate se parle simultanément dans un discours politique et militaire, et dans un discours affectif et symbolique.

Le peuple, pour le voir, court et se précipite.
Je sortais par votre ordre, et cherchais Hippolyte,
Lorsque jusques au ciel mille cris élancés ... *(928-931)*

Le rappel de la délégation de pouvoir « par votre ordre » et de la trahison « et cherchais Hippolyte » se trouve, dans le discours, parfaitement encerclé par cette légitimité envahissante.

Le trouble de la représentation figurative. Considérons le cheminement de l'énoncé figuratif « mort ». D'abord arme figurative ambivalente, principe possible d'anéantissement et de plaisir, puis arme de chantage et de castration assumée scéniquement, l'énoncé « mort » se veut ici conclusion, solution terminale d'une prédiction :

> Je te l'ai prédit [...]
> Je mourais ce matin digne d'être pleurée;
> J'ai suivi tes conseils, je meurs déshonorée. *(885-887-888)*

La mort serait en quelque sorte une figure dont le sens premier a été dévoyé, détourné. Œnone est le malin génie qui bouleverse le fonctionnement sémiotique du langage (en lui arrachant son masque figuratif : la mort sous le tableau figuratif « Phèdre mourante »), comme elle sera tout à l'heure le malin génie qui usurpe la représentation et ses pouvoirs. C'est l'espace même entre ces deux morts qui est une notion figurative : la mort et son remplissement déconstructeur, espace entre le rapport « naturel » d'un signe à son contenu et ce même rapport troublé d'actes symboliques inaperçus, quasi-inconnaissables, et qui ne sont que sujets d'interrogation.

> Juste ciel! qu'ai-je fait aujourd'hui? *(839)*

L'énoncé « Phèdre mourante » ne se suffit plus à lui-même, il est tiré de tous côtés par Thésée, par Hippolyte, par l'impossible confrontation des deux, par la relation maternelle. Obsédé par l'inceste, plus que par la passion même. Condensation de tous les éléments jusqu'à présent dispersés ou du moins structurés selon des niveaux différenciés.

Le texte est ici répétition affolée du délire paranoïaque de la scène précédente : mêmes éléments sémiques, indifférence d'Hippolyte, détours, dénégations, mais cela face à un troisième actant, Thésée, dont on peut se demander s'il n'était pas aussi contenu dans la scène précédente?

> Je verrai le témoin de ma flamme *adultère*
> Observer de quel front j'ose aborder son père,
> Le cœur gros de soupirs, qu'il n'a point écoutés,
> L'œil humide de pleurs, par l'ingrat rebutés. *(841-844)*

Euphémisation de la violence symbolique en fait contenue dans les discours de l'Acte II. C'est moins la culpabilité ici qui organise le discours que l'impossible confrontation des deux substituts (relire le texte du Labyrinthe). Mais surtout c'est la peur du rétablissement d'un axe œdipien négatif, d'un axe d'intimité père/fils, Hippolyte/Thésée qui est ici en question.

> Penses-tu que, sensible à l'honneur de Thésée,

(Relisons ici la réplique d'Hippolyte sur Thésée à la charnière de la

deuxième et de la troisième partie de la scène d'aveu.)
>Il lui cache l'ardeur dont je suis embrasée? *(845-846)*

L'ardeur s'oppose sémiquement à l'honneur, moins comme principe que comme idéal du moi se modelant sur celui du père :
>Laissera-t-il trahir et son père et son roi? *(847)*

La trahison est ici dans la seule déclaration, dans le seul aveu « outrageant », dont il est aisé de voir ainsi qu'il est, beaucoup plus qu'un simple aveu, un acte symbolique. L'énoncé de trahison est cependant, dans cette scène qu'il va régir, anticipation étrange.

Pour la première fois peut-être une énonciation de Phèdre est marque de l'avenir, écho donné ici aux présages, aux accusations d'Œnone qui ont produit le premier semi-aveu. Mais bien plus encore, la perspective de l'avenir d'une des descendances est référence intertextuelle, et référence claire :
>Je tremble qu'un *discours*, hélas! trop véritable,
>Un jour ne leur reproche une mère coupable.
>Je tremble qu'opprimés de ce poids odieux
>L'un ni l'autre jamais n'ose lever les yeux. *(865-868)*

« Mère coupable » peut être lu en référence à Mithridate, « crime odieux » n'est pas sans se ranger sur un axe sémique déjà constitué : « empire odieux », « punis-moi d'un odieux amour », sèmes tout empreints du contexte de l'inceste. Mais surtout l'image de deux enfants, deux fils (on en retrouve cette fois et le nombre et la dualité) confinés dans un espace clos, et voués à se regarder et se haïr sans jamais « lever les yeux », constitue la figure connue des deux frères ennemis dans *la Thébaïde* : Etéocle et Polynice, fils incestueux d'Œdipe et de Jocaste :
>Nous étions ennemis dès la plus tendre enfance;
>Que dis-je? Nous l'étions avant notre naissance.
>Triste et fatal effet d'un sang incestueux. *(La Thébaïde*, Acte IV, scène 1)

Force de l'inceste, et force de son interdiction, de sa réprobation, puisque à partir de cette relation incestueuse ne peut se construire aucune société : tous les actants disparaissent et meurent de ce crime premier. C'est cette force même qui se répand sur le texte précédent, peinture figurative de ce « huis-clos » dans lequel tout parle :
>Il me semble déjà que ces murs, que ces voûtes
>Vont prendre la parole, et prêts à m'accuser [...] *(854-855)*

L'espace même, cerné par ces énoncés (« peinture », « tableau ») d'une scène qui n'a d'existence que dans le langage, se fait prison, dédale, labyrinthe : seconde version de cette prison de laquelle va sortir Thésée, prison qui déjà, avant que quoi que ce soit ne se passe, se referme sur lui :
>Attendent mon époux pour le désabuser. *(856)*

Là encore le développement du texte n'est pas déduction linéaire; cet énoncé est préfiguration évidente du piège de la prison qui se referme sur Thésée, et au-delà il ne correspond à aucune vraisemblance. Mais il ne suffit pas pour rendre compte de ces processus producteurs proprement textuels (nous prenons texte ici comme à distinguer de discours idéologique) d'envisager une spatialisation de l'écriture. Certes cette métaphore est juste, mais encore faut-il tenter d'en analyser les espaces produisants et produits, différents selon les textes, selon l'inscription historique des textes. Ainsi la spatialisation du texte classique s'effectue-t-elle dans un jeu de mise en perspective. Anticipation, annonce lointaine, renvoi déconstructeur des regards, métaphore de tout ce qui précède, comme le sera par exemple le récit de Théramène sur le départ-combat-mort d'Hippolyte. Et c'est à cela peut-être, et à cela seulement, que peut se marquer dans le théâtre racinien l'empreinte d'un théâtre qui fut tout autre. La scène close, dite « scène à l'italienne », cubique, perspectiviste, issue de décors complexes et rivalisant de merveilleux technique (il faut lire à ce propos les textes de Corneille sur les mises en scène multiples et changeantes d'Andromède [8]), ne laisse pas nécessairement ses traces dans un huis-clos psychologique [9]. Expliquer une mutation propre à l'histoire de la mise en scène et du théâtre lui-même, car les deux ne se peuvent séparer, par un glissement métaphorique de la perspective fuyante à une perspective psychologique et idéologique ne peut être suffisant. Par ailleurs, il ne paraît pas évident que l'on puisse classer la « tragédie classique » dans un type de « psychologie des profondeurs » (Duvignaud). La seconde hypothèse — présentée dans le même ouvrage — à propos du passage de la scène perspectiviste à la tragédie classique représentée quasiment sans décors, et selon laquelle la recherche du point de fuite se transformerait en recherche de l'adéquation du personnage principal à ce que l'on attend de lui, mérite davantage réflexion. Cependant s'y fait jour une confusion entre le texte dans sa productivité, dans les relations qu'il installe avec le spectateur ou le lecteur, et l'image idéologique, résultante de dépôts mythiques et légendaires, du récit et très particulièrement du héros. Il n'en reste pas moins que les études sémiotiques doivent envisager un dépassement de l'attitude positiviste — description des structures, des fonctionnements y compris dans leur aspect dynamique et productif. Pour cela il est nécessaire de réfléchir simultanément à l'explication historique et théorique de l'existence d'une pratique sociale textuelle et à l'efficace sociale d'une telle pratique. De ce point de vue est essentielle la considération simultanée du texte et des effets de sens qu'il produit, en distinguant effet à la fois d'une assimilation idéologique parfois possible et d'une subversion inhérente au seul maniement du langage.

---

8. Cf. S. W. Deierkauf-Holsber, *L'histoire de la mise en scène dans le théâtre français à Paris, de 1600 à 1673*, Nizet, 1961.

9. Cf. J. Duvignaud, *Sociologie du théâtre*, P.U.F., 1965, et *Spectacle et société*, Denoël-Gonthier, 1970.

Proposition XVII

Si l'empreinte du théâtre tel qu'il fut dans la première partie du XVIIe siècle, et peut-être plus encore l'empreinte de la peinture figurative, se doit lire quelque part, c'est bien dans les processus de théâtralisation du texte. Or, nous l'avons marqué à plusieurs reprises, la théâtralité (spécificité du « théâtral » par écart différentiel avec d'autres types de textes) ne se joue pas dans le fait d'un texte parlé par plusieurs « personnages », par plusieurs « voix » — à la limite le texte racinien présenté scéniquement par un seul récitant conserverait sa spécificité. Il est un développement du texte par delà la structuration performancielle, bien que celle-ci fasse parfois l'objet d'analyses extrêmement subtiles (relire la scène 1 de l'Acte III). C'est à l'intérieur même de la structuration proprement textuelle — comme interaction et donc produit des divers modes de structuration, narrative ou actantielle, signifiante ou paragrammatique (nous définirons ce concept ultérieurement), dialoguée ou performancielle — que se joue la théâtralité.

La théâtralité racinienne est dans le jeu des énoncés qui se préfigurent, qui annoncent dans le lointain comme leurs semblables décalés, différés, et des énoncés qui se résument, qui se systématisent et se renvoient dans l'œil spectateur. Ainsi la perte progressive des énoncés de la séquence narrative initiale dans Andromaque *est perspective diminutive, tandis que ce triangle perspectiviste se retourne sur le spectateur en lui imposant la scène finale (folie d'Oreste comme premier plan scénique et symbolique).*

Retour au texte de Phèdre : le discours de la culpabilité, s'il s'inscrit dans une cohérence morale, dans une vraisemblance idéologique, possède aussi et surtout un statut proprement textuel; il est annonce métaphorique de la prison de Thésée, prison qui sera décrite par Thésée (dans un discours narratif figurabilisé), mais surtout « réalisé » dramatiquement dans la représentation du dénouement :

Avec quelle rigueur, destin, tu me poursuis!
Je ne sais où je vais, je ne sais où je suis. *(1003-1004)*

La mort est au bout du labyrinthe, au bout de la prison.

Mourons. De tant d'*horreurs* qu'un trépas me délivre. *(857)*

Labyrinthe qui l'espace d'un instant, l'espace du mot « horreur », est aussi l'enfer, mais cette association n'aboutit pas, ne se forme pas complètement comme elle le fera plus loin :

Où me cacher? Fuyons dans la nuit infernale.
Mais que dis-je? mon père y tient l'urne fatale *(1277-1278)*

La mort est ici encore figure scénique, en ce qu'elle s'envisage dans son

rapport aux vivants, dans son rapport à ceux qui restent et donc aussi dans son rapport aux spectateurs, aux lecteurs. La mort est ici lue dans un rapport de postérité :
> Je ne crains que le nom que je laisse après moi. *(860)*

L'inceste est à lire en répétition, en redondance dans cette postérité :
> Mais quelque juste orgueil qu'inspire un sang si beau,
> Le crime d'une mère est un pesant fardeau. *(863-864)*
>
> Dans quels égarements l'amour jeta ma mère! *(250)*

Répétition à reporter sur les enfants : comme dans *la Thébaïde*, la société sera-t-elle détruite, parce qu'il y a eu symboliquement inceste? Une autre méditation interviendra ici : Aricie et son adoption — si la famille tout entière, de ce fait, ne peut plus constituer ou du moins gouverner la société, il faut retrouver une légitimité autre, il faut déplacer la légitimité sur une autre branche — avec les ambivalences que ce procédé pourra comporter, mais nous reviendrons sur ce propos.

L'image prophétisante de la destruction par l'inceste — proche aussi de celle d'Agrippine prophétisant le geste de Néron contraint de la tuer éternellement — s'étend dans une temporalité sans nom, sans bornes qui n'est pas celle qui peut être retenue par Œnone. Elle se situe dans le lieu et dans le temps, faussement unitaire, de la scène. Dans le futur, le plus immédiat, du retour de Thésée :
> Pourquoi contre vous-même allez-vous déposer? *(872)*

La mort accuse, formule qui, si elle peut prendre un sens paradigmatique, n'est pas sans signification quant à l'implication de mort contenue dans l'énoncé figuratif « départ d'Hippolyte ».
> Hippolyte est heureux qu'aux dépens de vos jours
> Vous-même en expirant appuyez ses discours. *(875-876)*

Le présent est ici tel qu'il ne peut, pour Phèdre, que dresser l'image de l'Hippolyte de la scène 5 de l'acte II, Hippolyte persécuteur, un Hippolyte froid et sadique. C'est une reprise par Œnone de tous les énoncés de Phèdre mis au présent (ou à un futur imminent), tandis qu'ils étaient prophétie. Le jeu d'Œnone est d'abord un jeu sur les temporalités avant de devenir un jeu sur la représentation.

Représentation figurée : la mort et la représentation. Œnone use du pouvoir représentatif que lui a attribué Phèdre pour se représenter comme étant Phèdre devant Hippolyte, et cela devant Phèdre elle-même. Jeu sur la mort :
> A votre accusateur que pourrai-je répondre?
> Je serai devant lui trop facile à confondre.
> De son triomphe affreux je le verrai jouir *(877-879)*

La mort donne droit de représentation, autorise un délégué à être — du point de vue des droits — le représentant du mort. Œnone joue sur la littéralité temporelle du discours de Phèdre, littéralité figurative aussi (« Mourons ») pour anticiper sur la mort de Phèdre et devenir ainsi

Phèdre. C'est une représentation dans la représentation que joue ici Œnone, jusqu'au présent de l'interrogation (et de la réponse de Phèdre prise dans ce piège de la représentation).

> De quel œil voyez-vous ce prince audacieux ? *(883)*

« Audacieux » est ici élément sémique intéressant : Hippolyte ne le peut être que d'avoir parlé, que d'avoir accusé Phèdre. Le texte d'Œnone est anticipation dans un scénario qui pour Phèdre, recouvre un passé, un « fantasme d'abandon », de trahison. La réponse de Phèdre sera calquée sur celle d'Œnone, à la croisée de l'anticipation et du fantasme « passé », mais actualisable, donnée dans un présent figuratif :

> Je *le vois* comme un monstre effroyable à mes yeux. *(884)*

Le « comme » est ici médiation plus qu'indice d'une figure de rhétorique fondée sur l'analogie. Il est la médiation d'une projection : Phèdre se pensait comme monstre et renvoie à présent cette qualité sémique sur Hippolyte. La mort est accusation certes, mais aussi elle transmute celui qui a écouté. Un premier renversement Phèdre/Hippolyte s'accomplit donc ici : « Phèdre monstre » se projette en « Hippolyte monstre ». Par quelle étrange médiation ?

Le monstre est chose sombre, enfouie dans un labyrinthe obscur, et l'on sait confusément qu'il doit être tué. Phèdre incestueuse, Phèdre monstre, entraîne avec elle dans ce labyrinthe infernal son époux (cf. éléments sémiques de la prison « le désabusant ») et Hippolyte. Hippolyte face à Thésée, c'est aussi le monstre qu'il faut à nouveau aller tuer. Hippolyte odieux, accusant Phèdre, c'est celui qui enlève dans la violence, celui qui séduit et trahit toujours, en un mot le père. Le sémème « monstre » est parfaitement plurivalent, et nous le retrouverons dans une analyse sémique plus détaillée. Qu'il suffise pour l'instant de retenir l'idée selon laquelle le premier renversement Phèdre/Hippolyte s'accomplit dans un énoncé de Phèdre. Il se situe apparemment au niveau de la cohérence psychologique du dialogue provoqué par le discours d'Œnone, tandis qu'il est en fait produit par et dans l'ensemble du développement textuel.

La projection va maintenant se transformer en renversement complet, implication d'une nouvelle lecture du passé. « Hippolyte coupable » entraîne la relecture de tous les textes précédents selon ce paradigme présenté comme tactique, mais comme s'enracinant dans un renversement plus réel opéré par Phèdre. C'est cette relecture qui autorise une interprétation psychanalytique du type de celle de Mauron [10], l'amour de Phèdre pour Hippolyte devenant la projection de l'amour incestueux du fils pour la mère [11].

---

10. Cf. Ch. Mauron, *Phèdre*, Corti, 1968.

11. Lecture ainsi plus facile, puisque sont bien connus les mécanismes du complexe d'Œdipe, alors que ne l'est pas le processus de la fixation de la sexualité féminine en sexualité faussement maternelle.

> Pourquoi donc lui céder une victoire entière ? *(885)*

Emprunt redondant au répertoire d'Œnone : ne pas plier devant un maître, refus de la masculinité.
> Vous le craignez. Osez l'accuser la première
> Du crime dont il peut vous charger aujourd'hui. *(886-887)*

Crime comme acte accompli et surtout proposition de retournement d'une peur (enlèvement violent).

La décision d'Œnone de se faire ainsi traître implique le renversement, dans un acte de relecture complète, à des fins de cohérence, de la problématique figurative/symbolique de l'Acte II, et aussi celui de la problématique narrative de l'Acte I (exil d'Hippolyte). Renversement donc de la castration en viol, en fantasme possible d'enlèvement.

Représentation pratique et renversement interprétatif. Précisons que les différents types d'énoncés ne sont jamais définitivement donnés, mais toujours donnés à travailler, à ré-écrire. L'exil d'Hippolyte est ici interprété pour la quatrième fois :

(1) par Théramène : il est affirmation jalouse d'une marâtre.
> Dangereuse marâtre, à peine elle vous vit,
> Que votre exil d'abord signala son crédit. *(39-40)*

(2) par Phèdre : comme instrument de lutte et peut-être aussi destruction d'une trop grande intimité entre Hippolyte et Thésée (Œdipe négatif).
> Je pressais son exil, et mes cris éternels
> L'arrachèrent du sein et des bras paternels. *(295-296)*

(3) par Phèdre : essai de persuasion d'Hippolyte, mais aussi provocation d'une « haine », rupture du cercle spéculaire de l'indifférence :
> C'est peu de t'avoir fui, cruel, je t'ai chassé. *(684)*

L'exil se fait cette fois (4) témoin :
> Qui vous démentira ? Tout parle contre lui *(888)*

On fait ici « parler » des signes dans un lieu où le mensonge peut être impuni, dans un lieu où en tout cas l'accusé lui ne parle pas. Il y a ici étrangement une force du dire, de l'accusation qui efface par avance toute possibilité de déni de la part d'Hippolyte. La force de ce qui est dit est telle qu'elle ne peut que répondre à une sorte de prédisposition inconsciente ; le texte s'affirme là comme une sorte de dessin, de moule d'un récit qui a toujours déjà été fait à Thésée et qui, donc, ne sera pas mis en doute par lui. La dimension de piège portait en l'occurrence sur Hippolyte, et non sur Phèdre. C'est à Hippolyte que fut imposé un anti-contrat, et là le théâtre ne cherche aucunement à placer comme point de fuite le héros tel qu'il serait attendu, c'est-à-dire effectivement le fils amoureux de sa mère.

La mise en place d'un retournement, déjà amorcé par Phèdre avec l'irruption quasi fantasmatique du terme « monstre », est permise

par un premier abus de représentation mis en pratique, représentation par et après la mort. L'acquiescement de Phèdre à la trahison, au renversement effectif, s'obtient par un second abus de représentation « zèle », ou plus exactement par le remplissement littéral d'une délégation de pouvoir déjà faite par Phèdre :
>Je t'avouerai de tout; je n'espère qu'en toi. *(811)*

à quoi Œnone répondra :
>Mon *zèle* n'a besoin que de votre silence. *(894)*

Le choix de l'accusation se fait dans une dialectique mort/vie, aveu de Phèdre/aveu d'Hippolyte, qui pourrait bien être une transformation de la structure élémentaire de signification mise à jour au chapitre V. Le retour de Thésée est ici accusation d'Hippolyte, tandis que son départ eût été accusation de Phèdre (sens récurrent à noter). La structure se renverse totalement, de manière que le départ d'Hippolyte soit rendu nécessaire → exil.

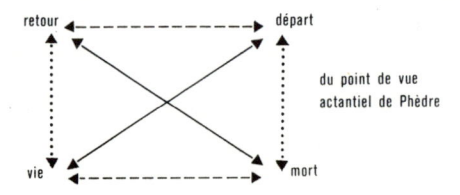

```
retour ◄------------► départ
     ▲ ╲           ╱ ▲
     ┊  ╲         ╱  ┊       du point de vue
     ┊   ╲       ╱   ┊       actantiel de Phèdre
     ┊    ╲     ╱    ┊
     ▼   ╱   ╲    ▼
    vie ◄------------► mort
```

La superposition des deux structures élémentaires implique cependant que pour Hippolyte le départ soit mort, hypothèse d'ailleurs parfaitement thématisée, à titre d'énoncé préfiguratif, par Œnone :
>Mais le *sang* innocent dût-il être versé,
>Que ne demande point votre honneur menacé? *(903-904)*

L'exil et la mort ne sont point ici des hypothèses différentes, mais bien un seul et même axe sémique dans sa continuité : départ/exil/mort. L'exil devient un énoncé à double sens, argument dans son sens passé, figure dans son sens futur; second exil d'Hippolyte, qui s'il se charge des éléments sémiques du premier est rupture violente d'une relation père/fils, déchirée par la mère.
>Fais ce que tu voudras, je m'abandonne à toi.
>Dans le trouble où je suis, je ne puis rien pour moi. *(911-912)*

La scène 3 forme une réelle unité sémiotique : opposition, renversement sur un axe de continuité. « Une structure élémentaire peut être saisie et décrite soit sous forme d'axe sémantique, soit sous celle d'articulation sémique »[12]. Le renversement est celui du don du

---

12. A. J. Greimas, *Sémantique structurale*, Larousse, 1966, p. 22.

pouvoir, et donc de la *vie*, en don de l'impuissance (face au langage — impossibilité pour Hippolyte de se disculper) et de la *mort*. Cette réversibilité peut se mettre à jour dans le texte de Phèdre, mais elle se trouve surtout réalisée dans *Bajazet* (le choix disjonctif entre le pouvoir et Roxane ou la mort par Roxane). Axe de continuité donc assez particulier, puisqu'il peut être de réversibilité, mais aussi parce que dans le nouveau scénario interprétatif (relecture de tous les énoncés) Hippolyte se voit donner le pouvoir de tout ce qu'il n'a pas fait. Et c'est aussi cette forme de réalisation symbolique qui peut expliquer et l'acquiescement de Phèdre et sa relative indifférence à l'idée de la mort d'Hippolyte. Œnone déléguée, représentant Phèdre auprès de Thésée, voit Thésée :

>On vient; je vois Thésée. *(959)*

Phèdre, déléguant symboliquement Œnone auprès d'Hippolyte, voit Hippolyte :

>Ah! Je vois Hippolyte;
>Dans ses yeux insolents, je vois ma perte écrite. *(909-910)*

Et elle voit Hippolyte indifférent, l'Hippolyte des fantasmes superposés précédemment.

La continuité est donc aussi celle de la délégation, celle de la représentation de Phèdre en Œnone, et pour donner le trône et pour donner la mort. C'est ce même cercle de la représentation que Phèdre brisera, en y donnant thématiquement un sens politique :

>Je ne t'écoute plus. Va-t-en, *monstre* exécrable.
>. . . . .
>Détestables flatteurs, présent le plus funeste
>Que puisse faire aux rois la colère céleste! *(1317, 1325-1326)*

Les notions de délégation/représentation sont bien ici au centre de cet ensemble : Hippolyte retrouvant son père lui demande un *contrat*, une délégation pour devenir héros ou pour mourir, mais il doit pour cela être quelque chose, être le quelque chose de quelqu'un et non cet être oisif et vide qu'il redevient dès lors que s'achève son premier contrat. Les rapports entre le pouvoir que l'on a cherché à lui donner et le pouvoir qu'il demande seront à analyser, comme l'est aussi la position même de cette scène. Elle est en effet tout à la fois réponse à l'arrivée de Thésée et réponse aux propositions de Phèdre. A la première, devenir roi, Hippolyte répond : devenir héros. Mais ne contient-elle pas aussi, une réponse à la seconde proposition : se voir accusé par Phèdre/Œnone?

La structuration de ce troisième ensemble, faux entrecroisement de décisions, de « virtualités » et de réalités, d' « événements », est révélatrice à ce propos. La scène Hippolyte - Thésée se présente du point de vue performanciel d'Hippolyte comme hors de la temporalité, hors de la successivité des énoncés; le discours d'Hippolyte se déroule dans une sorte d'excroissance étrangère au temps ordonné

entre la brève réplique (à double sens) de Phèdre accueillant Thésée et la prise en compte par Hippolyte de ces affirmations à la scène 6 :
> Où tendait ce discours qui m'a glacé d'effroi?
> Phèdre ... *(988-989)*

L'ordre ici choisi, différent d'un ordre logique du type [Phèdre/ Œnone - Annonce - Silence - Scène de rencontre Hippolyte/Thésée - Scène de décision de la trahison], modifie totalement la relation lecturale, déconstruisant la demande de mandement héroïque et la rendant susceptible de multiples autres significations.

En conclusion :

A. Il faut remarquer l'absence ici d'énoncés de type figuratif ou figurabilisé, à de très rares exceptions près (comme « Peins-lui Phèdre mourante »), mais *l'énoncé premièrement figuratif devient ici argument*, instrument thématisé comme tel, puisque recommandé dans une délégation.

B. Le jeu de la représentation : la figuration — au sens d'actualisation « d'un tableau » dans une relation « naturelle » à une ou des significations —, devenue jeu sur les sens figurants/figurés dans l'ensemble « Acte II », se transforme à nouveau ici. Cette nouvelle transformation bouleverse le statut des « actions » dramatiques : non plus extériorisation naturelle et directe d'un discours intérieur, ou expulsion du même discours (« Mes fureurs au dehors ont osé se répandre », *741*) dans un jeu figurant/figuré (dans lequel la matérialité et donc la signifiance propre reste inconsciente), mais délégation active, accomplissement non plus symbolique, mais narratif. *L'action n'est pas ici représentée* — ou alors nous disons que le jeu sémiologique de l'Acte II est action — *elle est projetée, expulsée, déléguée* dans un autre lieu, dans un ailleurs, au profit du seul travail sur les énoncés, sur leur signifiance et leur statut imaginaire.

C. En ce tournant du développement textuel, se joue aussi la mise en scène des énoncés suivants. Mise en scène ne signifie pas représentation, mais projection d'une ombre à venir. Projection juste dans sa littéralité, la mort d'Hippolyte (« Mais le sang innocent dût-il être versé »), mais fausse dans ses causes : la présence d'Aricie comme obstacle définitif à ce qu'Hippolyte soit sauvé par Phèdre. La prophétie est *juste dans le temps*, et même dans ses deux termes : exil/mort mais *fausse dans la « manière »* (relisons Pascal).

D. Du point de vue, envisagé précédemment, de la construction perspectiviste en aller et retour de l'ensemble textuel, *quelque chose au loin se projette* (au sens d'aller vers un avant, vers un avenir) *comme point de fuite* (métaphorisé dans le récit de Théramène par l'éloignement progressif du char d'Hippolyte), mais le triangle du regard renvoyé, le triangle qui explique, le système ne s'est pas encore constitué. Sa pointe, son point d'émission serait-il alors en Thésée?

VIII

Narrativisation et réversibilité

Argument

I. Lecture-analyse de l'énoncé « départ »

1. Repérage des axes sémiques de cette nouvelle itération
— Rapport à un modèle idéologique du héros.
— Position des paradigmes modélisants.
— Narrativité modalisée par la performance.

2. Lecture intertextuelle de la demande de mandatement
— Spécificité du texte de Phèdre : le départ/mort y est aussi figure de la représentation.

3. Lecture continue de la figure « départ »
— Figure déterminant un texte qui toujours est de délégation (de Phèdre).
— Dédoublement de l'implication « départ = mort ».
— Thèse : la tragédie n'est pas produite par un renversement d'énoncés mais par *une somme conjonctive*.
→ Figure « départ » qui se marque comme échec, comme contemporaine de sa propre transgression et appelle la réponse déceptive, interprétative de Thésée.

II. Lecture-analyse du signifiant « enlèvement »

1. Récit de Thésée et structuration actantielle Hippolyte/Thésée

> Thèses :
> — Le rapport différé à une vérité événementielle pose le texte comme non représentatif.
> — La présence d'une structuration sémiotique spécifique invalide l'idée d'un texte onirique.
> — Il est une construction perspectiviste parallèle à un mouvement d'aller et retour, référence figurabilisée/ présent figuratif.
>
> **2. Récit de Thésée et structuration actantielle Aricie/ Thésée**
> Thèses :
> — Modulation du texte sur un mouvement d'aller et retour : la castration imposée et subie.
> — Le rapport au spectateur se module sur le rapport perspectiviste interne.
> — Le récit comme *annonce* et procès déterminé.

Dans l'ordre de successivité des énoncés, des scènes, des tableaux, le discours d'Hippolyte à Thésée se situe dans un lieu vain, il est annulé, rendu inefficace par la précédente décision de renversement d'interprétation de tout récit ancien et présent. Quel qu'il soit, son récit peut tomber sous le coup du paradigme « fuite après un crime » :
>Je me suis étonné de son peu d'allégresse;
>Ses froids embrassements ont glacé ma tendresse. *(1025-1026)*

Quel statut accorder à cette longue demande d'Hippolyte? Lisons la conclusion du rapide monologue (scène 6, Acte III) :
>Allons, cherchons *ailleurs* par quelle heureuse adresse
>Je pourrai de mon père émouvoir *la tendresse*,
>Et lui dire un amour qu'il peut vouloir troubler,
>Mais que tout son pouvoir ne saurait ébranler. *(997-1000)*

Notons, avant d'analyser ces vers, que « son pouvoir » fut aussi un temps celui dont Phèdre disposait et qu'elle a voulu proposer à Hippolyte; le pouvoir étant ici, tout comme dans *Bajazet*, ce qui peut troubler un amour, une autre relation maternelle, celle d'Hippolyte et d'Aricie/ Antiope, ou celle de Bajazet et d'Atalide (confondue avec la mère de Bajazet).

Le texte d'Hippolyte, à en juger par ce qui se veut sa conclusion, est démarche, recherche tactique de la « tendresse » du père, de la complaisance à ses projets, en même temps d'ailleurs que reconnaissance contradictoire de l'impossibilité *(« pouvoir »)* de cette même complaisance, impossibilité dont la force est ici encore quasi institutionnelle (lire en fait interdit institutionnalisé de l'inceste). Mais selon ce même axe sémique, le texte d'Hippolyte peut se lire comme position de ce qui est nécessaire à la conquête d'Aricie, de ce qui peut la légitimer et donc ayant quelque rapport avec le paradigme exploits/amour affirmé fantasmatiquement à la scène 1 de l'Acte I.

Mais en même temps ce monologue — d'ailleurs en fait adressé performanciellement à Théramène, ce qui l'institue comme tenant lieu d'énoncé « départ » — est reprise du discours ambivalent et refusé de Phèdre (scène 4), et donc réponse aux virtualités doubles de ce texte :

> Phèdre, toujours en proie à sa fureur extrême,
> Veut-elle s'accuser et se perdre elle-même? *(989-990)*

« Se perdre elle-même » ne pouvant ici qu'être synonyme de mourir de sa propre main, ce qui laisse ouvert l'espace d'une autre mort, et donne sens au désir répété d'Hippolyte : tuer un monstre. Une virtualité du discours de Phèdre s'interprète ici, mais il en est une autre, et qui ne peut que s'interpréter négativement.

I. Lecture-analyse de l'énoncé « départ »
1. Repérage des axes sémiques

> Mais l'innocence enfin n'a rien à redouter. *(996)*

Il y a ici dénégation d'une crainte nulle part ailleurs formulée, mais que la lecture connaît comme étant le second sens du discours de Phèdre : l'accusation d'Hippolyte par Œnone.

Le récit d'Hippolyte serait-il aussi réponse aux accusations futures d'Œnone? Ce qui serait la justification de la structuration de cet ensemble par une nécessité textuelle interne autre que le soin d'un ménagement dramatique de la lecture : voir Hippolyte en le sachant condamné, car c'est bien de cela qu'il s'agissait dans les paroles prophétiques d'Œnone.

Le modèle idéologique du héros. L'apparence première, phénoménologique du discours (demande, plaidoirie visant à un but — nous verrons ultérieurement si cela se trouve justifié) d'Hippolyte est de résiliation d'un contrat et demande d'un nouveau contrat, voire même d'un contrat inverse. Départ/recherche du père, départ/instauration d'Aricie et donc reconstitution du père, ces énoncés ont tous quelque chose à voir avec une quête de l'héroïsme, à laquelle il nous faut donner un statut et qui intègre ce discours comme recherche d'un mandatement héroïque, donné par le père. Tous ces énoncés sont aussi en rapport avec une définition politique : Hippolyte cherche à être un guerrier, un second, celui qui gagne les victoires mais ne possède pas le pouvoir. C'est ainsi qu'il se définissait aussi par rapport à Aricie/Thésée, attendant d'elle qu'elle le mandate (scène 4, Acte II). En empruntant ici la distinction de Georges Dumézil, parfaitement pertinente dans l'analyse des mythologies [1] entre les trois fonctions idéologiques (1. souveraineté, lois, pouvoir; 2. valeurs militaires; 3. valeurs économiques [richesses] et amoureuses [fécondité]), nous dirions qu'Hippolyte désire rester dans les limites de la seconde fonction. La première fonction serait — elle encore — dans l'ombre de la mythologie grecque, ce lieu de toutes les libertés que laisse entendre Œnone :

> Les Dieux même, les Dieux, de l'Olympe habitants,
> . . . .
> Ont brûlé quelquefois de feux illégitimes. *(1304-1306)*

Hippolyte refuserait-il cet univers, en même temps qu'il refuse de se substituer totalement à Thésée en exigeant ou la reconnaissance paternelle — du vivant de son père — ou la mort?

C'est là le sens du paradigme d'Hercule, et de la relation Hercule/Thésée : nécessité d'être reconnu par le père et de lui succéder selon le modèle de cette reconnaissance.

> Hercule, respirant sur le bruit de vos coups,
> Déjà de son travail se reposait sur vous. *(943-944)*

L'espace de la vieillesse du père est nécessaire à la reconnaissance du successeur — successeur et non fils, car le paradigme n'est pas ici celui d'une filiation naturelle, mais bien d'une filiation par adoption, par *choix* : l'insistance tout au long du texte sur la figure, pas seulement allégorique, de Neptune montre à quel point Thésée n'a pas succédé à Égée son père, mais à Hercule.

Être reconnu, tel était aussi le propos d'Hippolyte :

> Les Dieux livrent enfin à la Parque homicide
> L'ami, le compagnon, le successeur d'Alcide. *(469-470)*

Et dans le texte d'Hippolyte, malgré ce qui peut être dit des contraintes syntaxiques de la grammaire classique, « inconnu » se dédouble selon deux axes sémantiques : non connu, non illustre publiquement, mais aussi « inconnu d'un si glorieux père », non reconnu par le père :

> Et moi, fils inconnu d'un si glorieux père,
> Je suis même encor loin des traces de ma mère. *(945-946)*

Fascination confondue pour le père et la mère, dont les signifiants se mêlent ici dans une éventuelle trace du fantasme originaire du coït parental. Et là encore les éléments sémiques du terme « mère » vont glisser vers celui de « monstre ».

Narrativité modalisée par la performance. La recherche de l'héroïsme est donc ici essentiellement recherche d'une reconnaissance par le père et non d'une substitution, traumatisante à bien des égards, au

---

[1]. G. Dumézil, *Mythe et Épopée*, Gallimard, 1968-1970. Nous schématisons ici la distinction de Dumézil, en fait beaucoup plus complexe, stratifiée et spécifiable selon les objets d'études.

père. Mais la justification de la demande de mandatement héroïque — être mandaté par le père pour pouvoir être reconnu par lui, à la limite d'ailleurs le mandatement étant le premier germe de reconnaissance — passe par une mise au point, une résiliation du contrat implicite déjà existant. Ce contrat anti-contrat, contrat d'eunuque dont nous avons explicité l'existence au chapitre VI, par lecture intertextuelle, est ici, pour la première fois pris en compte, thématisé dans la réflexivité des énoncés. Il est étrange qu'il ne puisse être thématisé que lorsque sa dimension de piège (révélée par l'aveu de Phèdre) ne peut plus être forclose. Dimension forclose, puisque exclue du champ symbolique jusqu'à ce qu'elle réapparaisse dans le champ de la réalité, projetée en Phèdre. C'est là un aspect notable spécifique de la tragédie que cette possibilité de décalage de la prise en compte des structures actantielles : l'entrée de certains aspects de la structuration actantielle dans le champ symbolique est différée, *la narrativité tragique est modalisée.*

PROPOSITION XVIII

Relativement à un type de narrativité mythique qu'elle réécrit, la tragédie racinienne pourrait peut-être se caractériser par cet élément. Il est une intertextualité non seulement interne aux textes raciniens, mais infiniment plus large — la relation de fidélité aux textes anciens est prétexte à un perpétuel mouvement critique de ré-écriture dans lequel la dimension de « modalisation » [2] *est essentielle. Elle oblige à prendre en compte le rapport que le « personnage-sujet » entretient, veut entretenir ou pense entretenir — et c'est pourquoi elle s'identifie, parfois, avec la structuration performancielle — avec les énoncés narratifs qui le définissent comme actant spécifique dans une structure textuelle, intertextuelle et idéologique. De là une temporalisation essentielle, thématisation d'un ordre de successivité à mesurer aux diverses autres isotopies du texte. Lorsque le récit est à lui-même et à soi seul une histoire (un mythe, un conte), point n'est besoin d'une temporalité autre que celle dans laquelle va se manifester son développement logique ; ici le* récit *(au sens de spécificité de ce qui est raconté) est toujours récit d'un autre récit en même temps que de lui-même. Il fonctionne par modes de renvois à des temps autres, modes qui sont le plus souvent à lire comme jeu sur une typologie sémiologique historique.*

---

2. Modalisation qui serait ici de savoir. Cf. les analyses de A. J. Greimas, *Du Sens*, Seuil 1970, notamment « Éléments d'une Grammaire Narrative ».

Hippolyte ne peut reconnaître le contrat d'eunuque, le contrat castrateur, que lorsqu'il connaît la dimension du piège qu'il explicite ici. Acomat au contraire, dans *Bajazet*, thématise cette dimension, cette « interprétation » nécessaire dès la scène 1 de l'Acte I et élabore une tactique adéquate. Le texte se situe d'emblée comme imprégné des éléments sémiques « Phèdre » jusque dans le décalage pronominal,

  Vous, MON fils, ME quitter?
          Je ne la cherchais pas. *(927)*

significatif du glissement des deux discours le long l'un de l'autre : aucune intersection apparente entre ces deux ensembles.

  A une disjonction à venir, projetée, Hippolyte répond par la disjonction passée, par l'éloignement — nous retrouvons là la réversibilité toujours possible des deux énoncés : départ d'Hippolyte (disjonction projetée)/éloignement de Thésée (disjonction passée; la résultante étant une relation non recherchée : Hippolyte-Phèdre). C'est peut-être cette réversibilité des deux énoncés qui organise l'articulation de ces deux textes qui semblent se frôler asymptotiquement : Thésée expliquant, prophétisant à Hippolyte ce que serait son départ, son éloignement de lui, souligné dans le « me quitter ».

  Le « c'est vous » est ici accusation :
    C'est vous qui sur ces *bords* conduisîtent ses *pas (928)*

A supposer qu'Hippolyte, et cela ne peut qu'être suggéré par le texte, s'identifie à son lieu originel Trézène, c'est en lui qu'a été laissé Phèdre (« ses pas » [3]; « bords » et « pas » dessinant ici phonématiquement une corporéité bien proche de celle de « bras »). L'accusation retentit aussi sur l'énoncé précédent et, en réponse à la question de Thésée, rend Thésée lui-même responsable du départ d'Hippolyte :

    Vous daignâtes, Seigneur, aux rives de Trézène
    Confier en partant Aricie et la Reine.
    Je fus *même* chargé du soin de les garder. *(929-931)*

Le glissement de Trézène à Hippolyte est cette fois triple :
  — syntaxique : « confier à » .../« je »;
  — métonymique : du lieu à celui qui le gouverne. Rappelons une équation du même type : Athènes = Thésée.
  — métaphorique : Hippolyte aime à comparer sa position à celle d'un bord :
    Moi qui [...]
    Pensais toujours du bord contempler les orages *(531-534)*

Refus d'une pénétration, refus du corps de la femme? « Bords », « rives » sont aussi ces sèmes de limites toujours attribués au lieu d'éloignement de Thésée (rives des Enfers) et que nous aurons à lire

---

  3. Cf. Élaboration et utilisation de la notion de « mot-thème » dans les *Anagrammes* de F. de Saussure.

dans la réponse de Thésée. Le « même » du vers 931 est encore ici repérage du piège — du trop, qui faisait cet éloignement non identique aux autres éloignements de Thésée. Reconnaissance du piège dans sa relation à Phèdre et qui précède la reconnaissance du contrat comme anti-contrat, comme castration :

> Mais quels soins peuvent désormais me retarder? *(932)*.

« Retarder » est ici indice d'une gêne, de ce que quelque chose est refusé à Hippolyte par Thésée. Il y a là encore une sorte d'accusation indirecte : « vous avez retardé mon initiation ».

> Assez dans les forêts mon oisive jeunesse
> Sur de vils ennemis a montré son adresse. *(933-934)*

« Forêts », « oisive jeunesse » laissent à entendre que ces énoncés peuvent se lire dans la continuité de la scène 1, Acte I. « Forêt » y était alors élément sémique proche d'Antiope, dessin d'une relation spéculaire à la mère initiale, mais aussi, dans le second tableau peint par Théramène, empreinte lourde, végétale (« pourrie », au sens que Lévi-Strauss donne à ce mot dans *le Cru et le Cuit*) de Phèdre.

> Je commence à rougir de mon oisiveté *(4)*

« Oisiveté » regarde aussi sémiquement vers « trouble », et « ennemi » n'existe guère ici hors du lexique amoureux. « Vil ennemi » est moins évocation de proies de chasse — et d'ailleurs, en étant cela, ce terme revêt déjà un sens second — que désignation allusive d'ennem*ies* au sens amoureux :

> Hippolyte en partant fuit une autre ennemie *(49)*

Fuite, encore ici présente dans une domination de l'énoncé « départ » sur l'énoncé « quête », « demande d'héroïsme » :

> Ne pourrai-je, en fuyant un indigne repos,
> D'un sang plus glorieux teindre mes javelots? *(935-936)*

« Repos » complète « oisiveté » comme dénonciation de la fausseté castratrice du contrat, mais ces éléments sémiques dessinent aussi l'un des aspects de la typologie du héros, du moins des phases d'acquisition de l'héroïsme. Il est une enfance témoin d'une relation close, intime avec la mère seule; enfance qui se distingue à peine d'une phase narcissique : le héros y est alors guerrier, application exemplaire à la recherche et à l'imitation du surmoi paternel, sorte de « période de latence » du développement héroïque. Le devenir « héros » passe par d'autres épreuves et ne s'effectue d'ailleurs jamais dans la textualité racinienne, si ce n'est peut-être pour Pyrrhus qui s'égale à Hector, mais le paie de sa vie. C'est de cette phase guerrière narcissique que nous avions la trace :

> Je me suis applaudi quand je me suis connu. *(72)*

Phase inassumable dès lors qu'elle peut devenir synonyme de castration, « indigne » ... Mais là aussi se joue un paradigme symbolique qui pourrait bien être l'essentiel pour Hippolyte : celui du substitut.

Les ennemis qu'il vise, ces habitants mystérieux et sans nom de la forêt, ne sont que des substituts et en cela sont « ils », sont « indignes », puisque trace d'un refoulement, d'un nécessaire déplacement. Aricie, elle aussi sémiquement associée à l'idée de forêt, ne serait-elle pas à lire selon cet axe des substitutions, fausse fenêtre pour la symétrie, mais au sens où le déplacement de la fixation est trace d'une réalité psychique existante ?

2. Lecture intertextuelle de la demande de mandatement

La fascination, la nécessité, d'égaler le père se fait ici argument, le fantasme devenant démonstration, comme s'il répondait à un creux dans le jeu de Thésée, comme s'il était nécessaire pour Thésée de pouvoir reconnaître son fils comme héros et comme successeur. C'est dans cette faille que pourrait s'immiscer le texte d'Hippolyte : Thésée doit avoir un successeur reconnu par lui (tel Hercule reconnaissant Thésée). L'échec d'Hippolyte se marquera dans un décalage de la réponse de Thésée qui avait choisi un autre successeur, filiation non naturelle, un ami, « Pirithoüs » (rappelons ici les sémèmes associés à la relation Hercule-Thésée : « ami », « successeur », « compagnon »).

Le trajet textuel est ici inverse de certains autres : il désigne, il pointe une vérité,

> Phèdre peut seule expliquer ce mystère. *(922)*
> Je ne la cherchais pas *(927)*

qu'il va progressivement sédimenter, détourner sous d'autres significations : la dénonciation brève et accusatrice de la fin d'un contrat « indigne » (d'où l'inutilité d'en indiquer le remplissement ou le non-remplissement) et la demande de départ. Et cependant des éléments sémiques relatifs à Phèdre réapparaissent : forêts, ennemis, et maintenant « sang ». L'espace de quelques vers, et le tableau figurabilisé qui se dessine est bien près de ressembler à celui du meurtre de Phèdre :

> Vous n'aviez pas encore atteint l'âge où je touche,
> Déjà plus d'un tyran, plus d'un monstre farouche

(nous aurons à analyser le devenir sémique de ces termes dans le récit de Thésée dont ils forment les axes essentiels)

> Avait de votre bras senti la pesanteur ;

Corporéité du geste de tuer (« senti », « pesanteur ») à lire dans la continuité du tableau Phèdre demandant à Hippolyte de la tuer.

> Déjà, de l'insolence heureux persécuteur,
> Vous aviez des *deux mers* assuré les rivages.
> Le libre voyageur ne craignait plus d'outrages. *(937-942)*

L'expression « deux mers » se configure ici pour la seconde fois, lieu énigmatique où pourrait être Thésée :

> J'ai couru les *deux mers* que sépare Corinthe *(10)*

Théramène a cherché Thésée dans des lieux qu'il a lui-même maîtrisés, dans des lieux qui en fait sont siens; n'y a-t-il pas, dans une lecture récurrente et intertextuelle, la métaphore rapide d'une trahison de l'intérieur? Thésée s'est trahi lui-même, et cette trahison va peut-être se lire dans sa réponse? Ce « libre voyageur » n'est-il pas Thésée, un Thésée rêvé contradictoirement par Hippolyte, puisque suffisamment puissant pour ne pas être « outragé »?

« Vous êtes offensé » dit Phèdre à Thésée, au vers *917.*
« Phèdre se plaint que je suis outragé/Qui m'a trahi? » interroge Thésée *(980).* Le texte d'Hippolyte est donc ici tout à la fois tableau-argument de la puissance précoce (typologie des actes à accomplir selon les âges) du père et tableau inversé du père outragé. Tableau inversé, puisque produit d'une double instance désirante : que le père ne soit pas « outragé », mais « libre voyageur » (dénégation aussi du piège dans le terme apparemment anodin « voyageur »), et que le père soit vengé par lui-même. La figure paternelle est ici dédoublée en dominant/dominé, juste avant que ce dédoublement ne se déplace pour prendre une forme explicite Hercule/Thésée, thématisation du problème de la succession, auquel peut-être répond en fait le récit de Thésée. La marque sémique du texte précédent, de toute la construction d'énoncés antécédents qui pèse maintenant du poids de toutes ses contraintes, n'est pas seulement dans les termes, mais dans l'actualisation même d'un tableau antérieur, exemple de celui que veut ici constituer Hippolyte, signifiant vide de la vengeance qu'il se doit de remplir.

3. Lecture continue de la figure « départ »

Figure/délégation. C'est dans cette lecture que le sémème « montre », déjà plusieurs fois constitué, apparaît comme lieu d'intersection des deux axes sémiques selon lesquels il peut se disposer : nécessité d'exploits pour devenir héros (à lire déjà dans la scène 1); tableau de Phèdre incestueuse et phallique (scène 5, Acte V). La présence de la mère pourrait aussi se lire intertextuellement dans les demandes de Xipharès par exemple qui va au-devant des exigences militaires de son père Mithridate :

Votre *vengeance* est juste, il la faut entreprendre :
Brûlez le Capitole, et mettez Rome en cendre. *(Mithridate, 923-924)*

Une analyse sémique de *Mithridate* montrerait comment le Capitole y est symbole phallique de la trahison, symbole phallique accaparé par le sexe féminin, Rome — la ville — toujours au féminin :

Commandez : laissez-nous, de votre nom suivis,
Justifiez partout que nous sommes vos fils.
. . . .
Dès ce même moment ordonnez que je parte.
Ici tout vous retient; et moi, tout m'en écarte. *(Mithridate, 929-930, 935-936)*

Et la justification, refoulée progressivement par le texte d'Hippolyte, se lit ici clairement :
>   Trop heureux d'avancer la fin de ma misère,

(lecture de l'énoncé « mort » comme chez Hippolyte)
>   J'irai ... J'effacerai le crime de ma mère *(Mithridate, 939-940)*

A ce titre le choix duel terminal de la demande d'Hippolyte doit se lire clairement comme alternative intransigeante : tuer le monstre ou mourir comme désaveu de ce même monstre. « Le » monstre, car effectivement il se trouve ici défini, malgré le « quelque », par un seul caractère, en dehors des analyses sémiques et paragrammatiques à faire : le caractère d'exception qu'il représente par rapport à Thésée. Rappelons aussi que dans les énoncés performanciels Hippolyte, Phèdre avait elle-même été définie comme exception dans son rapport à Thésée (scène 1, Acte I), spécifié par la fidélité de Thésée.

Dans la lecture superposée des deux textes de Xipharès comme d'Hippolyte, l'alternative se réduit progressivement : mourir pour désavouer la mère ou tuer la mère (= le monstre).
>   Souffrez, si quelque monstre a pu vous échapper, *(948)*

Monstre défini, mais dont la désignation référentielle n'est pas encore totalement claire : « si », marque le doute sur la nature du monstre aux yeux d'Hippolyte. Phèdre se qualifiant elle-même de monstre, ou Hippolyte désigné par Phèdre comme monstre, avant de l'être par Thésée lui-même ?

Hippolyte lui-même ne se pose pas en successeur, mais en éventuel complément :
>   Que j'apporte à vos pieds sa dépouille honorable,
>   Ou que d'un beau trépas la mémoire durable,
>   Éternisant des jours si noblement finis,
>   Prouve à tout l'univers que j'étais votre fils. *(949-952)*

« La mémoire durable » est ici symétrique de l'éternité désolante que Phèdre attache à son nom (cf. scène précédente). La référence à l'univers est aussi signée du nom, de la marque de Phèdre :
>   Délivre l'univers d'un monstre qui t'irrite. *(701)*

Hippolyte déplace ici en le réécrivant le tableau figuratif de Phèdre exigeant sa mort/séduction/coït. Refusé dans son immédiateté corporelle et charnelle, il en accepte le principe en le déléguant dans une figurabilisation héroïque. Hippolyte cherche à se faire délégué comme héros. Ce n'est que comme représentant de Thésée, au sens aussi d'adéquation, qu'Hippolyte peut tuer le monstre. Hippolyte, le fils, ne peut pas venger son père, et c'est en ce lieu signifiant très précisément qu'Hippolyte signe son accusation, accusation reprise très justement par le père :
>   Vous ne répondez point. Mon fils, mon *propre* fils
>   Est-il d'intelligence avec mes ennemis ? *(983-984)*

Hippolyte n'existe pas comme sujet, il nécessite à chaque instant l'assignation de son champ symbolique (rôle de Théramène dans la scène 1). Hippolyte mourra dans la métaphore de sa dispersion, de son éclatement psychotique. Hippolyte demande à être délégué, *mandaté* par son père, en d'autres termes il demande à être représentant et cependant — et c'est bien là la contradiction — il ne demande pas à être successeur de Thésée, il ne peut assumer cette succession, dans l'ordre de laquelle il aurait déjà vengé son père :

Qui m'a trahi? Pourquoi ne suis-je pas vengé? *(980)*

Hippolyte veut être délégué, sans pouvoir légitimement être représentant : exigence aberrante, qui n'est que le reflet diffracté d'un désir de se représenter lui-même dans une différenciation de la scène enfantine et incestueuse (« forêt », « oisive jeunesse ») et de la scène de rapports sexuels (« tuer » *le* monstre, Phèdre).

En ce sens, le discours d'Hippolyte est réponse à la première proposition de Phèdre cherchant à lui donner le pouvoir; pas plus qu'elle, Hippolyte n'est capable d'assumer ce pouvoir dans la différenciation qu'il implique entre le représenté — le sujet — et le représentant — le Prince. Hippolyte comme Phèdre ne peuvent se situer dans le champ de la représentation : Phèdre connaît l'échec de sa délégation de pouvoir auprès d'Œnone et la transgresse en la subsumant dans le figuratif/charnel (« Peins-lui Phèdre mourante »).

A lire dans la continuité de la seconde délégation de Phèdre (retourner l'accusation contre Hippolyte) le discours d'Hippolyte est crainte d'un trépas autre que « beau »; c'est aussi une dénégation par avance qui montre à quel point il est castré [4] ou du moins l'a été jusqu'à présent. Mais le discours est aussi assumation d'une incertitude quant à savoir qui va mourir et donc quant à savoir qui est le monstre. Incertitude qui se lit parfaitement dans le prolongement de la projection de trahison sur Hippolyte.

L'échec d'Hippolyte (« Allons chercher ailleurs ... ») est dans son incapacité à venger son père, donc de représenter son « honneur », son « surmoi ». Hippolyte se désigne comme coupable, ce que ne peut que lire Thésée. Cet énoncé « départ » n'est donc pas seulement l'itération d'un syntagme figuratif/symbolique, il est aussi le moment d'un renversement, d'une déchirure brutale dans l'ordre symbolique.

Dédoublement de l'implication « *départ = mort* ». Relisons maintenant cet énoncé dans la continuité des analyses du chapitre V. Une première manifestation de l'énoncé « départ » peut se lire — très particulièrement par commutation intertextuelle avec le texte d'Andromaque — comme mandatement par la mère pour tuer le père. Le

---

4. Cf. une version perse du mythe d'Hippolyte (déjà citée) dans laquelle il se castre avant d'être envoyé construire un temple avec la Reine, afin de se disculper.

179

rapport s'instaurant alors entre les deux formules « départ d'Hippolyte »/« éloignement de Thésée » n'étant plus seulement de réversibilité, mais d'équation dans un même signifiant projeté, en d'autres termes réversibilité de deux morts. Cette analyse ne peut que s'avérer particulièrement intéressante, dès lors que le retour de Thésée apparaît comme signifiant pour Hippolyte la nécessité de sa propre mort (« ou que d'un beau trépas »).

A la mort annoncée et vécue symboliquement de Thésée, correspond ici la mort annoncée, projetée et vécue de manière figurabilisée d'Hippolyte (avant qu'elle ne soit prophétisée, mais dans un discours indirect et médiatisé, dans le récit de Thésée où se lira peut-être l'équation mort d'Hippolyte = mort injuste de Pirithoüs non coupable). C'est la confirmation récurrente, par réversibilité des schémas mis en corrélation (cf. chapitre V), de l'existence virtuelle d'un énoncé du type « mandatement par la mère ». Et cela d'autant plus que nous avons vu depuis Phèdre mandater Hippolyte pour se substituer totalement, et dans tous les domaines, à Thésée en se voyant attribuer le pouvoir politique pourtant légalement donné à Phèdre elle-même.

PROPOSITION XIX

Les énoncés « départ » se pourront donc lire maintenant comme trois itérations d'une délégation de Phèdre : mandatement pour tuer le père (premier énoncé « départ », scène 1, Acte I) ; don du pouvoir par délégation du discours à Œnone (scène 1, Acte III, qui se lit comme anti-départ) ; délégation à Œnone pour accuser Hippolyte et donc lui accorder la puissance sexuelle, dont il n'a pas fait preuve (scène 3, Acte III). Ainsi peuvent s'articuler les deux types de structuration : l'une relative au « héros » Hippolyte, l'autre relative à Phèdre ; elles s'articulent en fait sémiotiquement, dans la signification déléguée, et non seulement par relation mécanique de causalité : Phèdre faisant fuir Hippolyte, tout en voulant le retenir.

La structure élémentaire (mise en corrélation de deux schémas de signification) devra maintenant se lire doublement. L'une des relations, en effet, la relation d'implication « départ = mort », se dédouble, ou plus exactement additionne les deux axes sémiques qu'elle pouvait organiser précédemment. Départ pouvait signifier mort d'Hippolyte (pressentiments de danger énoncés par Théramène, mandatement d'Aricie comparable à celui par lequel Monime envoie Xipharès à la mort) et pouvait aussi signifier mort de Thésée, dans l'hypothèse du mandatement de mort signifié par la mère (commutabilité avec Hermione).

Les deux significations s'ajoutent ici de manière thématique, bien qu'encore présentées comme disjonctives : « tuer le monstre » *ou* « mourir », mais sans que soit exclue la conjonction « tuer le monstre » *et* « mourir », puisqu'il s'agit ici d'une mort héroïque, au combat, d'un « beau trépas » *(950)*. La seconde implication de la structure élémentaire (cf. chapitre V) se trouve ici mise en cause, dès lors que l'annonce du retour de Thésée signifie la mort de Phèdre :

> Mon époux est vivant, Œnone, c'est assez.
> J'ai fait l'indigne aveu d'un amour qui l'outrage.
> Il vit : je ne veux pas en savoir davantage. *(832-834)*

Même remise en cause, mais d'un point de vue inverse, dès lors qu'est décidé par Œnone le renversement interprétatif qui va faire d'Hippolyte un coupable, et qui donc, peut signifier sa mort :

> Madame; et pour sauver votre honneur combattu,
> Il faut immoler tout, et même la vertu. *(907-908)*

PROPOSITION XX

Il n'y a pas là substitution d'une implication à une autre, mais addition de deux implications identiques : somme conjonctive dont la tragédie est le produit. La tragédie n'est pas seulement le produit d'une réversibilité, d'un changement radical entre l'avant-le-retour-du-père et l'après; il serait mécaniste de penser que la mort du père ouvrait un espace de réalisation de toutes les contradictions affectives et éthiques, espace qui serait tout à coup balayé, et rendu tragique dans sa vanité même, par le retour imprévu du père tout puissant. Le développement textuel est bien le résultat d'une somme conjonctive, bien que s'effectue à un certain point du texte un renversement, renversement de certaines implications, mais non de la structure élémentaire de signification dans son ensemble.

La scène 5 de l'Acte III est particulièrement intéressante en ce qu'elle est prise en compte du renversement de l'implication retour-vie, alors même que les actants de son discours n'ont pas connaissance de la décision « dramatique » de renversement, alors même qu'ils en ignorent la « cause » apparemment psychologique (attachement d'Œnone pour Phèdre), ou sociale (sauver l'honneur de la Reine). Le renversement se produit aussi ailleurs que dans la décision du retournement de culpabilité. Nous l'avons déjà vu, Hippolyte signe lui-même sa propre culpabilité dans son impossibilité à assumer son champ symbolique et donc à venger son père. Du point de vue des énoncés constituant la séquence initiale à lire dans Phèdre par commutation intertextuelle, Hippolyte désigne lui-même l'objet d'interdit qu'il a peut-être déjà transgressé : il le désigne en le fuyant (paradigme de la fuite : je ne la fuirais pas si je la haïssais). Il revendique un nouveau contrat (être mandaté pour être reconnu par le père) et déjà le transgresse, puisqu'il n'a pas vengé son père et donc n'a pas su devenir héros, remplir le premier contrat que lui avait imposée Thésée. De ce point de vue, cette itération de l'énoncé « départ » peut se lire, là encore, comme transformation de la séquence initiale mise à jour au chapitre III.

Le texte d'Hippolyte est ici lieu de transformation de la séquence initiale, re-transformation dans laquelle la transgression elle-même précède l'établissement virtuel du contrat. La transgression a toujours déjà été accomplie, et cependant elle ne peut s'assumer comme telle dans une constitution du champ symbolique (ici comme champ de représentation). Mais le texte d'Hippolyte est aussi lieu de thématisation des renversements d'implications, renversements sémiques contemporains pour la connaissance lecturale des renversements tactiques décidés, — donc leur donnant un sens, une interprétation autre. Et si dans l'ordre de successivité des énoncés, la seconde scène Phèdre-Œnone se déroule avant la rencontre Hippolyte-Thésée, c'est aussi afin de rendre possible cette seconde interprétation, ce remplissement d'un signifiant donné comme tactique et dont nous avions vu cependant qu'il pouvait aussi avoir un autre sens pour Phèdre (don d'un certain type de pouvoir sexuel à Hippolyte).

La constitution textuelle de cet énoncé est peut-être la plus complète de celles qui ont été analysées jusqu'à présent, puisqu'elle en présente tout à la fois les *motivations* (fuite/castration ou castration/justification sous le masque de la demande d'un nouveau contrat), les *implications* (départ = mort double du monstre et/ou d'Hippolyte, et retour = mort double), et les *conséquences :* échec inscrit dans ce que la transgression s'effectue avant même que ne soit produit le contrat — qui ne pouvait donc qu'être masque. La transgression est dans le refus et l'impossibilité de la vengeance du père. Si mourir pour Phèdre c'est s'accuser, partir et mourir (et donc déplacer encore la visée d'un ennemi dont Thésée sait bien qu'il ne peut qu'être intérieur) c'est s'accuser pour Hippolyte. C'est en fonction de cette transgression déjà effectuée dans un premier silence (face à Phèdre) que doit être analysé le récit de Thésée. Entre autres choses, il est lecture interprétative, mais figurabilisée et donc à interpréter, du discours de son fils.

II. Lecture-analyse du signifiant « enlèvement »

C'est d'ailleurs bien comme interrogation sur le présent, sur l'énonciation présente que s'annonce le discours de Thésée :

> Que vois-je? Quelle horreur dans ces lieux répandue
> Fait fuir devant mes yeux ma famille éperdue? *(953-954)*

C'est l'extension de la fuite d'Hippolyte en fuite de la famille (assimilation possible ici de la mort de Phèdre à une fuite : à rapporter au dénouement), en dispersion généralisée dont l'impression va d'ailleurs se réitérer après le délai du récit. Quel remplissement signifiant, quels points de fuite sémique le récit lui-même donne-t-il à cette dispersion?

Tout fuit, tout se refuse à mes embrassements.
Et moi-même, éprouvant la terreur que j'inspire ...

Cette dispersion — une fois relayée par les sémèmes « monstre » et « tyran » (terreur) — n'est-elle point à mettre en rapport avec les éléments sémiques du récit de Théramène sur la mort d'Hippolyte?

Tout fuit ; et sans s'armer d'un courage inutile,
Dans le temple voisin chacun cherche un asile. *(1525-1526)*

Ces éléments seront à reprendre et conjuguer dans une analyse paragrammatique. De la « famille » (Phèdre/son fils) à un autre type de relation, de l'expression univoque dans sa désignation existentielle (« votre fils ») à l'indéfini (« Je n'avais qu'*un* ami »). A la question déplacée de la sucession, Thésée répond par le choix d'une filiation non naturelle, reprise du paradigme : Égée fils adoptif du descendant d'Érechthée, Thésée fils d'Égée, mais surtout fils adoptif et reconnu d'Hercule (« compagnon » tel ici Pirithoüs, compagnon d'aventure de Thésée, « ami », « successeur » d'Alcide). Le piège visait-il donc à faire se confirmer les craintes de la filiation naturelle : peur de l'inceste — comme Thésée a pu déjà en avoir peur dans le cadre de sa relation à Aricie? Le fils est-il donc toujours un rival?

A un premier niveau d'analyse, plusieurs lectures du récit de Thésée sont possibles : il est réécriture de la victoire contre le Minotaure (« labyrinthe » = « prisons » = « voisins de l'empire des ombres ») de l'enlèvement d'Aricie dans le meurtre des Pallantides (rappelons ici que l'éloignement de Thésée dans le texte d'Euripide a pour cause la nécessité de se purifier de ce meurtre). Il est aussi à lire comme étape ultime de toute une série d'interprétations de cette formule « éloignement », par Théramène (scène 1, Acte I), par Ismène, par Hippolyte et par Phèdre. Il est enfin par certains de ses aspects annonce prophétique de la mort/départ d'Hippolyte, victoire contre le monstre, contre ce monstre surgi des eaux qui, quelques instants auparavant, ont englouti Œnone.

1. Récit de Thésée et structuration actantielle Hippolyte/Thésée

Vérité différée. Le délai du récit — entre deux descriptions, deux figurations de la scène présente : « tout fuit » — est délai par le remplissement de la formule « départ ». D'un point de vue textuel c'est là un processus intéressant, puisque, eu égard aux diverses interprétations déjà élaborées, le texte de Thésée se présente comme assignation d'un certain type de vérité événementielle, narrative. Et cela d'autant qu'il apparaît très vite que certains éléments restent ignorés, refusés du texte, telle par exemple la possibilité de l'appel à Neptune, qui ne sera prise en compte qu'à l'Acte IV, après la trahison d'Œnone, comme si l'inceste lui-même nécessitait ce dédoublement :

> Dans les longues rigueurs d'une prison cruelle
> Je n'ai point imploré ta puissance immortelle. *(1069-1070)*

Vérité qui donc se dérobe après coup, dès lors qu'apparaît un nouvel élément, *vérité qui s'éloigne au fur et à mesure que s'en dessinent les termes*. Nous reprendrons ultérieurement cette analyse.

Comme remplissement de la formule de l'éloignement, le récit de Thésée est aussi en quelque manière réponse à la demande d'Hippolyte, demande de départ, d'éloignement dangereux. A ce titre la réponse est déceptive : Thésée répond par l'existence d'un successeur, par la nécessité du passage (refusé par Hippolyte, cf. chapitre V) par l'enlèvement d'une femme, ici à son mari, par le fait qu'il a, *lui*, vengé son ami, en renvoyant au tyran son geste meurtrier :

> A ses monstres lui-même a servi de pâture. *(970)*

Tout ce qu'Hippolyte n'a pas fait, n'a pas voulu faire et que cependant il croit pouvoir demander : le père raconte ici (et cela sans médiation sur laquelle peuvent se fixer les fascinations/agressivités, comme lorsque Théramène racontait Thésée, cf. scène I) ses propres exploits dans un geste quasi définitif de castration du fils, pour qu'il ne soit pas rival. Il assume la dimension de piège du contrat qu'il a imposé à Hippolyte et dénie même qu'Hippolyte ait pu le thématiser et le dénoncer. Et cependant la dimension du piège ne se trouve-t-elle déplacée dans un autre aspect du récit, qui n'est pas seulement récit d'exploits mais aussi récit d'un double échec : la mort de Pitithoüs et les six mois de prison?

Structuration sémiotique et onirique. Le texte de Thésée n'est pas récit au sens de successions de séquences s'articulant dans une consécution ou conséquence logique; il est à bien des égards elliptique, refoulant certains de ces aspects, contradictoire : c'est Thésée qui est découvert, alors que c'est Pirithoüs qui est tué et cela sans que cette contradiction reçoive d'interprétation. A certains égards les énoncés ici élaborés répondent à une logique du rêve, ou du moins du fantasme; typologisation d'ailleurs esquissée dans le texte :

> Que dis-je? quand mon âme, à soi-même rendue, *(973)*

Trace d'un éloignement, d'une distorsion de la conscience d'elle-même, d'une avance par un long détour onirique. Cette réflexion est aussi atteinte à toute théorie de la vraisemblance, de la reproduction dans le texte d'actions semblables à celles accomplies dans une « réalité »; cette brève réflexion, et d'autres d'ailleurs que nous retrouverons — par exemple l'aboutissement d'un énoncé qui paraissait mimer une action « départ », dans un tableau-récit figuratif — situe le texte comme écart, comme parcours discursif statuant sur son propre niveau de réalité. Dans une telle logique onirique, qui organise certaines parties de ce texte, certaines articulations de ces énoncés, Pirithoüs pourrait bien être la figurabilisation déplacée d'une autre relation, la relation au fils. Thésée partant avec Pirithoüs — « son seul ami », tout comme il a un seul fils —, c'est aussi Thésée père acceptant d'initier son fils, acceptant une alliance avec son fils. Alliance qu'il lui a refusée, qu'il trahit en la transformant en un anti-contrat castrateur. Mais le texte ne peut s'arrêter sur une telle hypothèse qui demeure à l'état de virtualité, le texte ne la marque pas dans un pronom « nous » qui l'aurait affirmée. L'insistance au contraire se pose en premier lieu sur la relative indépendance de Pirithoüs : « son imprudente flamme », figure possible là aussi d'un piège dans l'apparence de liberté laissée à Hippolyte comme à Pirithoüs.

>   Le tyran m'a surpris sans défense et sans armes. *(961)*

Rappel textuel d'une constatation relative à Hippolyte, le « sans armes » est marque d'une dépossession sexuelle, dans un acte par lequel Thésée reprenait le pouvoir qu'il avait un instant laissé espérer à son compagnon. Trace de la vanité de ce pouvoir, même repris (« sans défense »). Les deux expressions ne seraient pas ainsi redondantes, mais au contraire trace d'une double démarche, trace de deux moments : reprise de pouvoir par l'acte sexuel — mais n'est-il pas lui-même abandon de ce pouvoir à la femme-tyran? — et vanité de cette reprise de pouvoir. Vanité parce qu'injustice, parce que décalage absurde de la justice qui punit autre chose, une antécédence : ce que Pirithoüs pensait pouvoir faire. Vanité parce que la justice punit un désir. C'est bien là la leçon, ou du moins le paradigme qu'on peut lire dans ces quelques énoncés :

>   Je n'avais qu'un ami. Son imprudente flamme
>   Du tyran de l'Épire allait ravir la femme *(958-959)*

L'imparfait « avais » est ici trace de la vanité. Les autres éléments sémiques « tyran », « Épire », « ravir » appartiendront à d'autres niveaux d'analyse.

>   Mais le sort irrité nous aveuglait tous deux. *(960)*

Trace là d'une répartition relative des responsabilités : trace aussi peut-être de ce que Hippolyte et Thésée ont tous deux été trompés par Phèdre. En ce sens : dessin d'un piège, reprise de son pouvoir, vanité de ce même pouvoir, les énoncés de Thésée fonctionnent comme anticipation, comme prophétie par rapport au texte à venir, fonction de théâtralisation, fonction sémiologique historiquement déterminée dont nous avons déjà repéré l'importance.

Le jeu sémiologique est encore développé à un autre niveau, les termes que nous venons de noter seront aussi thématisés par Thésée comme s'appliquant à la situation présente : retour comme reprise

du pouvoir, et très particulièrement reprise du pouvoir par la possession de la femme :
>La fortune à mes vœux cesse d'être opposée,
>Madame, et dans vos bras met ... *(913-914)*
>Et lorsqu'avec transport je pense m'approcher
>De tout ce que les Dieux m'ont laissé de plus cher *(971-972)*

Rappelons ici que les termes « vœux » et « transport » remplissent le sens fort de « *désir* », et remarquons aussi que la référence aux Dieux n'est que délégation formelle; à une première évocation de ces derniers, Thésée fait correspondre sa propre victoire contre le tyran :
>*Les Dieux*, après six mois, enfin m'ont regardé :
>*J'ai* su tromper les yeux ... *(967-968)*

Le retour est reprise du pouvoir, d'un pouvoir peut-être mérité par une épreuve, et cette reprise du pouvoir se présente comme terreur, comme vanité du point de vue précisément de la récompense. Si Thésée a conquis quelque chose, c'est un pouvoir tyrannique. Le tyran s'est empreint dans Thésée, comme le monstre a pu s'empreindre à tout jamais dans Hippolyte. La situation passée, le scénario Pirithoüs (scène de séduction/acte sexuel, comme reprise du pouvoir puis punition injuste et inutile) sont d'emblée inscrits dans le texte comme figuration de la scène présente (au sens de description par le sujet de l'énonciation de son propre tableau), comme si une nouvelle série figurative s'ouvrait ici, symétrique du premier ensemble : Hippolyte partant (texte précédent)/éloignement — retour de Thésée. L'éloignement et le retour sont ici donnés à lire dans une homogénité qui explicite leur identique implication de mort. Sémiotique figurative qui d'ailleurs s'explicite dans les notations proprement optiques qui suivent :
>J'ai *vu* Pirithoüs, triste objet de mes larmes,
>Livré par ce barbare à des monstres cruels *(962-963)*

Construction perspectiviste. Les énoncés se figurabilisent, se constituent en image-produits de relations transformées par un nécessaire processus de figurabilisation onirique et textuelle. Thésée spectateur est ici bien proche d'Agamemnon devant le spectacle du sacrifice dans lequel sa fille Iphigénie doit être offerte à Calchas :
>Le triste Agamemnon, qui n'ose l'avouer,
>Pour détourner ses yeux des meurtres qu'il présage,
>Ou pour cacher ses pleurs, s'est voilé le visage. *(Iphigénie, 1708-1710)*

Spectacle qui est bien en quelque manière désignation d'une culpabilité : d'un refus de son fils — tel Agamemnon refusant sa fille à Achille et l'inscrivant ainsi comme captive sur un axe actanciel où il occupe le pôle ravisseur/amoureux.

N'est-ce pas aussi un symptôme du refus d'initier, de mandater, de déléguer Hippolyte et d'en faire ainsi son véritable successeur. L'objet de spectacle, le sujet du tableau, est rendu abstrait, effacé en

quelque sorte dans sa corporéité matérielle, tandis que le reste du tableau se figurabilise en « monstres ».
> Qu'il nourrissait du sang des malheureux mortels. *(964)*

Il y a comme deux types de pensées du rêve : avant le processus de figurabilisation, puis après — selon l'analyse approchée de ce processus que donne Freud : « le déplacement est presque toujours de l'espèce suivante : une expression abstraite et décolorée des pensées du rêve fait place à une expression imagée et concrète »[5]. Là encore, comme le texte de Phèdre (deuxième partie de la scène 4, Acte II : le « labyrinthe ») était tout à la fois fragment onirique et trace des procès de constitution du travail onirique, le texte de Thésée est ici figurabilisation et marque de ce qui est avant. La nécessité de la figurabilisation est aussi celle d'une dérivation, d'un déplacement (nécessité métaphorisée, dans le texte figuratif, mais non figurabilisé, d'Arcas sur Agamemnon, par le « voile »). Thésée ne refuse pas de regarder, mais il déplace, il fait éclater le tyran en « monstre » et « tyran », l'un nourrissant l'autre; il fait éclater Pirithoüs en « objet de larmes » (abstraitisation) et en « mortel » (corporéité) dont le sang et le corps sont absorbés, dévorés par le monstre. « Barbare » : sémème particulièrement sonore, au centre du vers, est croisement du tyran-homme et du monstre cruel. Le véritable voile, la véritable barrière entre le regardant — Thésée — et le spectacle à regarder est celle de la prison, pour laquelle les seuls éléments sémiques présents ont rapport à la luminosité, ou plus exactement à son absence :
> Moi-même, il m'enferma dans des cavernes *sombres*,
> Lieux profonds, et voisins de l'empire des *ombres*. *(965-966)*

Et si l'appel à la permanence de la prison se peut réitérer, c'est en ce qu'elle est masque, protection, symbole du refus de voir,
> O ciel! de ma prison pourquoi m'as-tu tiré? *(956)*
> Je voudrais être encor dans les prisons d'Épire. *(978)*

La prison est moins punition, descente aux Enfers — telle que l'avait annoncée Ismène que recherche d'un lieu où se cacher. Mouvement qui sera réécrit par Phèdre appelant de ses vœux sa descente dans un enfer devenu inutile.

L'abstraitisation de Pirithoüs — sa « décoloration » pour reprendre les termes de Freud — est trace de la constitution du rêve mais aussi symptôme de la multivalence de sa figure, dont la nomination propre va d'ailleurs progressivement s'effacer. Mais au regard de Thésée se dérobant — textuellement — un autre regard va répondre. Nous retrouvons là encore une construction sémiotique qui n'est pas étrangère à celle de la perspective : le regardant s'éloigne du tableau culpabilisant, il s'éloigne dans le prolongement de l'axe d'approfondisse-

---
5. Freud, *l'Interprétation des Rêves*, P.U.F., 1967, p. 292.

ment du tableau : « lieux profonds » est à lire littéralement et non seulement comme métaphore traditionnelle jusqu'à devenir « *ombre* », selon cette loi qui veut que la « troisième et dernière sorte de perspective » (après celle de diminution et celle relative aux couleurs) « consiste à définir comment les objets doivent être faits avec d'autant moins de minutie qu'ils sont plus éloignés »[6].

Nous avons ici un remplissement proprement figuratif de la fonction d'éloignement, et le texte insiste sur cette apparence d'éloignement infini de Thésée. Éloignement dont les lois de constitution sont en fait optiques et auquel il sera mis fin par des lois du même type :

  Les Dieux, après six mois, enfin m'ont *regardé*

Trace peut-être d'une réflexion pascalienne sur le statut du fini par rapport à une distance infinie, ou plutôt trace de cet infini impossible à définir totalement, et par lequel passe le détour du texte.

  J'ai su tromper les yeux de qui j'étais gardé. *(967-968)*

Trahison maintenant du regard spectateur, en d'autres termes trahison de ceux qui ont assigné à Thésée cette fonction d'éloignement indéfini. Trahison du spectateur par le texte lui-même, qui le défie, qui trompe son attente — la perspective est liée à l'idée de trompe-l'œil, d'illusion, tout comme l'éloignement /mort de Thésée est illusion, détour du texte. *Ici se joue la mise au point sur les ensembles figuratifs jusqu'à présent dessinés : le texte montre comment leur point de fuite commun était en fait l'éloignement de Thésée,* non tant comme désir des personnages que comme nécessité sémiologique.

Deux séries successives s'enchevêtrent : la première figurabilise un piège (une reprise de pouvoir et la vanité de ce même pouvoir), elle se lit dans son rapport immédiat et thématisé à une « situation » présente, en d'autres termes à des énoncés présentés comme figuratifs (« *tout fuit* ... »). La seconde série est plus complexe : elle dresse la figure de l'injustice, du décalage absurde de jugement qui fait que Pirithoüs — désirant être coupable — est condamné pour Thésée, effectivement coupable. Mais plus encore, elle dresse dans une opposition textuelle l'image décolorée et abstraite de Pirithoüs et la figurabilisation d'un scénario de dévoration, la figure de l'horreur. Là encore ces images sont données à lire dans une interprétation figurative :

  Je n'ai pour tout accueil que des *frémissements :*
  Tout fuit, tout se refuse à mes embrassements.
  Et moi-même, éprouvant la *terreur* que j'inspire,
  Je voudrais être encor dans les *prisons* d'Épire. *(975-978)*

Ainsi les énoncés figurabilisés ne sont pas seulement traces oniriques d'un fantasme, mais interprétation, en même temps que donnés à

---

6. Léonard de Vinci, *Carnets ;* cité par J.-L. Schefer dans l'article « Les Couleurs renversées/la Buée », *Cahiers du Cinéma,* n° 230, 1970.

interpréter, ils sont en rapport immédiat avec des énoncés figuratifs :
> Vient se rassasier d'une si chère vue *(974)*

Spectacle donné comme compensation — comme récompense peut-être. La distance de remplissement (didactique car elle *démontre*), qui sépare la position et la réitération du signifiant vide/séquence-thème « trahison » de la mère infidèle, se trouve ici abolie. Le « signifiant-thème » enlèvement de la femme du tyran est d'emblée posé ici dans son rapport à une interprétation, à une superposition à un signifiant présent, tandis que celui de Mithridate s'interprétait au fur et à mesure de ses itérations. Il est lié à des énoncés contemporains et en second lieu thématisé comme spectacle et culpabilité. Ce sont là deux thèmes unis indissolublement par la réflexion janséniste sur le spectacle. Mais le spectacle, la scène, s'est construit dans toutes ces démarches. La scène n'est pas seulement, comme dans *Mithridate* ou dans d'autres pièces sous la forme d'oracles par exemple, refoulée dans un figurant donné comme a priori, extérieur au texte bien que l'organisant. Ce signifiant figurabilisé, constitué en spectacle, « intégrable à une scène » (Freud), se construit de tous les énoncés précédents, de toutes les interprétations déjà données de l'éloignement de Thésée, de la matrice paragrammatique « monstre ».

2. Récit de Thésée et structuration actantielle Aricie/Thésée

Mais en quoi le récit de Thésée mérite-t-il cette appellation de séquence-thème? Peut-on penser une équation entre [Pirithoüs/Hippolyte livré à des monstres] et [Phèdre/Œnone assumant le meurtre symbolique de Thésée]? La prison est aussi labyrinthe, le monstre est aussi redondance de celui qu'a tué Thésée, le Minotaure auquel on devait livrer chaque année de jeunes Grecs comme nourriture.

Lu comme récit *de* Thésée, dans l'ordre de la structuration actantielle relative à Thésée, le passage par l'Épire est comme la nécessité de recommencer l'acte de meurtre du Minotaure, ou bien encore peut-être le meurtre des Pallantides. Par permutation, l'effacement de l'éloignement de Thésée dans le geste politique magique d'Hippolyte était aussi efficacement de l'enlèvement d'Aricie.

Retournement de la castration : première lecture de l'enlèvement. Ne peut-on à présent lire dans le récit de Thésée les traces de cette séquence-thème « enlèvement d'Aricie »? Dans sa positivité : ravir la femme (sans nom, telle la mère infidèle dans *Mithridate*) du tyran de l'Épire; prendre une femme, là encore, à son mari, et non à son père. Ou bien dans son aspect de nécessaire purification : le héros trop violent, trop meurtrier doit se purifier de sa « furor », tel était le sens du départ de Thésée dans le texte d'Euripide. Se purifier d'avoir enlevé Andromaque, tel est aussi le désir de Pyrrhus (« Mon courroux aux vaincus ne fût que trop sévère », *Andromaque*, Acte I, scène 2). La prison n'est-elle pas aussi purification, marquée plus loin dans le refus de faire appel à Neptune?

Il faut tuer un monstre, ou bien un tyran. Les Pallantides étaient tyrans dans la mesure où ils usurpaient un pouvoir illégitime, ou du moins jugé par Thésée comme illégitime. Le texte de Thésée est également récit de l'échec d'un nouveau meurtre du Minotaure. Il y a là comme une instance de force et de loi qui aurait éclaté en deux : le tyran et le monstre; dichotomie déjà présente dans le texte précédent d'Hippolyte :

> Déjà plus d'un *tyran*, plus d'un *monstre* farouche *(938)*

Éclatement en deux pôles de l'instance parentale? Thésée n'a pas tué les monstres, le tracé de sa victoire est d'ailleurs bref par rapport à tout ce qui peut être marqué d'échec :

> D'un *perfide* ennemi, j'ai purgé la *nature (969)*

« Perfide » est celui qui trompe, mais aussi celui dont les crimes sont grands :

> Perfide! oses-tu bien te montrer devant moi? *(1044)*

Thésée accuse Hippolyte : « nature » renvoie à un partage de l'animalité et de l'humanité, donc plus à un monstre qu'à un chef politique (« tyran »). Le statut sémique du « tyran de l'Épire » hésite ici entre deux classes contextuelles : celle de « barbare », « perfide ennemi », « nature » du côté de laquelle sera l'inceste (et d'ailleurs dans cette même scène 2 de l'Acte IV Hippolyte sera « monstre » aux yeux de Thésée) et celle du tyran au sens de celui qui abuse de son pouvoir, au sens pascalien de celui qui légifère dans les domaines hors de ses capacités, de son ordre.

Il n'en reste pas moins que le geste de séduction d'une femme est arrachement à un autre : « ravir une femme » n'a aucun sens, il faut « ravir la femme d'un tyran »; chaque fois la femme doit être arrachée à un pôle de force et de puissance, telle la mère toujours à reprendre et jamais reprise au père. L'enlèvement est bien ici présent, non sous la forme de son fantasme (comme dans le texte d'Aricie) ou de son effacement (comme dans celui d'Hippolyte), mais sous la forme de sa nécessité. Et à Hippolyte qui demande à tuer un monstre, Thésée répond par ce pourquoi il faut tuer des monstres. En cela son éloignement est épreuve, recherche d'une assurance nouvelle de son pouvoir, très exactement de sa puissance sexuelle, d'où la thématisation de l'accueil heureux comme récompense.

En ce texte donc, que l'on peut cerner de confins sémiques, d'horizons de sens extrêmement divers se jouent tout à la fois une réponse déplacée au discours d'Hippolyte, un aveu (au sens où les premiers récits étaient aveux) et, surtout en ce point nodal du texte, une réflexion sur son statut sémiotique.

Perspective et rapport au spectateur. Il est un texte — spectacle présent donné à lire, et à voir dans sa réalité scénique (mouvements corporels sur la scène, espace du dehors, du dedans et du seuil, de l'entre-deux scénique sur lequel se produisent ces discours) et il est un texte-spectacle de référence, passé, onirique, fantasmatique, narratif. Entre les deux un retournement du regardant en regardé, à analyser. Thésée est d'abord spectateur des « modifications », des transformations dont il est à l'origine :

> Que *vois*-je? Quelle horreur dans ces lieux répandue
> Fait fuir *devant mes yeux* ma famille éperdue? *(953-954)*

Dispersion/horreur, deux éléments dont nous avons à retrouver la trace dans l'éparpillement physique et métaphoriquement psychotique d'Hippolyte lors de sa mort. Mais aussi c'est le « cercle de représentation » (Freud) « horreur » qui interfère ici inconsciemment avec le spectacle, avec la scène passée : horreur — prison — tyran — barbare — monstre. Et le détour par la scène passée va transformer la configuration des éléments sémiques, du moins le rapport du sujet de l'énonciation à eux :

> Que dis-je? Quand mon âme, à soi-même rendue,
> Vient se rassasier d'une si chère vue,
> . . . .
> Et *moi-même*, éprouvant la *terreur* que j'inspire, *(973-974, 977)*

Le « moi-même » est insistance sur une répartition autre du sème « horreur » — transformé phonématiquement et sémiquement en « terreur » en raison du passage par l'élément « tyran » — pris en charge, subsumé ici par le sujet lui-même. Thésée est ici tout à la fois tyran (tyran castrateur pour Hippolyte auquel sa réponse est défi violent) et victime, subissant la castration. *A ce titre encore, le récit de Thésée est prophétie du texte à venir, système du texte;* Thésée y a le pouvoir et ce pouvoir est vain, ne peut que le rendre spectateur de sa propre dépossession du pouvoir phallique. Pirithoüs, que le tyran livre aux monstres, est partie de Thésée, comme Hippolyte sera partie de lui-même, et thématisé comme tel dès que Thésée apprend sa mort :

> O mon fils! cher espoir que je me suis ravi! *(1571)*

Pirithoüs, partie de lui-même, livré et dévoré par les monstres, il n'est dès lors pas étonnant qu'un tel geste de castration se thématise au travers d'une figurabilisation optique : l'auto-castration (celle d'Œdipe, celle de certains héros du mythe ancien d'Hippolyte) se marque au rejet brutal de la vue. Et la pensée présente — dans la superposition des deux scènes de fantasme originaire de castration —, à l'idée d'un « nouvel outrage », réactive ce désir d'anéantissement, d'annulation du sujet dans l'obscurité :

> Je voudrais être encor dans les prisons d'Épire *(978)*

L'outrage est, là encore, dépossession du pouvoir phallique. Lisons ce texte dans sa référence implicite à la situation de Mithridate, trahi non par ses ennemis, par les Romains, mais trahi de l'intérieur, par sa femme remettant aux Romains les symboles de la puissance. Mithridate figurabilise cette trahison interne, cette autotrahison dans les métaphores mêmes de la bataille :

>Mes soldats presque nus, dans l'ombre intimidés,
>Les rangs de toutes parts mal pris et mal gardés,
>Le désordre partout redoublant les alarmes,
>Nous-mêmes *contre nous* tournant *nos propres armes*,
>Les cris que les rochers renvoyaient plus affreux,
>Enfin toute l'horreur d'un combat ténébreux :
>
>*(Mithridate, 441-446)*

L'insistance est ici sur la nuit, sur l'effacement de la valeur guerrière qu'elle peut produire :

>Que pouvait la valeur dans ce trouble funeste ?

Nuit/nudité comme marques d'impuissance, inutilité des armes « retournées contre nous mêmes ». Impuissance analogue à celle de Thésée :

>Le tyran m'a surpris *sans défense* et *sans armes (961)*

Dans le texte de *Mithridate*, nuit et impuissance sont représentées comme étant dans un certain rapport de causalité : la trahison, la dépossession a déjà eu lieu. Dans le récit de Thésée, elle est contemporaine de l'éloignement même de Thésée : elle signe cet éloignement comme trahison de lui-même, comme piège, comme fantasme affectif et politique. Nouvelle signification dans l'ordre de la structuration actantielle relative à Thésée : il n'est pas seulement le faux mandateur, traître à l'égard de son fils; tout cela n'est que la projection de sa propre trahison, de son propre débat avec le pouvoir.

La double scène, et la lecture superposée des deux scènes se fait aussi dans *Mithridate* :

>[...] point *d'ennemis* qui lui soient odieux
>Plus que deux fils ingrats que je trouve *en ces lieux*

Double lecture qui suit ici deux voies différentes :

scène présente ⟶ fantasme — scène passée
    « horreur »
    « fuir »
fantasme — scène passée ⟶ scène présente attendue comme
    « tuer le tyran »   inverse

La cause du fantasme, l'origine du spectacle-récit paraît avoir été effacée par le geste de retournement du regard regardant — bientôt ne voyant plus — en regard regardé trahi, geste de retournement du tyran qui nourrit en tyran qui sert de nourriture :

>J'ai su tromper les yeux de qui j'étais gardé.
>A ses monstres lui-même a servi de pâture *(968-970)*

Il y a trois séquences à repérer, précédant et englobant cette séquence réversible, au sens où sémiquement elle est déterminée et détermine les autres séquences.

La première séquence à deux actants mimétise l'espace du spectacle lui-même. Thésée regardant (« j'ai vu ») le tyran agissant, très exactement nourrissant les monstres de corporéité, de désirs humains; le tyran est celui qui nourrit, tel celui qui « nourrit » un feu, qui nourrit un désir en l'alimentant de sa seule présence corporelle, et donc — par équation symbolique — en l'alimentant de ses propres désirs. Genèse du désir par le désir dont nous aurons à retrouver ailleurs la marque, dans ce vers d'Œnone par exemple :

> Et du feu criminel qu'il *a pris* dans ses yeux *(1016)*

« Nourrissait du sang des malheureux mortels » est ici à prendre à la lettre, matérialisation d'une expression figurée rendue à son *figurant*. Plus que le fait de la « représentation des passions », c'est cette restitution à la matérialité du signifiant qui est crainte par les jansénistes, ouverts à un danger signalé par Pascal. C'est moins le théâtre comme institution, que la théâtralité comme mise en scène du signifiant, comme mouvement irréversiblement « poétique », qui est suspectée.

La seconde séquence met en scène le spectateur lui-même, Thésée maintenant regardé/gardé (assimilation des deux mouvements : la vue est emprisonnement, le regard des autres ne peut qu'être prolongement d'une auto-castration paranoïde), tandis que se développe autour de lui l'obscurité de ces « lieux profonds, voisins de l'Empire des ombres ». Mouvement perspectiviste d'atténuation des formes. Thésée et le spectateur ne peuvent l'un et l'autre être sauvés de cette déperdition progressive, effacement de toute réalité même symbolique, perte de soi-même et de son âme, que par l'intervention d'un autre regard. Le spectateur n'est sauvé de la perte de lui-même dans l'illusion perspectiviste que par l'assurance que le tableau témoigne de lui-même, se marque, se signe en lui renvoyant son propre regard — signature du tableau « figuratif/représentatif », dans laquelle il se nomme à lui-même comme tableau (cf. analyse de J.-L. Schefer).

Thésée, lui, est sauvé, lorsque son regard de spectateur lui est renvoyé, mais déplacé, transformé, c'est la troisième séquence.

> Les Dieux, après six mois, enfin m'ont regardé :
> J'ai su tromper les yeux de qui j'étais gardé.

Thésée est simultanément celui qui est regardé (par « les Dieux ») et celui qui regarde, puisqu'il (« j'ai su ») trompe au nom d'un savoir soudain permis. Il est peu probable que, dans ce texte où la référence divine n'est pas seulement citation d'un ordre culturel, celle-ci puisse appartenir à un système sémique propre.

La référence divine, pour ce qui est des énoncés performanciels de Thésée, est tantôt plurielle, tantôt singulière et spécificiée : référence

à Neptune par exemple. Et le même mouvement qui l'a porté à demander « récompense » à Neptune, le fera s'écrier :
>Dieux ! *(1493)*
>Les Dieux impatients ont hâté son trépas ? *(1496)*
>Inexorables Dieux, qui m'avez trop servi ! *(1572)*

Un tel mouvement autorise l'équation sémique : les Dieux = Neptune. Référence intéressante dès lors que le texte futur va démontrer la relation de Thésée à Neptune se modélisant elle aussi sur une relation père/fils. Les « regards » des Dieux sont regards du père, assentiment d'une aide, d'une reconnaissance possible. En ce lieu sémique du retournement de celui qui regarde en regardé/non gardé se joue l'équivalent, condensé en une rapide figure référentielle, du mandatement par le père. Thésée mandaté par le père peut tuer le tyran, tandis qu'il ne pourra pas tuer son fils et se déléguera, se fera représenter par Neptune.

PROPOSITION XXI

Le spectateur, autorisé par le regard renvoyé « des Dieux », peut se reconnaître en Thésée, lire en lui sa propre représentation symbolique et non seulement sa dispersion infinie [7]. *Assignation de l'ordre de la représentation comme ordre symbolique reconnaissable, dans lequel le sujet se peut identifier, mais cela au terme d'un procès, au terme du texte qui constitue ce regard en développant son parcours.*

Le renvoi mandateur (se reconnaître ici très précisément comme « héros », comme pouvant dénoncer sa castration) du regard de Thésée ne s'effectue aussi qu'au terme d'un procès, d'un texte à venir. En ce sens le récit de Thésée est système d'un texte non encore existant, d'un texte annoncé comme possible dans les figures (produits d'une figurabilisation) du tableau : « Le tableau est mise en scène du système qui sous-tend le procès (le texte), procès dès lors fictif : le tableau est aussi celui d'une figurabilité du système qui le sous-tend [8] ».

A la différence du tableau figuratif, le texte théâtral développe ici un des « procès fictifs » déterminables par le système (et réciproquement) ; il développe celui qui peut être, qui est conséquence nécessaire, en ce sens produit d'un procès déjà existant, celui dont le système ici élaboré en tableau figurabilisé, est en fait le procès.

---

7. Pour cerner comment le rapport au spectateur, à la lecture, est en fait nécessairement déterminé par les rapports textuels internes, lire Althusser, *Pour Marx*, Maspero, 1965 : « Notes pour un théâtre matérialiste ».

8. J.-L. Schefer, *Scénographie d'un tableau*, Éd. du Seuil, 1969.

A la différence du signifiant thème (« trahison de la mère ») dans *Mithridate*, qui est donné comme a priori dans l'ordre textuel (ordre de constructibilité des énoncés), le récit-tableau de Thésée est *construit* : de la topologie précédente de l'éloignement de Thésée (cf. chapitre III), des interprétations diverses données à cet éloignement (cf. chapitre IV) et de sa réversibilité avec la demande d'Hippolyte.

Annonce et procès déterminé : deuxième lecture de l'enlèvement. Thésée, reconnu puisque regardé par les Dieux, peut dénoncer par un acte d'héroïsme sa castration, tandis qu'Hippolyte demande, quête la possibilité même de cette dénonciation : il la demande en simulant le geste même de tuer un monstre. Dans la voie de la valeur « prophétique » à accorder au texte, Hippolyte sera dévoré par « *ses* femmes » (Phèdre/Œnone/Aricie), trace là d'une hypostase de la puissance séductrice d'Hippolyte, « nourrissant » des monstres, donc provoquant leurs désirs ; Hippolyte est aussi en ce sens « tyran », castrateur, pour Thésée. La réversibilité Hippolyte/Thésée n'existe pas seulement au niveau des fantasmes de Phèdre (texte « Labyrinthe »), pas seulement au niveau narratif (symétrie des réversibilités des formules de l'éloignement et du départ, encore à l'œuvre ici dans le fonctionnement performanciel : Hippolyte demande et parle son départ, Thésée répond son éloignement) Plus encore, *la réversibilité est celle des formules sémiques et symboliques elles-mêmes :* Thésée castrant Hippolyte se retourne en Hippolyte castrant Thésée. Peut-être en ce que leur principe est le même, en Phèdre ?

Constructibilité par les énoncés textuels précédents : le récit de Thésée emprunte aux interprétations données à la formule « éloignement » leurs éléments sémiques. Le voyage de Thésée est magique, sans trace, errance dans ce que nous avions nommé « une géographie mythique », errance qui constitue cette géographie sans y laisser de marques, en d'autres termes sans la pouvoir nommer. Fantasme lointain, mais toujours présent, qui ne peut être désigné par ce qu'il est :

> J'ai demandé Thésée aux peuples de ces bords
> Où *l'on voit* l'Achéron se perdre chez les morts *(11-12)*

Pas de trace signifiée, pas de possibilité de « désignation », mais cependant une réalité textuelle signifiante : un énoncé de mort, une infinitude perspectiviste qui sombre dans le néant (« se perdre chez les morts »). Première position figurative : le « on » est ici spectateur de l'éloignement de Thésée.

> On dit que, ravisseur d'une amante nouvelle,
> Les flots ont englouti cet époux infidèle. *(381-382)*

« Ravir », élément sémique proche de l'enlèvement, juxtaposé à celui de la provocation, du piège (lire chapitre IV), mais aussi à ceux de la mort, des Enfers.

Deux récits référentiels se sont ici confondus : l'un dans lequel

Thésée et Pirithoüs enlèvent Perséphone, la femme du Dieu des Enfers *(Hadès)*, l'autre dans lequel Thésée et Pirithoüs enlèvent la femme d'un tyran de l'Épire *(Haedonnée)* — noter la proximité phonématique des deux noms — nommée aussi Perséphone. Les deux pôles masculins auxquels il faut arracher la femme possédaient tous deux un chien monstrueux, se nourrissant de chair humaine et nommé, dans les deux récits, Cerbère. Les références mythologiques se prêtaient donc bien à être condensées, mais le récit de Thésée est surtout produit du texte précédent, procès de ce système antécédemment constitué et qui joue sur les deux récits anciens avant de les faire éclater à nouveau : l'Enfer sera lieu inutilement réservé à Phèdre, tandis que l'Épire s'est mutée en lieu de combat et de protection.

    Et s'est montré vivant aux infernales ombres *(386)*

Regardé sans voir, Thésée est puni du piège qu'il a posé, puni d'avoir pensé l'inceste ; là est peut-être le sens de cette typologie « intention/ acte » présentée par Racine dans sa préface : « Les moindres fautes y sont sévèrement punies. La seule pensée du crime y est regardée avec autant d'horreur que le crime même ». Punition éventuelle de la pensée même de l'inceste, et donc de la jalousie elle-même (à ce titre, et si l'on voulait utiliser des catégories psychologiques, Racine est bien plus « metteur en scène » de la « jalousie » que de « l'amour »). Mais aussi réversibilité, renversement toujours possible de l'enlèvement en castration, mouvement qui était celui du premier récit d'Hippolyte, celui aussi du récit d'Aricie, renversement de son propre enlèvement en désir de castration de son agresseur, déplacé en Hippolyte. On comprend ainsi que le récit de Thésée, dans lequel l'enlèvement semble ne jouer qu'un rôle d'amorce, puisse avoir un statut identique, ou du moins proche de celui de la séquence-thème « enlèvement ». Le récit de Thésée s'inscrit dans le revers de cet enlèvement, et par là-même réinscrit l'enlèvement comme « fatalité » :

    Mais le sort irrité nous aveuglait tous deux

« Ravir »/« ravissement », tel est aussi ce qui doit advenir au spectateur. Nécessité du ravissement comme perte, comme anéantissement, avant que le regard retourné de la pièce, du tableau, ne vienne affirmer la possibilité d'une perspective fixe. Il faut lire dans ce sens le dénouement dans lequel rien ne doit rester en suspens, pas même le savoir de Thésée sur lui-même.

    A partir d'un élément sémique proche, se jouait aussi la mort de Thésée, interprétée par Hippolyte,

    Les Dieux livrent enfin à la Parque homicide *(469)*

et à lire symétriquement avec :

    Les Dieux, après six mois, enfin m'ont regardé *(966)*

Marque des « six mois » au terme desquels a été déclarée la mort de Thésée (accomplie symboliquement). Figures symétriques de la mort et de la reconnaissance par le père : la non-reconnaissance est identifiable à la mort. Hippolyte mourra de ce qu'il n'a pas été reconnu par son père. Tandis que le vers 469 d'Hippolyte était aussi esquisse d'un autre horizon de signification : Thésée livré à une femme meurtrière, Thésée livré lui-même à un monstre — femme phallique (« la Parque homicide »), Phèdre. Horizon de leur commune castration, horizon aussi de ce système sémiotique qui se constitue et dans lequel « *s'annoncent* » les figures des énoncés à venir : Thésée pris dans son propre piège, dans le piège de Phèdre et donc aussi de l'enlèvement de Phèdre, répétition de l'enlèvement de la mère. Thésée livré à la femme phallique, comme il se représente ici (figurabilisation) trahi par la Grèce, sème féminin de toute évidence !

> Qui m'a trahi ? Pourquoi ne suis-je pas vengé ?
> La Grèce, à qui mon bras fut tant de fois utile,
> A-t-elle au criminel accordé quelque asile ? *(980-982)*

Le texte pointe ici, en la déplaçant, la vérité de *Mithridate :* la trahison de la mère, pour la thématiser en une autre vérité (qui est aussi son envers dans *Mithridate*), la trahison du fils et donc du père par une partie de lui-même; trahison de l'intérieur, par Thésée lui-même, en même temps qu'annonce claire pour la lecture, puisque remplissement du projet d'Œnone :

> Vous ne répondez point. Mon fils, mon *propre* fils
> Est-il d'intelligence avec mes ennemis ? *(983-984)*

Que peut-on conclure de ce texte (Acte III, scène 5) ?

A. Là se joue pour la première fois performanciellement et sémiquement la réversibilité par ailleurs posée, Thésée/Hippolyte (deux départs, deux morts et maintenant deux castrations). Texte essentiel donc dans l'ordre de la structuration actantielle : Thésée/Hippolyte, père/fils, roi/héros, et dans l'ordre d'une connaissance de la catégorie typologique des énoncés symboliques.

B. Relativement à l'ordre textuel, cette scène est un « en-arrière », elle est le produit de tous les énoncés précédents, juste à la limite de la mise en branle de la figuration par la délégation active d'Œnone représentant Phèdre. Elle est, avant cette mise en branle, procès déterminé par le système précédent (« constituants du texte et organisation de cet inventaire selon les catégories définies par les positions possibles » [9]), et, juste après cette « décision », tableau-système « préfigurant » le procès, le texte à venir.

C. Si la scène précédente était « tournant » dans l'ordre des

---

[9]. Cf. l'explicitation des concepts hjelmsleviens fournie par L. Marin, *le Discours de la Figure*, in *Critique*, n° 270.

« actions » dramatiques et du statut à leur accorder, ces deux textes le sont dans l'ensemble de la structuration actantielle et sémiotique du texte. Le processus de figurabilisation s'y analyse dans ses modes mêmes de constitution et dans sa signification d'annonce du texte prochain. La détermination même de ce texte se joue dans l'intersection sémique des deux textes (celui d'Œnone, précédent, et celui-ci). La théâtralisation est ici mise en scène d'énoncés figurabilisés, ou si l'on veut (car les deux opérations se répondent) mise en énoncés d'un tableau figuratif/non représentatif.

D. Le lieu « esthétique » de la représentation est ici en fuite, et nous avons vu précédemment qu'il laissait la place à son lieu « pratique », « signifiant » — délégation dramatique, politique, délégation signifiante : le tableau signifie pour lui-même en même temps que pour autre chose que lui-même, pour le texte à venir. Mais aussi la notion de représentation s'affirme peut-être ici dans une possible extension analytique : représentation comme matérialisation d'une nécessaire assignation pour le sujet d'un champ symbolique.

IX

Figurant et théâtralité

Argument

Préalables

— Analyser l'Acte IV dans l'endroit et l'envers du renversement d'interprétation provoqué par Œnone.
— Marques d'une possible réversibilité Phèdre/Hippolyte.

I. Le rapport au texte

Thèses :
— Le statut du récit est a-chronique, projection dans une autre fiction d'une figure.
— Le texte se développe ici comme projection (marquée par la réversibilité et déterminée par le système.)

II. Le rapport aux signes

1. Hippolyte comme « tableau », identique et contraire à son propre signifié.
2. Les médiations de l'adéquation d'Hippolyte au tableau.
3. Transformation du rapport naturel en rapport de causalité. Contradiction entre une théorie du figurant et une justification : Hippolyte se constitue comme coupable.

> THÈSE : Le texte porte trace dans sa constitution même d'une réflexion sur l'illusion représentative, sur le rapport naturel qu'elle présuppose entre les « signes » et leurs signifiés possibles.
>
> ### III. La délégation Thésée/Neptune
>
> QUESTION : Est-elle réponse à l'indécidabilité du figuratif?
> THÈSES :
> — Thésée se déléguant en Neptune est refus de la représentation au sens de simulacre et promulgation d'une nouvelle figuration par le récit.
> — Les récits de Thésée/tableaux d'Hippolyte sont déterminés par l'intersection actantielle, sémique des axes précédemment établis (repérage, par exemple, du mouvement de reconstitution de la séquence-thème. Repérage de l'enchâssement signifiant dans le modèle « éloignement de Thésée »).

Il faut analyser à présent le développement du texte comme *procès*, comme déterminé par le tableau-système de la scène 5, de l'Acte III, éventuellement par le renversement d'interprétation provoquée par la délégation-représentation d'Œnone. Il faut analyser aussi ce même développement textuel dans son rapport aux premiers ensembles figuratifs déconstruits par élaboration d'énoncés systématiques (figurés ou figurabilisés).

> Le texte est ici posé dans son écart différentiel au tableau/système :
> Ah! qu'est-ce que *j'entends?* ... *(1001)*

Le texte est de l'ordre de la voix, de l'ordre de la ligne, du volume même, que trace la voix émettrice et interprétatrice : « Un traître, un téméraire » (suite de ce vers *1001*), tandis que le tableau était thématiquement de l'ordre de la figurabilisation :

> Que *vois*-je? Quelle horreur *dans ces lieux* répandue *(953)*

Il situe le « mensonge », l'action transformatrice de l'intervention comme ayant, à proprement parler, un statut de l'ordre du « dire », de l'ordre que nous avions nommé, lors d'une typologie des énoncés, de l'énonciation. Énoncés « énonciatifs » ici absents et seulement commentés, seulement livrés dans leur retentissement performanciel et dans leur répétition (Œnone bloquera finalement le discours-questionnement de Thésée, comme s'il ne cessait de lui demander la répétition du même récit, en réalité jamais fait). Il n'est pas ici de récit premier, mais seulement un récit dérivé, récit au second degré, récit du récit mensonger de Phèdre. Là se marque une réflexion du texte sur lui-même, toujours dérivé, toujours récit de lui-même en même temps que de tous les autres textes qu'il sait s'agglomérer. Le récit premier, étrangement, est donné comme « dramatiquement » (ordre de succession des actions ou simulacres d'actions) contemporain du rapide texte-monologue-dialogue d'Hippolyte. Adressé à Théramène, ce discours est une aberration totalement inaudible, il est en quelque sorte l'envers du discours absent d'Œnone :

>Phèdre, toujours en proie à sa fureur extrême,
>Veut-elle s'accuser et se perdre elle-même? *(989-990)*

Le « soi-même », insistance sur le report d'une action sur soi, est la marque de la prise en charge d'un effet dont la cause est hors de soi, la marque d'un certain type de délégation. Relisons Aricie s'adressant à Hippolyte qui lui remet le pouvoir :

>Vous-même, en ma faveur, vous voulez vous trahir? *(515)*

L'insistance sur la réflexivité « *s*'accuser », « *se* perdre » dans le discours d'Hippolyte peut ouvrir la porte de son négatif : Phèdre ne se va-t-elle pas accuser pour un autre? C'est la prise en charge par Hippolyte de son rôle d'« origine », de « cause » de la passion, donc de sa culpabilité :

>Quel funeste poison
>L'amour a répandu sur toute sa maison! *(991-992)*

Dans cette réflexion sur tous les énoncés précédents, il est intéressant de noter l'absence d'une prise en compte de la réponse positive d'Aricie. Seul a été, semble-t-il, retenu son mandatement de mort. Le comblement de ce manque (vers suivants) se fait ici en statuant sur l'objet du discours à Thésée, objet sans cesse différé.

>Allons, cherchons ailleurs par quelle heureuse adresse... *(997)*

Appel à la ruse féminine d'Aricie? Recherche d'une ruse qui en compense une autre, présumée?

>De noirs pressentiments viennent m'épouvanter. *(995)*

Contemporain du discours absent d'Œnone, le discours d'Hippolyte en est ici à la fois la trace, la marque lisible dans l'ordre de la lecture (dans la peur, l'angoisse et la préfiguration) et l'envers : comme si Phèdre s'accusait ici pour un autre, se déléguait pour un aveu qui lui aurait été fait dans un autre texte fictif par rapport au croisement de systèmes présent. Rappelons, par exemple, comme éléments constituants de ce texte autre la présence des éléments sémiques « Phèdre » dans le récit amoureux fait à Aricie (scène 2, Acte II). Autre texte qui peut-être se lit encore dans l'indécidabilité : « un amour qu'il peut vouloir troubler ». L'aspect, si souvent évoqué, de l'expressivité, de la force du texte racinien, réside en fait dans ces entrecroisements de significations dites et de significations rendues logiquement possibles par le fonctionnement textuel. Il y a donc bien force du texte mais pas au sens d'une infinité inexprimable, livrée aux intuitions de chacun.

I. Le rapport au texte
1. Les récits absents

Le discours même du mensonge, absent littéralement, est présent par sa seule trace phénoménologique (peur d'Hippolyte) et par son envers dans un autre texte relatif à Hippolyte. Pour la lecture le discours même du mensonge a déjà été fait, dans son projet, dans son arrangement modélique; là encore — et il ne s'agit pas du tout d'une quelconque psychologie éthique de l'intention —, le projet tient lieu « d'acte », parce que nous sommes face à *un texte*, donc face à une logique qui n'est pas reproduction d'une logique des comportements : le texte n'est pas anthropomorphe; et il ne se répète pas, il se réitère, ici sous la forme d'un récit du récit du mensonge, donc sous la forme d'une première interprétation faite par Thésée.

Si par ailleurs le récit de la scène « viol-meurtre » n'existe textuellement que dans la performance Thésée, c'est qu'il est virtualité du tableau-système pour Thésée. Lisons, par exemple,

>Je ne sais où je vais, je ne sais où je suis. *(1004)*

comme rappel de l'impossibilité de voir, comme présence sémique de « ces lieux profonds, voisins de l'empire des ombres » et donc comme rappel de la castration par la perte de la vue, castration dont le caractère originaire — dans l'historicité du texte de Racine : « fatal » — et les germes paranoïdes viennent tout juste d'être abordés :

>Avec quelle rigueur, destin, tu me poursuis! *(1003)*

Résonance étrange dans la performance d'un « héros » posé comme ayant toujours tout entrepris et tout réussi. Si la « scène » est ici parlée par Thésée, c'est qu'elle n'est autre que forme donnée à un fantasme qui se réitère et peut-être même déjà, malgré le texte lui-même, s'interprète :

>Pour parvenir au but de ses noires amours,
>L'insolent de la force empruntait le secours. *(1007-1008)*

Enlèvement par la violence, qui ne paraît pas étranger au texte, et surtout :

>J'ai reconnu le fer, instrument de sa rage,
>Ce fer dont je l'armai pour un plus noble usage. *(1009-1010)*

L'objet est ici donné dans sa relation simultanée à la scène présente (du moins dessinée comme présente par le texte) et dans sa relation à un passé : « *armai* ». Il est aussi donné comme lié à une intimité de Thésée (passage au « je »), comme, à la limite, ayant appartenu à Thésée, comme ayant été « partie de Thésée ».

Le discours pose ici un signifiant exactement symétrique et opposé à celui du tableau : « pas d'armes » pour Thésée d'une part, une arme d'autre part — et encore très liée à Thésée lui-même, à son intimité, pour ne point dire à son intégrité. La conclusion symbolique est claire; la conclusion sémiotique le serait moins, si nous ne savions, si la lecture ne savait précisément qu'Hippolyte a été dépossédé violemment de son arme. La structuration figurative ne se trouve donc pas remise en cause, le texte développe l'un après l'autre deux procès virtuellement déterminés par le tableau-système : dans l'un Hippolyte est tyran, dans l'autre victime.

> Mais, Madame, il est mort, prenez votre *victime (1597)*

Il faudra analyser ultérieurement l'inversion séquentielle qui se produit ici : Hippolyte tyran avant d'être victime, tandis que le tableau le *montrait* comme victime avant de se transformer — possiblement — en tyran. Le texte démontre-t-il, là où le tableau ne faisait que représenter figurativement?

Le récit du récit ou récit transformé du fantasme de Thésée, dans lequel la castration est à la limite même de se thématiser, est tout à la fois passé (au double sens de la reproduction du discours d'Œnone et de la réitération du récit), scène fantasmatique, et projeté dans un futur autre : « projet audacieux », « téméraire ». Le récit n'a, en fait, pas de statut temporel, contrairement à ses apparences phénoménales de récit; il est ce que Thésée a toujours su, qui ne s'est jamais réellement produit, tout en se produisant toujours. Il est projection dans une autre fiction, et d'ailleurs Thésée commencera par exiler Hippolyte — geste déjà accompli lorsqu'il fut renvoyé à Trézène —, comme si tout pouvait à nouveau se refaire.

2. Projection et interprétation. Démonstration de la réversibilité Phèdre/Hippolyte

L'interprétation ici donnée par Thésée est quasi-thématisation du fantasme, dans sa réalité structurelle et très particulièrement dans son aspect achronique, de la castration, par la position de deux contenus sémiques inverses relativement à l'arme : pas d'arme/une arme et donc la force. Et c'est cela qui peut motiver le doute relativement à Phèdre :

> Et Phèdre différait à le faire punir?
> Le silence de Phèdre épargnait le coupable? *(1012-1013)*

L'insistance sur la nomination est comme trace d'une farouche volonté d'innocenter, de croire à une certaine réalité du « personnage », de la figure, réalité dont nous verrons qu'elle peut être celle du tableau, de la représentation. Texte limite aussi, en ce que le moindre retournement, la moindre substitution dans la liste paradigmatique des personnages, serait vérité. La vérité est totalement présente en ce texte, mais en ses confins, en cet espace infini mais infiniment étroit qui la sépare de la non-vérité.

Le rapport des deux types de discours se fera encore plus précis dans la version Œnone de la scène symbolique/figurative de la scène 5 de l'Acte II. Les deux noms propres sont donnés comme étant exactement permutables, et en cela ils annoncent clairement le quasi-silence d'Hippolyte face à son père. Le « stratagème » présuppose en effet sa totale réversibilité, c'est-à-dire l'impossibilité d'Hippolyte à se défendre; les propos avancés sont littéralement justes, sous condition de lire Hippolyte, lorsqu'il est écrit Phèdre :

> Phèdre épargnait plutôt un père déplorable. *(1014)*

Les deux énoncés centraux ne seront pas même faux littéralement, mais seulement par l'interprétation qui en est donnée :

> Phèdre mourait, Seigneur, et sa main meurtrière
> Éteignait de ses yeux l'innocente lumière. *(1017-1018)*

Littéralement cet énoncé est juste mais il devient faux syntagmatiquement, dans l'ordre de succession dans lequel il est placé : après une tentative violente d'Hippolyte. Le texte est là incohérent du point de vue de la vraisemblance du stratagème : Phèdre aurait pris l'arme d'Hippolyte tandis que ce dernier s'en servait :

> J'ai vu lever le bras, j'ai couru la sauver. *(1019)*

Effacement là de l'arrivée de Théramène, substitut de l'arrivée de Thésée : c'est le retour de Thésée (re-parlé pour la première fois par Théramène, précisément à ce moment du développement textuel) qui empêche la mort de Phèdre; c'est dire à quel point cette mort peut être significative d'autre chose que d'elle-même.

Le stratagème n'est pas construction à priori, il était posé comme ré-interprétation des énoncés passés (passés par rapport à l'énonciation présente); mais il est aussi texte fictif d'un tableau, texte possible du tableau « Phèdre se donnant la mort »; en cela il n'a plus statut de discours vrai ou faux, mais seulement de discours signifiant, et récurremment signifiant. Et c'est aussi en cela qu'Œnone peut se qualifier aux yeux de Thésée comme « interprète » de Phèdre, déléguée, représentante :

> J'ai servi, malgré moi, d'interprète à ses larmes. *(1022)*

La représentation active dont nous avons vu la constitution est développement de l'un des textes possibles; la représentation n'est justement pas ici dans le figuratif, dans le tableau, elle est dans le procès qui en gère l'une des virtualités; le tableau se représente, se délègue en l'un de ses signifiants. Là est « l'action » au sens de théâtralité spécifique, là est aussi le statut sémiotique de ce que Mauron ne peut que désigner analytiquement comme « projection ». Si le texte est ici développement modélisant de la projection dans son originalité — c'est-à-dire non projeté, dans sa textualité première — c'est que le système en présentait la détermination possible.

Cependant ce fonctionnement signifiant se masque sous une dialectique du vrai et du faux, comme dans les premiers ensembles du texte le système explicitatif se masquait dans les différentes réalisations du « modèle dialectique de la vie et de la mort » que nous retrouvons ici. Cacher la vérité, se taire aurait été signe de mort (si Œnone/Thésée n'était pas intervenu[e]) comme cela le sera pour Hippolyte ; mentir est implication d'une autre mort — celle d'Hippolyte. La relation de contrariété « départ/retour » a ici été déplacée en relation sémique « masque/vérité », dans l'ordre d'une apparence bien superficielle, puisque, et même la lecture le sait, le masque est en fait vérité, tandis que la vérité est mensonge.

Deux axes se croisent ici, tels, dans le texte de *Mithridate*, l'axe de développement système-texte de la séquence-thème « trahison de la mère » et l'axe de la découverte par Mithridate qu'il est lui-même source de sa propre mort. *Deux axes dont l'un est celui d'une structuration sémiotique et signifiante, tandis que l'autre est celui d'une structuration dramatique (code des actions) et didactique, de l'ordre d'un savoir.* Le premier axe débouchant par définition sur une indécidabilité des textes (procès) possibles dans les marges de la détermination du système (tableau), nous aurons à voir si le second est ou n'est pas une contrainte historique déterminante (cf. analyses du dénouement).

L'apparence de dialectique de l'interprétation, tandis que Thésée lui-même lit le passé — tout proche, celui de la scène précédente, et non celui de la scène de l'Épire — marque le passé des informations fournies par Œnone. Geste d'interprétation dont nous avons vu déjà qu'il était essentiel à ce texte et qu'il constituait en grande partie l'armature de la structuration performancielle. Et cependant là encore, les énoncés descripteurs pourraient tout aussi bien dessiner Hippolyte que Phèdre :

    Le perfide ! Il n'a pu s'empêcher de pâlir.
    De crainte, en m'abordant, je l'ai vu tressaillir.
    Je me suis étonné de son peu d'allégresse ;
    Ses froids embrassements ont glacé ma tendresse. *(1023-1026)*

Or 1) « embrassements » est sème relatif à Phèdre (*914*) ; 2) le discours de Thésée ne retient et n'interprète que des traits physiques — là où se marquent les troubles proprement sexuels — et donc refoule totalement le discours/mandatement d'Hippolyte qu'il ne cherche pas à interpréter. Il ne procéderait pas autrement si l'objet d'interprétation était Phèdre et non pas Hippolyte. Après une réversibilité Hippolyte/Thésée, se constitue une réversibilité sémiotique (analytiquement projection) Phèdre/Hippolyte.

II. Le rapport aux signes

1. Hippolyte comme tableau

Vraies littéralement telles sont encore les dernières réponses d'Œnone :
    Seigneur, souvenez-vous des plaintes de la Reine.
    Un amour criminel causa toute sa haine. *(1029-1030)*

Dans les marges de l'interprétation de celui ou de celle qui traduit des larmes en mots (« servi... d'interprète à ses larmes »), de celle qui développe le texte ou annonce une figure (Phèdre pleurant, Phèdre se donnant la mort), se dessine un espace, thématisé comme tel, du « signe », de ce qu'il faut lire dans le figuratif. C'est cet espace même qui est perçu par le discours de Thésée dans un doute sur ce qui « se voit », sur les images proprement visuelles :

>Quel œil ne serait pas trompé comme le mien? *(1036)*

Thésée déplore la non-possibilité d'une adéquation du « signe » — entendons le figurant — à la « chose signifiée » ou plus exactement il déplore qu'au signe ne soit pas associé « une marque », « un caractère » qui en oriente l'interprétation, au sens d'extrapolation (Port-Royal), légitime ou non, de la « chose signifiée » :

>Et ne devrait-on pas à des *signes certains*
>Reconnaître le cœur des *perfides* humains? *(1039-1040)*

« Perfide » repris au vers 1044 est le caractérisant sémique de celui qui trompe, et qui doit être démasqué par la force et non déchiffré (car le chiffre est règle d'interprétation). Le tyran (scène 5, Acte III), « perfide ennemi », n'est pas donné à interpréter, il n'est plus textuellement le hiéroglyphe qu'il était dans les pensées latentes du rêve; l'élaboration secondaire en a sélectionné une seule interprétation : le barbare. Nous retrouvons ici une dérivation du problème de l'apparence et de l'être, de la vraie et de la fausse monnaie (rappelons *Tartuffe*, scène 5, Acte I), mais le texte est tel que cette problématique est abordée dans une sphère textuelle de « mensonges » « d'erreur ». Dans l'ordre de la cohérence du stratagème d'Œnone, ordre de la lecture, Hippolyte est « dramatiquement » innocent et donc les propositions, les doutes de Thésée doivent être lus à l'envers, puisque dans ce texte très particulièrement — comme d'ailleurs dans la littéralité du piège que pose Mithridate — *le rapport de la vérité et de l'erreur est donné comme rapport d'inversion.*

Ainsi nous lisons : il est des « signes » évidents de la vertu, qui fonctionnent pour la cohérence de la lecture qui, elle, *sait* « l'innocence » et la « vertu » d'Hippolyte. Le doute de Thésée est faux et inutile, il soupçonne à tort la réalité figurative d'Hippolyte. Hippolyte est parfaitement, en tant que figurant, signe de sa chose signifiée. Il s'agit effectivement beaucoup moins d'une quelconque axiologie essentialiste — celle que l'on cherche parfois à lire dans Mme de Lafayette — que d'une démonstration de la figure théâtrale d'Hippolyte comme *tableau.*

« Et il s'agit de savoir quand on a le droit de le faire [affirmer des « idées de signes attachées à des mots », la « chose signifiée »], principalement à l'égard des signes d'institution; car à l'égard des signes naturels, il n'y a pas de difficulté; parce que le rapport visible qu'il y a entre ces sortes de signes et les choses, marque clairement que quand on affirme du signe la chose signifiée, on veut dire, non que ce signe soit réellement cette chose, mais qu'il l'est en signification et en figure. Et ainsi l'on dira sans préparation et sans façon d'un portrait de César que c'est César ; et d'une carte d'Italie que c'est l'Italie »[1]. *Il est donc un rapport naturel entre Hippolyte figurant et Hippolyte figuré*, rapport naturel entre les énoncés dont nous avons décrit le fonctionnement dans l'ensemble figuratif A'. Et ce rapport se lit dans l'envers du discours de Thésée, posé comme étant à inverser. Cependant il est un espace infini entre les deux : la ressemblance, « rapport visible entre ces sortes de signes et les choses » n'est tolérable qu'à raison de ce qu'elle n'est que ressemblance. Dans le « en signification » s'interpose cet espace infini de la connaissance nominale et de l'absence de connaissance réelle. Le rapport « naturel » entre Hippolyte et « Hippolyte partant » (l'énoncé figuratif) a déjà été mis en cause, déconstruit, miné par l'ensemble tableau/texte/système A' que nous avons analysé, par les itérations successives et toujours plus à suspecter de l'énoncé « départ » (cf. chapitres V et VIII). Un autre parcours maintenant s'élabore. En A' le tableau d'Hippolyte est donné dans sa réalité figurative a priori (cf. la définition même que nous avions provisoirement donnée du terme de « figuratif ») ; ici il se conclut (négativement, dans l'*envers* du texte de Thésée) par définitions et maximes générales.

Dans l'ordre d'une certaine cohérence dramatique, le texte fonctionne maintenant comme tableau d'Hippolyte innocent, et occultation de ce tableau par Thésée (comme il a occulté celui de Pirithoüs en s'enfonçant dans les ombres), par exemple dans l'incantation volontaire à la trahison et à la perfidie d'Hippolyte :

Dans toute leur noirceur retracez-moi ses crimes ;
Échauffez mes transports trop lents, trop retenus. *(1182-1183)*

Appel à la réminiscence de la « scène » (dont nous verrons plus tard le rapport avec les autres scènes de ce type, séquences-thèmes du texte). Comme si au tableau figuratif construit pour la lecture dans l'envers du texte (tableau d'Hippolyte innocent, dont bien sûr nous lirons le prolongement et les transformations dans le long récit de Théramène à l'Acte V), devait s'opposer un autre tableau, celui figurabilisé, et figuratif en ce qu'il est système, de la scène 5 de l'Acte III.

Dans ces entrecroisements entre tableaux déjà donnés — qui pourraient se présenter comme existant *a priori* — et constructions de nouveaux tableaux se jouent les rapports entre théâtre (au sens figuratif du terme) et texte (au sens logique du terme). Le fonctionnement figuratif, théâtral dans sa détermination par le fonctionnement textuel, étant essentiel à la représentation dite « tragédie classique ».

---

1. *La Logique ou l'art de penser*, p. 205.

PROPOSITION XXII

Le procès (texte) se trouve donc en ce point, doublement déterminé : 1) par le tableau/système « Éloignement de Thésée » (nous retrouverons par exemple le sémème « monstre » reporté sur Hippolyte : « monstre qu'a trop longtemps épargné le tonnerre ») ; 2) par le renversement interprétatif d'Œnone qui construit, dans son revers là encore, le tableau d'Hippolyte innocent, et d'autant plus innocent (dramatiquement bien sûr) qu'il est accusé. La première détermination — du moins le texte qu'elle détermine — est mise en doute : ébranlement du second texte qui par ailleurs se trouvera déconstruit dans ses implications narratives et signifiantes, alors qu'il devrait s'affirmer dans sa cohérence littérale « innocente » lors de la scène entre Aricie et Hippolyte par exemple. Double déconstruction qui affirme le texte final (les deux derniers actes) comme bien autre chose qu'un développement de prophéties déjà faites (la mort d'Hippolyte et de Phèdre), ou une quelconque « enquête » de Thésée sur l'état nouveau de son palais.

Confrontation des deux déterminations, des deux tableaux donc, telle se présente bien la scène 2, de l'Acte IV (Thésée/Hippolyte) : 1) tableau I à lire dans la continuité signifiante du récit de l'Acte III, en même temps que dans sa cohérence sémiotique de « texte faux »; 2) tableau II : Hippolyte se figurant lui-même comme innocent, Hippolyte s'assimilant discursivement au tableau de son innocence constitué dans le texte de Thésée *(1035-1040)* — texte qui posait Hippolyte comme spectacle :

> Faut-il que sur le front d'un profane adultère
> Brille de la vertu le *sacré* caractère? *(1037-1038)*

Ce sont les signes religieux eux-mêmes qui sont en accusation comme n'étant pas assez clairs : jeu de l'opposition du « profane » (péché — « adultère » — faute — transgression de la loi) et du « sacré » associé à l'idée de « marque », de « caractère ». Dieu ne laisse pas sa signature sur ses propres signes, sur ses propres tableaux, sur l'homme (« image de Dieu »), sur la nature (« tableau fait à l'image de Dieu »), ou du moins peut-être tous ne peuvent pas interpréter ces signes.

Et cependant il est des signes clairs lorsque leurs contours abstraits, leurs horizons se trouvent être déjà tracés : Hippolyte soupçonne le « visage » de Thésée, son figurant corporel, il interroge — avec justesse et inadéquation — ce figurant. La justesse témoigne de ce qu'un signe ne se lit pas sans prédisposition, sans que le dessin vide n'en soit déjà présent; en termes religieux les signes ne se lisent pas sans la grâce (lisons Pascal). L'inadéquation est témoignage performanciel de

l'innocence d'Hippolyte, incapable de soupçonner la réversibilité d'acte Phèdre/Hippolyte (refoulement du léger soupçon textuel de la scène 6, Acte III) :
> Puis-je vous demander quel funeste nuage,

(rappelons ici « funeste poison » = « amour »)
> Seigneur, a pu troubler votre auguste visage?
> N'osez-vous confier ce secret à ma foi ? *(1041-1043)*

(foi → innocence)

Projection d'un secret su d'Hippolyte en un secret qui pourrait être su de Thésée. Ce secret sera d'ailleurs pointé dans le second tableau : Hippolyte innocent.
> [...] mais je supprime un *secret* qui vous touche. *(1089)*

Secret d'ailleurs ici donné comme synonyme de « vérité » :
> Je devrais faire ici parler la *vérité* *(1088)*

Hippolyte s'adressant à Thésée en termes de « secret » le constitue, dans l'énoncé performanciel lui-même, comme détenteur d'une certaine vérité, et donc par un phénomène de réversibilité sémique et actantielle déjà entrevu constitue le discours de Thésée (déterminé par le tableau-système de la scène 5, Acte III) comme vérité.

2. Les médiations de l'adéquation au tableau

Tous les énoncés sont ici lectures d'Hippolyte, lectures différenciées — et dont nous avons plus précisément à reconnaître les strates — de la figure d'Hippolyte. Lecture de la « vertu » d'Hippolyte, par exemple, en extension sémique : vertu — froideur — refus du sexe féminin — chasse... A remarquer à ce propos le renversement de problématique qu'effectuent les performances de Thésée : en début de scène son discours dénotait dans son envers la réalité figurative d'Hippolyte comme étant finalement « vertu ». En d'autres termes, la figure d'Hippolyte était adéquate à la « chose signifiée » ou « vertu » (« Brille de la vertu le sacré caractère »), mais contraire à son signifiant, au sens de ce qui le définit et dans une certaine mesure de ce qui l'interprète : la « perfidie », « l'adultère ». Notons ici que l'élément « inceste » ne sera mis en scène que beaucoup plus tard. Dans la seconde problématique de Thésée — après le discours-tableau « innocence » — le signifiant « trahison incestueuse » devient *cause* de la chose signifiée et par conséquent de la figure d'Hippolyte. Le délai qu'Hippolyte a donc tenté d'instaurer n'est qu'effacement des doutes de Thésée.
> Oui, c'est ce même orgueil, lâche! qui te condamne.
> Je vois de tes froideurs le *principe* odieux *(1114-1115)*

« Principe », au sens de connaissance des premiers principes, des premières causes, démontre ici *la transformation du rapport interne au signe en rapport de causalité.* Si pour Thésée la chose signifiée correspondait à la « marque » que porte la figure d'Hippolyte, et donc à cette figure, pour Hippolyte la chose signifiée s'étale dans les références, sociales (la reconnaissance, *l'opinion* qu'il identifie ici à un critère de vérité), historiques (l'origine [la mère], l'éducation [le père]). Le délai du discours est passage par la référence, démonstration de l'adéquation de la figure et du signifiant — non seulement de la figure et de la chose signifiée. Et pour cela Hippolyte doit montrer en quoi les deux sont contraires au signifiant qui lui est attribué, imposé par Thésée (discours précédent et tableau-système). En relevant cette relation de contrariété, il trace le chemin de la découverte de Thésée : celui-ci peut maintenant interpréter la figure d'Hippolyte (tableau) comme identique et contraire à son signifiant (texte). La figure d'Hippolyte n'est pas « incertaine » (« signes certains »), elle n'est pas « trompeuse », « douteuse »; elle est juste et fausse, identique à la chose signifiée (« C'est ce même *orgueil*, lâche » : projection de ce rapport à l'intérieur des éléments sémiques) et contraire dans l'ordre de la causalité (orgueil parce que fixation incestueuse sur la mère) :

> Phèdre seule charmait tes *impudiques* yeux;
> Et pour tout autre objet ton âme indifférente
> Dédaignait de brûler d'une flamme innocente. *(1116-1118)*

PROPOSITION XXIII

La relation de « contraire » est ici de causalité, causalité définie par le discours même de Thésée comme analytique. Comme elle était aussi de causalité chez Pascal : Dieu parle aux hommes en figures, c'est-à-dire dans un langage identique à sa signification littérale — homogénéité de lecture — et contraire parce que les hommes vivent dans l'état de « passion » (« cupidité »). Le texte racinien parle un langage identique à sa signification littérale — Hippolyte est « dramatiquement » et « figurativement » innocent — et contraire — Hippolyte n'est pas innocent et son orgueil ne signifie pas orgueil. De ce point de vue, les deux discours correspondent : 1) celui de Thésée à la constitution du signifiant Hippolyte (dans ses rapports avec le signifiant onirique du tableau/système; 2) celui d'Hippolyte au parcours textuel et social de sa littéralité : mise en scène d'un point de vue spectateur sur Hippolyte.

---

3. Contradictions du discours d'Hippolyte

Le texte d'Hippolyte devrait se décomposer en constituants duels et nets : son innocence signifiée par de multiples références, l'aberration symétrique de ce dont on l'accuse (cheminements déjà dangereux, puisque permettant à Thésée la découverte de l'identique et du contraire dans leur rapport de causalité — le contraire expliquant l'identique).

C'est précisément la genèse de ce danger qui motive dans le texte une tout autre dimension, celle du refus des oppositions nettes :
> Et jamais on a vu la timide innocence
> Passer subitement à l'extrême licence. *(1097-1098)*

Refus de l'identique et contraire avant qu'il soit thématisé, tout comme Hippolyte répondra à l'alternative de Thésée par la cohérence d'un troisième terme : Aricie, inefficace d'ailleurs, puisque pouvant être transformé selon les modèles précédents, en simple référence. Le parcours performanciel d'Hippolyte se situe entre deux thématisations des réversibilités possibles. Refus de toute contradiction, de toute hétérogénéité, tel s'affirme le « plaidoyer » d'Hippolyte :
> D'un mensonge si noir justement irrité,
> Je devrais faire ici parler la vérité,
> Seigneur; mais *je supprime* un secret qui vous touche. *(1087-1089)*

Supprimer la vérité, c'est aussi supprimer « un mensonge si noir », dans son éventuel rapport à une certaine autre vérité qui n'est autre que la réversibilité de celle qui est évoquée ici sous sa forme générale et abstraite. « Supprimer » est un geste définitif et radical d'effacement, geste connu d'Hippolyte pour avoir déjà été le sien :
> Heureux si j'avais pu ravir à la mémoire
> Cette indigne moitié d'une si belle histoire! *(93-94)*

Qu'en est-il des deux contenus, ainsi effacés? Les infidélités multiples du père, la relation incestueuse? Ce sont aussi les deux interprétations divergentes fournies, l'une par le fils (Hippolyte, scène 1, Acte I), l'autre par le père (vers 1114-1118 précédemment étudiés). Dans une lecture dégagée de l'emprise des règles syntaxiques de l'époque, les premiers énoncés pourraient se lire à la limite comme cette affirmation : faire parler, mettre en scène la vérité du mensonge et donc la vérité du texte de Thésée au lieu de l'effacer.
> Et sans vouloir vous-même augmenter vos ennuis *(1091)*

Accusation là de Thésée, geste qui révèle l'espace d'un instant l'aspect itératif (obsessionnel/masochiste) du discours de Thésée, jusqu'à d'ailleurs demander à Phèdre un nouveau récit :
> Dans toute leur noirceur retracez-moi ses crimes;
> Échauffez mes transports trop lents, trop retenus.

Là où le texte enfouit une « vérité », une partie de lui-même (en la marquant bien sûr dans le geste même de cet enfouissement), il en dégage une autre. Refus de toute dialectique des contraires, suppression radicale de toute dichotomie (comme le premier texte d'Hippolyte avait cherché à biffer la rupture « Thésée héros »/« Thésée amant »), mais surtout démonstration axiologique de la nécessité de ce geste.
> Quelques crimes toujours précèdent les grands crimes. *(1093)*

Ce passage par une réflexion générale est peut-être réflexivité des énoncés précédents : si l'aveu de Phèdre est crime — et il le devrait être dans la logique de cette argumentation — quel crime l'a donc précédé?

Si Hippolyte avait, quelque part dans un autre procès textuel mis à jour, attenté à la légitimité, aux lois, il aurait pu alors attenter aussi aux « droits les plus sacrés »; mais n'a-t-on pas lu, dans des énoncés refoulés, déplacés :
>   Madame, j'ai sur lui de véritables droits
>   Que je saurais sauver *du caprice des lois (491-492)*

N'a-t-on pas vu — au simple niveau de la cohérence dramatique — Hippolyte transgresser en le rejetant l'interdit paternel qui pesait sur Aricie (c'est-à-dire en fait transgresser un autre interdit dont celui-ci n'est que la représentation déplacée)? « Droits les plus *sacrés* » est renvoi de la loi de l'interdiction de l'inceste à un fondement divin, ou du moins à un fondement royal, souverain qui le situe comme condition d'existence de la cité :
>   Quiconque a pu franchir les bornes légitimes
>   Peut violer enfin les droits les plus sacrés;
>   Ainsi que la vertu, le crime a ses degrés; *(1094-1096)*

Oubli ici de ce que le texte n'est pas identique à lui-même d'un bout à l'autre, oubli de ce que Phèdre va reprendre comme en écho :
>   Mes crimes *désormais* ont comblé la mesure. *(1269)*

« Désormais » est ici marque d'une temporalité. Hippolyte se constitue ici comme « identique » à cette image qu'a eue Thésée de lui (réminiscente au début de cette scène) et ailleurs rappelée par Hippolyte lui-même :
>   Quel il m'a vu jadis, et quel il me retrouve! *(994)*

La possibilité même du changement, de la transformation, ailleurs présente, se trouve ici refoulée comme l'est toute réversibilité. Affirmation véhémente d'un principe de continuité, appliqué à l'éducation, à l'enfance :
>   Élevé dans le sein d'une chaste héroïne,
>   Je n'ai point de son sang démenti l'origine.
>   Pitthée, estimé sage entre tous les humains,
>   *Daigna m'instruire* au sortir de ses mains. *(1101-1104)*

C'est un reproche au père, Thésée, de n'avoir pas été ce qu'il devait être, d'avoir abandonné son fils et de lui avoir refusé le droit à l'initiation, mais c'est aussi l'affirmation d'une unité parentale et donc le refoulement des infidélités du père. Nous retrouvons ici la trace du second contenu de l'effacement démontré précédemment; le refus aussi d'une mère monstrueuse, refus déjà affirmé à Aricie *(520)*.

L'origine, l'histoire du sujet, l'éducation sont ici données comme constituants de la figure théâtrale.
>   Je ne veux pas me *peindre* avec trop d'avantage *(1105)*

Hippolyte se fait innocent, en rayant les références proprement textuelles (tout ce qui a été produit dans les énoncés qui précèdent) et

en réaffirmant d'autres références, dont l'une explicite à l'apparence, à l'opinion :
> Seigneur, je crois surtout avoir fait *éclater*
> La haine des forfaits qu'on ose m'imputer.
> C'est par là qu'Hippolyte est *connu dans la Grèce. (1107-1109)*

Et dans ce recours à une logique — repérable historiquement — de l'apparence qui, par sa solidité même, sa force pratique et idéologique (retentissement sur l'opinion), ne peut qu'être vérité, le texte retrouve des dichotomies nettes, des relations entre les extrêmes : « haine », « des forfaits qu'on ose m'imputer » (indécidabilité du « on » : Thésée/Phèdre?). Le tableau même de l'innocence est incompatible avec la démonstration qu'en a pu faire Hippolyte; l'innocence est un absolu qui implique son contraire :
> On sait de mes chagrins l'inflexible rigueur.
> Le jour n'est pas plus pur que le fond de mon cœur. *(1111-1112)*

Les deux termes de cette contradiction interne au texte d'Hippolyte s'en trouvent atteints; ils mettent en doute la possibilité et d'une dialectique certaine du vrai et du faux et d'une gradation tout aussi certaine, d'une continuité progressive des « états », des « affects » sur un même axe d'homogénéité. Dans les impossibilités du texte — au niveau de sa cohérence sémantique et aussi au niveau de son rapport à d'autres textes, par exemple au discours/mandatement d'Hippolyte (scène 5) — se dessine l'affirmation de la réversibilité actantielle (Phèdre/Thésée, Phèdre/Hippolyte, Hippolyte/Thésée) en même temps que de l'expansion signifiante. Ce sont ces deux propriétés qui se trouvent désignées, au travers d'un discours psychologique et moral, par l'expression de Racine : « ni tout à fait coupable, ni tout à fait innocent ».

D'un point de vue sémiologique, le texte d'Hippolyte est oblitération du signifiant par la référence déclarée comme constituant de la figure théâtrale, reprise par exemple de tous les éléments sémiques des premiers discours d'Hippolyte. Le tableau « Hippolyte innocent » n'est pas net, uni, il n'est pas uniquement mis en suspicion par l'autre Hippolyte figurabilisé par Thésée; le texte même du tableau révèle dans ses propres contradictions la trace de ses faiblesses, de ses failles. Il est entraîné au-delà même de ce qu'il doit — de par sa position syntagmatique — signifier, dans une réflexivité récurrente sur les énoncés précédents, dans des glissements signifiants de ce type :
> Un perfide assassin, un lâche incestueux. *(1100)*

Le texte se glisse dans le moule de celui de Thésée, dans le moule préfigurant de la mort de Phèdre : « perfide assassin » a rapport à cette mort déjà accomplie pour Hippolyte (départ = désaveu/meurtre de la mère), ou bien encore rapport au meurtre symbolique de Thésée avant l'inceste, « lâche » témoignant de la disparition antécédente du père.

Le tableau ou du moins la démonstration de l'adéquation du signifiant à la figure est subverti de tous côtés, mais il le sera encore bien davantage, lorsque nous le placerons : 1) dans son rapport contradictoire (quasiment terme à terme) avec le texte d'Hippolyte (scène 5, Acte III); 2) dans son rapport à son commentaire (scène 1, Acte V) et à sa démonstration figurabilisée dans le récit de Théramène.

III. La délégation Thésée/Neptune

Quel est son rapport aux éléments sémiques du tableau constitué dans le discours même de Thésée? Ce discours qui, après avoir déploré les lois du figuratif — absence de « signes certains » —, métamorphose Hippolyte en monstre, telles ces mises en scène de la première moitié du siècle qui faisaient varier brutalement les horizons et les significations du décor. Discours hyperbolique : parcours de tous les horizons sémiques de la pièce géographiquement métaphorisés. Éclatement de la figuration naturelle dans l'extraordinaire, dans le cosmique, éclatement du temps et du lieu de la scène :
> Des pays où mon nom ne soit point parvenu. *(1052)*

Éclatement de la temporalité aussi (« honteuse à ma mémoire »).

Si l'ordre de la cohérence dramatique (celui du stratagème d'Œnone), était unique, l'hyperbole serait ici caricature puisque totalement vide, se construisant sur un faux point de vérité. Hyperbole erronée, le discours de Thésée parle cette fois le départ d'Hippolyte, il en exige la fuite; réponse décalée à la demande de mandatement d'Hippolyte que cependant le texte a totalement refoulée :
> Et ne vas pas chercher, sous un ciel inconnu,
> Des pays où mon nom ne soit point parvenu. *(1051-1052)*

Littéralement, c'est un reproche à Hippolyte de ne pas être parti alors qu'il n'a cessé de vouloir partir. Le texte de Thésée, aberration relativement à l'itération de l'énoncé « départ » tout au long de la pièce, est annonce (et non seulement préfiguration métaphorique) de l'aspect sous lequel va définitivement se présenter l'expansion dramatique et sémique de cet énoncé. Mais surtout il est en quelque manière déterminé par le tableau/système (scène 5). Les mêmes éléments sémiques s'y retrouvent : monstre/perfide ennemi/une géographie autre; le texte ne distingue pas ici, tels les énoncés oniriques de la scène 5, un « tyran » et un « monstre ». Hippolyte devient « monstre », épargné par le « tonnerre » (force naturelle), tandis que Thésée se situe symboliquement au niveau de la répression des « brigands ». Le tyran est celui qui usurpe : en ce sens Hippolyte incestueux est tyran face à Thésée et cependant, curieusement ici, le terme est absent du texte comme par un geste de refoulement d'une réminiscence trop précise des fantasmes de la scène 5; la seule réminiscence permise est totalement

métaphorique, bien que claire, mais surtout elle se situe après la délégation en Neptune :
> Étouffe dans son sang ses désirs effrontés *(1075)*

Mouvement d'auto-destruction sadique, puisque nécessitant l'intervention d'une force extérieure :
> A ses monstres lui-même a servi de pâture. *(970)*

« Sang », « désirs » dessinent le retournement de ce mouvement de destruction interne par intervention d'une force, mais sans aucune médiation. Mort sans médiation, tel est bien ce que Thésée souhaite à Hippolyte, par retournement, renversement de soi sur soi. Hippolyte demandait à mourir par retournement sur un monstre extérieur à lui, mais qui peut-être, dans le fonctionnement textuel est encore lui, puisqu'il est lui-même devenu monstre, et dans le texte de Phèdre (« je le vois comme un *monstre* effroyable à mes yeux ») et dans celui de Thésée.

Deux scènes sont ici en présence : Trézène, lieu de la pièce, et l'espace sans cesse en expansion d'une autre géographie : à l'échelle des États, de la Terre, du Comos ; à l'échelle de ces labyrinthes infinis, géographie par laquelle ce texte se relie encore une fois au tableau/système. Le mouvement topologique est d'expansion : d'un lieu fermé, refermé sur un crime, à l'univers tout entier, jusqu'à cette séquence sémique centrale :
> Prends garde que jamais l'astre qui nous éclaire
> Ne te voie en ces lieux mettre un pied téméraire. *(1061-1062)*

Les espaces de l'ailleurs, de tout ce qui n'est pas Trézène, sont chargés de veiller sur la virginité, la pureté retrouvée de ce lieu. Médiation du soleil à laquelle se substitue le pouvoir, dès lors que l'interdiction se fait politique et non plus seulement symbolique : fuir les lieux du crime, c'est aussi ne pas commettre de nouveau un quelconque inceste ; fuir les États d'un roi, c'est renoncer à son pouvoir. L'exil d'Hippolyte prend valeur future : renoncement définitif à ses droits.
> De ton horrible aspect purge tous mes États. *(1064)*

La figurabilisation « monstre », « soleil »... « horrible aspect » n'est pas seulement jugement, elle renvoie à toutes sortes d'autres éléments sémiques. Songeons entre autres à l'association allégorique originelle : Phèdre/Soleil. Hippolyte devient « monstre », parce que assimilable à tous les tyrans (tyran de l'Épire = possesseur de femme), en d'autres termes assimilable à tous les possesseurs de femmes. Castration qui peut-être est aussi ce qui se marque dans l'impossibilité pour Thésée de tuer Hippolyte — l'instrument ici parlé est seulement la main, pas l'épée, pas une quelconque arme. Thésée se délègue en Neptune pour tuer son fils, il se fait représenter pour donner la mort, comme Phèdre s'était fait représenter pour donner le pouvoir et la mort.

Et d'ailleurs Neptune se fera monstre, rejeté par la mer, après qu'Œnone, « monstre » exécrable, s'y soit jetée. Œnone et Neptune ont un même signifiant : leur représentation, leur abus de représentation se réalise sous la même forme. Neptune est celui que n'a pas été Thésée, comme Œnone est et n'est pas Phèdre, fonction allégorique thématisée par Théramène, le précepteur terrestre, alors que Neptune était « précepteur divin » :

>   Je ne me souviens plus des leçons de Neptune. *(550)*

Thésée ne peut tuer à nouveau le tyran déjà tué dans son récit. Le texte peut se réitérer, il ne peut se répéter — du moins implique-t-il un certain type de cohérence :

>   D'un perfide ennemi j'ai *purgé* la nature *(969)*

Cet énoncé est exactement recomposable à partir des éléments sémiques présents : « Perfide », « tête ennemie », « *purge* mes États » (refus de la formule active), « dont j'ai *purgé la terre*... », mais il ne peut être répété ; la délégation de pouvoir n'est pas l'artifice qui va autoriser le récit de Théramène (qui eût pu être déterminé autrement), elle est nécessaire dans la construction sémiologique du texte. Le premier énoncé « mort du tyran » (scène 5) est figurabilisation qui annonce le dénouement, du moins un certain texte (procès) possible : mort d'Hippolyte (comme tyran) dévoré par un monstre. Mais un autre texte doit se produire à partir d'autres figures : Pirithoüs (victime injustement tuée), responsabilité de Thésée, Thésée comme tyran. Un troisième texte encore se constituera dans les marges de l'énoncé « départ » : prise en charge de ce par quoi il appartenait à des types précis de narrativité (tragique-mythique). La délégation à Neptune est encore nécessaire pour que se produise — non la rhétorique d'un récit — mais la fonction paragrammatique du monstre comme intersection de deux, voire même de plusieurs champs d'action et d'expansion sémique.

La délégation se produit dans l'annonce d'une information nouvelle dans l'ordre de la lecture — celle qui, nous l'avons vu déjà, fait reculer encore la possibilité d'un récit vrai : le fil d'une lecture continue avec la scène 5 est ici thématisé explicitement bien que dans l'espace d'un lapsus. Le refus d'en appeler à Neptune est absent du premier récit de Thésée : Thésée a lié avec Neptune un certain contrat : « nettoyage du rivage » en échange de la mise à son service de la force divine de Neptune ; sémiquement « rivage » est limite, bord et très particulièrement confins de toute zone amoureuse et dangereuse (cf. Hippolyte : « Pensais toujours du bord contempler les orages ») ; « infâmes assassins », dans le texte lui-même sans extrapolation vers une référence extérieure, entretient une fonction avec ceux qui possèdent les femmes (les tyrans) et ceux qui tuent le père par désir incestueux. De cette remarque, on peut déduire que Thésée est celui qui réprime le meurtre du père, son propre meurtre avant même qu'il n'ait eu lieu ; Thésée se délègue en Neptune pour qu'il réprime l'acte incestueux et donc toujours le meurtre du père, le meurtre de Thésée. Étrange contrat dans lequel l'épreuve (« mes efforts heureux ») devient identique à la

récompense. Thésée se délègue en son semblable pour punir Hippolyte d'être un tyran.
> Thésée à tes fureurs connaîtra tes bontés. *(1076)*

Celui qui se délègue jouit de se voir représenté et par là même s'identifie (Phèdre en Vénus) à celui en qui il se représente, ou l'identifie à lui-même (Thésée en Neptune). Neptune est Thésée : le monstre auquel va s'attaquer Hippolyte est délégation de Thésée; Thésée l'anime de ses propres fureurs. Proposition à retenir pour l'importance qu'elle aura dans l'analyse du récit de Théramène.

Et d'ailleurs la représentation de Thésée en Neptune peut-elle avoir un autre sens? Thésée se délègue dans une démarche régressive, dans une démarche qui remonte vers les ascendants au lieu de dessiner les successeurs. De plus il se délègue comme héros pour se venger comme père : « Venge un malheureux père » *(1073)*, demandant ainsi à un autre de combler la faille de son héroïsme : échec du « devenir père ». Par rapport à des axes narratifs plus traditionnels — et dans lesquels l'orientation essentielle se trouve être le « devenir héros » — la narrativité tragique se constitue ici une autre face : celle de l'échec pré-figuratif de Thésée face à Pirithoüs/Hippolyte.
> Théramène, est-ce toi? Qu'as-tu fait de mon fils?
> Je te l'ai confié dès l'âge le plus tendre. *(1488-1489)*

Théramène a été lui aussi délégation de Thésée, substitut du père (déjà présent dans la première scène), présence (par les récits) et absence du père tout à la fois. Présence et absence du père dans la mort d'Hippolyte — absence dans la mesure où Thésée se dérobe à cette mort :
> Sans que ta mort encor, honteuse à ma mémoire,
> De mes nobles travaux vienne souiller la gloire. *(1057-1058)*

Présence par délégation en Neptune dans le monstre; et dans cette présence une fois encore Thésée se figurabilise :
> Un Dieu vengeur te suis, tu ne peux l'éviter. *(1160)*

Neptune poursuivant Hippolyte devient propos d'une mise à distance, d'une mise en tableau : « Portrait porte absence et présence, plaisir et déplaisir ». Thésée se transforme ici : de Thésée spectateur ou du moins se voulant tel (scène 5, Acte III) il devient sujet même du tableau.

Les deux tableaux (1) [Hippolyte au travers du fantasme déterminé dramatiquement par l'accusation d'Œnone, sémiotiquement par le tableau-système] et (2) [Hippolyte s'identifiant à ses marques d'innocence — en même temps d'ailleurs que de castration] se confrontent et se résolvent dans la production d'un troisième tableau, désormais essentiel. Thésée se déléguant en Neptune est tout à la fois le « père vengeur » et le héros, fournissant enfin à Hippolyte les conditions de possibilité d'un combat héroïque. Thésée se représentant à lui-même est aussi (énoncé pré-figuratif) le monstre qui doit « étouffe[r] dans son sang ses désirs effrontés » *(1075)*.

Le discours de Thésée trace le signifiant du champ symbolique d'Hippolyte (absence/présence du père) refoulé dans le texte même d'Hippolyte au nom d'une apparence d'homogénéité parentale : Antiope/Pitthée entrevus sur le même axe de continuité. Il refuse une délégation du père en son successeur; le père comme « monstre » dévore celui qu'il croit « tyran » au nom d'une représentation fantasmatique qui annule toute possibilité d'une représentation politique :
   Fusses-tu par delà les colonnes d'Alcide,
   Je me croirais encor trop voisin d'un perfide. *(1141-1142)*

Au-delà même d'une géographie mythique, c'est une topologie symbolique qui se lit ici : Alcide est Hercule, référence fréquente au surmoi paternel qui ne suffit pas à protéger Thésée. Les deux énoncés performanciels d'Hippolyte : 1) demande d'une restructuration temporelle et spatiale du monde, d'un éclatement mais de l'assignation précise d'un « temps » et d'un « lieu » (réitération de la demande d'assignation d'un champ symbolique) et 2) recherche d'une protection, face à la condamnation irréversible par le père — condamnation qui a force de vérité, de *loi* —, s'articulent précisément en la figure allégorique d'Alcide. Les « colonnes d'Alcide » sont certes une localisation géographique, mais elles sont aussi symboles d'une puissance phallique non démentie (« vertu qui n'a point d'autre secours ») et que Thésée a besoin de détruire pour s'assurer de son propre pouvoir, comme il détruit la possibilité qu'Hippolyte puisse encore avoir une puissance sous la forme politique d'un appui, d'un parti, d'« une brigue ». Il est frappant de voir à ce propos que c'est dans ce refus radical, dans cette suppression castratrice de toute puissance accordée à Hippolyte, qu'intervient pour la première fois explicitement le terme d'« inceste ». L'adultère est de l'ordre de l'honneur, l'inceste est de l'ordre d'une loi, telle est la proposition axiologique qui se constitue dans la symétrie de ces deux vers :
   Va chercher des amis dont l'estime funeste
   Honore *l'adultère*, applaudisse à *l'inceste*,
   Des traîtres, des ingrats sans *honneur*, et sans loi *(1145-1147)*

C'est à l'intersection du discours politique et du discours sémiologique sur le statut du vrai que se produit la combinaison sémique « inceste » jusqu'à présent absente du discours de Thésée. *Discours sur la vérité qui, précisément, refuse la vérité du discours.*
   Cesse, cesse, et m'épargne un importun discours,
   Si ta fausse vertu n'a point d'autre secours. *(1135-1136)*

Dans l'ordre de ce discours sur la « vérité », le commentaire donné aux énoncés figuratifs du tableau « Hippolyte sauvage et innocent » se pose comme statuant sur l'ensemble du tableau, et surtout sur son contenu même. Le rejet brutal de l'hypothèse Aricie se situe au contraire comme réflexion sur l'énonciation elle-même, sur le statut de l'énonciation et non sur son contenu :

> Tu l'aimes? ciel! Mais non, *l'artifice* est grossier.
> Tu te feins criminel pour te justifier. *(1127-1128)*

Pourquoi le contenu lui-même (amour d'Hippolyte pour Aricie) se trouve-t-il refoulé au bout d'un demi-vers? pourquoi l'interprétation n'est-elle pas poussée jusqu'en ces dernières limites dans un geste d'expansion du passé de l'énonciation au passé des énoncés? Interprétation qui situerait alors la relation Hippolyte-Aricie comme feinte, marque d'une autre relation, en d'autres termes déplacement du point de vue d'Hippolyte et « fausse fenêtre » du point de vue de la nécessité d'un discours idéologique qui masque ses véritables enjeux. N'en est-il pas ainsi de Pharnace, dans *Mithridate* — texte dans lequel les mécanismes de condensation ne sont pas totalement achevés et laissent ainsi place à une grande clarté de lecture — symétrique de Xipharès, identique à lui en ce qu'il en représente toutes les transgressions, et contraire en ce qu'il est effectivement traître? Il nous faut alors distinguer nettement une figure de symétrie et une figure de représentation : Œnone peut être la représentante de Phèdre, qui en elle se regarde, elle n'en est ni le double (jeu sur le même) ni le symétrique inverse (fausse fenêtre). C'est là un problème que nous retrouverons à propos du rejet d'Œnone par Phèdre.

Thésée refuse l'hypothèse Aricie comme mensonge, comme fausse référence, tel l'orgueil dont il connaît à présent la signification :

> Mais à te condamner, tu m'as trop engagé. *(1163)*

comme si le discours même de Thésée avait hâté sa condamnation ou du moins l'avait rendue irréversible.

Il y a deux textes à lire dans leurs transformations : 1) la demande de mandement/accusation d'Hippolyte et la réponse tableau/système de Thésée (scène 5, Acte III); 2) la demande d'exil d'Hippolyte/renvoi d'Hippolyte au fantasme. Renvoi d'Hippolyte au fantasme par son expulsion dans un lieu mythique, tel celui de l'aventure Thésée/Pirithoüs, et aussi par la délégation en Neptune, « par le fleuve aux Dieux mêmes terrible » *(1158)*, monstre pour les Dieux mêmes. Symboliquement, par superposition signifiante de différentes séquences, Thésée envoie Hippolyte au Labyrinthe, en un lieu proche des Enfers, proche de celui dans lequel il est descendu, lieu de castration, lieu de mort aussi s'il n'est pas de regard pour l'en sauver. D'un certain point de vue, Thésée renvoyant Hippolyte au labyrinthe, se délègue en lui, délègue en lui sa culpabilité. C'est là la confirmation d'une réversibilité déjà thématisée : mouvement du texte sur lui-même, qui refuse d'être reproduction de « personnages [2] » possédant une fausse autonomie.

---

2. Remarquons que le mot même de « personnage » n'est pas utilisé au XVIIe siècle, celui d' « acteur » l'est en revanche.

En conclusion :

A. La mise en branle effective de la délégation de Phèdre en Œnone (délégation dont le message est tout à la fois pouvoir sexuel et mort) passe par une médiation proprement discursive, médiation de réflexion sur le statut du vrai et du faux, sur le statut du figuratif dans ses significations « naturelles » ou « en figure ». Étrangement, au cours de cette méditation c'est la relation naturelle, la relation « ressemblante » qui est mise en cause, tandis que les symboles-index [3], tel le fer, ne peuvent être mis en doute : c'est que les signes naturels (Hippolyte adéquat ou non à sa propre image) appartiennent à une sphère possible de l'illusion, tandis que les seconds (symboles et index parce que liés à une immédiateté existentielle) ressortissent à une sphère de certitude — fût-ce de fausse certitude —, celle du fantasme. Les deux logiques sont différentes.

B. Mais du point de vue de la lecture, point de vue qui assigne à ces réflexions le critère de l'erreur, elles parlent leur envers (Hippolyte dramatiquement adéquat à son image figurative) tout en étant *justes* : cf. l'« interprétation » de l'orgueil d'Hippolyte. Le discours peut être dramatiquement faux et simultanément juste : c'est dans cette proposition que peut se lire la possibilité de détermination du discours faux de Thésée par le tableau/système figurabilisé (scène 5).

Pèse aussi sur le texte, dès les premiers énoncés de Thésée, la menace d'une rupture du figuratif en tant que mise en scène d'énoncés. Menace d'une action directe, se déroulant dans sa matérialité même sur la scène :

> Quoi! ta rage à mes yeux perd toute retenue?
> Pour la dernière fois, ôte-toi de ma vue :
> Sors, traître. N'attends pas qu' un père furieux
> Te fasse avec opprobre arracher de ces lieux. *(1153-1156)*

En ce sens la délégation de Thésée en Neptune revêt une signification dans le jeu sémiotique du texte. Elle est rejet d'une représentation, d'un simulacre d'actions et renvoi à une représentation par le récit. Elle est délégation active dans le développement signifiant lui-même, dans le jeu du langage : le récit de Théramène. *Cette délégation est, tout à la fois déterminée (procès) par le travail signifiant du premier récit de Thésée et déterminante d'un second procès signifiant : le récit de Théramène.* La délégation, la représentation a un statut sémiologique essentiel : Œnone abusant de la délégation qui lui a été faite est matérialisation d'un trop-plein de langage, elle est l'aveu de Phèdre fait corps. La problématique de la représentation se trouve être ainsi à l'opposé de celle de la figuration.

---

[3]. Cf. la définition de Peirce que nous avons donnée dans le développement du chapitre VI.

X

Préfiguration et vérité

Argument

Préalables

— Repérage de nombreuses structurations locales isotopes à des modes de structuration du texte dans son ensemble.
— Modulation de la performance sur la constitution textuelle générale.

I. Statut du récit et du projet

1. Événement et récit.
2. L'échange et le discours politique.
3. Préfiguration.

THÈSES :
— Récit absent/présent qui dessine le lieu du récit de Théramène.
— Identité de fonction des énoncés narratifs et préfiguratifs.

II. Le discours du vrai et du faux

THÈSES :
— L'indécidabilité du vrai se joue dans la référence divine (ici, figure du temple), substitut du jugement humain.

> — Nécessité d'une justice humaine : la mort d'Hippolyte est juste.
> → Simultanément, production du lieu figuratif et figurabilisé du dénouement et de son système, de sa logique.
>
> ### III. La vérité comme figuration
> — Recherche d'une vérité d'ordre « optique ».
> — Langage de la vérité et langage du fantasme.
> — Achèvement du retournement de la structure actantielle Thésée.
> → Ces textes, dans leur ensemble, sont préparation, préfiguration et index explicatif nécessaire du récit/dénouement.

Commentaire de l'aveu de Phèdre à Hippolyte et du silence d'Hippolyte face à Thésée, telle est bien la première scène de l'Acte V. Reprise d'un projet politique de vengeance, nous la lirons aussi dans son rapport à la première rencontre entre Hippolyte et Aricie. Nouvelle itération de l'annonce « départ » : énoncé figuratif duquel chaque fois est engendrée une séquence nouvelle, mais aussi système figuratif, tel le récit de Thésée (scène 5, Acte III), qui détermine des possibilités d'annonces dont certaines sont ici parlées. A ce titre cette nouvelle itération situe le procès « départ » dans une conjonction dramatique et symbolique telle qu'il ne peut qu'apparaître comme inutile et vain. Cette itération suivant ici la décision, plusieurs fois reprise, de l'appel de Thésée à Neptune, suivant aussi la production de l'impossibilité d'une séquence dramatique du type « Hippolyte sauvé par Phèdre », fait du départ une totale vanité et du même coup rejaillit par récurrence sur les autres procès déterminés par l'énoncé figuratif/système « départ ». Proposition de fuite auprès d'Aricie, ces discours seront aussi à analyser comme reprise et transformation de la séquence-thème « enlèvement ».

Quel rapport Hippolyte entretient-il à son propre tableau d'innocence ? tableau figuratif (« me peindre ») mais surtout tableau qui pose en lui ses rapports au signifié, et même très exactement au référent. La première partie du discours d'Hippolyte paraît être réflexion, mise au point sur l'énonciation — aspect essentiel de la performance tragique d'une part, du travail sur la théorie de l'interprétation d'autre part. Réflexion qui pourrait être une conclusion ?

Hé ! que n'ai-je point dit ? *(1339)*

Très exactement comme si tout avait déjà été dit. Or il se trouve qu'Hippolyte face à Thésée a très précisément parlé trois types successifs de séquences performancielles — la séquence étant ici schématiquement définie par son objet :

    1. tableau de l'orgueil/vertu/innocence.
    2. Amour « chaste » pour Aricie.
    3. Notation de la responsabilité possible de Phèdre (ou symptôme d'une attirance pour un certain type d'errances sexuelles).
Ces trois séquences se trouvent correspondre très exactement à trois moments narratifs ou dramatiques :
    1. « confidence » à Théramène = tableau de l'orgueil/vertu/innocence, dans les marges duquel peuvent se lire tout à la fois la présence sourde de Phèdre et le meurtre symbolique du père.
    2. « aveu » de l'amour à Aricie (= projet politique), empreint de la trace du signifiant vide « enlèvement ».
    3. « aveu » de Phèdre à Hippolyte = possession en même temps que déjà don du pouvoir.

PROPOSITION XXIV

Ce qu'a dit Hippolyte se modèle très fidèlement sur ce qu'a produit, et dans le même ordre de succession, la pièce. Une performance, une disposition qui peut paraître rhétorique, de l'ordre du discours-plaidoyer, est en fait marquée, déterminée par le développement, par les structurations précédentes. Jeu de contraintes du texte au fur et à mesure qu'il se produit — jeu de surdéterminations multiples et qu'il faut bien trouver le moyen de penser.

Peut-être pouvons-nous également relever ici le chemin d'une détermination symbolique : du narcissisme du guerrier à la fixation d'un objet amoureux dont le héros (le sujet) découvre qu'il n'est jamais que la reproduction appauvrissante de la mère. Ce parcours est mis à jour et analysé dans les deux études que Mauron a consacrées à Racine. Il est particulièrement évident dans la constitution du texte *Mithridate* dans lequel — nous l'avons déjà démontré — les énoncés produits par le sujet Monime s'adéquationnent progressivement au signifiant vide « trahison de la mère ».

    Remarquons cependant qu'il s'agit là d'un parcours dramatique, tandis qu'au contraire l'exposition — ou découverte dans la signifiance des tout premiers textes — se fait en sens inverse : préfiguration identique, en la définition de chaque séquence, et contraire, en leur ordre de constitution dans le procès. Le texte se contraint, se détermine sémiotiquement, selon un ordre, et cependant de manière telle qu'un certain nombre de fonctions organisatrices peuvent s'appliquer à des ensembles textuels d'extension plus ou moins grande. Mais il ne se contraint pas selon un ordre linéaire, ou du moins pas uniquement selon l'ordre de succession « lecturale » des énoncés; il se contraint selon des parcours du sens, ainsi la réflexion sur l'énonciation qui occupe ce discours va-t-elle déterminer un parcours récurrent de questionnement des énoncés précédents.

I. Statut du récit et du projet
1. Événement et récit

> Devais-je en lui faisant un récit trop sincère,
> D'une indigne rougeur couvrir le front d'un père? *(1341-1342)*

La référence de l'énonciation à interroger est ici celle de la scène entre Hippolyte et Thésée, lors de laquelle le « tout dit » n'est rien d'autre que le « tout » de l'histoire du sujet Hippolyte, tandis que la rougeur, symbole permanent du trouble sexuel, évoque la possibilité d'une efficace proprement physique d'un tel récit sur Thésée (cf. aussi la demande par Thésée d'une reprise du récit de la scène de violence). La référence se déplace ensuite pour porter sur deux objets, en les confondant : 1) la scène entre Hippolyte et Thésée; 2) la scène au cours de laquelle ont été faits à Aricie le récit de l'aveu de Phèdre et le récit de la scène entre Hippolyte et Thésée. A noter une fois encore que le récit de la scène violente entre Hippolyte et Phèdre n'est marqué que dans ses conséquences :

> Je n'ai pu vous cacher, songez si je vous aime,
> Tout ce que je voulais me cacher à moi-même. *(1345-1346)*

Quelque chose a été dit à Aricie, quelque chose qui — dans la relation même au spectateur — est comme ombré d'un lointain secret :

> Mais songez sous quel sceau je vous l'ai révélé. *(1347)*

Le spectateur tout à la fois sait, savoir constitué par le texte lui-même, et ne sait pas, car il se voit dérober ce qu'il sait. A cet égard, et cela n'est pas indifférent, les deux récits qui lui sont interdits sont symétriques et inverses. Dans celui qu'Œnone fait à Thésée, Phèdre est agressée, soumise à la force mâle : « le fer » d'Hippolyte, d'un Hippolyte devenu tyran. Dans celui qu'Hippolyte fait à Aricie — et celui-ci est encore plus estompé dans la mesure où le spectateur en paraît connaître la vérité événementielle —, Hippolyte est victime d'une « horrible aventure », écrasé sous le poids d'un aveu terrifiant, agressé lui-même et d'ailleurs dépossédé de son arme. Cela suffirait à prouver, s'il en était encore besoin, à quel point le texte tragique, la représentation théâtrale tragique, n'est pas purement et simplement « mimésis », reproduction d'actes et d'événements; *la vérité de l'ordre de l'événement n'y a pas de statut : elle est en fait sans cesse différée* (cf. le texte de Thésée, auquel s'ajoutera la séquence du non-appel à Neptune) *ou bien sans cesse donnée à répéter, à interpréter* (cf. Phèdre interprétant ses propres paroles, en même temps que la figure d'Hippolyte; Thésée interprétant la scène « absente », Phèdre victime d'Hippolyte). Il n'y a pas d'événements dans le théâtre tragique : de vastes symboles, comme la mort, l'hymen, le viol ; des signes, des marques signifiantes : la couronne, le sceptre, la forêt, le fer ; ou bien encore des récits-tableaux, des tableaux-systèmes, procès du texte virtuel d'un autre tableau. Cela ressort d'une constitution, d'un engendrement sémiotique, mais non d'une reproduction.

Au titre de ces récits absents tous deux dans l'ordre de la lecture, et autorisés par là-même à se brouiller quelque peu, on peut se demander si le récit de Théramène, métaphorisation condensée de bien des jeux sémiotiques du texte, ne va pas les reprendre en charge : le monstre y sera attaqué par Hippolyte, quasiment menacé de mort par Hippolyte, telle Phèdre dans le récit fait par Œnone à Thésée ; puis Hippolyte y sera lui-même dévoré, éparpillé, anéanti par le monstre, par la gueule enflammée du monstre, vagin béant et mortel à ceux qui s'en approchent.

Quoiqu'il en soit, c'est à Thésée d'une part, à Aricie de l'autre que se trouvent produits ces deux récits-absence, qui les chargent l'un d'un savoir dit « faux », mais ayant une efficace dramatique, l'autre d'un savoir apparemment juste, mais vain et inutile. Et il n'est pas étonnant dès lors que soit produit, dans le cours même de ces commentaires sur le statut de l'énonciation, un énoncé d'une ambiguïté telle que celui-ci :

Tout ce que je voulais me cacher à moi-même.

Le mode temporel ici utilisé laisse à penser qu'il s'agit d'un geste de refoulement bien antérieur à l'aveu de Phèdre.

Oubliez, s'il se peut, que je vous ai parlé,
Madame ; et que jamais une bouche si pure
Ne s'ouvre pour conter cette horrible aventure. *(1348-1350)*

Le récit est terrible à dire, mais il est aussi terrible à entendre ; il modifie de manière ineffaçable celui qui l'entend : « cette fable nous apprend que la narration (objet) modifie la narration (acte) : le message est lié paramétriquement à sa performance ; il n'y a pas d'un côté des énoncés et de l'autre des énonciations. Raconter est un acte responsable et marchand... » écrit R. Barthes [1]. N'y avait-il pas là aussi en quelque manière un marchandage du raconté : à Thésée, Œnone donne des aliments pour ses propres fantasmes, en vertu de quoi Phèdre sera sauvée ; à Aricie, Hippolyte narre tout et lui demande d'accompagner sa fuite — première phase d'un marchandage réversible, dont la seconde serait : silence contre mariage. Nous reverrons l'éventualité de cette problématique.

Le récit est, en tout cas, acte qui nécessite explicitation, justification, dans la mesure même où il a été transmis :

Vous seule avez percé ce mystère odieux.

---

[1]. R. Barthes, *S/Z*, Éd. du Seuil, 1970, p. 219.

Éventualité là d'une attitude active de la part d'Aricie.
> Mon cœur pour s'épancher n'a que vous et les Dieux. *(1343-1344)*

Justification qui situe Aricie comme substitut évident de Thésée : elle est celle à laquelle Hippolyte peut parler ce qu'il n'a pas pu dire à Thésée, à laquelle de plus il peut parler les raisons de son propre silence en lui demandant le sien. Le même geste doit ici effacer l'aveu de Phèdre sur Hippolyte et le silence d'Hippolyte; déjà nous avions vu que le même geste d'effacement radical devait supprimer l'aveu de Phèdre et le traumatisme d'Hippolyte face aux exploits de son père. Par commutation, serait-il possible de penser ensemble le silence d'Hippolyte et les exploits de son père : silence de n'avoir justement pas pris Phèdre, castration complète? ou du moins mise en cause indifférente du père et de la mère comme producteurs du même fantasme? Il y a conjugaison de deux axes sémiques et actantiels pourtant maintenus comme relativement distincts dans le texte : celui qui est relatif à la structuration Thésée/Hippolyte, et celui qui a rapport à la structuration Phèdre/Hippolyte; deux axes maintenant donnés à refouler et qui vont ressurgir totalement confondus dans la figure du monstre.

2. L'échange et le discours politique

Le refoulement le plus évident du texte, et non seulement des énoncés produits par Thésée, est celui de la condamnation d'Hippolyte rappelée au début :

> Partez, séparez-vous de la triste Aricie.
> Mais du moins *en partant* assurez votre vie.

(Transformation de l'énoncé figuratif « départ » en énoncé actif.)

> Défendez votre honneur d'un reproche honteux,
> Et forcez votre père à révoquer ses vœux. *(1333-1336)*

Il y a refoulement dans la mise en œuvre d'un projet de fuite d'un projet politique; et donc, par ce délai, il est évident que le geste d'effacement promu, exigé par Hippolyte porte simultanément sur le passé textuel : aveu de Phèdre (voire même un passé plus lointain encore « tout ce que je voulais... »), et sur le passé immédiat de l'énonciation : le silence d'Hippolyte face à la délégation irrémédiable et mortelle de Thésée en Neptune. La référence à Neptune ne peut être faite, tellement y serait présente la représentation même de Thésée qu'Hippolyte cherche à chasser; cette référence éclate en une allusion générale aux Dieux, à leur justice, allusion qui respecte les Dieux dans une indépendance qui serait la leur, alors qu'ils ne possèdent dans le texte racinien aucun statut de réalité autre que de délégation signifiante (Phèdre en Vénus, Hippolyte en Neptune comme donneur de leçons ou en Hercule comme héros à égaler).

Le marchandage, l'échange s'explicite ici en termes clairs :
> C'est l'unique respect que j'exige de vous.
> Je permets tout le reste à mon libre courroux. *(1355-1356)*

Le passage immédiat au « je », avant qu'Aricie ne puisse redevenir sujet actif (« Sortez de l'esclavage... »), est surprenant et témoigne d'un échange qui engage Hippolyte et lui seulement : d'un acte à un autre. Déplacement de sa vengeance, de l'accusation qu'il aurait dû tenir contre Phèdre à une vengeance différée par un long cheminement politique, relayée une fois encore par un « départ » (« Osez me suivre, osez accompagner ma fuite »). Il n'est d'ailleurs plus ici de départ, seulement une fuite, une retraite.

Le discours d'Hippolyte se structure en deux termes d'échange : 1) le silence produit non point tant dans sa nécessité immédiate que dans sa nécessité par rapport au passé; 2) la fuite. Deux figures analogues, mais non pour Aricie, pour laquelle fuite = rupture d'avec Trézène, et surtout rupture d'avec Thésée — l'insistance sur la nature non filiale de sa relation à Thésée est ici significative :
> Je me puis affranchir des mains de votre père :
> Ce n'est point m'arracher du sein de mes parents. *(1382-1383)*

Cependant c'est le sémème « arracher » qui a été intuitivement produit par le texte d'Hippolyte pour désigner la rupture d'Aricie d'avec Trézène, étrangement assimilée à un pôle parental d'infidélités, de corruption :
> *Arrachez-vous* d'un lieu funeste et profané,
> Où la vertu respire un air empoisonné. *(1359-1360)*

Le jeu sur le propre et le figuré de respirer (propre = est environnée de; figuré = ressemble à, fait penser à) est mise en doute possible de l'univocité de la vertu, mise en doute possible donc du tableau d'innocence.

Mais le terme compensatoire du silence d'Aricie ne doit pas être seulement la fuite avec un amant, la fuite avec Hippolyte. Aricie serait alors, dans la représentation d'Hippolyte trop proche d'elle-même pour être un réel substitut de Thésée; le délai politique est nécessaire pour qu'Hippolyte, fût-ce au travers de son délire grandiloquent, puisse n'être pas un « banni » aux yeux d'Aricie, pôle paternel. Le délire se constitue par glissement métonymique : des gardes permettant de protéger la fuite d'Aricie (et donc la conservation — et même l'enlèvement consentant — de ce pôle d'autorité paternelle) aux défenseurs permettant une vengeance politique digne du père, Hippolyte reprenant sa place de successeur, ses droits au trône paternel :
> Vous n'avez jusqu'ici de gardes que les miens.
> De puissants défenseurs prendront notre querelle; *(1364-1365)*

Relisons ici :
> Chargé du crime affreux dont vous me soupçonnez.
> Quels amis me plaindront, quand vous m'abandonnez? *(1143-1144)*

Car la querelle passe par l'élocution de la vérité; le recouvrement de la légitimité de fils, et donc de successeur du « trône paternel » (exclusion de Phèdre), passe par cette vérité qui ne peut être dite. La fuite est précisément ce qui doit compenser le silence, et pour que la fuite soit un énoncé effectuable il faudrait que ne soit plus le silence. C'est ici un masque politique que revêt le discours, en même temps qu'il peut être délire hyperbolique : tout penser en termes politiques, afin de refouler la « scène », tout penser en termes politiques, même la dénonciation de Phèdre (par délégation d'Œnone) :

> Ne souffrons pas que Phèdre, assemblant nos débris,
> Du trône paternel nous chasse l'un et l'autre,
> Et promette à son fils ma dépouille et la vôtre. *(1368-1370)*

Les énoncés passés se transmuent en une lutte à la succession entre le fils de Phèdre et le fils de Thésée. Hippolyte parle ici comme Britannicus pourrait parler à Junie; il transforme Phèdre en Agrippine détruisant tout ce qui n'est pas Néron et sachant qu'elle sera elle-même emportée dans cette destruction. Transformation qui n'est pas sans intérêt, puisque faisant de Phèdre cette mère délirante qui ne parvient pas à accoucher du prince, de l'empereur qu'elle voudrait faire naître :

> Vous régnez. Vous savez combien votre naissance
> Entre l'Empire et vous avait mis de distance.
> Les droits de mes aïeux, que Rome a consacrés,
> Étaient même, *sans moi*, d'inutiles degrés. *(Britannicus, 1119-1122)*

Agrippine est celle qui donne le pouvoir, plus exactement qui conquiert — fût-ce au travers des pires crimes — le pouvoir pour le donner, pour que des crimes sorte enfin un empereur façonné de ses mains et en qui elle pourra se reconnaître en permanence :

> Lorsqu'il se reposait sur moi de tout l'État,
> Que mon ordre au palais assemblait le sénat,
> Et que, derrière un voile, invisible et présente,
> J'étais de ce grand corps l'âme toute-puissante. *(Britannicus, 93-96)*

C'est une lutte de la mère contre le pouvoir paternel, contre le pouvoir phallique (cf. la lutte d'Agrippine contre les deux pouvoirs agissant sur Néron : celui de Burrhus qu'elle identifie quasiment à celui du père, et celui de Narcisse) qui se marque ici au travers du texte d'Hippolyte : « nous chasse du trône paternel ». La référence intertextuelle est telle qu'elle pose définitivement Phèdre comme mère d'Hippolyte, mère qui est celle qui donne tout. En même temps s'annonce ici une problématique que nous aurons à lire dans le texte même de Phèdre : celle de la destruction (pensée du meurtre d'Aricie).

Là encore le texte d'Hippolyte a déplacé, sous l'action d'une censure brutale, son point d'application : il lit dans une même continuité ce qui pèse sur Aricie (l'interdit de Thésée) et ce qui pèse sur lui (la condamnation de Thésée, mais ayant pour origine la fausse déclaration de Phèdre). C'est dans le masque politique du discours que vient se loger et s'affirmer la réminiscence intertextuelle (qui pourrait aussi être celle d'Athalie offrant le pouvoir à Joas et prête à tout sacrifier pour cela, ou celle de Roxane, ou encore de Bérénice); le masque n'est pas ici seulement masque : il est parlant pour lui-même, en lui-même, matérialité des instruments discursifs qui servent à figurer, à parler autrement.

3. Préfiguration

L'enveloppe sémiotique de cette scène est identique à celle de la scène 2 de l'Acte II; le passage par le discours politique — projet, rêve politique — y précède l'énonciation de la stratégie proprement amoureuse.

Les deux discours ne sont pas sans rapport. Dans les deux cas il y a réalisation d'une même détermination par l'énoncé figuratif « départ »; ils sont en quelque sorte réalisations sémiotiques de deux « procès/départ » possibles : fuite pour se venger ou fuite du « banni », rassembler des amis, constituer un parti, une brigue, face à Phèdre; l'autre est une fuite amoureuse :

> Fuyez vos ennemis, et suivez votre époux.
> Libres dans nos malheurs, puisque le ciel l'ordonne,
> Le don de notre foi ne dépend de personne. *(1388-1390)*

Là se marque comme un manque : la femme n'a pas été donnée par son père. Et, comme Xipharès, Hippolyte souhaitait tenir Aricie de son père (« libre » témoigne d'un regret : la liberté est force). C'est comme une possibilité du texte qui se trouve là développée : texte fictif bien que parfaitement présent dans les énoncés, il est déterminé par la figure « départ » qui en module certaines implications, par la réflexion sur l'énonciation qui statue sur ce qui se dit et ce qui ne se dit pas.

Une fois de plus la réalisation de ce départ est déterminée en même temps que système déterminant : premier moule, ou du moins décor du récit de la mort d'Hippolyte. Que signifie sémiotiquement l'affirmation selon laquelle un texte serait première position du « décor » d'un autre texte? Il pourrait être comme le substitut, le tenant-lieu métaphorique de ces changements merveilleux de décors dans les mises en scène « baroques », sujet d'éblouissement devant les extraordinaires possibilités d'une technique, et dans ce cas serait à charger d'une signification proprement figurative, du moins représentative. Représentative ne signifie pas reproduisant une certaine réalité naturelle et physique, mais bien représentant un certain lieu symbolique et idéologique. Le texte a peut-être quelque chose à voir avec ce statut représentatif, en même temps qu'il est aussi lieu de réminescences intertextuelles : lieux sacrés du dénouement dans lesquels s'achève *Iphigénie*, lieux tout empreints de la trace sémique des morts, des Dieux (jusqu'à la présence de la Déesse Diane). Mais, surtout, le discours d'Hippolyte est *figurabilisation :* le « temple », « les tombes », « les Dieux », l'absence de « flambeaux »sont figures produites d'un mécanisme de déplacement signifiant, d'intersections sémiques. Lisons :

> *L'hymen* n'est point toujours entouré de *flambeaux. (1391)*

en même temps que ces vers de la scène 1, Acte I :

> Et que jusqu'au *tombeau* soumise à sa tutelle,
> Jamais les *feux* d'*hymen* ne s'allument pour elle. *(109-110)*

La transgression de l'interdit de Thésée ne s'étend pas jusqu'à une transgression symbolique; il n'y a pas de transgression de l'absence de « feux », de « flamme » (lire absence de lumière, castration). Cette restriction peut-être passe par cette étape intermédiaire :

> On craint que de la sœur les flammes téméraires
> Ne raniment un jour la cendre de ses frères. *(429-430)*

Figurabilisation sous laquelle, nous l'avons montré, il est possible de lire la présence sémique masquée de l'inceste (cf. chapitre III). Refus des flammes accompagnant cet hymen comme épuration, suppression, effacement de l'inceste; le seul effacement possible n'étant pas tant l'hymen que la mort. C'est une étrange confusion sémique des deux termes qui s'établit ici dans les conséquences logiques de l'implication narrative : départ → mort; dès lors que départ implique hymen (« suivez votre époux ») se déduit l'équation hymen = mort. Équation dont les deux termes étaient déjà présents dans le premier discours sur Aricie dans l'association d'hymen à tombeau. Plus qu'une association, c'est une transformation sémique de « l'hymen » en « tombeau » : « tombeau » comme seul hymen possible pour Aricie — ou dans l'espace d'une variation possible : « tutelle » de Thésée. Puis ici « tombeaux » comme figures représentatives entourant la scène, jouant le rôle de « flambeaux » d'hymen :

> Aux portes de Trézène, et parmi ces tombeaux
> Des princes de ma race antiques sépultures *(1393-1394)*

Cette transformation de l'hymen en tombeau se réalise dans un anéantissement, dans l'oubli de soi dans les générations passées, la fuite métonymique dans le contexte familial et historique (au sens de « temporel »), mouvement dont nous avons déjà vu une esquisse dans la première scène Œnone-Phèdre. C'est aussi la recherche d'une légitimité (cf. Acte II, scène 2) qui ne soit pas celle de la famille, mais celle de la descendance paternelle, « mes aïeux ». Les éléments sémiques : « tombeaux », « aïeux », « mortels », « châtiment soudain », « mort inévitable », marquent tout à la fois la mort et la culpabilité.

II. Le discours du vrai et du faux

Par ce biais de la culpabilité, une fois de plus le discours va porter sur le statut du vrai et du faux : le « temple », « formidable aux parjures », est la marque définitive de l'aporie de la réflexion sémiologique sur le vrai et le faux (rappelons encore que la réflexion du XVIIe siècle porte sur le rapport du langage et du discours à la vérité, vérité sur l'homme et sur Dieu). Le temple, dans lequel une autre autorité, venant d'un autre horizon, subsumant les hommes, décide du vrai et du faux, est substitut du jugement humain. Impossibilité d'un jugement humain sans aide, sans « grâce ». Peut-être est-ce là la raison de cette insistance sur l'appel divin (les six derniers vers)? Relisons ici Pascal :

> L'homme n'est qu'un sujet plein d'erreur naturelle, et ineffaçable sans la grâce. Rien ne lui montre la vérité. Tout l'abuse. Ces deux principes de vérité, la raison et les sens, outre qu'ils manquent chacun de sincérité, s'abusent réciproquement l'un l'autre; les sens abusent la raison par de fausses apparences ... Les passions de l'âme les [les sens] troublent et leur font des impressions fausses. [2]

L'intérêt essentiel de ce discours réside dans le déplacement qu'il fait subir à la problématique de l'erreur, la plaçant moins dans la structuration actantielle et performancielle relative à Thésée (ce qui apparaît phénoménologiquement comme évident) que dans celle qui concerne Hippolyte. C'est en Hippolyte que le principe de réversibilité brouille les perceptions des sens (cf. les textes sur la forêt dans lesquels se confondent les éléments sémiques Aricie/Antiope et les éléments sémiques Phèdre) et les sentiments de l'âme (cf. la possibilité pour le lecteur de confondre les deux récits « absents » : Phèdre agressant Hippolyte ou bien Hippolyte agressant Phèdre). C'est en Hippolyte, du moins dans le texte d'Hippolyte, que se joue plus qu'en Phèdre une problématique religieuse; c'est en Hippolyte que se joue l'impossibilité de savoir qui est Dieu :

> Nous prendrons à témoin le Dieu qu'on y révère; *(1401)*

Dieu d'institution, dieu arbitraire qui ne donne pas ses preuves et à propos duquel nous aurons à poser le problème du statut politique de ce discours :

> Des Dieux les plus sacrés j'attesterai le nom.
> Et la chaste Diane, et l'auguste Junon *(1403-1404)*

Pôles de fixation affective ou pôles d'autorité (mysticisme ou lois)?
> Et tous les Dieux enfin, témoins de mes tendresses *(1405)*

Dieux spectateurs enfin : l'opération de jugement est renvoyée à celui

---

2. Pascal, *Pensées*, édition Lafuma, Éd. du Seuil, collection l'Intégrale, 1963; Papiers Classés, Liasse II, 45 (83), p. 505.

qui regarde, à celui qui lit, au « témoin ». Impossibilité de savoir qui est Dieu, point de représentation, de confins épistémologiques divers : espace analytique de la famille, espace politique et théologique (ces deux domaines sont inséparables au XVIIe siècle), espace sémiologique de la figurativité, de la théâtralité et de ses problématiques. Cette impossibilité n'est que la figure lointaine, le reflet presque détaché de ces divers horizons épistémologiques de questions (à défaut de savoirs). Problématique, proche de celle de Molière, de l'impossibilité de « savoir », de « décider » d'un objet de fixation ; la question posée n'étant pas ici celle de la diversité (cf. la variété des amants chez Célimène), mais celle de la réversibilité, question qui pose le statut de l'affectivité en termes de contradictions et d'une dialectique permanente.

Quel rapport cet index d'une problématique de l'indécidabilité de la vérité entretient-il avec la structuration textuelle relative à Phèdre (dans laquelle tout ressort d'une certitude) et avec celle qui est relative à Thésée (et qui paraissait la figuration même de l'illusion) ?
Lisons à nouveau le discours d'Hippolyte. Sémiquement, y réapparaissent les éléments du jugement de Thésée, « perfide », « parjure » :
Toujours les scélérats ont recours au *parjure*. *(1134)*
Et le geste même du serment, de l'attestation d'innocence face aux lieux est répétition d'un geste esquissé devant Thésée :
Par quel affreux serment faut-il vous rassurer ?
Que la terre, que le ciel, que toute la nature ...
Fondamentalement le serment s'adresse à Thésée ; Hippolyte n'a pu le faire face à Thésée et en déplace le destinataire. Le temple — celui aussi qui doit donner Aricie à Hippolyte — est substitut évident de Thésée, et substitut thématisé par Hippolyte :
Nous prendrons à témoin le Dieu qu'on y révère ;
Nous le prierons tous deux de nous servir de *père*. *(1401-1402)*
Non seulement Thésée est ici thématisé comme père, mais il est aussi représentant d'une certaine autorité puisque produit d'une institution (« le Dieu qu'on y révère ») ; la coutume est ici ce qui institutionalise, en même temps que se croisent la désignation proprement religieuse et la désignation par force de l'habitude : « on » (général — collectif). Se repose alors le problème évoqué précédemment du rapport de la vérité et de la justice. S'il n'est de vérité définitivement assignable, il n'est pas non plus de justice : « la justice et la vérité sont deux pointes si subtiles que nos instruments sont trop mousses pour y toucher exactement. S'ils y arrivent, ils en écachent la pointe et appuient tout autour sur le faux plus que sur le vrai [3] ».

---

3. Pascal, *op. cit.*, Liasse II, 44 (82), p. 505.

Et cependant, si l'on peut se passer de la vérité, on ne le peut de la justice. A défaut d'une justice naturelle, supposable mais non existante, car elle aurait alors été reconnue par tous (« l'éclat de la véritable équité aurait assujetti tous les peuples » [4]), il faut une justice humaine, c'est-à-dire une justice politique nécessaire au fonctionnement, à l'existence même de toute société. « De cette confusion, arrive que l'un dit que l'essence de la justice est l'autorité du législateur, l'autre la commodité du souverain, l'autre la coutume présente et c'est le plus sûr. » [5]

Thésée, défini ici dans le discours d'Hippolyte, par substitution signifiante, comme identique au « temple », « au dieu que l'on révère » (institution et coutume) dans le temple, devient celui qui doit lever les apories de l'indécidabilité du vrai et du faux. Le temple, le Dieu du temple diront l'innocence ou la non-innocence, inconnues du sujet Hippolyte (sujet au sens politique). En cela encore, le discours d'Hippolyte est capital : il est celui qui donne le statut du dénouement, il est fin des interprétations, des réflexions sémiologiques. Il pose comme nécessairement juste — du point de vue de la justice humaine, et malgré les apparences immédiates — la mort d'Hippolyte. Nous aurons à analyser en quoi le dénouement, la mort d'Hippolyte, est tout à la fois juste et injuste, analyse dont la nécessaire médiation est effectivement un raisonnement de type pascalien.

Loin d'être seulement position représentative du récit de la mort d'Hippolyte, ou seulement préfiguration symbolique — confusion de l'hymen et de la mort — de la lutte avec le monstre (flambeaux d'hymen métamorphosés en flammes dévorantes crachées de sa gueule, tombeau béant), ce discours est aussi le terme d'une réflexion sur le statut même de l'interprétation, sur le statut de la vérité, en même temps qu'affirmation de la justice rationnelle que va représenter le dénouement.

Quel sens donner alors à la problématique de l'illusion (comme adéquation à des fantasmes) qui structure les discours de Thésée ? Aricie, comme substitut de Thésée et destinataire du discours d'Hippolyte, est en possession d'une « vérité » (récit absent) dont nous savons maintenant qu'elle est en fait indécidable. Le mariage est comme la mort, le point final mis à cette errance de la vérité, puisque fixation définitive — ou du moins pensée comme telle — d'un pôle affectif. En ce sens, et pour reprendre des catégories traditionnelles, le mariage de Xipharès et de Monime n'est pas un « dénouement » plus heureux que la mort d'Hippolyte.

Le texte renvoie cette indécidabilité de la vérité au regard spectateur en le faisant pour un instant « témoin » de la « foi » des « saintes promesses » d'Hippolyte : qu'en sera-t-il au terme du récit-tableau

---

4. Pascal, *op. cit.*, Liasse III, 60 (294), p. 507.
5. Pascal, *op. cit.*, Liasse III, 60 (294), p. 507.

figurabilisé de la mort d'Hippolyte ? Quel sera alors le regard spectateur, diffracté entre la vue éparse des « morceaux » du corps d'Hippolyte et la scène finale de renversement du savoir, en ce qui concerne Thésée ?

> PROPOSITION XXV
> *Le texte le plus politique n'est pas ici la première partie du discours d'Hippolyte (recherche d'alliances, constitution d'une brigue), mais bien la seconde. Il en est d'ailleurs souvent ainsi dans le théâtre racinien : les textes limites, index d'un espace politique représentable mais non représenté, ne sont pas des textes dont le « code » est politique — du point de vue de sa désignation —, mais se trouvent être au contraire des figures, des énoncés produits d'une figuration ou figurabilisation, se déterminant à la fois dans le mouvement systématique de l'intérieur du texte et dans une inscription d'un mouvement épistémique (idéologique au sens large). C'est pourquoi nous préférerons ici au concept (d'ailleurs opératoire et utilisé avec fécondité) de « code »* [6] *(point d'articulation d'un inventaire des catégories constituantes du texte et d'une inscription historique), la distinction entre une typologie des énoncés (à relire dans sa mise en place dans les premiers chapitres) et la recherche d'une détermination historique du texte. Cette détermination n'est pas repérable au niveau phénoménologique d'une lecture des énoncés dans leurs signifiés immédiats (lecture qui confond trop vite signifiés et référents). Elle est encore moins repérable au niveau d'une extrapolation rapide qui pense les discours de Phèdre au travers d'une morale qui leur est mécaniquement appliquée* [7].

Les deux discours d'Hippolyte qui paraissent s'articuler performanciellement au travers des craintes d'Aricie, s'articulent en fait, et cela est logique à ce point de développement des contraintes textuelles, dans le renvoi des deux axes sémiques : Phèdre-Hippolyte ⌀ Thésée-Hippolyte. Le mariage échappe à l'un comme à l'autre.

Le premier discours d'Hippolyte parle les horreurs du récit —

---

6. *Code* : concept charnière utilisé par R. Barthes dans *S/Z*.

7. Remarquons à ce propos que l'un des mérites du livre de L. Goldmann, *Le Dieu Caché* (Gallimard, 1959), a été précisément de tenter de dépasser les apories de l'extrapolation morale et moralisante en pensant les textes raciniens en fonction des catégories théologiques, politiques et axiologiques de l'époque dans leurs rapports à une infrastructure sociale. L'ouverture de nouvelles sphères d'études et de recherches — sémiologie, histoire des sciences, histoire des théories politiques — permet à présent d'affiner considérablement ce travail d'articulation d'une production textuelle sur un champ historique.

d'un récit jamais fait, mais terrible à entendre, et cependant rien n'est plus objet de désir que de l'entendre (d'où le thème du marchandage) — et la terreur de son silence ; il parle donc déjà la confusion des deux axes sémiques ; sa partie politique, ou apparemment politique, statue en fait sur Phèdre, et même très exactement sur les discours précédents de Phèdre : en cela elle est système explicatif (au sens que nous avions donné à cette notion dans les premiers chapitres).

Le second discours d'Hippolyte, apparemment discours bienveillant de stratégie amoureuse, est en fait position du dénouement ; quelque peu dans ses lois de constitutions figuratives et figurabilisatrices : en cela il est *système figuratif :* mais surtout il définit la lecture qui doit être faite de la suite et en cela il est *système de lecture*. Repérage des constituants de la lecture et des catégories qui peuvent articuler ces constituants : identique, contraire, symétrique.

III. La vérité comme figuration

Comme itération de l'énoncé « départ », ce texte n'est pas développement d'une nouvelle séquence qui en serait la reprise transformée : c'est le récit de Théramène qui remplira ce rôle. Il contient des éléments séquentiels repris des itérations précédentes : fuite (devant Phèdre et devant Aricie pour rejoindre Thésée ; devant Phèdre et le jugement de Thésée, pour rejoindre Aricie — d'où l'on tire la permutation possible : Aricie/Thésée), institution d'Aricie dans une légitimité politique (là où il y avait *partage* et *désaveu*, se place maintenant la *vengeance* : preuve récurrente de l'interprétation par le désaveu de la mère). Par contre, disparition du père, et donc disparition de la « signification » (signification = développement d'une séquence à partir d'une *figure*) de mandatement, de recherche de l'héroïsme. Le père ne réapparaît que sous forme déplacée, figurabilisée : « temple » et « Dieu du temple » ; l'axe narratif du héros ne réapparaîtra que dans le récit de Théramène : la mort est comme sa condition.

Le départ avec Aricie, pour épouser Aricie et pour reprendre une position politique, serait l'un des développements possibles d'une séquence, si la lecture ne connaissait sa vanité définitive. Il est ainsi engendré du point de vue proprement narratif et prend un sens sémiotique déterminant. Il annonce des figures et une interprétation.

Et cependant la seule vérité sera figurative :
Dieux ! éclairez mon trouble, et daignez *à mes yeux*
Montrer la vérité que je cherche en ces lieux. *(1411-1412)*

Après le discours sur le temple, le texte montre le geste de Thésée comme vain, puisque cherchant finalement la « vérité » là où elle n'est pas, là où elle ne peut pas être : « en ces lieux ». Thésée a déjà récusé un savoir qui serait de l'ordre du discursif, de l'ordre du langage :
Cesse, cesse et m'épargne un importun discours
Si ta fausse vertu n'a point d'autre secours. *(1135-1136)*

Thésée cherche une vérité de l'ordre du symbole (le fer), de l'ordre de l'optique, du spectacle — et cependant a-t-il retenu une vérité de Pirithoüs? En d'autres termes, une vérité adéquate à son fantasme, devenu visuel (cf. le tableau d'Hippolyte coupable se déterminant et se constituant à partir du récit de l'aventure avec Pirithoüs). A lire dans la continuité des réflexions sur le temple, le texte est aussi appel à la grâce, appel à une lisibilité du monde qui se marquerait figurativement dans des signes. Appel à une lumière (« éclairez mon trouble ») qu'il n'a plus depuis son récit/castration (Acte III, scène 5). Et c'est encore sur la figure même d'Aricie qu'il recherche cette lisibilité :

    Vous changez de *couleur* et semblez interdite,
    Madame. Que faisait Hippolyte en ce lieu? *(1414-1415)*

Cette scène est développement de la logique de l'illusion : les signes, les masques que recherche Thésée sont de l'ordre du fantasme.

Rappelons ici à nouveau ce texte de Pascal : « Les sens abusent la raison par de fausses apparences. Et cette même piperie qu'ils apportent à l'âme, ils la reçoivent d'elle à leur tour; elle s'en revanche. *Les passions de l'âme les trouble et leur font des impressions fausses.* Ils mentent et se troublent à l'envi [8]. » Les interprétations de Thésée sont de l'ordre de ces « impressions fausses », de l'ordre du fantasme par lequel les passions de l'âme viennent brouiller les perceptions. Nous expliquerons ultérieurement en quoi la problématique relative à Thésée est du domaine de l'illusion et non de l'erreur.

    Faut-il qu'à vos yeux seuls un nuage odieux
    Dérobe sa vertu qui brille à tous les yeux? *(1431-1432)*

Traitement de l'illusion comme personnelle à Thésée (« à vos yeux seuls ») et comme ressortissant à un fantasme figurabilisé (« yeux »), emprunt à la technique picturale du nuage, de la « nuvola » qui dissimule [9]. Puis, traitement de la constitution ou du moins de la fixation du fantasme comme se rapportant au discours, au langage :

    Ah! c'est trop le livrer à des *langues* perfides. *(1433)*

    Et comment souffrez-vous que d'*horribles discours (1427)*

L'interprétation — et par conséquent l'illusion — sont de l'ordre du tableau, de l'ordre de l'adéquation naturelle d'Hippolyte à son image; les arguments d'Aricie sont ici le positif des doutes de Thésée sur le statut du figuratif :

    Faut-il que sur le front d'un profane adultère
    Brille de la *vertu* le sacré caractère? *(1037-1038)*

Les arguments de Thésée s'ajoutent à ceux d'Hippolyte lui-même

---

8. Pascal, *op. cit.*, Liasse II, 45 (83), p. 505.

9. Cf. P. Francastel, *la Figure et le Lieu* (Gallimard, 1967). Analyses à utiliser pour l'étude de certaines métaphores qui pourraient avoir pour origine la représentation figurative d'éléments résultant d'une fabrication technique à des fins spectaculaires (décors de théâtre par exemple).

(tableau contradictoire d'Hippolyte innocent), l'adéquation naturelle passe par une forme de reconnaissance sociale (« à tous les yeux »/ « Hippolyte connu de la Grèce »), et aussi par l'histoire sociale du héros :
> D'une si belle vie osent noircir le cours? *(1428)*

Aricie parle une vérité que la lecture sait inopérante, à la fois parce que dans le même mouvement elle dessine les contours de l'obsession fantasmatique de Thésée, et parce qu'elle entre dans les apories du rapport du signe à la chose signifiée, apories dont le discours d'Hippolyte a marqué la fin. Cette scène, en dehors de son rôle quant à la structuration actantielle Aricie-Thésée, est l'explication « dramatique » et non plus sémiologique de la vanité de la vérité. Mise en évidence de l'illusion avant d'être le dessin préfiguratif de sa rupture.

Mais, obéissant en cela à d'autres déterminations, les énoncés d'Aricie sont accusations violentes :
> De votre injuste haine il n'a pas hérité;
> Il ne me traitait point comme une criminelle. *(1420-1421)*

C'est ici la marque d'une relation dont nous avions aperçu la virtualité, relation amoureuse Aricie/Thésée, ici thématisée sous sa seule forme exprimable : la relation filiale. Aricie reproche à Thésée de n'avoir pas su être père. Rappelons l'insistance de la scène précédente à distinguer cette relation d'une véritable relation filiale — insistance à double sens : marquer cette relation, ou peut-être en déplaçant la relation filiale autoriser la relation amoureuse. Et si Aricie insiste sur la nécessité d'une institutionalisation de son rapport à Hippolyte (scène précédente), c'est peut-être aussi dans la crainte d'une reproduction d'une situation d'enlèvement, situation déjà vécue avec Thésée. A ce titre, le mariage serait pour Aricie une fin, une option mettant fin à la réversibilité Thésée/Hippolyte. Le discours d'Hippolyte sur le statut de la vérité serait applicable aussi à Aricie; s'il est un problème de vérité pour Aricie, il ne se figure que très épisodiquement, dans l'envers du texte, et en termes de réversibilité d'une fixation d'objet. L'absence de développement de cette virtualité du texte (déterminable, nous l'avons vu au chapitre III, à partir du système actantiel et du système figurabilisé présent dans le premier discours d'Aricie) implique que le problème ne se puisse pas poser en termes d'« innocence » ou de « crime », alors qu'il se présente en ces termes pour Hippolyte :
> Avez-vous de son cœur si peu de connaissance?
> Discernez-vous si mal le crime de l'innocence? *(1429-1430)*

Ici se superposent deux accusations : mauvais père et mauvais juge tout à la fois; superposition que nous pouvons aussi, maintenant, par récurrence lire dans les termes « injuste haine » (mauvais père) et « criminelle » (mauvais juge).

> **Proposition XXVI**
> *Le texte avait déjà constitué sans le savoir le moule d'une signification qu'il ne produit que plus tard : il ne s'agit pas là d'une préfiguration, d'une annonce, donc pas d'un système. Il s'agit de la première marque d'une signification à constituer, d'une première présence sémique inopérante (ou du moins non repérable) sans sa réalisation ultérieure. La même fonction sémique s'applique aussi, mais elle pourrait être illisible ; un texte se distingue effectivement à cette application permanente de la même fonction, mais cela ne veut pas dire qu'il soit lisible en un seul de ses constituants. La lisibilité est fonction d'un parcours nécessaire des systèmes de détermination.*

D'autres parties du texte, en revanche, fonctionnent explicitement comme préfiguration, voire même comme une menace :
    Craignez, Seigneur, craignez que le ciel rigoureux
    Ne vous haïsse assez pour exaucer vos vœux. *(1435-1436).*

Anathème qui se situe toujours dans une logique de l'illusion, du fantasme, peut-être même cette fois de la faute, puisqu'il menace Thésée d'une punition. Mais surtout, c'est la dénonciation d'une totale passivité des Dieux ; « les Dieux » ne sont en fait que le reflet, que la délégation signifiante des humains : les victimes des humains sont aussi les leurs. En d'autres termes, la justice divine n'est que l'entérinement de la justice humaine, parce qu'elle sait qu'il n'y a pas d'autre justice possible : « Rien ne sera juste à cette balance » (Pascal) :
    Souvent dans sa colère il reçoit nos victimes ; *(1437)*

A ce titre, ces énoncés d'Aricie sont symétriques du discours d'Hippolyte qui statuait sur le problème de la vérité et en indiquait le chemin de lecture, du moins le chemin de lecture de son impossibilité. Le texte d'Aricie aborde les deux points de vue indissolublement conjugués de la justice et de la vérité, annonçant la justice divine comme se modelant sur la justice des hommes. Ces deux scènes et peut-être encore la scène suivante apparaîtraient donc comme « préparation [10] » d'une figure à interpréter : celle de la mort d'Hippolyte.

Le témoignage visuel de Thésée se déplace : du fer — que curieusement il refoule face à Aricie, ne pouvant parler face à elle la castration

---

10. Cf. le sens de ce terme dans *La Logique ou Art de Penser* d'Arnauld et Nicole, Flammarion, 1970, Ch. XIV de la Partie II : « Mais c'est certainement une *préparation* suffisante pour donner aux signes le nom des choses, quand on voit dans l'esprit de ceux à qui on en parle, que considérant certaines choses comme signes, ils sont en peine seulement de savoir ce qu'elles signifient. »

en raison d'une « contagion » possible (cf. R. Barthes, *S/Z*) — aux larmes de Phèdre ou d'Œnone. Et le geste même de l'illusion est renvoyé, retourné sur Aricie :

> Votre amour vous aveugle en faveur de l'ingrat. *(1440)*

avec l'impossibilité de statuer sur la fausseté ou la vérité de cette affirmation, là encore formule sémique de réversibilité.

La dernière préfiguration d'Aricie est d'importance, puisque directement liée à l'axe actantiel du héros : « vos invincibles mains » (remarquons que la réponse d'Aricie, imprégnée du texte de Thésée, masque aussi le fer, l'arme), et à la fonction paragrammatique du monstre. Ces énoncés se positionnent de la même manière que la désignation lointaine de Phèdre comme coupable, dans la fin de la « défense » d'Hippolyte :

> Je me tais. Cependant Phèdre sort d'une mère,
> Phèdre est d'un sang, Seigneur, vous le savez *trop* bien,
> De toutes ces horreurs plus rempli que le mien. *(1150-1152)*

Le recoupement de ces deux figures de la « vérité » — où la « vérité », une certaine « vérité » est à lire mais n'est pas écrite — nomme très exactement Phèdre comme coupable. Si ce n'est que le fonctionnement poétique du langage autorise deux lectures des énoncés d'Aricie :

> Prenez garde, Seigneur, vos invincibles mains
> Ont de monstres sans nombre affranchi les humains;
> Mais tout n'est pas détruit, et vous en laissez vivre
> Un ... Votre fils, ... *(1443-1446)*

L'enjambement précipite le « un » (sous-entendre « monstre ») vers le mot « fils » et cependant c'est la première fois que Phèdre se trouve signifiée, et cela sans hésitation possible par le sémème « monstre » que nous analyserons plus complètement.

Le discours d'Aricie est une double accusation, qui porte d'abord sur le passé même de l'énonciation (Thésée n'a pas su être père : reprise en charge du « nous » du discours d'Hippolyte) :

> Nous le prierons tous deux de nous servir de père. *(1402)*

Second volet de l'accusation : Thésée est mauvais juge et le jugement des Dieux ne réparera pas le sien. C'est un texte qui, semblable en cela au précédent texte d'Hippolyte, statue sur le dénouement, en même temps aussi qu'il le *préfigure* dans la réalisation sémique de la fonction « monstre ». Cette mort d'Hippolyte aurait donc besoin d'une « préparation », d'une mise en scène de ses significations possibles, et de certaines significations comme étant à retenir, voire même à corriger en fonction du statut à donner à la notion de vérité. La scène entre Thésée et Panope ne joue-t-elle pas ce même rôle de préparation, et cela en liaison systématique avec le tableau figurabilisé de Phèdre (Acte IV, scène 6)? Le dénouement sera donc ici système d'énoncés parfaitement logiques relativement aux systèmes de déterminations textuelles qui l'ont engendré. Le récit de Théramène n'est nullement cette excroissance, cette aberration rhétorique que l'on y a lu pendant longtemps (cf. jugements sur cette partie de la pièce tout au long des XVIIIe et XIXe siècles). Mais la justification de ces jugements est peut-être en ce que ce récit n'est pas uniquement prévisible, déductible à partir des énoncés précédents; il comporte une productivité propre qui d'ailleurs le spécifie comme texte poétique.

XI

La vérité du figuratif et de la représentation

Argument

Préalable

L'engendrement du dénouement : un échange entre savoir et jouissance.

THÈSES :
— Rapport du vrai et du faux.
— Possibilité d'une rupture du texte.

I. La mise en figuration

DÉFINITION : La mise en figuration est opération sémiologique inverse de celle de l'interprétation.
HYPOTHÈSE : Le texte est ici préparation (sémiologique) de l'opération « dénouement ».
PARTIES :
1. Les textes absents; dessin du lieu du procès narratif : récit de Théramène.
2. Constitution du tableau « Phèdre abandonnée ».
— L'ordre textuel comme matériau.
— Nouvelle détermination de la délégation de mort.
— Échec du tableau de charité.
3. Transformation du tableau A.
— Constituants figuratifs.
— Système du tableau A : la jouissance de la mort.

> PROPOSITIONS : La constitution des significations textuelles comme mise en figuration.
>
> ## II. La rupture de la représentation/délégation
>
> ### 1. Mise en scène figurabilisée/critique de la perspective/ Prophétie
> — Les références optiques.
> — La prophétie. Le tableau comme système de figures.
>
> ### 2. Constitution et expulsion du figurant
> — Règles d'engendrement sémiologique.
> — Parler le figurant au travers du représentant.
> — Rupture de la représentation comme rupture du figurant, sémiologiquement délégué.
> — Expulsion politique.

Si, en ce point de l'analyse, nous devions résumer les différentes structurations de l'ensemble du texte, l'Acte I serait ensemble figuratif tandis que le second serait jeu sur l'interprétation, sur le figuré/figurabilisé. L'Acte III, marqué dramatiquement par le retour de Thésée, serait celui de la délégation, tout comme la première moitié de l'Acte IV. Leurs structurations sont d'ailleurs quelque peu symétriques :

Acte III	1. Phèdre/Œnone	= délégation de pouvoir
	2. Phèdre *seule*	= délégation allégorique en Vénus
	3. Phèdre/Œnone	= délégation de savoir et de mort
Acte IV	1. Hippolyte/Thésée	= délégation en Neptune
	2. Thésée *seul*	= adéquation à Neptune
Acte III	4. Thésée/Hippolyte	= renversement sémique et figuratif
	5. Hippolyte *seul*	= possibilité d'une réversibilité entre culpabilité et innocence
Acte IV	3. Phèdre/Thésée	= échange de savoir truqué
	4. Phèdre	= un texte possible/un texte reconstruit
	5. Phèdre/Œnone	= rupture de la délégation
	6. Œnone	= rupture de la nature (2 vers)

Symétrie par exemple des deux monologues brefs de Thésée et de Phèdre qui tous deux ont pour sujet l'adéquation à leur représentation. Et c'est cela même qui justifie le court texte de Thésée, thématisation par lui-même de ce qui va être systématisé par Aricie : la décision des Dieux n'est rien d'autre que le mime, le double décalé de celle de Thésée ; il n'y aura pas de justice divine, il n'y a pas de justice divine avant la fin des temps. Est-ce à dire que la grâce elle-même ne permet aux hommes qu'une image (« image » est toujours — dans les catégories sémiologiques de l'époque — décalée, déplacée, *déchue*) de la justice éternelle?

La scène 4, Acte IV est mise en scène des deux représentés — Thésée/Phèdre — comme représentés s'adéquationnant ou non à leur représentation. C'est justement la peur d'une non délégation qui paraît avoir poussé Phèdre : renforcement de cette crainte qui a fait naître le texte, crainte d'une brisure de lui-même par irruption d'une mort corporelle, matérielle :

> Sauvez-moi de *l'horreur* de l'entendre *crier;*
> Ne me préparez point la douleur éternelle
> De l'avoir fait *répandre* à la *main paternelle. (1172-1174)*

Insistance sur la réalité physique de l'acte, sur le trouble physique de l'acte de mort (symboliquement à l'Acte II, mort = viol = castration — prise du phallus). L'élément sensible en étant ici, tout à coup, la voix :

> Votre voix redoutable a passé jusqu'à moi. *(1168)*

Élément sensible entremêlé à la vue du sang comme si la voix, le dire, le cri étaient ce qui trouble, ce qui agite le corps; éléments sémiques dispersés d'un énoncé possible de la genèse : « Le sang de ton frère monte de la terre et crie vers moi »[1]. Dans la confusion sémique les énoncés parlent ce qui ne devrait point être dit, mais qui ne peut être compris que dans une récurrence que ne possède pas Thésée; le seul énoncé figuré interprétable étant la présence du pronom « me » qui semble revendiquer une possible responsabilité. Le texte de Phèdre n'est pas accusation, il n'est pas constitutif d'une information.

A la peur d'une rupture du texte par la trop grande matérialité de la mort, il sera répondu par la délégation, délégation d'ailleurs désignée ici dans sa constitution sémiologique, par le passage de « main paternelle »/« en mon sang ma main n'a point trempé » à « une immortelle main » : processus de décoloration, d'abstraitisation qui se met en marche avant que la figurabilisation de la mort d'Hippolyte ne devienne possible. Relisons en même temps que ce vers de Thésée :

> Non, Madame, en mon sang ma main n'a point trempé. *(1175)*

ces vers de la scène 3, Acte I :

> Œnone — Vos mains n'ont point trempé dans le sang innocent?
> Phèdre — Grâces au Ciel, mes mains ne sont point criminelles.
>   Plût aux Dieux que mon cœur fût innocent comme elles!
>   *(220-222)*

Récurrement la passion intérieure, le trouble du cœur et de l'esprit, seraient comme une sorte de représentation décalée du trouble physique qui, lui, est premier. Dans l'autre sens, cette lecture superposée indi-

---

1. *Genèse* (IV, X).

querait à quel point la délégation de Thésée à Neptune n'est pas innocente : elle est participation du cœur à un trouble physique — lourd de présence dans toute la scène Hippolyte/Thésée — qu'il ne peut plus s'accorder. Question à poser ici : qu'est-ce qui, du point de vue des énoncés « Phèdre », va être rempart contre la rupture toujours possible du texte? Quelle délégation va agir Phèdre? Par ailleurs, la reprise de l'énoncé Neptune est confirmation de l'unité profonde Neptune/Thésée tandis que Thésée pour lui-même et non pour son représentant demande la compensation du récit :

> Dans toute leur noirceur retracez-moi ses crimes;
> Échauffez mes transports trop lents, trop retenus. *(1182-1183)*

Étrange marchandage d'un récit contre une vengeance : « vous serez vengée », récit qui doit se trouver pourvu de bien des vertus érotiques : « échauffez mes transports », excitation posée comme inutile d'un point de vue dramatique puisque succédant tout juste à la réitération de la délégation en Neptune. Récit gratuit donc et postulé comme devant être de pure jouissance, et récit dont une fois encore le spectateur va être privé. Mais le marché, l'échange du savoir ne peut se faire au niveau de la vengeance, il se fait au niveau de l'information même : en échange du récit/jouissance Thésée donne un récit/information :

> Tous ses crimes encor ne vous sont pas connus; *(1184)*

A ce moment du texte, l'incohérence du point de vue de l'enchaînement des énoncés n'est pas seulement le produit de la nécessité d'apprendre à Phèdre la relation Hippolyte-Aricie, et très particulièrement de la lui apprendre ironiquement par la bouche de Thésée. En effet, le texte s'arrête, se suspend dès l'annonce performancielle de cette nouvelle. Au récit gratuit/jouissance masochiste se substitue l'invocation à Neptune, invocation à son double comme nouvelle itération du fantasme qu'il souhaitait sous sa forme figurabilisée. L'échange s'est truqué, c'est autre chose que devait dire Phèdre, autre chose dans un autre texte possible, immédiatement bloqué :

> Je vais moi-même encore, au pied de ses autels,
> Le presser d'accomplir ses serments immortels. *(1191-1192)*

Dans une configuration d'énoncés donnés comme faux, et dont Phèdre connaît la fausseté, puisqu'en étant à l'origine, l'information relative à Aricie/Hippolyte est immédiatement interprétée comme vraie. Effet de jalousie, dira-t-on, au niveau de la cohérence dramatique et psychologique, mais au niveau sémiologique ce phénomène retentit sur les autres énoncés.

Donnée par Thésée comme « frivole artifice », cette information s'inscrit dans un cadre de fausseté, dans l'autre sens l'accusation que porte Œnone sur Hippolyte n'est-elle pas à soupçonner de vérité?

L'échange du vrai et du faux se trouble de plus en plus; déjà empreint d'une réversibilité toujours possible, il s'avère maintenant que *le vrai puisse sortir, puisse se constituer à partir du faux*. Pour

Phèdre cette vérité incontestable survient comme en compensation d'une autre, comme barrant le chemin de cet autre procès virtuel, fictif que cependant elle dévoile, comme préfiguration du dénouement (scène 5, Acte IV) :

> Peut-être, si la voix ne m'eût été coupée *(1201)*

Comme s'il s'était agi d'un geste brusque de refoulement de la part de Thésée,

> L'affreuse vérité me serait échappée. *(1202)*

I. La mise en figuration

L'échange a été truqué par Thésée qui a refusé d'entendre le récit, terme d'échange de l'information Aricie/Hippolyte ; ce refus dessine comme la trace d'un piège qu'il n'aurait pas tenu jusqu'au bout, et cependant ce récit eût été *vérité*. Refoulement brutal de Thésée qui même au comble des doutes, demandera à interroger Œnone et non Phèdre : Thésée ne veut à aucun moment entendre Phèdre (cf. scène dernière).

1. Les textes absents

Autre texte absent, commenté mais donné comme ayant eu un statut de réalité dramatique, et cependant le degré de réalité textuelle de ces trois textes absents (récit d'Œnone à Thésée, récit de Phèdre à Thésée, récit double d'Hippolyte à Aricie) est quasiment identique : l'objet en est le même (dans ses réversibilités ou faces contraires possibles), le statut sémiologique en est le même : absents mais présents par leurs commentaires, leurs interprétations.

PROPOSITION XXVII

Se démontre ici l'existence d'une réalité textuelle autonome, *autre que l'isotopie dramatique conférée au texte,* un récit tel que celui que Phèdre aurait dû faire à Thésée n'a pas de réalité dramatique, *il a une réalité textuelle. Il est un texte possible. Texte (procès) fictif mais possible et qui se trouve ici présent dans ses commentaires, présent aussi comme menace d'une fin éventuelle de la pièce. Là est une menace qui se répète tout au long du développement textuel : chaque itération de l'énoncé départ est comme l'annonce d'une fin, d'une suspension du texte ; d'un « départ » au sens d'évanouissement du texte à lui-même, éloignement, bascule dans l'extérieur du texte, dans ce qui n'est pas texte — tout comme la matérialité de la mort est menace d'une expulsion du texte dans ce qui n'est pas lui.*

La menace est ici plus claire mais aussi moins intéressante quant au statut même de l'écriture, puisqu'elle porte sur une fin possible, sur un dénouement possible :

> Qui sait même où m'allait porter ce repentir?
> Peut-être à m'accuser j'aurais pu consentir; *(1199-1200)*

2. Constitution du tableau « Phèdre abandonnée »

Deux mouvements : 1) le dessin d'un texte/procès fictif réalisable dans la détermination par le système de la représentation, reprise du représenté qui s'affirme pour lui-même et contre le masque de son représentant. 2) la constitution — à lire aussi dans la scène suivante — de nouveaux tableaux figuratifs produits des conséquences d'une information nouvelle, et produits d'une détermination par les autres tableaux de Phèdre et très particulièrement par le tableau figuratif A (Acte I, scène 3). La constitution des tableaux remonte le chemin textuel : 1) tableau de Phèdre abandonnée face à Hippolyte (scène 5, Acte II; scène 1, Acte III). 2) tableau achronique de Phèdre souffrante en correspondance avec le tableau A « Phèdre mourante » (scène 3, Acte I). Ce mouvement de remontée renvoie la jalousie au plus lointain (souvenons-nous : « Mon mal vient de plus loin »), à un temps même qui ne peut être assigné. *L'ordre textuel devient un matériau, destiné à être retravaillé :* Hippolyte face à Thésée ne peut que reproduire les séquences dans leur ordre de constitution textuelle : orgueil/amour pour Aricie/aveu de Phèdre; il en est quasiment de même pour Aricie face à Thésée, ses énoncés reproduisent les délais : relation à Thésée/ relation à Hippolyte/aventure Phèdre/silence d'Hippolyte.

Quel sens donner ici à la restructuration que vont produire les énoncés, les différentes mises en tableau de ces deux dernières scènes?

Du récit possible du texte (procès) fictif évoqué dans ses commentaires mais dramatiquement absent — bien que suscitant l'espace d'un désir dans la lecture — au surgissement du tableau Hippolyte orgueilleux, farouche, lors de l'aveu de Phèdre, le texte possible/absent passait par le négatif de la délégation de mort (scène 3, Acte III) laquelle se loge très exactement dans le moule de la délégation de pouvoir (cf. tableau de structuration de l'Acte III, début de ce chapitre). La délégation de pouvoir est espérance en une bienveillance possible d'Hippolyte, espérance en sa virginité même — comme preuve de ce qu'elle peut peut-être se faire tendresse et charité; tout comme la délégation de mort est espérance en un pouvoir sexuel magiquement attribué à Hippolyte. Par ce délai d'enchâssement des signifiants les uns dans le moule des autres — processus de constructibilité textuelle intéressant — c'est le tableau même de l'orgueil d'Hippolyte qui se trouve soumis à l'interprétation, et curieusement à une interprétation identique à celle de Thésée dans son principe et contraire dans son objet d'application.

> Ah, Dieux! Lorsqu'à mes vœux l'*ingrat* inexorable

(ingrat : « ingratitude » suppose « reconnaissance », sentiment filial)
> S'armait d'un œil si fier, d'un front si redoutable,

(front = vertu. Cf. Acte IV, scène 2; Acte V, scène 2)
> Je pensais qu'à l'amour son cœur toujours fermé
> Fût contre tout mon sexe également armé. *(1205-1208)*

Mais là encore l'interprétation n'est pas poussée jusqu'à sa limite, la relation de causalité ne peut s'y imprimer que par superposition avec le texte de Thésée : Phèdre refoule la causalité effective pour y substituer le négatif de son interprétation passée : « tout le sexe ». Déclaration donc de l'interprétation passée comme fausse, erronée : vanité de la délégation de pouvoir et eu égard à cela, au contraire, affirmation nouvelle de la délégation de mort — bien que sous forme ironique et quasi négative :

> Et je me chargerais du soin de le défendre? *(1213)*

Par ce biais récurrent, se démontre le caractère totalement opposé des deux délégations. Du point de vue de leur constitution comme énoncés elles s'engendrent l'une par l'autre : processus d'enchâssement signifiant, et du point de vue de leur « valeur » [2] sémique, elles s'opposent, elles se renvoient l'une à l'autre comme si le retour de Thésée avait non seulement rendu impossible le don du pouvoir mais avait rendu impossible tout autre don. Échec irréparable d'une naissance que Phèdre avait voulu produire, cette naissance d'un Néron vertueux qu'Agrippine cherche à provoquer, cette naissance d'un nouveau roi qui est au centre d'*Athalie*. Et c'est en cela que l'orgueil d'Hippolyte peut être « ingratitude » (cf. Agrippine à propos de Néron). En même temps que le texte de la jalousie présente peut se lire l'inscription d'un autre texte plus ancien : celui d'une possible jalousie qui a pu — aussi — motiver l'acceptation de la délégation de mort, jalousie lointaine à l'égard d'une relation Thésée/Hippolyte, à l'égard de ces « bras paternels » auxquels il faut arracher Hippolyte, à l'égard d'une autre naissance d'Hippolyte, du héros, celle par l'initiation, l'exemple et les leçons paternelles [3]. N'était-ce pas aussi le tracé de cette naissance qui se lisait dans le texte figurabilisé « Labyrinthe »? Phèdre n'y rêve-t-elle pas en effet de faire naître un héros? Nous aurons à voir ensuite le rapport entre cette naissance et l'invocation au père : superposition de deux tableaux figurabilisés : celui de la descente au Labyrinthe

---

2. *Valeur* : terme employé pour insister sur l'aspect dépendant et variable de la signification. Notion utilisée par Saussure à propos de l'analyse du système de la langue. Cf. *Cours de linguistique générale*, Payot, 1969.

3. Cf. à ce propos *Athalie* : dans sa lutte contre le pouvoir paternel délégué en Joad (pouvoir de David, pouvoir du « Dieu des Juifs ») : Dieu des Juifs, *tu* l'emportes!
. . . .
Qu'il règne donc ce fils, *ton* soin et *ton* ouvrage! (Acte V, scène 6).

avec Hippolyte/celui de la descente aux Enfers et de la confrontation avec le Père.

Le premier texte de Phèdre — Phèdre seule — est commentaire du récit absent, de l'autre texte possible (envers), celui-ci est rejet d'une illusion, relecture d'une interprétation reconnue comme erronée, et à la lumière de cette nouvelle information insoupçonnable de fausseté, tous les tableaux figuratifs appellent une nouvelle interprétation. Celui de l'innocence d'Hippolyte, figurabilisé en Hippolyte dans la forêt, celui de la descente au Labyrinthe, celui aussi de Phèdre mourante, appelé à être explicité ici dans ce qui était aussi son statut : une tactique de persuasion. Et les discours de Phèdre sont moins ici de culpabilité, d'accusation d'elle-même, que de désespoir face à une constatation d'échec : Phèdre a fait, a produit une image d'Hippolyte, qui n'était pas Hippolyte :

>Hippolyte est sensible, et ne sent rien pour moi! *(1203)*
>. . . . . . .
>... Une autre cependant a fléchi son audace;
>Devant ses yeux cruels une autre a trouvé grâce.
>Peut-être a-t-il un cœur facile à s'attendrir. *(1209-1211)*

L'image qu'elle a accréditée — image répandue certes — image qu'Hippolyte veut donner de lui-même, est rassurante. Elle assure la virginité d'Hippolyte, elle assure qu'il n'est pas infidèle à la mère (configuration maternelle dans laquelle se situe une préférence pour un fils orgueilleux et inaccessible à une autre). Image rassurante mais tout aussi traumatisante :

>Ce tigre, que jamais je n'abordai sans crainte, *(1222)*

Hipolyte est ainsi tyran, pôle d'autorité et de force (« tigre »), celui que l'on peut aimer mais non séduire : dérivé lointain d'un père inaccessible. La découverte de la relation Aricie/Hippolyte est tout à la fois celle d'une image trop vite acceptée parce qu'adéquate à un fantasme (et à ce titre, la figure ultérieurement dessinée du père ne sera pas surprenante) et celle d'une rupture entre la figure d'Hippolyte et sa « chose signifiée ».

Dans cette rupture se loge la possibilité d'un attendrissement, d'une pitié. La première tactique de Phèdre s'instituait quasiment dans cette perspective : composer un tableau de charité « Phèdre mourante » qui soit à même d'émouvoir, tactique figurative en quelque sorte. Face à cela, c'est une tactique proprement théâtrale, une tactique du dire, de la démonstration physique que lui a imposée Œnone; et à cela Phèdre a adhéré parce que toujours l'ordre charnel subsume l'ordre de la charité :

>Au jour que je fuyais c'est toi qui m'as rendue.
>Tes prières m'ont fait oublier mon devoir.
>J'évitais Hippolyte, et tu me l'as fait voir. *(1310-1312)*

Composition d'un tableau figuratif lointain, de charité, devant susciter

la pitié [4], pitié qui d'ailleurs s'esquisse dans cet énoncé d'Hippolyte juste avant que Phèdre n'entre en scène :
>Mais quel nouveau malheur trouble sa chère Œnone? *(143)*

C'est de n'avoir pas suivi cette voix qui est au centre des réflexions de Phèdre, et d'ailleurs — bien que s'exprimant au travers d'un délire paranoïaque — l'accusation d'Œnone y est évidente avant même la fin de la scène :
>Tu le savais. Pourquoi me laissais-tu séduire? *(1233)*

Pourquoi me laissais-tu emprunter une autre voie, un autre chemin? :
>Aricie a trouvé le chemin de son cœur. *(1224)*

« chemin » est ici, comme dans ses autres occurrences, sémème multivalent : s'y inscrivent des contextes de mort, de descente aux Enfers; trace là de ce que la mort même, le tableau de la mort était peut-être tactique séductrice efficace. Car c'est bien de tactique qu'il s'agit ici, voire même de chasse, de poursuite. Nous y retrouvons la présence de ces éléments sémiques déjà mis en évidence : « farouche ennemi » (cf. Hippolyte : « de vils ennemis » = proies de chasse), « tigre », « soumis, apprivoisé », « dompter »; éléments sémiques qui se lisaient aussi, et cela très clairement, dans les projets séducteurs d'Aricie :
>D'enchaîner un captif de ses fers étonné,
>C'est là ce que je veux, c'est là ce qui m'irrite. *(451-453)*

Par delà les divisions performancielles, le texte se produit ici dans la condensation sémique des deux perspectives : celle de Phèdre et celle d'Aricie, tandis qu'il est texte de Phèdre parlant d'Aricie.

3. Transformation du tableau figuratif « Phèdre mourante »

Nous avions vu le tableau figuratif « Phèdre mourante » 1) se constituer parallèlement (et en étant déconstruit par lui) au scénario d'Hippolyte dans la forêt (cf. analyses de l'ensemble A : le surgissement du rêve dans cet ensemble); 2) devenir argument persuasif (par opposition à l'argument convainquant qu'est le pouvoir) dans la délégation que Phèdre fait à Œnone : « Peins-lui Phèdre mourante ». Le tableau se constitue ici dans l'échec de ces deux mouvements : il naît d'une transformation du scénario de rêve, qui se produit lui-même à partir de l'accusation d'Œnone. Dans l'envers du discours : l'absence/présence du rêve qui n'était que rêve, présent comme l'est Phèdre dans la forêt :
>Ils s'aiment! Par quel charme ont-ils trompé *mes yeux? (1231)*

Regard qui s'emparait d'Hippolyte mais regard absent puisque trompé :

---

[4]. *Pitié* qui là encore renvoie au texte *Athalie* : au sens où le tableau du jeune Eliacin suscite pitié, terme ici commutable (récurrement) avec « sentiment et donc sexuel » :
>La douceur de sa voix, son enfance, sa grâce
>Font insensiblement à mon inimitié
>Succéder ... Je serais sensible à la pitié! (Acte II, sc. 7).

>   Les a-t-on vus souvent se parler, se chercher?
>   Dans le fond des forêts allaient-ils se cacher? *(1235-1236)*

Phèdre se pose ici elle-même comme *figure* de tableau qui regarde mais ne peut qu'être trompée par le regard spectateur : le délire de la solitude, de l'abandon, ce que Mauron analyse sous le terme « angoisse d'abandon »[5] est aussi interprétable sémiologiquement : il est l'absence-présence du portrait, du tableau qui est et n'est pas simultanément lui-même et ce qu'il signifie. La forêt est ici — dans une opposition picturale traditionnelle — lieu de liberté, lieu d'errance dans lequel les sujets figuratifs se peuvent déposer dans un relatif irrespect des lois perspectivistes, des lois de construction en général. La forêt est paradoxalement partie éclairée du tableau, aube de chaque jour :

>   Tous les jours se levaient clairs et sereins pour eux. *(1240)*,

à lire en opposition « picturale » avec :

>   Je me cachais au jour, je fuyais la lumière *(1242)*

Regard qui se détourne cette fois de la forêt trop lumineuse, regard trahi, abusé qui bascule du côté du spectacle; mouvement de fuite hors de la perspective à la limite de cet espace du tableau[6].

Ce ne sont pas ici deux tableaux symétriques s'opposant l'un à l'autre, mais bien deux parties d'un même tableau, l'une est perspectiviste, recul, approfondissement du champ figuratif, tandis que l'autre est figure se détournant, se retournant sur elle-même en se donnant à regarder. Le rêve lui-même est rejeté comme illusion, comme trahison, séduction : « pourquoi me laissais-tu séduire? »; le rêve de la forêt devient fantasme originaire :

>   Mais que vois-je? A mes yeux Hermione l'embrasse? *(Andromaque, 1633)*

Le texte qui paraît être reprise, réitération développée de Phèdre mourante — non commenté ici par Œnone, non intégré à une dialectique du masque (voile) et de la réalité — en est en fait une transformation radicale. Le texte du rêve se trouve ici totalement inversé, basculé dans son interprétation; le tableau qui en A produisait le rêve (permanence de la position, glissements signifiants) est ici produit par lui : c'est dire qu'il n'est pas seulement tableau passé mais aussi tableau présent de l'approche de la mort. L'inversion du rêve, l'inversion du thème de la forêt en thème paranoïaque produit une exclusion présente de Phèdre :

>   Et moi, triste rebut de la nature entière, *(1241)*

Exclusion même du tableau figuratif, du tableau de charité dans lequel Phèdre trouvait une place, et par lequel Phèdre avait pu trouver « le

---

5. Cf. C. Mauron, *Phèdre*, Corti, 1968.
6. Telles ces figures coupables d' « Adam et Ève chassés du Paradis » et qui paraissent précipitées hors du tableau, hors de la perspective. Cf. Francastel, *La Figure et le lieu*, Gallimard, 1967.

chemin » du cœur d'Hippolyte. Exclusion parce qu'elle n'a pas su utiliser la persuasion par le tableau de charité :

> Je n'osais dans mes pleurs me noyer à loisir;
> Je goûtais *en tremblant* ce funeste plaisir;
> Et sous un front serein déguisant mes alarmes,
> Il fallait bien souvent me priver de mes larmes. *(1247-1250)*

Et c'est d'ailleurs bien en termes d'efficace qu'Œnone répond à cette itération figurative :

> Quel fruit recevront-ils de leurs vaines amours?
> Ils ne se verront plus. *(1251-1252)*

« Vaines » est ici sème ambigu, parce que proche de l'exil, de la mort probable d'Hippolyte ou bien encore parce que ce déplacement de l'objet de fixation ne parvient pas à rayer la mère. Une fois de plus, ce n'est pas le statut dramatique de réalité qui importe (« Ils s'aimeront toujours ») : la révélation faite à Phèdre par Thésée s'est d'emblée inscrite dans le moule d'un fantasme de jalousie. Et le tableau réécrit : Phèdre seule, pleurante, mourante répond au premier tableau :

> Ah! douleur non encore éprouvée!
> A quel nouveau tourment je me suis réservée! *(1225-1226)*

« je me suis réservée » est ici marque d'un regret de n'avoir pas vécu plus vite la mort, dans la simultanéité du second tableau :

> La mort est le seul Dieu que j'osais implorer. *(1243)*

Les deux tableaux se superposent en même temps que peut se lire ici le refoulement de l'appel à *Vénus* (relire récit de « l'histoire » de Phèdre) : Hippolyte étant amoureux, étant sensible, la délégation en Vénus se trouve dénoncée, le pacte avec la Déesse est trahi et peut-être, pour cette même raison, le pacte avec Œnone est-il aussi rompu? Préfiguration de la fin de la scène? Les deux tableaux se superposent, et cependant le second s'inscrit dans le premier :

> Tout ce que j'ai souffert, mes craintes, mes transports,
> La fureur de mes feux, l'horreur de mes remords, *(1227-1228)*

Le second tableau est au-delà même de cette annonce comme peinture d'un plaisir, d'une jouissance dans l'attente de la mort (cf. ambivalence des gestes et attitudes de mort dans l'ensemble figuratif A) et donc peinture d'un regret de cette jouissance.

Le jeu sur les temps — temporalité passée des énoncés et temporalité présente, immédiate de l'énonciation — se fait plus précis démontrant ainsi à quel point le passé du discours précédent pouvait bien aussi vouloir recouvrir un tableau présent :

> *Au moment* que *je parle*, ah! *mortelle* pensée!
> Ils bravent la fureur d'une amante insensée. *(1253-1254)*

Tableau de provocation tel celui de la forêt, éloignement perspectiviste dans le fond des forêts et qui se lira de nouveau dans le mouvement du char d'Hippolyte s'éloignant vers Mycènes ; ce dernier étant comme le produit des deux axes sémiques : cauchemar-fantasme pour Phèdre puisqu'il est suivi d'Aricie, et rêve, reproduction d'un rêve (« Hélas ! que ne puis-je... »). Le tableau même de charité, tableau « Phèdre mourante », ainsi restitué à son temps présent possible est comme la tentation d'une nouvelle séduction qui fait naître dans son mouvement l'expression d'amante insensée, jusqu'ici seulement attachée au rêve du Labyrinthe franchi avec Hippolyte. Tentation de séduction et donc de vengeance d'Aricie cette fois, et non plus seulement d'Hippolyte — nous voyons déjà par ailleurs que le pacte avec Œnone a été dénoncé, Phèdre parle d'elle-même la nécessité d'une trahison, d'un crime :

>Œnone. Prends pitié de ma jalouse rage.
>Il faut perdre Aricie. *(1258-1259)*

Esquisse peut-être d'une nouvelle délégation de pouvoir à Œnone, esquisse d'un recommencement du texte : perdre Aricie pour pouvoir reprendre Hippolyte. Délégation immédiatement transgressée dans une rupture du cercle de la représentation, fût-ce d'une représentation active :

>Dans mes jaloux transports je le veux implorer. *(1263)*

Le projet de meurtre d'Aricie se substitue à celui d'Hippolyte et d'ailleurs le destin d'Hippolyte n'est pas ici pensé en termes de mort mais seulement d'exil, refoulement du danger mortel dont cependant Phèdre sait qu'il pèse sur Hippolyte. La mort est ici exil, départ, descente vers un autre lieu : tout parcours, toute fuite s'assimile à elle. Là se loge aussi la possibilité d'un autre texte encore, relativement à Aricie : sa fuite avec Hippolyte est aussi mort puisque partage de son exil, et de ce point de vue sa survie à la fin de la pièce restera à expliquer. Le texte virtuel — possiblement déterminé par les injonctions meurtrières de Phèdre — n'est pas sans fondement, il n'est pas dans l'ordre de la lecture aberrant comme il l'est dans la réflexivité du discours de Phèdre. Aricie devient la complice d'Hippolyte, et cette même culpabilité virtuelle d'Aricie est suggérée aussi par Thésée, Acte V, scène 4 :

>Veulent-ils m'éblouir par une feinte vaine?
>Sont-ils d'accord tous deux pour me mettre à la gêne? *(1453-1454)*

Aricie n'est pas exactement — du moins telle que la dessine le discours, dans le texte (procès) déterminé par sa figure — le visage « sororal » d'un amour enfantin, paisible. Les virtualités de mort qui peuvent peser sur elle, au-delà même de l'indignation superficielle que peut faire naître le texte de Phèdre, permettent d'associer à sa structure actancielle les mêmes germes de culpabilité qui entourent les autres figures. Et d'ailleurs, rappelons ici la scène 1, Acte II dans laquelle il apparaissait que l'interdit que Thésée faisait peser sur Aricie n'était en fait que la reproduction de l'interdit de l'inceste. En enfreignant cet interdit, au début de l'Acte V, une autre culpabilité peut naître.

Comment une signification jamais thématisée par un personnage, par un « actant » peut se constituer dans des performances autres le visant plus ou moins, mais ne visant pas à le décrire. Comment un texte constitue, produit des significations dans les systèmes de relations qui unissent les différents procès.

> Le crime de la sœur passe celui des frères. *(1262)*

Face à Thésée, parce qu'elle l'a trahi? Crime d'illégitimité, tel celui dont les Pallantides ont été accusés? Aricie présenterait cette illégitimité eu égard à Phèdre en possédant un bien dû à Phèdre, appartenant à Phèdre : seul un fils pourrait correspondre à cette définition :

> Mon époux est vivant, et moi je brûle encore!
> Pour qui? Quel est le cœur où prétendent mes vœux? *(1266-1267)*

S'inscrit ici la reconnaissance de cet objet comme ne pouvant être que son fils, la reconnaissance de l'inceste thématisé sous sa forme désignative pour la première fois dans le discours de Phèdre :

> Je respire à la fois l'inceste et l'imposture.
> Mes homicides mains, promptes à me venger,
> Dans le sang innocent brûlent de se plonger. *(1270-1272)*

Accomplissement d'un geste déjà suggéré par Œnone (scène 3, Acte I) et dont la signification possible traçait alors l'espace du meurtre symbolique de Thésée, ici rappelé dans la généralité de l'expression « homicides mains ». Mais le geste meurtrier — désiré puis retourné sur elle-même dans la scène de séduction d'Hippolyte — est aussi chargé de multiples autres valeurs sémiques. « Plonger » sera ici terme intermédiaire, articulation entre le *crime* (inceste/viol/meurtre) et la descente aux Enfers :

> Où me cacher? Fuyons dans la nuit infernale. *(1277)*

La descente aux Enfers — dont nous avons eu la superposition possible avec la descente au Labyrinthe d'Hippolyte — est aussi retrouvailles avec le père, retrouvailles et terreur :

> Mais que dis-je? mon père y tient l'urne fatale;
> Le sort, dit-on, l'a mise entre ses sévères mains :
> Minos juge aux enfers tous les pâles humains. *(1278-1280)*

Le geste de mort n'est pas ici donné comme point final. L'apparente continuité entre les deux mondes — celui des vivants et celui des morts — est tout à la fois reminiscence d'un trait idéologique ancien (penser à Virgile, à Dante), mais aussi métaphore du devenir du texte, métaphore de ce que la mort n'est qu'un énoncé parmi d'autres, un tableau parmi d'autres.

> PROPOSITION XXVIII
>
> *La première transformation des énoncés figuratifs est production d'un autre texte figuratif : le premier l'était au sens théâtral, le second l'est au sens proprement pictural (témoignage ici d'un lieu d'ancrage réciproque de la réalité picturale et de l'espace scénique). Le second tableau intègre ainsi des éléments que ne pouvait se permettre le premier et qui étaient alors comme expulsés dans le rêve : en ce sens c'est bien le tableau qui produirait le rêve. Si le second tableau peut apparaître comme se produisant dans et à partir des énoncés oniriques (figurabilisés) c'est, dans l'ordre de constitution sémiologique du texte, parce qu'il est tableau (picturalement au sens de signifiant* égal *au figuré d'un figurant ressemblant en peinture* [7]*) du premier tableau. Le tableau « Phèdre mourante » en est ici comme le figuré (les figurants de « Phèdre mourante » étant la faiblesse physique/le voile/la nuit). Cette analyse est d'importance car elle permet la mise à jour d'une double constitution du texte tragique : il est d'une part décryptage, lectures différenciées de figurants posés comme tels, c'est-à-dire comme étant à interpréter : des textes/des dires/des actions* [8]. *Il est aussi d'autre part mise en figuration de figurés donnés comme immédiatement lisibles (les images « naturelles » de Phèdre). Non seulement il est des énoncés complexes à interpréter mais s'avouant comme tels (dans la terminologie de Port-Royal : énoncés en signification avec préparation explicite) mais il est aussi des énoncés insoupçonnables simples et qui peuvent être constitués en signification par le travail du texte. Le texte est ici une véritable mise en figuration.*
>
> *Le fonctionnement sémique « énoncés récurrents »/« énoncés prophétiques », déjà remarqué, est en fait un fonctionnement sémiologique historiquement inscriptible dans des réflexions, dans des pratiques du langage.*

Le second tableau figuratif, par récurrence, démontre le premier comme étant déjà de « jalousie » et démontre l'irruption du rêve/ fantasme comme étant d'origine paternelle (ce que nous avions déjà pu noter dans les engendrements signifiants du texte). *Le second tableau prend le premier comme matériau mais en même temps il en démonte*

---

7. Cf. J.-L. Schefer, *Scénographie d'un tableau*, Seuil, 1969.
8. Cf. cette maxime de La Rochefoucauld : « Nos actions sont comme les bouts rimés, que chacun fait *rapporter* à ce qu'il lui plaît » (rapporter : poser sur, surimpressionner, relire).

(et démontre) le système : il le prouve comme ayant été tableau de charité, tableau de « larmes », et cela dans une certaine forme de délectation :

> Je goûtais en tremblant ce funeste plaisir ;
> . . . .
> Il fallait bien souvent me priver de mes larmes. *(1248-1250)*

Tableau d'une charité subsumée sous l'ordre charnel, qui n'est pas sans appeler 1) le développement d'un texte possible/fictif de vengeance, 2) l'émergence d'une forme de culpabilité. Culpabilité qui glisse de figure en figure, de celle eu égard à Thésée — découverte dans son contraire : faire appel à Thésée pour se venger d'Aricie — à celle qui vise l'instance paternelle. De la volupté du sang — tuer — à celle de l'ombre comme autre concupiscence des larmes.

II. La rupture de la représentation/délégation

Comment, textuellement, à partir de ce second tableau (nommons-le : « Phèdre abandonnée ») se constitue celui de la descente aux Enfers : figurabilisation de la mort de Phèdre ? Les catégories sémiques qui l'organisent, du moins en son point de départ, se sont déplacées : de l'opposition jour/nuit (nuit = larmes — masque) à celle du jour — ici sous la forme du « soleil », du « sang » et du mal :

> Mes homicides mains, promptes à me venger,
> Dans le sang innocent brûlent de se plonger.
> Misérable ! et je vis ? et je soutiens la vue
> De ce sacré Soleil dont je suis descendue ? *(1271-1274)*

Le premier tableau/texte Phèdre, sous l'apparence d'une dialectique de la vie et de la mort, faisait émerger un système oppositionnel encore présent ici dans la transformation 1, présent dans le plaisir des larmes, plaisir de l'anéantissement. Système métaphorisé sous la forme jour/nuit et qui en cet endroit s'avoue pour ce qu'il est : tableau d'un récit toujours décalé, tableau du récit de crime qui s'engendre comme dans sa suite. Il est comme un détour narratif (au sens du récit projeté) entre les deux transformations figuratives, détour narratif qui, telle la résurgence d'un fantasme de crime, dit la première transformation (tableau « Phèdre abandonnée ») dans les dangers de la charité. Le rêve devient rêve de la mort, de la mort d'Aricie par Thésée délégué puis, dans un retournement — déjà vu — du geste sur lui-même, mort de Phèdre. Rêve de la descente aux Enfers dans une condensation du « spectacle » d'Hippolyte dans la forêt (scène 3, Acte I, puis transformation 1 dans les vers précédents) et de la descente au Labyrinthe avec Hippolyte.

Mise en scène figurabilisée/critique de la perspective/prophétie. Une fois de plus les références sont d'abord optiques ; la scène 3, Acte I renvoie à un regard spectateur qui constitue les énoncés oniriques en images figurabilisées; le texte « Labyrinthe » renvoie à un regard adjuvant qui cherche et qui aide mais dont en tout cas le point de fuite lointain est le Monstre, le *Minotaure*, dont il est aisé de dire qu'il peut jouer symboliquement, substitutivement le rôle du père : *Minos*. Le char d'Hippolyte fuyant (syntagme figuratif qui sera aussi à lire dans le récit de Théramène), le Minotaure lointain, enfoui au plus profond du Labyrinthe sont points de fuite du tableau. La perspective est ici comme nous l'avons déjà noté, effet d'aller et retour, comme si les effets figuratifs les plus lointains devenaient subitement figures les plus présentes les plus immédiates et les plus effrayantes. Hippolyte « tyran » « tigre » redoutable, « monstre » à ses yeux, est celui qui attire et qui juge. Et dans ce retournement de la perspective, se loge là, dans la pratique même du texte, comme une abolition, comme une critique. Le tableau figurabilisé, en cela peut-être plus proche des montages proprement oniriques, renie cette même perspective, la désarticule en constituant un *espace plan* dont le fond (métaphorique) du tableau n'existe pas puisque devenu premier plan. Critique de l'illusion de la perspective qui croit tenir au loin, qui croit par définition à des *degrés* de réalité, à des degrés de vérité. La perspective picturale est théorie de la gradation et nous verrons en quoi elle est contradictoire du développement sémiologique et signifiant du texte tragique.

La descente au Labyrinthe de Phèdre se transmutant en Ariane contenait déjà les éléments sémiques « mort », simultanés du danger encouru auprès du monstre qu'était le Minotaure :
Se serait avec vous retrouvée, ou *perdue. (662)*

Le meurtre du Minotaure, substitut possible du père, paraît y être une nécessité inéluctable pour Hippolyte, et cela peut-être pas uniquement en référence à l'axe actantiel Thésée/Hippolyte, axe d'acquisition des capacités héroïques :
Compagne du péril qu'il vous fallait chercher, *(659)*

Le glissement, évident dans le texte ici présent de Phèdre, de la culpabilité à la marque de l'échec passe par ce relai d'un meurtre non commis. Le père demeure spectateur, comme le sera Thésée à la fin de l'Acte V, spectateur de la descente du poison en Phèdre. Lire en les superposant les deux syntagmes : descente aux Enfers/cheminement du poison :
J'ai voulu, devant vous exposant mes remords,
Par un chemin plus lent descendre chez les morts. *(1635-1636)*

Le retour sur scène, « l'aveu » à Thésée est ici comme un délai, comme un détour de la descente aux Enfers, détour dont nous aurons à expliciter la nécessité. Le parcours des engendrements de significations est ici complexe : le recours à Thésée est annonce du glissement vers l'image/fantasme du père. Lisons en ce sens la symétrie des deux formules :
1) Mon époux est *vivant*, ET moi je *brûle encore! (1266)*
2) Misérable! ET je *vis*? et je soutiens la vue
De ce sacré Soleil dont je suis descendue? *(1273-1274)*

Le tableau « plan », figurabilisé du père juge et de sa fille n'étant autre que l'annonce, que la prophétie du tableau du dénouement. Lisons cette « manière de » prophétisation métaphorique.

Une première opposition sémique binaire s'établit dans le déplacement de celle de l'Acte I (nuit/jour) entre les termes « sang » et « soleil » avant que ne s'affirme une seconde opposition « soleil »/« nuit infernale » : les éléments sémiques se jouent ici par addition (somme conjonctive et adéquation à un troisième terme). Le produit de cette adéquation est ici une association sémique nuit/sang qui se lira très exactement dans le tableau « dénouement » dans la métaphore du poison :

> J'ai pris, j'ai fait couler dans mes brûlantes veines
> Un poison que Médée apporta dans Athènes.
> Déjà jusqu'à mon cœur le venin parvenu
> Dans ce cœur expirant jette un froid inconnu ; *(1637-1640)*

L'image paternelle est à deux constituants, à deux *figures :* le père/l'urne. Ce père/juge n'est pas divin, il est seulement fond renversé du tableau, dernière instance du texte tragique, comme le sera la figure de Thésée. Une interprétation immédiatement théologique et religieuse serait ici aberrante. Minos est juge par hasard, et le texte insiste sur ce statut :

> *Le Sort*, dit-on, l'a mise en ses sévères mains : *(1279)*

Deux conclusions à cette constatation : 1) Minos n'est pas le représentant de la justice divine (métaphorisée dans un lointain « soleil »), il ne représente qu'une justice humaine; comme l'est aussi Thésée, par adoption. Les deux termes « sort » et « adoption », d'un point de vue politique et par écart différentiel avec la loi de filiation naturelle, sont bien proches l'un de l'autre. Thésée, juge d'Hippolyte, et que Phèdre institue malgré lui comme son propre juge, est aussi posé comme représentant d'une justice humaine, dont il sera à voir si elle peut être dite « rationnelle ». 2) Le « ouï-dire », la déformation/ré-écriture légendaire est, comme on l'a déjà vu au sujet des propos sur Thésée, instrument de projection fantasmatique. Minos n'est juge que dans la perspective de Phèdre; en ce sens l'antécédence de l'expression « mon père » — désignation dans le rapport immédiat à Phèdre — sur la nomination même « Minos » est significative.

Les deux modes de rapport sémiologiques d'annonces, d'anticipation (de « figure » comme index d'un système peut-être) sont pour le premier signifiant : répercussion d'un jeu signifiant dans sa matérialisation (le poison), pour le second de l'ordre d'une identité de statut actantiel et politique/éthique. Il est encore un autre type de rapports, plus proprement figuratif : il tient aux constituants mêmes du tableau et à leur dialectique. Minos est figure pleine, consistante picturalement face aux « pâles humains », face à des traces, des fantômes d'hommes nuageux. Cette première séquence est amenée à se renverser : Phèdre comme figure pleine et matériellement présente face à l'ombre affaiblie, évanouissante de Minos. Il ne s'agit plus là d'un jeu de perspective mais bien d'un jeu pictural de surface, d'un « spectacle horrible »; et d'ailleurs le texte entier de Phèdre est ici parlé en termes de spectacle/tableau :

> Minos juge aux enfers tous les pâles humains.
> Ah! combien frémira son ombre épouvantée,
> Lorsqu'il verra sa fille à ses yeux présentée,
> Contrainte d'avouer ... *(1280-1283)*
> Je crois voir *(1286)*
> Je crois te voir *(1287)*

La culpabilité de Phèdre est celle du retournement du tableau : celle de la figure qui voit qu'elle est vue, celle du spectateur qui plonge dans le tableau avant de se voir vu dans le regard que le tableau lui renvoie. Phèdre ne reniera pas cette vocation figurative d'être pour être vue en se dénonçant à Thésée, et en mourant à « sa vue ». Le même mouvement pictural du décoloré, du vague à la présence pleine de la forme, de la couleur :

> Déjà je ne vois plus qu'à travers *un nuage*
> Et le *ciel* et l'époux que ma *présence* outrage; *(1641-1642)*

« ciel » est ici aussi invocation au père :

> Le *ciel*, tout l'univers est plein de mes aïeux. *(1276)*

Le texte, du moins ses significations se jouent ici dans une dialectique du tableau présent (présence figurative de Phèdre) et du tableau projeté, annoncé, en d'autres termes, il se joue dans une dialectique de déterminations réciproques système (tableau présent)/procès (texte/tableau à venir). La mort rend le juge invisible « image », « ombre » tandis qu'elle est présente, matériellement présente sur la scène; l'énoncé

> Ah! combien frémira son ombre épouvantée *(1281)*

est système déterminant du tableau du dénouement (texte futur exprimé en un temps futur « frémira ») tandis que l'énoncé précédent :

> Minos juge aux enfers tous les pâles humains. *(1280)*

est tableau présent, tableau de fantasme.

La figurabilisation est ici déplacement, dérivation, elle laisse de côté les éléments sémiques « sceptre » et « couronne » pour forger un nouveau support visuel : l'urne. « Sceptre » pouvait s'adéquationner à pouvoir phallique tandis que la couronne paraissait instrument de féminisation, l'urne est produit d'une condensation, tout comme l'élément « soleil » devient ici support d'une vision de « parents combinés », descendantes du soleil par la mère qui se transforme en rayonnement d'un pouvoir essentiellement paternel :

> J'ai pour aïeul le père et le maître des Dieux; *(1275)*

Ce tableau figurabilisé (au sens de transformations figuratives d'énoncés oniriques sans cela inexistants) est moins déplacement du précédent

dans un autre lieu que constitution d'une unité figurative autre, unité scénique aussi : mise en scène (figurabilisée) de la mort de Phèdre, mort avant la mort; remplissement de ce vers/annonce d'Ismène :
> Et s'est montré vivant aux infernales ombres; *(386)*

Le texte pratique ici cette jouissance de la relation à la mort dans une reproduction inversée du geste refusé par Hippolyte :
> Je crois voir de ta main tomber l'*urne* terrible; *(1286)*

jusqu'à ce que se retourne le geste de mort :
> Toi-même de ton sang devenir le bourreau. *(1288)*

Phèdre se donne à être tuée, et l'ambiguïté de ce don — redondance du don à Hippolyte et lui donnant le sens d'un don au père — est celle qui engendre, comme à la scène 5, Acte II, la mise en énoncés de son échec :
> Hélas! du crime affreux dont la honte me suit
> Jamais mon triste cœur n'a recueilli le fruit. *(1291-1292)*

Le parcours scénique est ici le même que celui de la scène 5, Acte II (« aveu » à Hippolyte). Mais cette affirmation ne peut se constituer qu'en ce point de l'analyse : le tableau « Phèdre abandonnée » paraît tout à la fois comme la transformation du tableau « Phèdre mourante » (Acte I, scène 3) et du tableau de charité « Phèdre maternelle et abandonnée » (Acte II, scène 5), tableau figuré destiné à séduire par la pitié. Le figuratif de charité doit faire naître une certaine forme de pitié dont nous avons vu, avec Athalie, qu'elle n'était guère éloignée du *trouble* sensuel. Tableau de charité qui se démontre par ce moyen, comme aussi par la réversibilité charité/chair dans le champ pascalien, comme étant rapidement subsumé par l'ordre du corps. Il n'y a jamais « générosité » dans les textes raciniens mais seulement « charité ». La subsumation par l'ordre du corps est appel à la matérialité des énoncés oniriques figuratifs/figurabilisés qui réalisent la mort comme séduction en même temps que comme échec de la charité, du « cœur » (cf. « triste cœur »). Eu égard aux trois grandes unités sémiologiques de la scène de séduction (Acte II, scène 5), le tableau de la descente aux Enfers en condense ici les deux dernières : descente au Labyrinthe et offre de mort.

Constitution et expulsion du figurant. Notons ici outre le mouvement d'engendrement de ces deux tableaux de mort à partir d'une scène de séduction, une autre symétrie eu égard à la notion même de tableau de charité. Phèdre se déléguant en Œnone choisit non plus l'art de persuader mais une certaine forme d'art de convaincre, cependant que le convaincre se trouve tout de même subsumé par le persuader dans le syntagme « Peins-lui Phèdre mourante » et dans la recherche d'une adéquation en Vénus (être en celle qui va séduire) : l'art de persuader se délègue en art de convaincre insuffisant, et que la logique dramatique rend inopérant. Lorsqu'il n'est pas de délégation (dans la scène de séduction ou ici même) c'est le charitable qui se trouve subsumé par le charnel : dessin lointain mais que nous aurons l'occasion de retrouver du charitable, du langage figuré donc comme délégation. Phèdre charitable, à l'Acte II, est une mère déléguée, un discours délégué, représenté (sens actif et politique) en un figurant « mère abandonnée ». Phèdre se délègue ici, en premier lieu, en un figurant « Phèdre abandonnée » avant de se laisser prendre à la matérialité de son figurant, de ses larmes. *Le second tableau de cette scène* (la descente aux Enfers) *s'engendre dans le figurant du premier tableau* (Phèdre abandonnée) *lequel était déjà signifiant du figuré d'un autre tableau : celui de Phèdre mourante.* Tableau de mort et de chair : (rôle de la figurabilisation corporelle : insistance sur le rôle des mains) dont Œnone écrit la vérité. Et c'est en tant qu'elle est cette vérité, cette matérialité de la délégation « politique » (convaincre/persuader Hippolyte) comme de la délégation dans la figure (figure de la mort de Phèdre lue dans sa vérité de séduction/jouissance) qu'Œnone est expulsée, rejetée, soudain revêtue de toute cette matérialité puante : « monstre exécrable ». Et si Œnone ne comprend pas, ne peut comprendre son exclusion, ce n'est que parce qu'elle a été la réplique exacte des énoncés Phèdre — Œnone meurt (symboliquement) d'être la marque toujours présente de la matérialité ineffaçable des discours de Phèdre; Œnone est la performance Phèdre interprétée, poussée jusqu'en ses limites (logiques) extrêmes, et non point un quelconque malin génie de Phèdre.

Du tableau de mort, elle sélectionnera les éléments de séduction : « charme fatal », « amour », « faiblesse naturelle », et ceci dans les marges d'une justification éthique qui est en fait politique. La référence à l'univers des Dieux comme modèle éthique ne peut être à prendre à la lettre en un siècle, plus chrétien que païen, plus monarchiste que néoplatonicien. Cette référence est à lire 1) soit en rapport à une configuration fantasmatique parentale (exemplificatrice); 2) soit en rapport à une institution politique, posant ici le problème de l'exemple des Princes, de l'opportunité politique de la conduite passionnelle des Princes. Et il n'est pas inintéressant de voir à ce propos que c'est aussi à l'instance politique que Phèdre fera référence *(1321-1326)*.

Simultanément les énoncés Œnone statuent sur le niveau de réalité éthique du texte en le situant résolument comme justice ou injustice *humaines* (et non divines), ce qui a, nous le savons déjà, son importance relativement au jugement de Thésée qui est jugement d'un « mortel ». Il reste que « faiblesse » et « nature », et l'union des deux sont déterminées par la position de l'homme face à l'autorité divine, d'un Dieu qui pourrait bien ici être mis en accusation :

> La faiblesse aux humains n'est que trop naturelle.
> Mortelle, subissez le sort d'une mortelle.
> Vous vous plaignez d'un joug imposé dès *longtemps*. (a)
> Les Dieux même, les Dieux, de l'Olympe habitants,

> Qui d'un bruit si terrible épouvantent les crimes,
> Ont brûlé quelquefois de feux illégitimes. *(1301-1306)*

(*a*) Les énoncés déplacent ici en le modifiant le texte de Phèdre : « plainte d'une non-réciprocité de la passion » à laquelle Œnone substitue : « plainte d'un ancrage lointain de la passion », lisant là la vérité de la relation incestueuse. La constitution signifiante du texte s'explicite ainsi :

« naturelle » → position eu égard à Dieu.
« dès longtemps » → « feux illégitimes ».

(Relation de « détermination signifiante » : les deux déterminations ici se croisent pour constituer le texte.) Le déplacement dénonce ici le discours de Phèdre comme n'étant pas seulement figurabilisé mais aussi comme étant figuré et cela sous le masque de la culpabilité, de la honte. Mais il est en fait ici très peu question de culpabilité et surtout il n'est absolument pas question de remords, au sens où Phèdre délimite elle-même le statut éthique de cette performance :

> Je cédais au remord dont j'étais tourmentée. *(1198)*
> . . . .
> Et je me chargerais du soin de le défendre? *(1213)*

La mort — le rêve de mort, pour retrouver l'engendrement de ces énoncés figurabilisés — est réduction par adéquation à un figurant : et c'est cela la vérité pour Œnone. Cela même qui exige, dans l'ordre d'une certaine cohérence dramatique, idéologique et aussi sémiologique, la rupture du cercle de la représentation : Phèdre va cesser de se représenter/déléguer en sa propre mort, en l'image de sa propre mort comme elle cesse de se représenter/déléguer en Œnone. Il est à remarquer par ailleurs que la référence à l'Allégorie, figurante elle aussi, de Vénus a cessé dans le même temps. Abstraitisation de la figure de la Déesse hors du texte/tableau de Phèdre :

> Un Dieu cruel a perdu ta famille;
> Reconnais sa vengeance aux fureurs de ta fille. *(1289-1290)*

Abstraitisation (« un ») simultanée d'une demande à être vue, à être reconnue, à être prise pour Vénus et donc à être devenue son propre figurant. C'est ce crime-là qui se trouve dénoncé dans le discours d'Œnone, performance dont le statut est, une fois de plus d'explicitation systématique du procès textuel précédent. Celui qui ose ainsi parler est criminel, « bouche *impie* » (l'accusation est ici violente), celui qui ose s'adéquationner à sa propre image en Dieu est à bannir. C'est par la médiation corporelle, performancielle d'un point de vue sémiologique, que s'effectue une adéquation que Molière pensera en termes 1) de séduction (tel la sémiotique racinienne). 2) de provocation [9].

---

9. Penser très particulièrement à *Dom Juan*.

Médiation qui est relais de la faiblesse des Princes dans leur rapport à Dieu :
> Détestables flatteurs, présent le plus funeste
> Que puisse faire aux rois la colère céleste! *(1325-1326)*

Le discours d'expulsion d'Œnone, de mort d'Œnone à la scène théâtrale (métaphore de la mer comme tout ce qui est extérieur, cf. Barthes), est insistance sur trois aspects : 1) Œnone a refusé le tableau de charité « Phèdre mourante », s'abandonnant à la nuit. 2) Œnone a été délégation de Phèdre (renversement de la scène de séduction). 3) Œnone est aberration politique dans la vie et le destin public des Princes. Eu égard au premier point, l'insistance sur le spectacle d'Hippolyte fait d'Œnone comme la marque, la matérialité du fantasme qui a fait irruption à la scène 3, Acte I (« Que ne suis-je assise ...? ») :

> Au jour que je fuyais c'est toi qui m'as rendue.
> ....
> J'évitais Hippolyte, et tu me l'as fait voir. *(1310-1312)*

Matérialité de rêve, mais aussi de dire : Œnone est définitivement imprégnée des dires de Phèdre, rappelons ici une symétrie que nous allons analyser prochainement : « Je le vois comme un *monstre* à mes yeux »/« monstre exécrable » : celui qui sait est monstre, mais plus encore celui qui dit; rappelons aussi le « c'est *toi* qui l'as nommé », le mouvement de délégation ne s'est pas constitué dans le courant de la pièce : il est déjà projection, délégation figurante dans cet acte d'enfanter par la bouche :

> Pourquoi *ta bouche* impie... *(1313)*

Dérision de l'enfantement par le pouvoir dont Œnone fut aussi la représentante, celle qui devait offrir à Hippolyte la couronne.

Rupture de la délégation — mais n'est-ce pas encore la délégation métaphorique de la mort de Phèdre, la mort d'Œnone ne pourrait-elle pas être substitut de celle de Phèdre? Lisons Panope un peu plus loin :
> ... Son trépas n'a point calmé la Reine : *(1469)*

Panope qui semble ouvrir la possibilité du discours politique, du rétablissement d'un certain ordre politique. Peut-être en ce sens aussi, la mort d'Œnone est-elle substitut qui replace Phèdre dans sa place politique?

L'exemplification par les Princes est renvoyée symétriquement :
> Et puisse ton *supplice* [10] à jamais effrayer
> Tous ceux qui, comme toi, par de lâches adresses, *(1320-1321)*

tandis que se dessinent lointainement les rapports passion/pouvoir/représentation. L'abus de pouvoir est l'inverse d'un abus de représentation tandis que l'abus de passion est abus de représentation, susceptible de mettre en cause la bonté divine. La justice divine au

---

[10] Cf. « cherchant un supplice nouveau » *(1287)* dans un rapport à Phèdre.

contraire liée au couple pouvoir/représentation ne peut pas être mise en cause. L'abus de passion inverse le rapport représentatif du Prince à Dieu : ce n'est plus le Prince qui est représentant de Dieu mais Dieu qui est représentant du Prince : dans ce mouvement même de réversibilité le Prince s'adéquationne à ce dont il n'est que l'image, déplacée, décalée, aidé en cela par les « flatteurs », par ceux pour qui le Prince est Dieu :

Ah, Dieux! pour la *servir*, j'ai *tout* fait, tout quitté; *(1327)*

Le discours politique de Phèdre n'est donc pas ici réponse inverse, symétrique de celui d'Œnone, il est le même : le discours d'Œnone parle l'adéquation de Phèdre à son figurant en même temps que l'exemplification par les Princes/les Dieux (dans laquelle aussi les deux s'adéquationnent); le discours de Phèdre est inverse apparemment mais rejette cette adéquation parce que inutile, inefficace à séduire, et donc peut-être inefficace à gouverner.

A lire prophétiquement, l'annonce se situe moins peut-être ici dans la mort soupçonnée d'Œnone (à déduire de ses propres énoncés, scène 3, Acte I) comme premier moule, première esquisse de celle de Phèdre, que dans le tableau même que Phèdre dresse de sa propre mort. L'expulsion d'Œnone est brisure violente, rupture du cercle de délégation/représentation par lequel se médiatisait la séduction/jouissance.

PROPOSITION XXIX

En cela l'expulsion d'Œnone est la fin d'un certain type de fonctionnement figuratif dans lequel l'adéquation au figurant « charité/mort » est jouissance. Pour le regard spectateur s'achève aussi la jouissance du tableau, miroir figuratif, ouverture là de l'espace d'un dénouement tragique certes, mais peut-être aussi didactique. Lorsqu'Œnone, comme figure de la réversibilité, disparaît, seuls le vrai et le faux sont donnés à juger, et à cela le projet d'Hippolyte (temple) démontre qu'il n'est pas de réponse humaine et absolue, mais qu'il est peut-être une réponse juste.

Nous apercevons ici comment se jouent les différents niveaux d'efficace de la notion de représentation, dont le fonctionnement est tout d'abord interne au texte sous la forme des diverses structurations par les couples : représentation et délégation (structuration actantielle), représentation et figuration (structuration figurative), représentation et allégorie (structuration signifiante et symbolique). Mais ce fonctionnement est aussi — et la construction en aller-retour des énoncés perspectivistes nous le montre — externe au texte, c'est-à-dire interne à la relation « lecturale », relation à la « conscience spectatrice » selon l'expression de L. Althusser dans *ses Notes pour un théâtre matérialiste.*

L'analyse sémiotique du texte Phèdre permet d'entrevoir comment cette notion est tout à la fois produite (cf. rapports à une idéologie politique), productrice de catégories de significations — sorte d'élaboration idéologique secondaire —, productrice des fonctionnements systématiques du texte (cf. rapport entre le couple représentation/délégation et le couple sémiotique figuratif/mise en figuration) et enfin de la relation au spectateur qui se détermine à partir de ces fonctionnements.

XII

Structuration paragrammatique/ figurative

Argument

I. Le statut du récit par rapport aux différents modes de structuration

Thèse :
— Le récit de Théramène est intersection de tous les modes de structuration.
— Il est sommation infinie de tous les énoncés du texte (énoncés au sens de procès possibles).

II. Le paragramme du monstre

Opérations :
— Mise à jour d'un système sémique complexe.
— Désignation actantielle. Références du système sémique.
→ *Hypothèse* : deux champs sémiques
  a) actantiel et politique
  b) symbolique et figuratif.
— Le paragramme comme excroissance qui définit et infinitise.
Thèse : Le récit produit dans son propre fonctionnement ce qu'il démontre dans le texte.
→ Analyse de la productivité du récit en lui-même.

265

> **III. Déchiffrement**
> Y a-t-il une assignation possible des signifiés du système ?
> Hypothèses :
> — le tableau/récit comme système des figures « départ ».
> — le lieu non figuratif de la mort d'Hippolyte.
>
> **IV. La clôture**
> Hypothèses :
> — clôture par le figuratif : tableau de la mort de Phèdre.
> — justice/vérité.

I. Le statut du récit par rapport aux différents modes de structuration textuelle

Le récit de Théramène est réapparition figurabilisée des deux figurants exclus : celui de Phèdre exclu en Œnone emportée puis rejetée par les flots, celui de Thésée en Neptune, dieu et de la mer et des chevaux. Il est aussi tenant lieu du récit absent : de ce récit du viol, de la séduction que redemandait Thésée à Phèdre, qu'Œnone lui a fait, qu'Hippolyte a fait à Aricie, mais qui n'a jamais eu de réalité dramatique. Il est aboutissant conjonctif de deux axes sémiques relativement au monstre : l'un a rapport à l'axe actanciel Hippolyte/Thésée (nécessité de devenir héros), l'autre a rapport à Phèdre. Il n'a pas encore de position eu égard au vrai et au faux, du moins dans la perspective de celui qui juge; son statut de vérité, ou du moins de rationalité, ne lui sera attribué que plus tard. Si ce n'est que le récit est déjà positionné par Thésée comme étant de l'ordre du doute :

> Qu'on rappelle mon fils, qu'il vienne se défendre ! *(1481)*

C'est en ce point du texte que se situe, du point de vue de Thésée, la rupture du cercle de la représentation/délégation en Neptune :

> Ne précipite point tes funestes bienfaits,
> Neptune; j'aime mieux n'être exaucé jamais. *(1483-1484)*

L'appel au figurant, au représentant est projection de l'image de l'homme en Dieu, telle que la matérialise ce vers :

> Et j'ai trop tôt vers toi levé mes mains cruelles. *(1486)*

Cruauté qui ne peut être niée mais qui se déplace, se projette.

Performanciellement le récit est fait par un tenant lieu de père, posé comme tel par Thésée :

> Théramène, est-ce toi ? Qu'as-tu fait de mon fils ?
> Je te l'ai confié dès l'âge le plus tendre. *(1488-1489)*

dans la reconnaissance de son refus d'être père. Mais cette structure performancielle s'intègre au récit lui-même, Théramène y est alors posé par Hippolyte comme père. Théramène/Thésée est alors celui qui produit le récit absent de la scène de séduction/viol/mort : *la structuration performancielle confirme ici une affirmation symbolique situant ce récit dans l'itération d'un fantasme relatif à Thésée.* Thésée est celui — et cela lui donne un lieu autre que juge extérieur à la pièce — qui parle enfin, ou du moins retravaille (songeons au récit de son éloignement) un fantasme originaire. Là encore le texte précédent, l'ordre textuel est devenu matériau à travailler, à transformer au même titre que d'autres tableaux ou texte réminiscents. Mais ce récit ne sera pas seulement condensation, retravail extraordinaire d'une multitude de matériaux sémiques et autres appartenant au texte précédent, il entretient avec eux un rapport particulier que nous avons à élucider, « métaphorique », dirions-nous à présent.

Dans son rapport aux textes absents, encore spécifié par l'insistance même de la demande de Thésée :

> Quel coup me l'a ravi ? quelle foudre soudaine ? *(1497)*

le récit peut être lu : 1) dans son rapport à la scène de séduction (Acte II, scène 5), du moins peut-être au dernier tableau, tableau charnel; 2) dans son rapport aux commentaires fournis par Thésée à Œnone et surtout dans le portrait/narration qu'il fait à Hippolyte (lequel est déjà transformation du récit des aventures de Thésée); 3) dans son rapport aux commentaires sur l'énonciation fait par Aricie et Hippolyte.

Narrativement, du point de vue des structurations actancielles, le texte est dernière itération de l'énoncé « départ d'Hippolyte » dans l'adéquation effective de cet énoncé à ce qu'il annonçait. *Adéquation de la figure, de l'index du système au procès qu'elle détermine.* Les procès possiblement déterminés se présentent sous deux formes narratives : l'une est transgression d'un certain type de contrat/masque de l'interdit de l'inceste; l'autre est respect de ce contrat, de cet interdit (scène 5, Acte III : demande de mandatement héroïque pour désavouer la mère). Ce dernier procès narratif « départ » est rassemblement en un même texte des deux formes possibles : le départ est réponse à un exil exigé par Thésée et simultanément projet secret de fuite avec Aricie (transgression), *il est condensation, recouvrement unitaire des contraires.*

En ce sens il pourra être lu dans son rapport à tous les procès narratifs (ou dramatiques) successifs déterminés par la figure/signe « départ » : aussi bien la première scène de l'Acte I : départ/fuite/quête du père et meurtre du père simultanément, que les horizons magiques des projets politiques d'Hippolyte. Hippolyte remplit ici ce signe « départ » à la différence du « personnage » d'Euripide qui revient sur scène pour pardonner à son père. Le départ s'adéquationne ici à son implication (cf. structure élémentaire de signification) : la mort; la mort est-elle alors le figurant de cet énoncé départ ? La mort n'est-elle pas le signe sous lequel se subsume dramatiquement le signe « départ » tout au long du texte, ce qui en produirait alors la spécificité tragique (pas seulement contenue dans le dénouement comme voudraient le dire les tenants de la tragédie comme théorie de l'illusion)?

Par ailleurs plusieurs axes de structuration actancielle ont été mis à jour qui se jouent ici simultanément : celui d'Hippolyte-Thésée dont les enjeux sont le devenir héros dans un sens, le devenir père dans l'autre sens. Celui Aricie-Thésée, actualisé dans l'intérieur du récit par les paroles prêtées à Hippolyte, actualisé dans sa valeur substitutive eu égard à la relation Hippolyte-Aricie; le récit serait-il ici, une fois encore, effacement de l'enlèvement violent d'Aricie, serait-il ce qui « purifie » Thésée, fonction que n'a pas rempli son éloignement? Toutes questions qui permettent encore une lecture continue de ce récit avec d'autres grandes unités textuelles déterminées tout au long de l'analyse.

Texte multivalent, re-travail gigantesque de toutes les constitutions, de toutes les significations précédentes, ce récit peut être lu dans une référence possible — il suffirait pour le démontrer d'étendre encore le repérage systématique des rapports de lecture que nous venons de voir — à tous les énoncés du texte précédent, à toutes les unités textuelles de quelque taille qu'elles soient. *Ce récit est sommation définie, à définir sur l'ensemble de la pièce qu'il fait ainsi éclater.* Logé dans un moment de rupture de la représentation/délégation, le récit est ici construction figurabilisée (de là des déplacements, des dérivations et des mouvements de surdétermination que nous avons à suivre) de tous les éléments sémiques précédents quel que soit leur statut. Métaphore du développement narratif et dramatique, intégration de tous les axes actanciels en un tableau, tableau de tous les tableaux.

II. Le paragramme du monstre

Nous avons déjà noté quelques-unes des occurences de cet élément sémique en même temps d'ailleurs que nous pouvions constater la variabilité de son expansion possible.

« Monstre » est un sémème qui participe simultanément de plusieurs systèmes sémiques, en leur empruntant des marques diverses. Il participe d'un système de références mythologiques — et certaines de ces occurrences renvoient à une narrativité mythologique : cf. « le monstre de la Crète ». Il participe d'un système animal, précisément ici support de la matérialisation dans la figurabilisation; d'un système humain aussi et enfin il appartient au système sémiologique lui-même : l'excès de figuration, le figurant rempli se fait « monstre exécrable » en Œnone, vue par Phèdre. Sème inscrit dans un système « animal » le terme monstre remplit, par cela même, une fonction d'étrangeté par rapport au système humain. Étrangeté cependant porteuse d'une qualité que l'on voudrait humaine : la force physique. Eu égard à ces deux systèmes sémiques, le héros est celui qui s'équivaut à cette force physique (dans une équation abstraite, idéale, dématérialisée) sans être contaminé par les éléments sémiques du système animal. Le héros se représente dans une force physique égale à celle du monstre (par ce biais la force physique peut devenir un figurant telle l'adresse : Hippolyte visant le flanc du monstre; telle aussi la ruse : Thésée se faisant guider par Ariane). Les premières manifestations textuelles du sémème « monstre » restituent cette référence à l'équation des forces :

        Les *monstres étouffés* et les brigands punis, *(79)*

Cette équation de la force humaine à une force « naturelle » est légitimation par le relais sémique d'une maîtrise : cf. « dompter » :

        Qu'aucuns *monstres* par moi domptés jusqu'aujourd'hui
        Ne m'ont *acquis* le *droit* de faillir comme lui. *(99-100)*

Remarque : si nous lisons le récit de Théramène au travers de la grille de ce vers : Hippolyte tue le monstre mais il meurt de ne pouvoir le « dompter » (tels ses chevaux qu'il ne peut maîtriser). Thésée peut « faillir » — nous le verrons à nouveau — parce qu'il n'est que le représentant de la justice divine; à déduire de cela : l'équation de la force à celle d'un monstre autorise la représentation de Dieu (songeons ici au rapport possible « monstre »/« passions »). Le monstre autorise à être représentant de Dieu mais dès lors qu'il y a abus, dès lors qu'il y a représentation « en » Dieu, le monstre se retourne (retour du figurant expulsé par Thésée).

    Du point de vue de la structuration actantielle des énoncés, c'est sur l'axe Thésée-Hippolyte (acquisitions des capacités héroïques) que se situe ce sémème, comme « épreuve ». Et c'est à l'intérieur des unités narratives lisibles selon cet axe, qu'il va recevoir cette nouvelle expansion :

        Souffrez, si quelque monstre a pu vous échapper,
        Que j'apporte *à vos pieds*[1] sa *dépouille* honorable[2],
        Ou que d'un beau trépas la mémoire durable,
        Éternisant des jours si noblement finis,
        Prouve à tout l'univers que j'étais votre fils[3]. *(948-952)*

Cette demande de mandatement héroïque survenant après la scène de séduction dans laquelle Phèdre s'est positionnée elle-même comme « monstre », le sémème se met ici à figurer de manière non équivoque la mère phallique et incestueuse (nous retrouverons les traits relatifs aux symboles de la mère phallique dans la description même du monstre) :

---

[1]. Cf. « non loin de ces tombeaux antiques » = au pied de ...
[2]. Implication : maîtrise du monstre.
[3]. La mort du monstre et la mort d'Hippolyte étaient énoncés disjoints : le récit de Théramène les rend à leur réversibilité première.

> Digne fils du héros qui t'a donné le jour [4],
> Délivre l'univers d'*un monstre* qui t'irrite. *(700-701)*
> Crois-moi, ce monstre affreux ne doit point t'échapper. *(703)*
> (Cf. « vous a échappé »).

Le mouvement de constitution textuelle, non plus du sémème, mais du signifiant-thème « monstre » est double, détermination de plus en plus précise, assignation de plus en plus probable d'une référence actancielle et symbolique jusqu'à ce dernier énoncé prophétique d'Aricie :

> Prenez garde, Seigneur. Vos invincibles mains
> Ont de *monstres sans nombre* affranchi les humains;
> Mais tout n'est pas détruit, et vous en laissez vivre
> Un ... *(1443-1446)*

La référence est claire et désigne Phèdre. En même temps ouverture sur une multitude d'énoncés/procès possibles.

Assignation à ce signifiant-thème de deux champs sémiques : 1) l'un, produit de la structuration actancielle et symbolique, touche au système éthico-politique : force/pouvoir/passion/représentation; 2) l'autre, produit d'une structuration symbolique et figurative (enchâssement signifiant des différents tableaux de Phèdre jusqu'à celui du monstre), touche au système tragique de la réversibilité.

Mais il est encore d'autres occurences qui viennent troubler et surtout complexifier cette double assignation. Celle-ci par exemple :

> Croit-on que dans ses flancs un monstre m'ait porté [5] ? *(520)*

C'est son lieu même d'enfantement, de naissance à la vie qu'Hippolyte vise. Le « monstre » est ici désigné dans son appartenance à un système symbolique du type mère phallique. Ce qui se lit dans le récit de Théramène dans la description du monstre :

> Des coursiers attentifs le crin s'est hérissé. *(1512)*
> *S*on f*r*ont large est *a*rmé de *c*ornes menaçantes; *(1517)*

phonétiquement :

$$(on + on) + (ar + ar) \to or\ (o + r) + na\ (n + a) + an\ (a + n),$$

énoncé phonétiquement obsessionnel, ne sortant pas des mêmes limites phonétiques indéfiniment répétables.

Sémiquement à lire en surimpression :

> Chaque mot sur mon *front* fait dresser mes cheveux. *(1268)*

Front — hérissé — dressé — cheveux — cornes. Relire aussi ce vers célèbre d'Oreste :

> Pour qui sont ces serpents qui sifflent sur vos têtes? *(Andromaque, 1638)*

marqué de la même obsession phonétique en même temps que dressant

---

[4]. Cf. « Hippolyte lui seul, digne fils d'un héros », *(1527)*.
[5]. Cf. « Pousse au *monstre*, et d'un *dard* lancé d'une main sûre/Il lui fait dans le flanc une large blessure » *(1529-1530)*.

le même tableau de la mère phallique ainsi figurabilisée : « la multiplication des serpents a pour fonction de nier la castration autant de fois que sont figurés les symboles phalliques » (songer aux remarques de Freud sur la tête de la méduse) [6].

En même temps le discours de Phèdre *(1268)* marque l'appropriation des symboles phalliques comme excroissance délirante du discours. Le monstre est excroissance du « dire » en ce qu'il est vomissement d'Œnone, matérialité inaliénable des dires de Phèdre, excroissance du figurant, nous l'avons vu. Il est aussi marqué, dans sa description du moins, dans la métaphore narrative de sa production comme excroissance folle du figurant :

> Cependant sur le dos de la plaine liquide
> S'élève à gros bouillons une montagne humide; *(1513-1514)*

Le monstre est d'abord caché, masqué, couvert avant d'éclater aux yeux de tous :

> L'onde approche, se brise, et vomit à nos yeux,
> Parmi les flots d'écume, un monstre furieux [7]. *(1515-1516)*

Le monstre naît d'une excroissance signifiante, d'un développement incontrôlable de la puissance des « mots », puissance infinie, et cependant le monstre n'est pas seulement l'objet (ou sujet) du récit de Théramène : il se construit, se constitue dans le développement signifiant à partir d'un élément de narrativité mythologique. C'est en cela que le monstre appartient à un paragramme, démonstration à chaque moment du texte de ce qu'une autre expansion est toujours possible : il faut « lire le fini par rapport à une infinité en décelant une signification qui résulterait des modes de fonction dans le langage poétique. Décrire le fonctionnement signifiant en langage poétique, c'est décrire le mécanisme des fonctions dans une infinité potentielle » [8]. En ce sens, le récit de Théramène est démonstration du caractère « transformable » de tous les énoncés, qui tous sont systèmes pouvant engendrer des textes multiples. Le récit est simultanément preuve de toutes les surdéterminations, et preuve de ce que « l'ombilic du rêve » (Freud) est toujours encore plus loin.

Le signifiant-thème « monstre », organisateur d'un fonctionnement paragrammatique du texte, relève encore d'un autre système qui le fait entrer comme constituant des systèmes figuratifs ou « tableaux ». Le monstre appartient au récit de Thésée :

> J'ai vu Pirithoüs, triste objet de mes larmes,
> Livré par ce barbare à des monstres cruels

---

6. A. Green : *Un Œil en Trop*, Minuit, 1969, (p. 174).

7. « Fureur » est toujours dans le développement textuel associée à Phèdre.

8. J. Kristeva : *Pour une sémiologie des paragrammes* in *Recherches pour une sémanalyse*, Seuil, 1969, p. 180.

Qu'il nourrissait lui-même du sang des malheureux mortels. *(962-964)*
A ses monstres lui-même a servi de pâture. *(970)*

Intersection entre le système animal et le système humain, les monstres sont ici, dans leur étrangeté cependant dangereuse pour l'homme, nourris par lui. Les monstres appartiennent à une logique étrangère, extérieure au texte — paragrammatique — mais bien cependant engendrée, produite par le texte lui-même, qui nourrit son propre envers, son propre danger d'anéantissement (cf. risque permanent d'une déchirure du tissu textuel). Geste de retournement narcissique de la mort sur soi-même, tel celui encore prédit à Hippolyte (et cette fois en langage non figuré) par Thésée :

J'abandonne ce traître à toute ta colère;
Étouffe dans son sang ses désirs effrontés : *(1074-1075)*

Assignation là non point d'une référence actantielle — comme dans les deux premières lectures — mais d'un signifié possible, pressenti dans l'équation monstre = passion. Ce repérage n'est pas sans fournir un élément intéressant quant à l'analyse sémique du récit de Théramène. Lisons aussi :

J'ai vu, Seigneur, j'ai vu votre malheureux fils
Traîné par les chevaux que sa main a nourris. *(1547-1548)*

en décomposant : « J'ai vu »/« j'ai vu Pirithoüs » (séquence 1 du récit de Thésée)

qu'il nourrissait lui-même
A ses monstres lui-même a servi de pâture
les chevaux que sa main a nourris [9]

Dans le cheminement de ces corrélations, les « chevaux » (appartenance au système sémique animal) se transforment en éléments sémiques « monstres » puisqu'occupant la même position dans des membres de paradigmes répétés. Repérage dans le récit même d'une présence paragrammatique en-deçà de la description figurative du monstre lui-même. Cette présence organise en fait la seconde « partie » de la description : l'éparpillement psychotique du sujet Hippolyte dont la corporéité éclate véritablement.

La transformation des chevaux (éventuels symboles de puissance phallique [10]) est entièrement lisible dans le récit lui-même et surtout donnée dans sa référence à une diachronisation dramatique du développement textuel :

Ses superbes coursiers, qu'on voyait *autrefois*
Pleins d'une ardeur si noble obéir à sa voix, *(1503-1504)*

Désignation d'une temporalité qui est même de référence pour le début du texte lui-même :

---

9. Confirmation de l'analyse selon laquelle Pirithoüs/Hippolyte dans la séquence 1 du récit de Thésée se transforme en Hippolyte/tyran dans la séquence 2.
10. Cf. Freud : *Les cinq psychanalyses*, P.U.F. 1966 in, Le cas du petit Hans.

> On vous voit moins souvent, *orgueilleux* et sauvage,
> Tantôt faire voler *un char* sur le *rivage*,
> Tantôt, savant dans l'art par *Neptune* inventé,
> Rendre docile au frein un coursier indompté. *(129-132)*

« Sauvage » et « char » seront éléments sémiques ici repris dans le récit, Neptune y sera étrangement refoulé dans sa nomination bien que parfaitement présent dans sa figurabilisation. « Coursier » est ici donné comme force physique à « dompter » (cf. « qu'aucuns monstres par moi domptés »), et donc très immédiatement comme substitut de *monstres*, déplacement d'objets d'ailleurs thématisé (Acte III, scène 5) :

> Assez dans les forêts mon oisive jeunesse
> Sur de *vils ennemis* a montré son adresse. *(933-934)*

Les coursiers sont substituts de monstres, peut-être en un certain sens ce qui pour Hippolyte *figure* les monstres. La représentation peut recouvrir le geste de position de substituts.

En ce début de récit, tous les éléments « picturaux » sont donnés dans un rapport de miroir à Hippolyte : ses « gardes »,

> Il était sur *son char* ; ses gardes affligés
> Imitaient son silence ... [11] *(1499-1500)*

puis : ses superbes coursiers ...

> L'œil morne maintenant et la tête baissée,
> Semblaient se conformer à sa triste pensée. *(1505-1506)*

Hippolyte se lit en l'image de ses gardes, en l'image de ses chevaux, se devra-t-il lire aussi en le devenir de ces deux signes : fuite pour le premier (itération d'un procès bien connu relativement à Hippolyte), transformation en monstre pour le second ? Cette transformation non plus n'est pas étrangère ; rappelons ici Thésée :

> Monstre, qu'a trop longtemps épargné le tonnerre, *(1045)*

Assignation logique dans le développement de la figure d'Hippolyte comme « tyran », « barbare », comme intersection des deux systèmes sémiques, animal et humain. Lisons dans le même sens les deux premiers syntagmes s'organisant autour du sémème « monstre » dans le récit : ce sont respectivement « monstre furieux » (fureur → Phèdre) puis « monstre sauvage » (sauvage → Hippolyte), développement de la réversibilité même qui fait l'objet de ces récits absents, ici donnés à être comblés par le même processus indécidable.

Avant de devenir « monstres », les chevaux s'affirment effectivement comme symboles phalliques (Érinnyes qui poursuivront véritablement Hippolyte) dans ce vers déjà noté :

> Des coursiers attentifs le crin s'est hérissé. *(1512)*

---

11. « Silence » a aussi été l'une des marques possibles de la castration d'Hippolyte.

Dernière manifestation sous la forme encore « noble » (encore socialement parlante) de « coursier », l'appartenance à l'animalité s'affirme ensuite dans le passage à « chevaux ». Les éléments de causalité de la mort d'Hippolyte sont divers : 1) il meurt de la mort du monstre qu'il a tué; 2) il meurt de l'impulsion donnée par cette mort (rappelons ici l'équation sémique mort = séduction) à ses propres chevaux (rappelons une autre équation : chevaux = monstres = désirs); 3) de l'impossibilité de maîtriser le mouvement de ses chevaux, très exactement de l'impossibilité de maîtriser une réversibilité (par exemple peur/apaisement se renversant l'un en l'autre). L'insistance essentielle du texte se bâtit sur l'impossible maîtrise :

Ils ne connaissent plus ni le frein ni la voix.
En efforts impuissants leur maître se consume [12]. *(1536-1537)*

et sur le *retournement* (de la mort d'Hippolyte sur lui-même).

Il veut les rappeler, et sa voix les effraie. *(1549)*

Un autre indice sémique de la transformation coursiers → chevaux → monstres, le sème « écume » d'abord attaché aux flots qui « vomissent » le monstre s'associe à « cheval » :

Ils rougissent le mors d'une sanglante écume. *(1538)*

Transformation du rapport d'autorité, de maîtrise dans le lieu même qui constituait ce rapport : « le mors ». Les chevaux métamorphosés par « le feu », « le sang », « la fumée » sont comme sortis de la gueule du monstre, « gueule enflammée »/« bouche impie », bouche par laquelle on enfante (rappelons ici le fonctionnement signifiant de la scène 3, Acte I). Mais le mouvement ici signifié est de présentification — telle Phèdre s'offrant à mourir, ou s'offrant à se donner :

Se roule, et leur présente une gueule enflammée, *(1533)*

La bouche est aussi ce par quoi sont enfantés les mots qui « couvrent » de honte/« qui les *couvre* de feu, de sang (désir), de fumée » (voile-honte). Ce qui tue Hippolyte n'est pas le monstre lui-même, mais quelque chose qui a le monstre pour origine et qui disperse Hippolyte, quasiment à ses propres yeux tant les prédications en sont marquées; lisons :

L'essieu crie et se rompt. L'intrépide Hippolyte
Voit voler en éclats tout son char *fracassé;* *(1542-1543)*

Première dispersion de lui-même (cf. équation métonymique : char = Hippolyte dans « suivre de l'œil un char ...») dont Hippolyte est fait spectateur.

De son généreux *sang* la trace nous conduit :
Les rochers en sont *teints;* les ronces *dégouttantes*
Portent de ses cheveux les dépouilles *sanglantes.* *(1556-1557)*
N'a laissé dans mes bras qu'un corps défiguré, *(1568)*

---

12. Cf. Phèdre « efforts » — « vaines » — « impuissants » ...

Relisons aussi :
> Moi-même, pour tout fruit de mes soins superflus,
> Maintenant je me cherche et ne me trouve plus. *(547-548)*
> Et mes coursiers oisifs ont oublié ma voix. *(552)*

Un éparpillement psychotique qui ne se constitue pas soudainement, qui se construit de ses marques anciennes et assigne à ces énoncés de la scène 2, Acte II (adressés à Aricie) des lectures multiples.

Non seulement ce récit est sommation de tous les énoncés possibles du texte, mais encore montre-t-il dans sa constitution même comment se produisent de nouveaux énoncés, comment un élément sémique : « coursier » se transforme en un autre « cheval »/« monstre ». L'art du domptage des chevaux est « art par Neptune inventé », la manifestation de Neptune est ici double : 1) le monstre, 2) les chevaux/monstres, et c'est d'ailleurs pourquoi le texte précise ici que la seconde manifestation est aussi commandée par Neptune, il le précise en un ouï-dire :
> On dit qu'on a vu *même*, en ce désordre affreux,
> *Un Dieu* qui d'aiguillons pressait leur flanc poudreux. *(1539-1540)*

Neptune se manifestant par la poursuite des chevaux s'intègre à une structure de références paternelles : leçons de Neptune/refus d'initiation de Thésée; reconnaissance de Thésée par Neptune (ce qui ne peut que le positionner comme père) : c'est très particulièrement la structuration actancielle/symbolique Hippolyte-Thésée qui détermine en ce point le récit. Dans l'autre sens Neptune se manifestant par la mer (son second attribut divin), par un monstre mi-dragon (mer), mi-taureau (Minotaure) a rapport à un axe Phèdre/Œnone. Étrange constitution de ce premier monstre qui s'agglomère le monstre de la Crète (autre occurrence du signifiant-thème non encore repérée et analysée) comme ayant été à la fois à tuer pour Thésée/héros (en ce sens la figure du monstre est projection de celui qu'a déjà tué le père, fantasme d'un père toujours à tuer) et à tuer pour prendre Ariane/Phèdre. En ce sens la figure du monstre est répétition de celle du Minotaure comme frère, substitut du père, auquel doit être pris la femme. Si pour Hippolyte la femme donnée à prendre était Aricie/Phèdre, le monstre pourrait alors être aussi Thésée, métaphorisé dans le second constituant du monstre : « dragon impétueux ».

Son front large est armé de cornes menaçantes;	1. taureau + mère phallique
Tout son corps est couvert d'écailles jaunissantes;	2. dragon
Indomptable taureau, dragon impétueux,	1.2. taureau + dragon
Sa croupe se recourbe en replis tortueux.	2. dragon
Ses longs mugissements font trembler le rivage.	1. taureau

(1517-1521)

Comment la figure du monstre est-elle ici — dans le fonctionnement constituant du récit, par exemple dans l'entrelacement des deux images mythiques confondues de Phèdre et de Thésée — sommation de tous les énoncés-textes possibles à partir des figures précédentes du monstre? Et cela sans en être l'addition passive, le répertoriage : la figure du monstre est ouverture sur d'autres significations, sur d'autres procès textuels se déterminant en elle. La succession des figurés immédiats : taureau/dragon/taureau *et* dragon/dragon/taureau est preuve de ce que la figure du monstre n'est pas unique, de ce qu'elle peut être disjonctive (*tantôt* dragon/*tantôt* taureau) ou conjonctive (dragon *et* taureau); elle paraît comme refermée sur elle-même par une loi de position (rection) alors qu'elle est en fait immédiatement éclatée par l'énoncé suivant et la lecture possible de l'image (signifiante, non figurée) d'Hippolyte « monstre sauvage » :

> Le ciel [13] avec horreur voit ce monstre sauvage [14];
> La terre s'en émeut, l'air en est infecté [15];
> Le flot, qui l'apporta, recule épouvanté [16]. *(1522-1524)*

comme juge/Neptune en Thésée « épouvanté » :

> Tout fuit; et sans s'armer d'un courage inutile,
> Dans le temple voisin chacun cherche un asile. *(1525-1526)*

Se croisent ici deux cercles de significations possibles : l'onde concentrique de fuite est un mouvement dramatique déjà rencontré :

> Que vois-je? Quelle horreur dans ces lieux répandue
> Fait fuir devant mes yeux ma famille éperdue? *(953-954)*
> Tout fuit, tout se refuse à mes embrassements. *(976)*

Position de Thésée comme monstre :

> Et moi-même, éprouvant la terreur que j'inspire, *(977)*

Monstre parce que juge ignorant la vérité. Le mouvement de fuite lors du récit de Théramène, échoue dans ce temple (protection paternelle qu'Hippolyte cette fois refuse) mais aussi assignation de toute vérité. L'asile est recherche de l'assignation des signifiés du monstre — non point comme le fait le texte dans la constitution de ses références ou significations possibles.

III. Déchiffrement

Existe-t-il une interprétation assignable à ce tableau/texte? Telle est la question posée non point par le texte/analyse mais bien par le texte lui-même, par sa structuration figurative jusqu'à un aboutissant performanciel chargé de dire le vrai (les paroles d'Hippolyte à Théramène). Le texte lui-même, du moins en son début, s'écrit deux fois :

---

13. Ciel qui voit/horreur, c'est-à-dire qui juge Phèdre.
14. Sauvage, c'est-à-dire Hippolyte.
15. Relisons ici : « Où la vertu respire un air empoisonné » *(1360)*.
16. Terreur de ceux qui ont enfanté = l'instance parentale.

1) tableau d'Hippolyte partant (refoulement là de l'information : mariage avec Aricie, refoulement qui donne le texte dans son respect de la décision d'exil), 2) tableau d'Aricie partant (Aricie est exclue du spectacle du monstre tout comme dans la structuration performancielle du texte Aricie n'a jamais rencontré Phèdre). Le tableau d'Aricie est immédiatement coupé, éclaté par le spectacle de la mort, spectacle donné, et avec insistance, comme étant justement une rupture du figuratif :
> N'a laissé dans mes bras qu'un corps *défiguré*, *(1568)*.

(dé-figuré), puis :
> Hippolyte étendu, *sans forme et sans couleur. (1579)*

Mouvement de rupture qui déjà avait été celui du début du récit. Les premiers énoncés se constituent visiblement en tableau, du moins en partie de tableau, premier plan dont les éléments de fond ont été donnés — et avec un statut bien précis — dans le texte précédent d'Hippolyte : « le temple formidable aux parjures » : Hippolyte est ici donné comme allant vers une certaine assignation de vérité, les tombeaux des ancêtres (éléments sémiques qui d'ailleurs se retrouveront dans le récit lui-même). Ce « fond de tableau » cependant connu paraît être un instant comme oblitéré, effacé par une destination plus vague : « Mycènes » (ni Argos, ni Sparte évoqués par Hippolyte comme cités alliées) dans une sorte de réversibilité de Trézène (cf. association des deux noms dans la rime), juste à la limite de Trézène. Le tableau est déjà là comme sur une limite extrême, comme sur le tranchant d'une figurabilité prête à basculer. Nous parlons ici d'énoncés « figuratifs » dans la mesure où leur construction en miroir, relativement à l'image des gardes et à celle des coursiers, fait d'Hippolyte comme le reflet de sa propre pensée : image figurative posée comme idéalement adéquationnée à son propre signifié sans aucun trouble ou brouillage qui puisse être parlé par le texte. A la lecture d'y retrouver cependant la trace enfouie des refoulements dans lesquels le tableau s'instaure (même, semble-t-il, celui d'une perspective d'union avec Aricie).

La trame figurative se trouve ici brutalement rompue par une violence qui lui est étrangère, qui ne lui appartient pas : un *cri*.
> Un effroyable cri, sorti du fond des flots,
> Des airs en ce moment a troublé le repos; *(1507-1508)*

Fonctionnement étrangement parallèle ici à celui des premiers ensembles figuratifs (A, A' : cf. chapitres I et II) : tableaux/textes brusquement troués déconstruits par l'irruption du rêve, du fantasme (celui de Phèdre lorsqu'il s'agit du tableau A' : « Hippolyte partant »). Le rêve était alors comme le geste qui pointe, qui désigne (en le figurabilisant) le système du tableau/texte précédent : *l'apparition du monstre*, et sous la première forme (non figurative) de son cri, *serait système de tous les procès « départ » précédents*, ce type de constitution sémiotique se marquant surtout dans la rupture du système figuratif/figuré (rupture du système figuré que nous avons analysée sous la dénomination : rupture de la représentation) : 1) Départ comme recherche du père : ici négation, impossibilité d'une fixation d'un surmoi paternel (d'où le refoulement même d'Aricie) et abolition du nom du père par Phèdre (à lire dans une continuité : Clytemnestre dans l'*Orestie*[17], *Athalie*). Le départ s'achève en éclatement psychotique : « Ce monstre-là est l'essence même du monstrueux, c'est-à-dire qu'il résume dans sa structure biologique le paradoxe fondamental de Phèdre : il est la *force* qui fait irruption hors de la profondeur marine, il est celui *qui fond sur le secret* (assignation de vérité), l'ouvre, le ravit, *le déchire, l'éparpille* et *le disperse;* à la fermeture principielle d'Hippolyte correspond tragiquement une mort par éclatement, la pulvérisation, largement étendue par le récit d'un corps jusque là essentiellement compact[18] ». 2) Départ comme meurtre du père correspondant au mandatement par la mère (cf. analyses intertextuelles) auquel correspond ici l'assignation du monstre comme père (cf. analyses précédentes relativement aux deux formes de manifestation de Neptune). 3) Départ comme projet politique/effacement de l'enlèvement d'Aricie : prise en charge dans les énoncés performanciels d'Hippolyte mourant d'une relation institutionnelle père-fille qui efface la scène de violence :

      Pour apaiser mon sang et mon ombre plaintive[19],
      Dis-lui qu'avec douceur il traite sa captive;
      Qu'il lui rende ... *(1565-1567)*

Le texte meurt sur l'itération d'un nouveau projet politique. 4) Départ comme accomplissement de l'héroïsme dans le désaveu de la mère (demande de mandatement de la scène 5, Acte III). Deux énoncés dramatiques se trouvaient alors disjoints : tuer le monstre (en rapporter la dépouille mortelle au pied de Thésée se transforme ici en Hippolyte mourant au pied des tombeaux de ses ancêtres) et mourir. Le propre du dénouement tragique — et en cela le récit de Théramène n'est nullement importation extérieure dans la tragédie — est de faire de ces énoncés une conjonction, voire même d'établir une relation de conséquence entre les deux : meurtre de la mère (meurtre de Clytemnestre) et poursuite par des Érinnyes qui tuent les chevaux[20]. 5) Départ comme recherche d'une assignation définitive de la vérité : le mariage/le temple. Le paragramme du monstre est ici développement textuel de la réflexion sur le vrai qui se lisait dans l'image du temple; développement de ce que le signifié des énoncés ne se lit pas dans leur figuré, dans les « images », les figures qu'ils dessinent à la surface du texte,

---

    17. Cf. les analyses d'A. Green.
    18. Cf. R. Barthes, *Sur Racine*, Seuil, 1963, p. 121.
    19. Répétition ici de la structure figurative duelle : ombre/forme pleine (sang = ombre plaintive. Cf. textes de Phèdre).
    20. A ce titre Hippolyte est produit de la conjonction de deux structurations : celle d'Œdipe/celle d'Oreste.

mais dans un renvoi aux signifiants de ces mêmes figures (figuré/figurant). Signifiants dont il est aussi prouvé (cf. rupture de la représentation) qu'ils ne se réduisent pas aux figurants : de là la rupture nécessaire de l'espace du tableau d'Hippolyte partant par le *cri* du monstre, cri conjugué « des flots » (Neptune/Thésée) et de sa réponse en la terre (Minos/Phèdre, le taureau) :
>Et du sein de la terre une voix formidable
>Répond en gémissant à ce cri redoutable. *(1509-1510)*

En cette absence d'assignation possible des signifiés, il est deux réponses possibles : 1) tentative de reconstitution d'une vérité événementielle, d'une cohérence dramatique à laquelle répond le tableau d'Aricie, 2) la clôture politique qu'apporte le dénouement en la présence de Thésée.

Le tableau d'Aricie hésite entre les images de l'éparpillement du corps d'Hippolyte comme métaphore de l'éparpillement des sens et la reconstitution d'un tableau de charité impliqué dans le syntagme (titre) « la triste Aricie » ou dans celui-ci « la timide Aricie » qui dénoncent le dernier texte de Théramène comme tentative d'élaboration de tableau. L'abstraitisation « sans forme et sans couleur » est tout à la fois refus du figuratif, impossibilité du figuratif et marque d'un certain type de rapport à Hippolyte, à la corporéité de la mort. Lisons :
>Il lui fait dans le flanc une large blessure. *(1530)*

puis :
>Tout son corps n'est bientôt qu'une plaie. *(1550)*

comme si la blessure faite au monstre s'était propagée, comme si cette gueule enflammée n'était que la métaphore d'une gigantesque *contamination*. Cette blessure, qui a aussi été celle de Phèdre :
>Ma blessure trop vive aussitôt a saigné. *(304)*

et qui a effectivement contaminé Hippolyte : 1) à ses propres yeux : « Je ne puis sans horreur me regarder moi-même » *(718)*; 2) devant Phèdre :
>Je le vois comme un monstre effroyable à mes yeux. *(884)*

Hippolyte est devenu sémiquement équivalent de monstre par la parole qui s'est matérialisée en lui. Contagion par la parole, contagion par la matérialité du figurant utilisé par Phèdre : la relation maternelle. « Phèdre n'est d'ailleurs pas la seule figure du secret; ... son secret est contagieux [21] ». La contagion de la mort la fait passer du monstre à Hippolyte par cette médiation symbolique extraordinaire que sont les chevaux, filles sorties de l'Enfer vaginal du monstre. Cette même contagion ne frappe pas Aricie, elle demeure à l'extérieur de la figurabilisation, elle veut parler ce qui ne peut plus l'être, ce qui n'offre plus de

---

21. Cf. R. Barthes, *op. cit.*, p. 116.

prise au langage puisqu'il n'y a plus de corps. La relation corporéité/ langage se démontre ici et s'applique récurremment à tout le texte racinien : à l'éclatement du corps correspond un éclatement du langage figuratif, du langage qui peint. L'image de la mort d'Hippolyte est insupportable — du point de vue d'un texte construit sur le jeu sémiologique figuratif/figuré —, elle appelle la fuite comme refus de la lumière (élément essentiel au tableau figuratif) :

> Et moi, je suis venu, détestant la lumière, *(1589)*

fuite de Thésée :

> Laissez-moi, loin de vous et loin de ce rivage,
> De mon fils déchiré fuir la sanglante image. *(1605-1606)*

Au récit refait du tableau d'Hippolyte mort (à propos d'Aricie) il faut aussi une fin qui marque les limites du texte, qui assigne la clôture; une fin qui — comme celle du premier récit — reconstruise simultanément un espace figuratif possible :

> Par un triste regard elle accuse les Dieux,
> Et froide, gémissante, et presque inanimée,
> Aux pieds de son amant elle tombe pâmée. *(1584-1586)*

et un espace de la délégation performancielle :

> Vous dire d'un héros la volonté dernière,
> Et m'acquitter, Seigneur, du malheureux emploi
> Dont son cœur expirant s'est reposé sur moi. *(1590-1592)*

Délégation requise et poursuivie par Thésée lui-même (cf. les derniers énoncés du texte) qui confirme et cautionne lui-même un certain type de remise en ordre sémiologique.

PROPOSITION XXX

L'ouverture paragrammatique a montré qu'il n'était pas de signifiés vrais assignables aux différentes figures du texte, du texte et non seulement du récit en lui-même, puisque chaque énoncé du récit s'applique sur l'ensemble des énoncés/procès possibles du système/ texte. Cette structuration du texte se démontre ici dans le récit de Théramène comme système des autres systèmes, et cela en dynamique bien sûr, tableau des autres tableaux, avons-nous dit en l'abordant. Mais ce volume signifiant, s'il est parfaitement présent et agissant, engendrant de nombreuses articulations sémiques, est tenu de s'inscrire dans un certain espace épistémologique qui l'oblige à se masquer dans un rappel mythologique permanent, dans une proximité à une autre pratique : celle du figuratif, celle du tableau. Le « dénouement » du texte, car il est frappant de voir qu'il ne se clôt pas sur le récit, est rappel des contraintes sémiologiques et épistémologiques.

IV. La clôture

Le dernier discours de Phèdre s'affirme effectivement en ce qu'il aurait pu ne pas être, et donc en ce que le texte aurait pu s'achever sur le gigantesque travail signifiant du récit de Théramène :

    Le fer aurait déjà tranché ma destinée; *(1633)*
    J'ai voulu, devant vous exposant mes remords,
    Par un chemin plus lent descendre chez les morts. *(1635-1636)*

Le remords est la justification morale de ce détour par le poison (« chemin plus lent ») qui est en fait un détour 1) par le figuratif : tableau, « Phèdre mourante », tableau supportable d'une mort lente ; 2) par l'assignation d'une vérité. Une vérité qui fait d'Hippolyte un innocent et d'Œnone une traîtresse (« la détestable Œnone a *conduit* tout le reste », *1626*), celle qui intrigue, qui ment. Une vérité bien schématique et peut-être même bien près de tomber sous le coup de cet épigramme de Racine à propos d'une représentation de *Germanicus* de Pradon :

    Que je plains le destin du grand Germanicus !
    Quel fut le prix de ses rares vertus ?
    Persécuté par le cruel Tibère,
    Empoisonné par le traître Pison,
    Il ne lui restait plus, pour dernière misère,
    Que d'être chanté par Pradon [22].

Schématisation extrême des fonctions : la victime/le méchant/le traître. Vérité d'une cohérence dramatique immédiate qui serait abstraite du développement sémiologique et signifiant (paragrammatique) du texte ; vérité uniquement événementielle qui de la scène de séduction retient :

    Elle a craint qu'Hippolyte, *instruit de ma fureur*, *(1627)*

Phèdre ne connaît de la mort d'Hippolyte que la formule générale et abstraite, et le texte de Thésée ne laisse échapper quasiment aucun trait figurabilisé sur ce spectacle (si ce n'est « mon fils déchiré ») comme si déjà tous les détails en étaient très bien connus de Phèdre ; de plus, Phèdre n'assiste pas au récit de Théramène, son absence donnant une crédibilité plus grande (pour ce temps-là) à sa transformation possible en monstre.

La remise en scène de Phèdre, soulignée par Théramène :

    Mais j'aperçois venir sa mortelle ennemie. *(1593)*

est aussi prolongement d'un certain nombre de tableaux figuratifs. La venue de Phèdre « mourante » est donnée dans son rapport à deux autres types de médiations (cf. scène 5, Acte V). Tableau de maternité :

    Quelquefois, pour flatter ses secrètes douleurs,
    Elle prend ses enfants et les baigne de *pleurs ;*

---

22. Pièce jouée en 1694, ce qui justifie la note de R. Picard (*Pléiade*, p. 979) : « Si Racine avait cessé d'écrire des tragédies, il n'en continuait pas moins de s'intéresser au théâtre »

> Et soudain, renonçant à *l'amour maternelle,*
> Sa main avec horreur les repousse loin d'elle. *(1471-1474)*

Attirance pour une nouvelle délectation figurante dans le tableau de charité : « pleurs »/« me priver de mes larmes », simultané du trouble de la relation incestueuse. Conjonction là des deux tableaux : celui de charité (figuré) et le tableau charnel (figurabilisé). Là encore le figurabilisé est démontré comme se constituant, s'engendrant de la matérialité du figurant au langage figuré. La seconde médiation serait plus typiquement de délégation, délégation *dans la lettre, dans l'écriture* à laquelle donc va se substituer celle par le figuratif (tableau de la lente progression du poison en « Phèdre mourante ») et par le discours :

> Elle a trois fois écrit; et changeant de pensée,
> Trois fois elle a rompu sa lettre commencée. *(1477-1478)*

Trace évidente de ce que la vérité peut n'être pas aussi simple, dans son impossibilité à être fixée par l'écriture. La venue sur scène de Phèdre est posée comme délégation (en lieu et place de la lettre), elle ignore la mort d'Hippolyte pour en être déjà trop imprégnée, et oblitère l'image menaçante de Phèdre/monstre par un tableau évanouissant :

> Déjà je ne vois plus qu'à travers un orage
> Et le ciel et l'époux que ma présence outrage;
> Et la mort, à mes yeux dérobant la clarté,
> Rend au jour, qu'ils souillaient, toute sa pureté. *(1641-1644)*

Réminiscence rapide du tableau du père juge aux Enfers (dans l'opposition de consistance picturale : nuage/présence), regard qui « souille » : le seul regard dans lequel la conscience spectatrice [23] se doit maintenant lire est celui du seul juge humain : celui de Thésée.

Thésée ne renie pas l'impossibilité d'assigner une vérité; son discours est thématisation du temple, du développement paragrammatique des énoncés :

> Ah! que j'ai lieu de craindre! et qu'un cruel soupçon,
> L'excusant dans mon cœur, m'alarme avec raison! *(1595-1596)*

Mais il ne situe pas son propre discours sur le plan des informations, sur le plan de cette vérité « dramatique » que Théramène a dite et que Phèdre ne fait peut-être que répéter. Est-ce à dire que fuir avec Aricie, se marier avec Aricie sont actes auxquels on ne peut pas nécessairement assigner le signifié « non-passion pour Phèdre »? Le texte de Thésée se situe ici de telle manière eu égard à celui de Théramène qu'il dessine comme la possibilité de cette compatibilité, après tout texte aussi lisible que celui de Phèdre. Le jugement de Thésée est moins défini comme injuste eu égard à une autre vérité que Thésée refuse d'en-

---

23. Sur cette notion, cf. L. Althusser, *Notes pour un théâtre matérialiste*, in *Pour Marx*, Maspero, 1965.

tendre, qu'il ne l'est par rapport à la paternité, par rapport « au cœur » (« l'excusant dans mon cœur » comme refus du raisonnement). « Pleurs » — « malheurs » — « persécuté d'un mortel souvenir » — « supplice » — car ce qui s'est joué aussi, et cela thématisé de manière déceptive dans le questionnement de Théramène, c'est l'échec du devenir père de Thésée — à quoi répondra l'adoption d'Aricie.

Ce n'est pas en termes moraux qu'il faut ici analyser les énoncés de Thésée : il est juge positionné comme tel par une institution légitimée (par sa propre force, ses exploits, ses conquêtes) et au nom de cette institution il est détenteur d'une justice humaine (l'appel à Neptune n'est qu'un reflet décalé) à laquelle il faut — quels qu'en soient les contenus « injuste ou légitime » — attribuer une valeur de vérité. Ce que refuse Thésée, mais qui sera accepté après le discours de Phèdre, c'est d'être le représentant humain de Dieu :

Je hais jusques aux soins dont m'honorent les Dieux; *(1612)*

C'est que son jugement appartient à une justice dont la rationalité a été démontrée par les fonctionnements du texte, et encore très particulièrement par le récit de Théramène.

Muni du figurant d'innocence qu'il peut apposer sur le corps défiguré et déchiré de son fils, Thésée redevient chef politique, exécutant des volontés d'un héros. Le fait même d'avoir été condamné pose Hippolyte comme ayant été coupable (ce qui se démontre sémiquement dans la plurivalence du monstre). La justice est identique à la vérité (en ce qu'elle la pose) et contraire (en ce qu'elle la nie).

Table des propositions

Proposition I, (I, p. 13).
Constitution des unités textuelles dans la relation de présupposition réciproque texte/système.

Proposition II, (I, p. 14).
Constitution du texte au-delà du découpage performanciel.

Proposition III, (I, p. 19).
Constitution des unités textuelles dans le mouvement de l'analyse. Utilisation par le texte de catégories sémiologiques.

Proposition IV, (I, p. 24).
Hétérogénéité d'un fonctionnement proprement discursif (repérable en catégories analytiques) et d'un fonctionnement *textuel*.

Proposition V, (II, p. 33).
Le texte tragique comme production des systèmes et des procès dans leur dialectique.

Proposition VI, (II, p. 40).
Exemple d'une intersection de déterminations textuelles.

Proposition VII, (III, p. 52).
Construction d'un énoncé (ici une séquence) par catalyse et nécessité d'une notion d'ordre textuel.

Proposition VIII, (III, p. 55).
Déductibilité de l'énoncé « départ ».

Proposition IX, (III, p. 63).
Essai d'une typologie des énoncés et des modes de structuration du texte.

Proposition X, (IV, p. 74).
Émergence de la relation de détermination prophétie/métaphore et construction de l'espace de l'interprétation.

Proposition XI, (V, p. 84).
Construction de la structure élémentaire de signification et constructibilité de l'énoncé « mort ».

Proposition XII, (V, p. 94).
Séquence narrative initiale et construction de l'axe actantiel Aricie-Hyppolite.

Proposition XIII, (VI, p. 107).
Émergence d'une loi d'engendrement réciproque des types d'énoncés (rapport d'interprétation non *naturel*).

Proposition XIV, (VI, p. 110).
Notion d'ordre textuel 1) comme construction 2) comme marque possible d'une historicité.

Proposition XV, (VI, p. 113).
Contraintes sémiotiques et constitution de nouvelles significations.

Proposition XVI, (VI, p. 132).
Relation de causalité comme détermination réciproque des énoncés (rapport d'interprétation non naturel, suite de la proposition XIII).

Proposition XVII, (VII, p. 162).
Spécificité de la théâtralité dans la constitution système/texte des énoncés.

Proposition XVIII, (VIII, p. 173).
Modalisation de la narrativité comme spécificité du tragique — par rapport au mythique.

Proposition XIX, (VIII, p. 180).
Constitution de l'énoncé figuratif « départ » comme figure d'une délégation.

Proposition XX (VIII, p. 181).
Le texte tragique comme somme conjonctive d'énoncés.

Proposition XXI, (VIII, p. 194).
Construction sémiotique perspectiviste dans sa relation à la position spectatrice. Détermination du système perspectiviste figuratif par un procès textuel.

Proposition XXII, (IX, p. 208).
Surdétermination d'un procès textuel : 1) par une détermination sémiotique; 2) par une détermination épistémologique (rapport à la vérité).

Proposition XXIII, (IX, p. 210).
Démonstration du rapport interne au signe comme étant de causalité (application sémiologique de la proposition VI).

Proposition XXIV, (X, p. 223).
Détermination d'une « rhétorique » par le jeu des contraintes sémiotiques.

Proposition XXV, (X, p. 234).
Repérage des marques d'un espace épistémologique et idéologique dans les inscriptions décalées des « codes » signifiés.

Proposition XXVI, (X, p. 238).
Comment différencier un fonctionnement sémiotique « système/procès » d'un fonctionnement signifiant.

Proposition XXVII, (XI, p. 245).
Démonstration de l'autonomie de la réalité textuelle par rapport à la réalité dramatique.

Proposition XXVIII, (X, p. 254).
Double constitution du texte tragique : 1) dans la lecture/procès des figurants de tableaux figuratifs; 2) dans la mise en figuration des figurés.

Proposition XXIX, (XI, p. 263).
La constitution d'un tableau-système de tous les figurants est rupture d'un excès de représentation qui ouvre l'espace : 1) d'une sommation textuelle; 2) du discours rationnel (dénouement).

Proposition XXX, (XII, p. 280).
Ouverture paragrammatique et démonstration du dénouement comme clôture du figuratif par lui-même.

Bibliographie

Nous donnons ici une bibliographie sommaire sur la tragédie classique, le théâtre racinien, *Phèdre* en particulier. On trouvera dans plusieurs ouvrages cités une bibliographie très complète (cf. M. Descotes).

Adam, A. — *Histoire de la littérature française au XVIIe siècle*, tome IV, Domat, 1958.

Barthes, R. — *Sur Racine*, Seuil, 1963.

Bénichou, P. — *Les morales du grand siècle*, Gallimard, 1948.
— *L'écrivain et ses travaux*, Corti, 1967.

Bray, R. — *La formation de la doctrine classique*, Droz, 1931.

Descotes, M. — *Racine*, Ducros, 1969.

Duvignaud, J. — *Sociologie du théâtre*, P.U.F., 1965.
— *Spectacle et société*, Denoël-Gonthier, 1970.

Goldmann, L. — *Le Dieu caché*, Gallimard, 1955.
— *Racine*, l'Arche, 1956.

Jasinski, R. — *Vers le vrai Racine*, Colin, 1958.

Mauron, Ch. — *L'inconscient dans la vie et l'œuvre de Racine*, Corti, 1969.
— *Phèdre*, Corti, 1968.

Mornet, D. — *J. Racine*, Aux armes de la France, 1943.

Picard, R. — *La carrière de Racine*, Gallimard, 1956.

Poulet, G. — *Notes sur le temps racinien*, Cahiers du Sud, 1948.

Scherer, J. — *La dramaturgie classique*, Nizet, 1950.

Spitzer, L. — *Études de style*, Gallimard, 1970.

Varga, K. — *Rhétorique et littérature*, Didier, 1970.
— *La perspective tragique*, R.H.L.F., sept.-déc. 1970.

C.N.R.S. — *Le théâtre tragique*, 1962. Cf. notamment les articles de Goldmann, Scherer, Steward.

Table des matières

Avant-propos 7

    I. Ensemble figuratif/symbolique 9

   II. Ensemble figuratif/narratif 29

  III. Constitution du figuratif 43

  IV. Structuration actantielle et structuration performancielle   65

   V. Fonctionnement d'un énoncé figuratif/narratif 77

  VI. Figuré, figurabilisé, figuratif. L'interprétation 97

 VII. De l'interprétation à la représentation 143

VIII. Narrativisation et réversibilité 169

  IX. Figurant et théâtralité 199

   X. Préfiguration et vérité 221

  XI. La vérité du figuratif et de la représentation 241

 XII. Structuration figurative/paragrammatique 265

Table des propositions 284

Bibliographie 287